속자치통감3

이 도서의 국립중앙도서관 출판시도서목록(CIP)은 서지정보유통지원시스템 홈페이지
(http://seoji.nl.go.kr)와 국가자료공동목록시스템(http://www.nl.go.kr/kolisnet)
에서 이용하실 수 있습니다.(CIP제어번호: CIP2018020782)

속자치통감3 (권011~권015)

2018년 8월 1일 초판 1쇄 찍음
2018년 8월 8일 초판 1쇄 펴냄

지은이　필원
옮긴이　권중달
펴낸이　정철재
만든이　권희선 문미라 정은정
디자인　황지영

펴낸곳　도서출판 삼화
등　록　제320-2006-50호
주　소　서울 관악구 남현1길 10, 2층
전　화　02)874-8830
팩　스　02)888-8899
홈페이지 www.samhwabook.com

도서출판 삼화, 2018, Printed in Seoul Korea

ISBN 979-11-5826-333-1 (94910)
　　　979-11-5826-330-0 (세트)

책값은 표지 뒤쪽에 있습니다.
잘못 만들어진 책은 구입하신 서점에서 바꿔 드립니다.

속자치통감3

권011~권015

도서출판 삼화

들어가면서

《속자치통감》의 역주작업에 붙여

사마광의 《자치통감》 294권을 우리말로 역주하여 완간한 지 벌써 6~7년이 흘렀습니다. 《자치통감》을 출간하면서부터 독자들 가운데 《속자치통감》도 이어서 번역해 달라는 요구가 있었습니다. 그러나 그 분량이 220권으로 《자치통감》의 3분의 2가 넘는 방대한 분량이어서 엄두를 내기가 어려웠습니다.

그동안 《자치통감》을 독자들이 쉽게 이해할 수 있도록 '자치통감행 간읽기' 시리즈를 출간하였고, 최근에는 《자치통감평설》을 집필하고 있었으므로 《속자치통감》의 역주에 손을 대지 못하였습니다.

그러나 생각해 보면 《속자치통감》은 18세기 중국 고증학(考證學)의 결정체라고 말할 수 있으며, 송·요·금·원 네 왕조 시대를 다루고 있으며 우리나라로는 고려시대에 해당하는 시기입니다. 당시 동아시아 에서는 전통적인 한족(漢族) 왕조인 북송(北宋)과 남송(南宋)이 있었지 만, 이에 대하여 동아시아 북방족인 거란의 요(遼), 여진의 금(金), 몽골 의 원(元) 왕조가 전통적인 중원으로 넘어가거나 중원을 지배하는 역 사가 펼쳐지고 있었습니다.

자칫 동아시아는 한족(漢族)이 주류가 되어 역사를 전개시킨다는 오해를 단번에 풀 수 있는 시대입니다. 즉 동아시아 세계를 한족을 넘어 아시아적 시각으로 보아야 하는 시기였던 것입니다. 우리 역사에서는 고려 왕조가 이 시대에 병존하였으니, 고려가 동아시아의 급변하는 국제정세 속에서 어떻게 생존을 위하여 지혜를 모았는지를 볼 수 있는 아주 적절한 시기라고 해야 할 것입니다. 그리고 이것은 오늘날 우리에게도 어쩌면 타산지석이 될 수 있을 듯하였습니다.

　여기까지 생각해 보면 이 책이 청대 고증학의 결과물이어서 불편부당한 역사기록이라고 할 수 있고 따라서 동아시아 역사학의 최고 결정체라고 할만합니다. 한·당대에는 훈고학(訓詁學), 송·명시대에는 심성학(心性學)이 학문의 주류였던 것에 비하여 청대의 고증학은 실재적 진실이 무엇인지를 추구하는 학문경향이었습니다.

　더구나 이 책이 만주족 왕조인 청대에 편찬된 동아시아 학문의 최고 수준이며, 객관적 역사 기록의 백미임을 생각한다면 이 속에 기록된 역사사실 속에서 역사를 과장하거나 축소하려는 이념이 지배하는 역사서가 아닌 적나라한 실제 그대로의 동아시아 역사의 소용돌이를 볼 수 있습니다.

이 책을 통하여 우리나라에 청대 고증학의 결과물을 소개하게 되고, 이 책이 편찬되던 시기에 아직도 심성학에 머물러 있던 조선시대의 학문경향과 비교도 될 것입니다. 물론 혼자의 힘으로 이 작업을 추진하는 것이 어렵고 힘들다는 것을 잘 알지만 그래도 필요하기 때문에 용기를 내지 않을 수가 없었습니다.

강호 제현의 성원과 편달을 바랍니다.

대방재(待訪齋)에서

권중달 적음

목차

권011
송기 11 : 내치를 정비한 송 태종

권012
송기 12 : 10국을 통합한 북송

권013
송기 13 : 송·요간의 충돌

권014
송기 14 : 요와의 전쟁에서 진 북송

권015
송기 15: 송·요의 서하전투

부록

《속자치통감》 권011~권015 연표

송 기년	요 기년	서 기	중 요 사 건
태종 태평 흥국 6년	경종 건형 3년	981년	■ 설거정이 죽다. ■ 조보가 다시 사도 겸 시중이 되다. ■ 여진이 사신을 보내어 송에 진공하다.
7년	4년	982년	■ 진왕 조정미를 깎아내려 부릉현공으로 하다. ■ 정난절도사 이계봉이 송에 들어와서 조현하고 은주·하주·수주·유주를 헌상하다. ■ 이계봉의 동생 이계천이 반란하여 도망하다. ■ 요의 경종이 죽고 아들인 성종 야율융서가 뒤를 잇다. ■ 요의 성종이 어려서 소태후가 임조하다. ■ 요가 다시 국호를 거란국으로 하다.
8년	성종 통화 원년	983년	■ 송 태종이 강무전에서 공사를 친시하다. ■ 조보가 재상에서 파직되고 송기, 이방이 재상이 되다.
옹희 원년	2년	984년	■ 송에서 천하의 유서를 구하다. ■ 부릉공 조정미가 걱정하다 죽다. ■ 화산의 은사인 진박이 들어와서 조현하다.
2년	3년	985년	■ 이계천이 은주를 습격하여 점거하다. ■ 송의 장수 전인랑과 왕선이 이계천을 쳐서 물리치다.

송기년	요기년	서기	중 요 사 건
3년	4년	986년	■ 조빈·전중진·반미를 파견하여 대대적으로 거란을 쳤는데, 처음에 승리하였다가 후에 패배하였다. ■ 송의 장수 양업이 전사하다. ■ 요가 이긴 기세를 타고 형주·심주·덕주로 들어오다. ■ 이계천이 요에 항복하다.
단공 원년	6년	988년	■ 조보가 태보가 되다. ■ 여몽정이 재상이 되다. ■ 이계봉을 다시 정난절도사로 삼고, 이름을 하사하여 조보충으로 하다. ■ 요가 탁주를 함락시키고 기주에 들어오다.
2년	7년	989년	■ 요가 역주를 함락시키다. ■ 송의 장수 윤계륜이 서동에서 요의 야율휴가를 패퇴시키다.
순화 원년	8년	990년	■ 조보가 다시 벼슬에서 물러나다. ■ 요의 성종이 이계천을 책봉하여 하왕으로 하다.
2년	9년	991년	■ 장제현이 재상이 되다. ■ 이계천이 항복을 받아 달라고 청하였다. ■ 조보충(이계봉)이 다시 배반하고 요에 항복하다.

〔일러두기〕

· 이 책은 대만 세계서국에서 간행된 필원의 《속자치통감》의 표점본을 저본으로 하여 송시대부터 원시대 말까지의 전권(220권)을 완역한 것이다.

· 사건의 번호는 대만 세계서국본 《신교속자치통감》을 준용하였다.

· 번역의 기본 원칙은 원전이 갖고 있는 통감필법의 정신을 최대한 살린다는 의미에서 직역하되 의미가 불분명한 경우는 역자의 역주로 설명하였다.

· 역자가 내용과 분량을 감안하여 문단을 나누고 각 문단마다 제목을 달았다.

· 필요한 한자어는 괄호 속에 병기하였다.

· 인명·지명·관직명 등 고유명사는 외래어 표기법을 따르지 않고 한글 발음대로 표기하였다. 인명 가운데 원문에 성이 기록돼 있지 않은 것도 이해를 돕기 위해 성을 추가하였다. 지명은 괄호 속에 현재의 지명을 넣었고, 주(州)·군(郡)·현(縣) 등 행정단위가 생략되었지만 필요한 경우 이를 추가하였다. 관직명은 길고 그 업무가 생소하고 길게 느껴질 경우 관직명 자체를 우리말로 풀어주고 원 관직명은 각주로 설명을 보충하였다.

· 간지로 된 날짜는 괄호 속에 숫자로 표시하였다.

· 필요한 부분에 지도를 넣어서 이해를 돕고자 하였다.

· 본문의 '帝'는 '황제'로, '上'은 '황상'으로 번역하였다.

· 책이름이나 출전은 《 》, 편명은 〈 〉로 하였다.

· 본문에서 전후관계를 알아야 할 사건이나 내용·용어·고사 등 설명이 필요한 경우 각주로 설명을 보충하였다.

· 독자들의 이해를 돕기 위해 각주의 설명이 다소 중복 되게 하였다.

· 주어가 생략된 경우는 해당 연도의 기준을 삼은 황제가 주어이다.

· 고려와 관계된 사건은 《고려사》와 대조하여 그 동이(同異)를 각주로 밝혔다.

· 한글로 번역하여 말뜻이 분명하지 않을 경우 〔 〕안에 한자를 넣었다.

형옥을 너그럽게 처리한 장제현

태평흥국 6년(신사, 981년)[1]

1 　겨울 10월 계유일(9일)에 여러 신하들이 표문을 받들어 존호를 덧붙여 올리게 하였는데, 이르기를 '응운통천예문영무대성지명광효(應運統天睿文英武大聖至明廣孝)'라고 하였으며[2] 무릇 세 번을 올리자 마침내 이를 허락하였다.

2 　경진일(16일)에 조서를 내렸다.
　"지금부터 하원절(下元節)에는 의당 상원절(上元節)[3]과 같이 해야

1 　요의 건형 3년이다.

2 　이는 태종을 호칭하는 정식 명칭이며, 이는 '운수에 호응하며 하늘을 통합하고 깊은 문예를 갖추고 뛰어난 무예를 갖추며 위대하게 성스럽고 지극히 밝으며 효도를 널리 펴는 분'이라는 뜻이다.

3 　상원절은 도교의 명절로 중원절, 하원절과 함께 삼원절이라고 한다. 상원절을 정월 15일인데 보통 원소절(元宵節)이라고 하며, 중원절은 7월 15일로 귀절(鬼節)이라고도 하며 하원절은 10월 15일이다. 도교에서는 천관(天官), 지관

할 것이니 나란히 3일간 휴가(休假)를 주는 것을 법령으로 확정하라."

3   갑오일(30일)에 소주(蘇州)의 태일궁(太一宮)[4]이 완성되었다. 이보다 먼저 방사(方士)가 말하기를 오복태일(五福太一)[5]은 하늘의 귀한 신(神)이며, 가다가 이르는 나라에서는 백성들이 그 복을 받는데 그 수(數)를 가지고 미루어 보건대 마땅히 오월(吳越, 소주가 중심)지역에 해당한다고 하였으니 그런고로 궁을 짓고 제사를 지내도록 한 것이다.

4   이달에 요주(遼主)가 포괴파(蒲瑰坡)에 갔다.

5   11월 정유일(3일)에 감찰어사(監察御史)인 장백(張白)이 지채주(知蔡州)로 있던 시절에 관전(官錢)을 빌려서 적조(糴糶, 곡식의 매입과 매출)를 하였다는 사건에 연좌되어 기시되었다.

(地官), 수관(水官) 대제(大帝)가 세상 인간들의 선악을 기록하는데, 이 천관의 탄신일이 상원절이며 천관이 복을 주는 날이며, 지관의 탄신일이 중원절인데 죄를 사해주는 날이며, 수관의 생일이 하원절인데, 운수가 좋지 않은 사람들에게 재난을 풀어 준다고 한다.

4 태을궁(太乙宮)이라고도 하는데 태일신(太一神)에게 제사를 지내는 궁전이다.

5 태일신은 열 가지가 있는데, 첫째는 태일(太一)이고, 둘째는 오복태일(五福太一)이며, 셋째는 천일태일(天一太一)이고, 넷째는 지일태일(地一太一)이며, 다섯째는 군기태일(君基太一)이고, 여섯째는 신기태일(臣基太一)이고, 일곱째는 민기태일(民基太一)이며, 여덟째는 대유태일(大游太一)이고, 아홉째는 구기태일(九氣太一)이고, 열 번째는 십신태일(十神太一)인데 오직 태일만이 가장 존귀하고 다른 별명이 없다.

6   갑진일(10일)에 무덕사(武德司)[6]를 고쳐서 황성사(皇城司)로 하였다.

황제는 일찍이 무덕사의 사졸(士卒)을 파견하여 몰래 먼 곳의 일을 살펴보게 하였는데 정주에 이르렀던 사람이 지주(知州)인 왕사종(王嗣宗, 944~1025)에게 붙잡혀서 곤장을 맞고 묶여 궁궐 아래로 호송되었다. 이 때문에 〔왕사종이〕 주문(奏文)을 올려서 말하였다.

"폐하께서 천하의 똑똑하고 뛰어난 사람에게 일을 맡기지 아니하시고 함부로 이러한 무리가 이목을 받는다고 믿으셨으니 가만히 생각하건대 폐하께서는 이러한 일을 하지 마십시오."

황제는 크게 화를 내고 사자를 파견하여 왕사종을 형틀에 매어 형리에게 내려 보내고, 관질을 깎아버리었다가 사면령을 만나서 관직을 회복시켰다.

7   경술일(16일)에 친히 태묘(太廟)에 제사를 지냈다. 신해일(17일)에 교사(郊祀)를 지내고, 크게 사면하고 건원전에 나아가서 칭호를 높이[7]는 옥책(玉冊)을 받고 안팎의 문무관원에게 은택을 덧붙여 주었다.

이보다 먼저 진재사(秦再思)라는 사람이 편지를 올려서 마땅히 교사를 지내고서 사면하지는 말라고 빌었고, 또 제갈량(諸葛亮, 181~234)이 촉(蜀)을 보좌하기를 수십 년을 하면서 사면하지 않았던 일을 인용하

---

6 송대의 관서로 반부패업무를 담당한 부서이다.

7 종전까지는 태종지인응운신공성덕예열대명광효황제(太宗至仁應運神功聖德睿烈大明廣孝皇帝)라고 하였는데, 지난 10월에 신하들이 태종 조광의에 대한 존호를 응운통천예문영무대성지명광효(應運統天睿文英武大聖至明廣孝)로 하자고 건의하였으며, 이날에 이를 옥책(玉冊)으로 만들어서 올린 것이다.

였다. 황제는 자못 이를 의심하고 조보(趙普)에게 물었는데, 조보가 말하였다.

"국가가 처음으로 세워진 다음으로는 평상적인 제도를 갖추어 유지하고 3년에 한 번 사면하는데, 이른바 그 어짊이 하늘 같다고 하는 것이 요·순(堯·舜)의 도입니다. 유비(劉備, 161~223)는 조그만 한 지방에 있었으니 마음을 쓰는 것에서 스승으로 삼아 본받기에는 충분하지 않았습니다."

황제는 그 대답이 그럴 것이라고 생각하고, 사면하고 용서하는 글을 드디어 확정하였다.

8   요에서는 남원(南院)추밀사인 곽습(郭襲)을 무정군(武定軍)절도사로 삼고, 12월에 요흥군(遼興軍)절도사인 한덕양(韓德讓, 941~1011)을 남원추밀사로 삼았다.

9   이보다 먼저 제주의 죄인들은 모두 착고(着錮)를 채워 궁궐 아래로 압송(押送)하였는데, 도로에서 이치에 맞지 않게 죽는 사람이 10명에 보통으로 예닐곱이었다. 장제현(張齊賢, 943~1014)이 말씀을 올렸다.

"죄인들이 경사(京師)에 이르는데 청컨대 깨끗하고 강한 관리를 골라서 생각하여 묻게 하시고 만약에 분명하게 덮어 씌워 억울함을 당하였다고 한다면 그것을 헤아려서 본주(本州)의 관리를 벌(罰)하고, 단지 해당하는 사람만 보내게 하고 가속(家屬)들은 별도로 조정의 지의(旨意)를 기다리도록 하십시오."

장제현은 또 말하였다.

"형옥(刑獄)의 처리가 번거롭거나 간단한 것은 바로 치도(治道)가 신장(伸張)되거나 해이(解弛)하게 되는 근본입니다. 우공(于公)[8]이 그늘에서 쌓은 덕(德)은 자손이라면 흥왕(興旺)하는 사람이 있게 마련인데, 하물며 육합(六合, 온 천지)처럼 넓은 속에서 옥사를 처리하면서 억울한 사람이 없게 할 수 있다면 어찌 복이 만세에 흘러 내려가지 않겠습니까! 주현(州縣)에 근무하는 서리(胥吏)들은 모두 사람들을 많이 구금(拘禁)하고자 하거나 혹은 뿌리 끝까지 조사한다는 명목으로 추가적으로 시끄럽게 하는 일을 자행(恣行)하는데, 조세를 포탈하는 것이 아주 적더라도 금지하고 가두어 두는 것이 며칠씩 되어 드디어 집을 파괴하기에 이릅니다.

청컨대 지금부터 외현(外縣)에 사는 죄인은 5일에 한 번 구금하고 방면하는 숫자를 갖추어 주(州)에 보고하고 주옥(州獄)에는 별도로 장부를 두고 장리(長吏)가 검사하고 살펴서 3일이고 5일에 한 번씩 이끌어다가 심리하고 매월 형부(刑部)에서 열람하도록 갖추어 올리게 하십시오.

그리하여 구금한 사람이 많은 곳에는 조관(朝官)에게 명령하여 말을 달려가서 결정하여 보내도록 하십시오. 만약에 사건이 억울하고 무고한 것에 연관되어 지체되었다면 그 본주의 관리를 강등시키거나 내쫓

---

8 우공이란 우정국(于定國)을 말하며 전한시대에 동해군 담현(郯縣) 사람이다. 우정국은 아버지에게 법을 배우고나서 일찍이 현(縣)의 옥사(獄史)를 거쳐서 군(郡)에서 결조(決曹)의 관직을 담당하였는데, 사건을 재판하는 것이 공평하였으며 법을 어기고 우공에게 재판을 받은 사람이라면 불복하여 마음으로 원한을 가진 사람이 없었다. 군에 사는 백성들은 그를 위하여 생사(生祠)를 세웠고, 이를 우공사(于公祠)라고 하였다.

으십시오. 혹은 한 해가 끝나서 감옥에 억울하게 지체되는 사람이 없다면 형부에서는 첩지(牒紙)를 발급하여 대체할 날짜를 얻게 하여 그 결과를 비교하여 이를 장려하고 상 주십시오."

장제현은 부지런하게 백성들을 피폐하는 것을 구휼하고 힘써 관대하게 처리하여 순행하는 부서에서 호소하는 사람을 만나게 되거나 혹은 전사(傳舍)로 불러서 도착하면 탑전(榻前, 걸상)에서 더불어 말하여 대부분 그 진실과 거짓을 찾아내니 강남 사람들은 오래도록 그를 생각하였다.

태평흥국 7년(임오, 982년)[9]

1   봄, 정월 초하루 갑오일에 조하(朝賀)를 받지 아니하였으나 여러 신하들은 합문(閤門, 궁전의 側門)에 가서 축하하는 말을 하였다.

2   기해일(6일)에 요주(遼主)가 화림(華林)과 천주(天柱)[10]에 갔다.

3   임인일(9일)에 한림학사 승지인 이방(李昉, 925~996) 등에게 조서를 내려서 사서인(士庶人)들의 거복(車服)과 상장(喪葬)제도를 자세히 확정하게 하여 유사(有司, 담당관)에게 주어 반포하여 시행하게 하고 위

---

9 요의 건형(乾亨) 4년이다.

10 요의 남경에 있는 장(莊)이다. 거란족의 요는 유목 민족이었기 때문에 이동을 좋아하여 5경을 세우고, 또 그 안에 수렵지, 피서지, 장원 등을 두었는데, 화림과 천주도 그러한 것 가운데 일부이다.

반한 사람은 그 죄를 재판하게 하였다.

4   갑인일(21일)에 우위(右衛)대장군인 후윤(侯贇, 918~991)을 지영주(知靈州)로 하였다. 후윤이 이미 도착하여 번족(蕃族)의 부락을 살피며 시찰하면서 소고기와 술을 가지고 호상(犒賞)하자 융인(戎人)들이 기뻐하며 복종하였고 부(部) 안이 잘 다스려졌다. 삭방(朔方)[11]지역에 무릇 10년 간 있었는데, 황제는 그가 오래도록 있었다는 것을 알았지만 그를 대신할 사람을 찾기 어려워서 후윤은 끝내 치소의 경내에서 죽었다.

5   2월 병인일(3일)에 강주(江州) 성자현(星子縣)을 남강군(南康軍)으로 하였다.

6   선휘북원사(宣徽北院使)·판삼사(判三司)인 왕인섬(王仁贍, 917~982)은 국가의 재정을 몇십 년 관장하면서 하리(下吏)들을 멋대로 하게 하여 간사(奸詐)하게 하였지만, 굳은 은총에 의지하였기에 감히 끄집어내는 사람이 없었다. 좌습유·판구원(判句院)인 남창(南昌) 사람 진서(陳恕, 945~1004)는 호강을 두려워하지 않고 막는 일을 자임하고 조회에 들어가서 갖추어 상주하였다.

  황제가 그에게 힐문하였지만 진서가 말하고 변론하는 것이 벌 떼가 일어나는 것처럼 많으니 왕인섬은 굴복하였고 황제는 심하게 노여

---

11 영주는 지금의 영하(寧夏) 영무현(靈武縣)이고, 삭방은 지금의 내몽고 악이다사항금기(鄂爾多斯杭錦旗)의 북쪽으로 모두 북송 당시의 변방으로 번족이 주로 거주하였다.

위하였다. 신미일(8일)에 왕인섬은 파직되어 우위(右衛)대장군이 되었다. 판구원·병부랑중인 송기(宋琪, 917~996)와 탁지판관(度支判官)·병부랑중인 뇌덕양(雷德驤, 917~992) 그리고 염철판관·병부랑중인 해서(奚嶼)는 나란히 책임을 지고 본조(本曹)원외랑이 되었다. 급사중인 후척(侯陟, ?~983)·우정간대부(右正諫大夫)인 왕명(王明)은 동판삼구(同判三句)로 하였다. 동판삼사라는 직책은 이로부터 시작되었다. 계유일(10일)에 왕인섬을 바꾸어 당주(唐州, 山西省 臨汾市)방어사로 하고 매월 주는 급여(給與)가 전(錢)으로 30만이 되었는데, 훈구(勳舊)로서 조금 특이하였다. 왕인섬은 불만스럽게 원망하다가 병이 되어 며칠 만에 죽었다.

7   이달에 다시 병주(幷州)를 삼교채(三交寨, 山西省 太原市 북으로 5리 지점에 있는 옛 성채)로 옮기고 바로 반미(潘美, 925~991)를 병주도부서(幷州都部署)로 하였다.

8   3월 초하루 계사일에 일식이 있었다.[12]

9   을미일(3일)에 요주(遼主)는 청명절(淸明節)[13]이어서 여러 왕과 대신(大臣)들과 더불어 교사(較射, 활쏘기 경기)하고 연회를 열고 술을 마셨다.

---

12 《요사(遼史)》에는 이날의 일식이 기록되지 않았다.

13 청명절은 답청절(踏靑節)이라고 부르기도 하는데 봄의 중간에서 늦은 봄으로 옮겨가는 시기로 동지가 지난 뒤 108일 되는 날이며, 이날 조상에게 제사하고 성묘하기도 한다.

10   금명지(金明池)의 수심전(水心殿)이 완성되었는데, 황제는 장차 배를 타고 가서 유람하려고 하였다. 어떤 사람이 진왕(秦王) 조정미(趙廷美, 947~984, 태종 조광의의 동생)가 틈을 타고서 몰래 발동하려고 한다고 알리자 계묘일(11일)에 조정미를 개봉윤에서 파직시켜서 서경유수(西京留守)로 하였다.

11   정미일(16일)에 정간대부(正諫大夫)인 이부(李符)에게 명령하여 권지개봉부(權知開封府)로 하였다.

12   임자일(20일)에 진왕 조정미에게 서경의 1등가는 집을 첫 번째로 하사하였다.

13   여름 4월 갑자일(3일)에 좌정간대부(左正諫大夫)·추밀직학사(樞密直學士)인 두칭(竇偁, 924~982)과 중서사인인 곽지(郭贄, 935~1010)에게 본래의 관직을 유지하면서 참지정사(參知政事)로 하였다. 황제가 두칭에게 말하였다.

"네 스스로 헤아려 보건대 어떻게 이 직책에 이르게 되었다고 생각하는가?"

두칭이 말하였다.

"폐하께서 번저(藩邸, 황제가 되기 전에 살던 집)시절의 옛 신하를 염두에 두시었다가 기회가 생긴 것입니다."

황제가 말하였다.

"아니다. 이에 너는 일찍이 면전에서 가완(賈琬)을 꺾었으니 경의 곧음을 상 주었을 뿐이다."

14   여경사(如京使)[14]인 시우석(柴禹錫)을 선휘북원사(宣徽北院使)로 삼고 겸추밀부사(兼樞密副使)로 하였다. 한림부사(翰林副使)인 낙양 사람 양수일(楊守一, 925~988)을 동상합문사(東上閤門使)로 삼아서 추밀도승지(樞密都承旨)에 충임하였다. 양수일은 바로 양수소(楊守素)인데 시우석과 함께 진왕 조정미의 음모를 고발한 사람이므로 그에게 상을 준 것이다. 추밀승지에 '도(都)'라는 글자를 덧붙인 것은 양수일에 서부터 시작되었다.

15   을축일(4일)에 좌위장군·추밀승지인 진종신(陳從信, 912~984)과 금군열교(禁軍列校)인 범정소(范廷召, 927~1001) 등에게 책임을 지워 벼슬을 깎았는데 차등이 있었으며, 모두 진왕 조정미와 왕래하였고 그의 사사로운 뇌물을 받은 연고였다. 범정소는 조강(棗强, 河北省 衡水市)사람이다.

16   병인일(5일)에 병부원외랑인 송기(宋琪, 917~996)를 통판개봉부(通判開封府)로 하였다. 경부(京府, 개봉부)에 통판(通判)[15]이 있게 된 것은 송기에서 시작되었다.

---

14 관직명이다. 당 현종은 어사로 태창(太倉)출납사에 충임하였는데 5대에 이를 고쳐서 여경사라고 하였다. 직무는 창고감독에 해당하며 송대에 와서는 무신들을 위하여 돌려 사용하는 관직이 되었다.

15 관직명이다. 주부(州府)의 장관 아래에 양운(糧運), 가전(家田), 수리(水利)와 소송 등의 일을 관장하였으며 주부의 장관에 대한 감찰의 책임까지 가지고 있었다.

17   조보(趙普)가 이미 다시 재상이 되자 노다손(盧多遜)은 더욱 스스
로 편안하지 아니하였다. 조보는 누차에 걸쳐서 노다손에게 물러날 것
을 넌지시 일렀지만 노다손은 권력과 지위를 굳게 하려고 욕심을 내며
결정할 수 없었다. 마침 조보가 노다손과 진왕 조정미가 왕래한 사실을
얼핏 알게 되어 드디어 보고하였다.

　황제는 화가 나서 무진일(7일)에 노다손에게 책임을 지워서 병부상
서로 임명하고서 어사옥(御史獄, 어사대에 설치한 감옥)으로 내려 보내고
중서당(中書堂)의 관리인 조백(趙白)·진부(秦府)의 공목관(孔目官)[16]
인 염밀(閻密)·소리(小吏)인 왕계훈(王繼勳)·번덕명(樊德明)·조회록
(趙懷祿)·염회충(閻懷忠) 등을 체포하여 가두고 한림학사 승지인 이방
(李昉)·학사인 호몽(扈蒙)·위위경(衛尉卿)인 최인기(崔仁冀)·선부랑중

---

16 공목(孔目)의 의미는 호삼성(胡三省)의 말에 의하면 "공목이라는 것은 일공일
　목(一孔一目)이라는 말로 그 손을 거치지 않은 것이 없다."고 하였으며, 송(宋)
　이후에는 점차적으로 이 명칭을 사용하지 않았으니 다만 한림원의 속관으로
　공목을 두었으며 북송시대에는 삼관서원(三館書院)에 공목관을 두어 도적(圖
　籍)을 관장하였다.

(膳部郎中) 겸어사(兼御史) 지잡사(知雜事)인 등중정(滕中正, 908~991) 에게 명령하여 이들을 섞어서 처리하게 하였는데, 노다손과 조백 등이 모두 죄지었음을 자복하였다.

병자일(15일)에 문무상참관(文武常參官)에게 조서를 내려서 조당(朝堂)에 모여서 논의하게 하였는데, 태자태사인 왕부(王溥, 922~982) 등 74명이 노다손과 조정미는 돌아보고 바라면서 빌고 저주하여[17] 대역 부도하였으니 의당 주멸(誅滅)하여 형법을 바르게 해야 한다고 상주하고 조백 등을 참수로 처리하기를 청하였다. 정축일(16일)에 조서를 내려서 노다손의 관작(官爵)을 삭탈하고 애주(崖州, 海南省 海口市)로 유배 보내며 나란히 그 집을 귀양 보내고 기주(期周) 이상의 친지[18]는 모두 먼 지역으로 유배하라고 하였다.

조정미는 개인 집으로 돌아가게 되고 그의 아들인 조덕공(趙德恭, 962~1006)·조덕융(趙德隆, 964~986)에게는 황제의 조카라는 명칭을 회복시키고 딸인 한씨(韓氏)의 며느리에게는 황제의 딸 운양공주(雲陽公主)라는 호칭을 떼어버리게 하였다. 조백과 염밀 등을 도문의 밖에서 참수하고 그 집안을 적몰(籍沒)하게 하였다.

노다손은 귀양지에 가면서 길 가에서 밥을 먹게 되었는데 여관에는 자못 경읍에서 일어난 옛날 일을 말할 수 있는 노파가 있었다. 노다손은 그와 더불어 말을 하였지만 노파는 그가 노다손이라는 것을 몰랐다. 노다손이 말하였다.

"노파는 어디서 와서 여기에 사는 것이요?"

---

17 황제가 되기를 바라면서 황제가 죽기를 저주하였다는 말이다.

18 상례(喪禮)에 의하여 1년 이상 상복을 입어야하는 관계에 있는 사람을 말한다.

노파는 빈축(嚬蹙)하며 말하였다.

"나는 본래 중원지역의 사대부 집안사람이고 아들은 어떠어떠한 관직을 가지고 있었는데, 노아무개가 재상노릇을 하면서 도(道)를 굽혀 어떤 일을 하였지요. 내 아들이 그 뜻을 좇을 수가 없자 노아무개가 이를 악물고 위태한 법조문으로 적용시키니 온 집안이 남쪽 황량한 곳으로 숨어들었는데, 1년이 안 되어 골육들은 계속하여 죽었으며 오직 이 늙은 몸만 산골짜기에 흘러들어 왔다오. 지금 길가에 임시로 기탁하고 있지만 생각이 없는 것은 아니지요. 저 노아무개 재상이 똑똑한 사람을 좀 먹고 세력을 믿으며 불법을 멋대로 행사했지만 끝내는 마땅히 남쪽으로 귀양 가게 되었으니 다행스럽게 아직 죽지 않은 상태에서 혹 그것을 보게 되었을 뿐입니다."

노다손은 잠자코 있다가 바로 수레를 재촉하여 갔다.

기묘일(18일)에 진왕 조정미의 아들과 딸에게 조서를 내려서 나란히 서경으로 가게 하여 조정미의 집에 이르러 편안히 머물게 하였다.

18   객성사(客省使)인 적수소(翟守素, 921~992)에게 명령하여 권지하남부(權知河南府)로 하였다. 몇 년을 이어서 가뭄이 들어 밥 먹기가 어려워지자 백성들이 대부분 도둑질을 하니 황제는 이를 걱정하였는데, 적수소가 이미 도착하고 나자 점차로 편안하고 잠잠해 졌다.

19   경진일(19일)에 좌복야·평장사인 심륜(沈倫, 909~987)이 파직되어 공부상서가 되었다. 황제는 노다손이 거역하는 마음을 가지고 있었는데, 심륜은 같은 반열에 있으면서 깨달아 알아 낼 수 없었으니 그런 고로 책임을 지운 것이다.

심륜은 깨끗하고 단단하며 삼가고 넉넉하여 매번 거가가 나갈 때마다 대부분 안에 있으면서 지키게 하였다. 재상의 자리에 있는 동안에 해마다 기근이 들어서 고향 사람들이 속(粟) 1천 곡(斛)을 빌렸는데, 그 증권을 모두 불태웠다. 그러나 나라를 담당한 지 10년 동안 분명하게 세워 놓은 것이 없어서 진신(搢紳, 사대부)들은 그를 가볍게 생각하였다.

20　이달에 요주는 스스로 군사를 거느리고 남침(南侵)하여서 만성(滿城)에서 싸웠는데, 패전한 것이 쌓이고 수태위(守太尉)인 희달리(希達里, 奚底里)가 떠도는 화살에 맞아 죽었다. 통군사(統軍使)인 야율선포(耶律善布, 善補)는 복병에게 포위되었는데, 추밀사인 야율색진(耶律色珍, 斜軫, ?~999)이 이를 구원하여 죽음을 면하였다. 요주는 야율선포가 대비하는 일에 실패하였다고 하여 그에게 곤장을 때렸다. 5월에 요주는 군사를 돌렸다. 〔지도참고〕

21　갑술일(13일)에 재상인 조보 등이 황제가 친히 옥사(獄事)를 재결하는데 미세하고 감추어진 것을 살펴보니 서로 이끌면서 경하하였다. 황제는 일찍이 조보에게 말하였다.

"짐(朕)은 매번 책을 읽을 적마다 고대의 제왕들이 대부분 스스로를 높이고 위대하다고 하는 것을 보았는데, 깊은 곳에 손을 맞잡고 엄숙하게 있는데 누가 감히 용안(龍顔)을 범접하며 일을 말하겠는가! 만약에 내려가서 마음을 받아들이지 않는다면 마침내 스스로 밝은 귀와 밝은 눈을 가리는 것이다. 혹 기쁨과 노여움에 맡겨서 형을 주고 상을 준다면 어찌 천하 사람들의 마음을 얻을 수 있겠는가?"

❖ 요의 3차 남침도

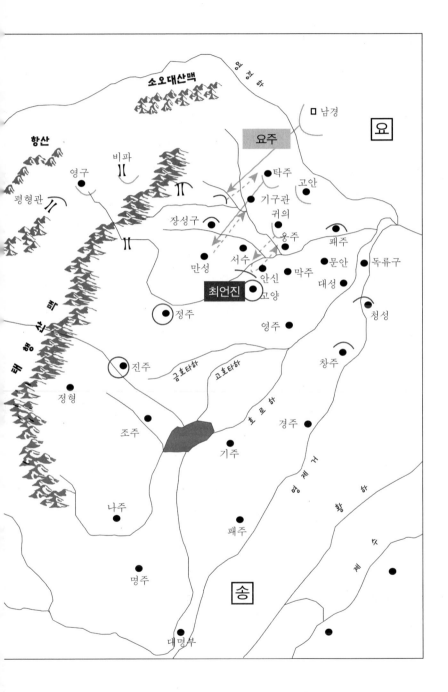

22　신축일(10일)에 최언진(崔彦進, 922~988)이 당흥(唐興)에서 요의 군사를 패배시켰다.

23　기유일(18일)에 하주유후(夏州留後)인 이계봉(李繼捧, 957?~1004)이 와서 조현하고 그들의 은(銀)·하(夏)·수(綏)·유(宥) 4주(州)를 헌상하였다. 하주에서는 이사공(李思恭, ?~886)이 있던 시절부터 아직 일찍이 중국(中國)에 친히 조현한 일이 없었는데, 이계봉이 도착하니 황제는 이를 대단히 기뻐하였다. 〔지도참고〕

24　신해일(20일)에 삼교(三交, 山西 忻顯)행영에서 반미(潘美)가 안문(雁門, 山西省 忻州市 代縣)에서 요의 군사를 패배시켰다고 말하고 추가로 그 보루 36개를 격파하였다. 얼마 있지 아니하여 부주(府州, 陝西省 府谷縣)의 절어경(折御卿, 958~995)이 신택채(新澤寨)에서 요의 군사를 격파하고 그 장교 1백여 명을 붙잡으니 이에 요의 세 길로 들어온 군사들은 모두 패배한 것이다.

25　계축일(22일)에 제주(諸州)의 장리(長吏)들에게 조서를 내렸다.

“지금 보리와 밀이 곧 비싸질 것이니 의당 때에 맞추어 저축하라. 그리고 시골 백성들에게 타이르기를 보통의 해에 들어오는 것은 개나 돼지에게 먹이거나 대부분 술을 담글 수 없다. 시집가고 장가들거나 장례를 치루는 도구는 나란히 간결하고 검소하게 하고 청년 무뢰배들이 서로 모여 도박을 하고 술을 먹은 사람은 이웃 마을에서 함께 붙잡아서 관부로 호송하라.”

❖ 서하 4개주

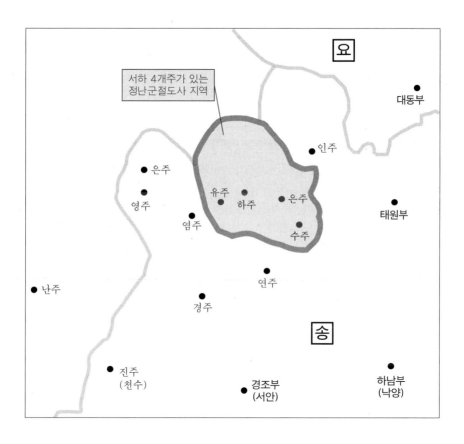

26 조보는 진왕인 조정미를 서경인 낙양(洛陽)으로 귀양 보낸 것이 편하지 아니하여서 지개봉부(知開封府)인 이부(李符)에게 교사하여 말씀을 올리게 하였다.

"조정미가 허물을 후회하지 아니하고 원망하고 있습니다. 빌건대 먼 군으로 옮기시어 다른 변고를 막으십시오."

병진일(25일)에 조정미를 깎아 내려 책봉하여 부릉현공(涪陵縣公)으로 하고 방주(房州, 湖北 房縣)에 안치하였다.

27 경신일(29일)에 숭화부사(崇化副使)[19]인 염언진(閻彥進)을 지방주(知房州)로 하고, 감찰어사(監察御史)인 원곽(袁廓)을 통판군주사(通判軍州事)[20]로 하고 각기에게 백금 300량씩을 하사하였다.

28 조서를 내렸다.

"익명서(匿名書)[21]를 투척하여 다른 사람의 죄를 고발하는 것을 금지하고 요언(妖言)을 만들어서 비방(誹謗)하거나 무리들을 현혹시키는 자는 이를 체포하여 법으로 엄하게 조치하고 그 익명서는 있는 곳에서 이를 태워버리라. 고발한 사람이 있으면 민전(緡錢)으로 포상하라."

---

19 송대 관직에는 숭화부사가 없으므로 숭의부사(崇儀副使)로 하여야 할 것이다. 숭의부사는 송대 무관계급으로 여러 관서의 부사(副使)와 같으며 원풍신제(元豊新制)에 의하면 종7품이며 여경부사(如京副使)의 다음에 위치한다.

20 군주(軍州)란 고대 행정구역의 명칭으로 대부분 전략상의 군사요지를 가리킨다.

21 보낸 사람의 이름을 숨긴 편지를 말한다.

29   조서를 내렸다.

"경조관(京朝官)으로 출사(出使)하게 되어 제공하는 인지(印紙)[22]
는 본래 소속한 부서에 위탁하여 실제의 상황을 쓰게 하고 공로와 허
물을 늘리거나 줄여서 사사로움에 기대어 윗사람을 속일 수 없다. 그에
관계되어 고핵(考覈)하여 쓴 관리는 모두 그 성명을 서명(署名)하고 어
긴 사람은 그 죄를 판결하라."

30   이달에 섬주(陝州, 河南省 三門峽市)에 황충의 피해가 있었고, 태
평주(太平州, 安徽省 馬鞍山市)에는 우박이 떨어져서 농사를 해쳤다.

31   요주가 연자성(燕子城, 河北 張北)에서 더위를 식혔다.

32   애초에 황제는 문자를 연구하는 서책(書冊)에 오류(誤謬)가 많아
서 이를 버리고 바로 잡고자 하였다. 어떤 사람이 조주(趙州, 河北省 石
家莊市 趙縣)의 융평(隆平, 直隷 大名道)주부(主簿)[23]인 성도(成都) 사
람 왕저(王著, 928?~969)를 천거하였는데 글씨를 쓰는 데는 가법(家
法)[24]을 가지고 있어서 마침내 불러서 위위시승(衛尉寺丞)·사관지후

---

22 인지(印紙)는 인력(印歷) 또는 역자(歷子)라고도 하는데 이것은 송대에 관원
   들의 공과(功過)를 기록하여 고과(考課)하는데 사용되는 관방(官方)의 문서
   를 말한다.

23 관직의 이름으로 문관에 속한다. 이 관직은 한대(漢代)에부터 있었는데, 문서,
   서적, 인감을 관장하고 문서를 기초하고 서류와 각종 인장을 관리하였다.

24 전체 가족 구성원들이 신분상 재산상의 관계된 규범을 말하며, 여기에는 도
   덕, 종교, 법률, 풍속, 예술 등의 종합적 의미를 담고 있는 것이다.

(史館祗候)로 하여 편운(篇韻,《玉篇》과《廣韻》)을 상세히 확정하도록 명령하였다. 6월 갑술일(14일)에 저작랑으로 옮겨서 한림시서(翰林侍書)에 충임하였다. 황제는 정무를 보다가 한가한 틈에 매번 서첩(書帖)과 필법(筆法)을 보는데 마음을 두었다. 일찍이 중사인 왕인예(王仁睿)를 파견하여 어찰(御札, 임금의 서찰)을 가져다가 왕저에게 보였더니 왕저가 말하였다.

"아직은 아주 잘 쓰지는 아니하였습니다."

황제는 임서(臨書)하며 배우기를 더욱 부지런히 하여 또 왕저에게 보였더니 왕저의 대답은 전과 같았다. 왕인예가 그 연고를 힐문하자 왕저가 말하였다.

"제왕이 글씨를 처음에 배우는데 혹시 재빨리 훌륭하다고 하면 다시는〔글씨 쓰는 것을〕마음에 두지 않게 됩니다."

오래 되어 다시 왕저에게 보였더니 왕저가 말하였다.

"내공(內功)이 지극하여 신(臣)이 따라잡을 수 없습니다."

그가 훌륭하게 더욱 규제하려 하였던 것이 이와 같았다.

33   을해일(15일)에 사자를 파견하여 이계봉(李繼捧, 957?~1004)의 사마(緦麻) 이상의 친척을 출발시켜서 궁궐로 오게 하였는데, 그의 친척 동생인 이계천(李繼遷, 963~1004)이 지근택(地斤澤, 內蒙古 伊金霍洛旗 西南)으로 달아나서 반란하였다. 이계천은 용감하고 사나우며 지혜를 갖고 있어서, 개보 7년(974년)에 정난군관내(定難軍管內)의 도지번락사(都知蕃落使)를 제수하여 은주(銀州, 遼寧省 鐵嶺市)에 머물러 거주하게 하였다. 그는 송의 사자가 온다는 소식을 듣고 마침내 거짓으로 유모(乳母)가 죽었다고 말하고 교외에 나가서 장사를 지내고 드디어

그의 무리 수십 명과 더불어 지근택으로 들어가서 그의 할아버지인 이사충(李思忠)의 화상을 꺼내어 융인(戎人)들에게 보이니 융인들이 절하고 눈물을 흘렸는데 따르는 사람들이 날로 많아졌다. 지근택은 하주(夏州, 陝西省 靖邊縣 北白城子)에서 동북쪽으로 300리 떨어져 있다.

34 역경원(譯經院, 불교경전 번역기관)을 두었다.

35 가을 7월 갑오일(5일)에 황제의 아들인 조덕숭(趙德崇, 965~1027)을 검교태부(檢校太傅)·동평장사로 하여 위왕(衛王)으로 책봉하였고, 조덕명(趙德明)을 검교태보(檢校太保)·동평장사로 하여 광평군왕(廣平郡王)으로 책봉하였다.

36 서주(徐州, 江蘇省 서주)의 하비현(下邳縣)을 세워서 회양군(淮陽軍)으로 하였다.

37 기주(冀州, 河北省)단련사인 우사진(牛思進)을 호강남둔전(護江南屯田)으로 하였는데 늙고 병들어서 맡은 일을 하지 못하자 상소문을 내어 관직에서 풀어 줄 것을 요구하였다. 을미일(6일)에 우사진에게 우천우위(右千牛衛)상장군을 수여하였다.

38 무승군(武勝軍, 河南省 鄧州市)절도사 겸시중인 고회덕(高懷德, 926~982)이 죽으니 중서령을 증직하고 추가하여 발해군왕(渤海郡王)으로 책봉하였다.

39　계묘일(14일)에 역경원(譯經院)에 행차하여 금중(禁中)에 소장한 범협(梵夾)[25]을 모두 가져다가 서역(西域)의 승려인 천식재(天息災, ?~1000)[26]로 하여금 소장 목록을 보고 아직 등재되지 아니한 것을 번역하게 하였다.

25　불교경전으로 패엽(貝葉)으로 책을 만든 것인데, 패엽을 쌓아 놓고 목판을 양쪽 끝에 올려놓고 끈으로 묶어 둔 것이다.

26　북인도의 가습미라국(迦濕彌羅國)의 승려이다. 북송 태평흥국 5년(980년)에 범본(梵本) 불경을 가지고 변경(汴京)에 왔다. 송 태종은 불러서 만나보고 자의를 하사하고 불경사업을 회복하려고 천식재를 명교대사로 하여 변경에 있는 태평흥국사에 역경원을 설치하고 그에게 시호(施護)·법천(法天)과 이곳에 거주하며 불경을 번역하게 하였다. 태평흥국 7년(982년)부터 옹희 4년(987년)까지 천식재가 번역한 경전으로는 《대방광보살장문수사리근본의궤경(大方廣菩薩藏文殊師利根本儀軌經)》20권, 《분별선악보응경(分別善惡報應經)》2권, 《성불모소자반야경(聖佛母小字般若經)》1권, 《관상불모반야경(觀想佛母般若經)》1권, 관음육자명주(觀音六字明咒) 신앙의 근본경전인 《대승장엄보왕경(大乘壯嚴寶王經)》4권, 《보리행경(菩提行經)》즉 《입보살행론(入菩薩行論)》4권 등 합계 18부 57권이 있다. 단공(端拱) 이후에 다시 계속하여 《중허마하제경(衆許摩訶帝經)》13권, 《묘길상최승근본대교왕경(妙吉祥最勝根本大敎王經)》3권, 《묘길상유가대교금강배라박륜관상성취의궤경(妙吉祥瑜伽大敎金剛陪囉縛輪觀想成就儀軌經)》1권, 《빈파사라왕경(頻婆娑羅王經)》1권 등을 번역하고 함풍 3년(1000년)에 죽었으며 시호는 혜변(慧辯)이었다.

요 경종의 죽음과 황태후의 청정

40 임자일(23일)에 공부상서인 심륜(沈倫, 909~987)이 좌복야(左僕射)로 치사(致仕)하였다.

41 8월 초하루 경신일에 태자태사인 왕부(王溥, 922~982)가 죽었다. 왕부의 성품은 너그럽고 후덕하며 후진을 이끌어 주기를 좋아하니 천거하여 드러난 자리에 오른 사람이 아주 많았다. 왕부의 아버지 왕조(王祚)는 방어사(防禦使)로 집에 살았는데 공경들이 올 적마다 반드시 왕조를 배알하고 술상을 차려놓고 축수하였는데, 왕부가 조복(朝服)을 입고 잰걸음으로 좌우에서 시중을 드니 자리에 앉아 있는 손님은 자리가 편하지 않았지만 왕조가 물러가라고 명하지 아니하면 왕부는 감히 물러나지 않았다. 이에 이르러 죽으니 나이는 61세였는데 황제는 조회를 2일간 그만두었으며, 시중을 증직하고 시호는 문헌(文獻)이라 하였다.

42 부릉현공(涪陵縣公)인 조정미(趙廷美)가 이미 방주(房州, 湖北省)로 나아가서 거주하게 되자 조보는 이부(李符)가 그의 말을 누설할까 두려워하여 마침내 이부가 형벌을 사용하는 것이 마땅하지 않았다는

것에 연좌시켜서 계해일(4일)에 이부에게 책임을 지워 영국군(寧國軍, 安徽 宣城市)사마로 하였다.

43　검남(劍南, 成都)의 각고(権酤, 술의 전매)를 철폐하였는데 지익주(知益州)·공부랑중인 신중보(辛仲甫, 927~1000)가 그것이 백성들을 시끄럽게 한다고 말하여서이다. 기묘일(20일)에 염철사(鹽鐵使)인 왕명(王明)의 요청을 좇아서 천·협에 있는 여러 주의 관부에서 금기(錦綺, 비단)를 직조하는 일을 철폐하였다.

44　요주(遼主) 가 서경(西京, 大同)에 갔다.

45　9월 경자일(12일)에 요주(遼主)가 운주(雲州, 山西省 大同市)에 행차하였다. 갑진일(16일)에 상고산(祥古山, 하북 宣化)에서 사냥을 하였는데 병이 났다. 남추밀사인 한덕양(韓德讓, 941~1011)이 부르기를 기다리지 않고 그에게 속한 가까운 사람들을 인솔하고 행장(行帳, 행재소)으로 가서 황후에게 대신(大臣)을 바꾸어 놓으라고 말하였다. 임자일(24일)에 요주(遼主)가 초산(焦山)에 이르렀다가 행재(行在)에서 죽었는데 나이는 35세였다. 시호를 효성황제(孝成皇帝)로 하고 묘호를 경종(景宗)으로 하였다. 한덕양과 야율색진(耶律色珍)이 유조(遺詔)를 이어받아서 장자인 양왕(梁王) 야율융서(耶律隆緒, 972~1031)로 자리를 잇게 하였는데 나이가 겨우 12세여서 황후가 칭제하고 국정을 결정하였다. 황후가 눈물을 흘리면서 말하였다.

　"어미는 과부이고 아들은 어린데 친족의 무리들은 크고 장대하며 변방은 아직 편안하지 아니한데 어찌할꼬?"

한덕양과 야율색진이 나아가서 말하였다.

"신(臣)들을 신임하시면 어찌 염려할 것이 있겠습니까?"

한덕양이 숙위(宿衛)하는 일을 총괄하니 황후는 더욱 그를 총애하며 일을 맡겼다.

46 계축일(25일)에 권지고려국왕(權知高麗國王)인 왕치(王治, 960~997)[27]가 사자를 파견하여 와서 방물(方物)을 진공(進貢)하였으며, 또한 그의 형인 왕주(王伷, 955~981)가 죽었으니 자리를 세습하기를 요구하니 얼마 안 있다가 이를 돌려서 허락하였다.[28]

---

27 왕치는 고려 태조 왕건의 손자이고 대종(戴宗) 왕욱(王旭)의 둘째 아들로 사촌 형인 경종(景宗) 왕주(王伷)의 뒤를 이었으며 6대 왕으로 즉위한 성종(成宗)이다. 재위 기간은 981년부터 997년까지 17년이었다.

28 《고려사》〈세가(世家)〉 권3에는 이와 관련하여, 是歲 遣侍郎金昱 如宋告嗣位 帝詔報曰: "省所上表: '兄高麗國王伷 去年七月內薨 謝權以國務令臣主持事.' 具悉卿世濟英材 家傳亮節 習禮樂詩書之道 識安危理亂之機 奄鍾手足之悲 諒極肺腸之痛 而乃元昆之理 命撫先政之舊封 一方之士 庶安寧萬室之蒸黎 愛戴越重溟而奉表 望雙闕以傾心 無虧事大之儀 頗得爲臣之禮 更宜善修刑政 恭守憲章 勿忘兢愼之規 永保延長之慶 竚期命使別議加恩 注所深寢興無舍."라고 되어 있어서 송에서 보낸 기록까지 다 기록하였던 반면에 중국 측에서는 그 내용이 특별히 중요하다고 여기지 아니하여 사실만 기록하고 구체적인 내용은 생략하였다. 여기서 이 해란 경종이 죽은 다음 해이며 성종이 즉위한 982년을 말한다. 《송사》 권4에는 이와 관련하여 "十二月 戊寅 高麗國王伷卒 其弟治遣使求襲位 詔立治爲高麗國王"이라는 기록이 보인다. 《고려사》에서는 성종의 즉위를 허락해 달라는 사신을 보낸 날짜를 제대로 기록하지 아니하였지만 《송사》에는 12월 무인일(2일)로 되어 있다. 따라서 이는 고려의 사신이 도착한 날짜일 것이고, 이 사건이 벌어진 것은 9월이기 때문에 《속자치통감》에서는 《자치통감장편》의 내용을 따라서 고려에서 실제로 사건이 일어난 날짜인 9월에 배치한 것이다.

47 맹창(孟昶, 919~965, 항복했던 후촉의 마지막 임금)의 옛날 집에 새로이 상서성(尚書省)을 만들었다.

48 황제는 여러 도(道)의 진사(進士)들 가운데 함부로 하는 사람들이 섞이어 있는데, 혹은 책을 끼거나 다른 사람의 손을 빌려서[29] 요행히 관직을 얻게 되면 가는 곳에서 헌장(憲章)을 범하는 일이 많아지자 조서를 내렸다.

"공거(貢擧)를 하고 있는 여러 주(州)에서는 지금부터 장리가 관원을 선택하여 시험을 보아 합격한 자는 추천해 보내는 것을 허락하라. 이어서 예부에 명령하여 지금부터 해송(解送)된 거인(擧人)은 이부(吏部)에서 사람을 선발하는 예(例)에 의거하여 10명씩을 보(保)로 만들어 가거나 머물면서 규정을 넘겨 위반한 사람이 다른 사람의 고발을 받은 경우가 있게 되면 같은 보(保)에 있는 사람들은 연좌되어 과거에 응시할 수 없게 하라."

49 겨울 10월 초하루 기미일에 요주(遼主, 聖宗 耶律隆緖)가 처음으로 조회에 임석하였다. 신유일(3일)에 여러 신하들이 존호를 올려서 소성황제(昭聖皇帝)라고 하고 황후를 올려서 황태후라고 하였으며 크게 사면하였다. 남원대왕인 야율발고철(耶律勃古哲, ?~990)에게 산서지역 여러 주의 업무를 총괄하게[30] 하고, 북원대왕·유열(裕悅, 于越)인

---

29 과장(科場)에 책을 끼고 들어가거나 다른 사람이 대신 답안을 쓰게 하는 것을 말한다.

30 관직명은 총령산서제주사(總領山西諸州事)이다.

야율휴격(耶律休格, 休哥, ?~998)을 남면행군도통(南面行軍都統)으로 하며 해왕(奚王)인 수녕(壽寧, 籌寧)으로 이를 돕게 하였으며, 동정사문하평장사(同政事門下平章事)인 소도녕(蕭道寧)은 본부군(本部軍)을 관장하여 남경(南京)에 주둔하게[31] 하였다.

50　계해일(5일)에 조서를 내렸다.

"하남에 사는 [변방에 가까이 있는] 이민들이 멋대로 변방의 관문을 나가서 침범하고 약탈할 수 없는데, 위반한 사람에게는 [그] 죄지은 것을 재판하라. 양이나 말의 가축으로 생구(牲口)가 있으면 이를 돌려주라."

황제는 일찍이 가까운 신하들에게 말하였다.

"짐이 매번 《노자(老子)》를 읽다가 '가병(佳兵)이라는 것은 상서롭지 않은 기물(器物)이어서 성인은 부득이 하여야 이를 사용한다.'[32]라는 곳에 이르게 되면 일찍이 재삼 중복하여 규범(規範)과 경계(儆戒)로 삼지 않은 일이 없다. 제왕(帝王)이라는 사람은 비록 무공(武功)을 가지고 평정을 하지만 끝내는 반드시 문덕(文德)을 사용하여 치세(治世)에 이른다. 짐은 매번 조회에서 물러나서는 책 보기를 그만 두지 아니하며 속으로 전 시대의 성공과 실패를 짐작(斟酌)해 보고 이를 시행하며 덜어내고 덧붙이기를 다한다."

31　관직명은 영본부군주남경(領本部軍駐南京)이다.

32　이글은 《도덕경주(道德經註)》 상편 31장에 나오는 것으로 그 원문은 "夫佳兵者 不祥之器物 或惡之 故有道者 勿處"라고 되어 있다. 따라서 "성인은 부득이 하여야 사용한다."는 말은 송 태종이 덧붙인 말로 보인다. 가병이란 용병을 잘하는 것으로 해석하였다.

51 을축일(7일)에 요주(遼主)가 현주(顯州, 遼寧 北鎭一帶로 치소는 奉
先; 北鎭西南)에 갔다.

52 임신일(14일)에 황하가 무덕현(武德縣, 河南 武陟)에 터져서 황하
에 가까이 사는 백성들의 조(租)를 면제해 주었다.

53 기묘일(21일)에 좌간의대부·참가정사(參加政事)인 두칭(竇偁,
924~982)이 죽으니 공부상서를 증직하였다. 황제는 친히 임석하여 통
곡하였다. 곧 다음날에 크게 연회를 열려고 하였으나 조서를 내려서 이
를 그만두게 하였다.

54 계묘일(15일)에 《건원력(乾元曆)》[33]을 시행하였는데, 동관정(冬
官正)인 오소소(吳昭素)가 올린 것이다. 황제는 친히 서문을 쓰고 오소
소 등에게 속백(束帛)을 넉넉하게 하사하였다.

55 11월 갑오일(6일)에 요(遼)에서는 건주(乾州, 遼寧省 北鎭市)를 설
치하였다.

---

33 북송에서 사용한 세 번째의 역법으로 《음양력(陰陽曆)》에 속한다. 태평흥국 연
간에 송 태종이 《응천력(應天曆)》이 실제와 조금 차이가 있자 사천대(司天台)
의 주부인 묘수신(苗守信)과 동관정인 오소소, 주부 유내진(劉內眞)에게 명령
하여 새로운 역법을 만들게 하였는데, 태평흥국 6년(981년)에 완성하였다. 태
종은 위위소경(衛尉少卿)인 원상종(元象宗)에게 명령하여 율력(律曆)에 밝은
학자들과 함께 교정하게 하고 이를 《건원력(乾元曆)》이라고 명명하였다. 건원
력은 회귀년을 365.2449일로 규정하고 삭망월(朔望月)을 29.53061일로 하였
으며, 송 진종 함평(咸平) 4년(1001년)에 《의천력(儀天曆)》으로 대체되었다.

56 기유일(21일)에 이계봉(李繼捧)을 창덕군(彰德軍)절도사로 삼았다.

57 백성들에게 상장(喪葬) 중에는 음악연주를 금하게 하였다.

58 12월 초하루 무오일에 일식이 있었다.

59 요에서는 야율소살(耶律蘇薩, 速撒)을 파견하여 준포(準布, 阻卜)[34]를 치게 하였다.

60 신유일(4일)에 우보궐인 전석(田錫, 940~1004)이 상소문을 올려서 조정 정치의 득실을 논하였지만 회보하지 않았다.

61 양절(兩浙)전운사인 고면(高冕, 936~985)이 조목조목 옛 정치 가운데 불편한 것 100여 가지 일을 올렸는데 조서를 내려서 양절에서 부(賦)를 체납한 것과 전씨(錢氏)시절에 정액 이외로 징수한 것을 모두 면제하게 하였다.

62 황제는 사학(詞學)을 잘하는 인사를 구하기 좋아하다가 수성(須城, 山東 東平縣)에 사는 조린기(趙鄰幾, 922~979)를 찾아서 발탁하여 제고(制誥)를 관장하게 하였는데 겨우 몇 달 되어 죽었다. 양수일(楊守一, 925~988)이 내주(萊州, 山東省 내주) 출신의 선이경(單貽慶)을 천거

----

34 조복(阻卜)은 탁발의 후예를 가리키는 말 혹은 초원의 유목민을 가리키는 말로 해석하고 있으나 확정적이지는 않다.

하자 주부(主簿)로 하여금 불러서 마주하였는데 지의(旨意)에 맞아서 저작좌랑(著作佐郞) 직사관(直史館)으로 제수하였다.

마침 감찰어사인 이광원(李匡源)을 파견하여 고려(高麗)에 사신으로 가게 되자 선이경을 부사(副使)로 삼았더니 선이경이 어머니가 늙었다는 것으로 사양하여 마침내 국자박사인 옹구(雍丘, 河南省 杞縣) 사람 공유(孔維)로 이를 대신하게 하였다.[35] 고려왕인 왕치(王治, 성종)가 공유에게 예(禮)에 관하여 묻자 공유는 군신(君臣)과 부자(父子)의 도리와 오르고 내리는 등 위엄 있는 순서를 가지고 대답하니 왕치는 기뻐하며 말하였다.

"오늘에 다시 중국의 부자(夫子)를 보게 되었구나!"

63   갑자일(7일)에 요(遼)의 달라간(達喇干, 撻剌干)인 내만실(迺曼實, 乃万十)이 술에 취하여 궁액(宮掖)에서 벌어진 일[36]을 말하여 법으로 사형으로 판결되었는데 곤장을 때려서 이를 풀어 주었다.

64   신미일(14일)에 요의 남면(南面)초토사인 진왕(秦王) 한광사(韓

---

35 《고려사》에는 권3, 갑신년(984년) 3월 '戊寅 宋遣大中大夫光祿少卿李巨原 朝議大夫將作少監孔維來冊王'이라는 기록이 있는데, 이거원의 이름이 源이 아니고 原으로 되어 있으며 2년 뒤에 일어난 일이다. 그러므로 《속자치통감》의 이 기사는 전체를 통틀어서 몇 년간의 일을 묶어서 기록한 것이다.

36 《동도사략(東都事略)》에 의하면 태후인 아아극(雅雅克, 燕燕)과 야율융운(耶律隆運)이 통정(通情)하고 사람을 파견하여 그의 처를 목 졸라 죽였다고 되어 있다. 또 의공(醫工)인 적리고(迪里姑)를 총애하고 그 추잡한 것을 사사롭게 상의하자 번번이 그를 죽였다. 여기서 말하는 야율융운이란 한덕양(韓德讓)이다. 그러나 여러 가지 이설이 있다.

匡嗣, 918~983)가 죽었다. 한광사는 먼저 군사를 잃어버린 것으로 죄를 얻었는데, 태후는 그 아들인 한덕양(韓德讓, 941~1011)을 연고로 하여 사자를 파견하여 조문에 임석하고 부의(賻儀)로 준 것이 아주 두터웠으며 후에 추가로 상서령을 증직하였다.

65 경진일(23일)에 우교위(右驍衛) 상장군인 초소보(楚昭輔, 914~983)가 죽었는데 시중을 증직하였다.

66 지동려현(知桐廬縣)·태상시(太常寺)의 태축(太祝)인 승주(昇州, 남경) 사람인 조간(弖衎, 945~1013)이 상소하여 말하였다.

"옛날에는 간사하고 흉악한 사람을 사예(四裔)에 던져 버렸는데 지금에는 마침내 멀리 있는 죄수도 전부 상궐(象闕, 황궁문 앞 양쪽에 멀리 바라볼 수 있는 망루로 궁궐을 말함)로 돌아오게 하여 부역하도록 배속시키니 가장 적당하지 않은 것입니다. 신고(神臯)는 천자가 사는 곳인데 어찌 유배될 죄수로 하여금 여기에 모여서 일하게 할 수 있습니까! 지금부터 외지에 있는 죄인은 바라건대 서울로 해송(解送)하는 것을 허락하지 마시고 역시 머물면서 여러 업무의 역(役)에 충당하도록 해서는 아니 됩니다.

또 《예(禮)》에서 이르기를 '저자에서 사람에게 형을 주어 무리들과 더불어 이를 버린다.'라고 하였으니 황옥자신(黃屋紫宸, 황궁) 안은 법을 집행하여 형벌을 다스리는 장소가 아님을 알겠습니다. 빌건대 지금부터는 어전(御前)에서 벌을 결정하는 형을 시행하지 마시고 칙령(勅令)을 내려서 곤장의 크고 작은 것은 모두 어사와 정위에게 맡기십시오. 또 혹 도적질하고 망명하여 무거운 죄를 지은 사람은 월족정신(刖

足釘身)[37] 한다고 나라의 문(門)에 명령을 공포하십시오.

이에 마침내 우매한 백성들이 형법(刑法)에 어두워서 우연하게 악을 지었으며 도의적으로 다른 것에 미치지 아니하였는데 그 참혹(慘酷)한 독(毒)을 입게 되는 것은 실제로 풍속의 교화(敎化)를 해치는 것이니 역시 바라건대 덜어주고 없애 주십시오. 남형(濫刑)하고 혹독한 법률은 법률 조문에 실려 있는 것이 아니니 나란히 천하에 조서를 내려서 모두 이를 금지시키십시오."

황제가 이 소문을 보고 아주 기뻐하며 조서를 내려서 포상하는 회답을 하였다.

67   윤달(윤12월) 초하루 무자일에 풍주(豊州)에서 요(遼)의 군사와 싸워서 이를 격파하고 그들의 천덕(天德, 內蒙古 烏拉特前旗北部)절도사인 소태(蕭太)를 붙잡았다.

68   신해일(24일)에 조서를 내려서 은(銀)·하(夏) 등의 주(州)에 사는 사람으로 일반 사면할 때에 사면되지 못한 사람들을 사면하라고 하였다.

69   여러 주에 농사(農師)[38]를 두었다.

---

37 월족(刖足)이란 월형(刖刑)을 말하는 것으로 비형(剕刑)이라고도 하는 혹형(酷刑)으로 벌을 받는 사람의 왼쪽 다리 혹은 오른쪽 다리 혹은 두 다리를 자르는 것이고, 정신(釘身)은 몸에 못을 박는 형벌로 모두 혹형(酷刑)을 말하는 것이다.

38 주대(周代)의 관직으로 상사(上士)라고 하는 것인데 이는 농사에 관한 업무를 관장하는 관직이다.

주전 방법의 확정

태평흥국 8년(계미, 983년)[39]

1   봄 정월 초하루 무오일에 요주(遼主)는 대행(大行)[40]이 빈소(殯所)에 있어서 조현(朝見)을 받지 아니하였다.

2   요의 경종의 동생인 야율질목(耶律質睦, 只沒)[41]이 오고부(烏庫

---

39 요의 통화(統和) 원년이다.

40 제왕이나 황후가 죽고 아직 시호를 정하지 못한 경우에 이를 지칭하는 것이다. 이때에 요에서는 경종(景宗)이 죽고 아직 장례를 치루지 않은 상태였다.

41 야율지몰(耶律只沒) 또는 야율장몰(耶律長沒)이라고도 하는데 요 세종(世宗)의 서장자로 진황후의 소생이다. 어떤 기록에는 세 번째 아들이라고도 하는데 이는 아마도 한인(漢人) 출신의 어머니를 둔 때문일 수도 있다. 한자(漢字)와 거란문자를 다 이해하였으며 시·부(詩·賦)에 능했다. 969년에 궁녀와 사통하였다가 목종에게 회초리를 맞고 눈도 하나 찔렸으며 궁형(宮刑)을 받고 처형을 기다리는 도중에 목종이 피살되고 그의 셋째 동생 야율현(耶律賢, 경종)이 즉위하여, 그 후에 사면하고 영왕(寧王)이 되었다. 976년에는 그의 처가 독주를 만들었다가 작위를 빼앗기고 오고부로 유배되었다.

部)의 물리쳐진 장소에 있으면서 일찍이 방학사(放鶴寺)라는 부(賦)를 지었었는데, 태후가 이를 알고 유조(遺詔)를 가지고 불러 돌아오게 하였다. 태후가 명령을 내려서 작약시(芍藥詩)를 부(賦)로 짓게 하였는데 지의(旨意)에 맞으니 을축일(8일)에 영왕(寧王)에 다시 책봉하였다. 재상인 실방(室昉, 920~994) 등에게 은전을 덧붙여 주었다.

3 갑술일(17일)에 요(遼)에서는 형왕(荊王)인 야율도은(耶律道隱, ?~983)이 죽으니 조회를 3일간 열지 않고 추가로 진왕(晉王)으로 책봉하였다. 야율도은은 세종(世宗, 耶律阮; 919~951)의 동생이다.

4 병자일(19일)에 요의 유열(裕悅)[42]인 야율휴격(耶律休格, 休哥; ?~998)을 남경유수(南京留守)로 하고 이어서 남면행영총관(南面行營總管)의 인장(印章)을 내려주며 변방의 업무를 총괄하게 하였다.

5 이보다 먼저 황제는 변방에서 수자리를 서는 것이 수고롭고 고생스럽다고 생각하여 매월 사졸들에게 백금(白金)을 하사하였는데, 군중(軍中)에서는 이것을 월두은(月頭銀)이라고 하였다. 진주(鎭州, 海南省)의 주박도감(駐泊都監)인 미덕초(弭德超)가 틈을 타고서 황제에게 급

---

42 요의 관직명으로 우월(于越), 어월(於越)로도 표기하는데, 돌궐·위글어의 관인(官人), 지자(智者)라는 뜻의 **ge~ge**에서 나왔으며 형용사로 존경하는, 현명한의 뜻을 가진다. 이 관직은 백관의 위에 있으며 군주가 공로가 가장 큰 신하에게 대하여 최고로 표양하는 것이다. 요대 9명의 황제, 210년간의 통치 기간 중에 단지 10명만이 우월이었으며, 구체적인 직장(職掌)은 없었고 품직(品職)도 없었다.

변이 있음을 가지고 보고하여 말하였다.

"조빈(曹彬, 931~999)이 정치를 잡은 것이 오래되어 병사들의 마음을 얻었습니다. 신은 요새(要塞) 지역에서부터 올라왔는데 수졸(戌卒)들이 모두 말하기를 '매월 주는 월두은은 조공(曹公)이 가져 온 것이니 조공이 없다면 우리들은 굶어 죽게 될 것입니다.'라고 하였습니다."

또 다른 일을 가지고 교묘하게 무고(誣告)하니 황제가 자못 그를 의심하였다. 참지정사인 곽지(郭贄, 935~1010)가 극언을 하며 해명하여 풀어 주었지만 듣지 않고 무인일(21일)에 조빈은 파직되어 천평(天平) 절도사 겸시중으로 하였다.

6   기묘일(22일), 동상합문사(東上閤門使)인 개봉(開封) 사람 왕현(王顯, 932~1007)을 선휘남원사(宣徽南院使)로 삼고, 미덕초를 북원사(北院使)로 삼아서 나란히 추밀부사(樞密副使)로 하였다. 왕현은 처음에 전전(殿前)에 예속된 소리(小吏)였었기에 이에 이르러 왕현을 불러서 말하였다.

"경의 집안은 본래 유가(儒家)였는데 어지러운 시대를 만나서 배울 기회를 잃었소. 지금에는 추기(樞機, 기밀을 다루는 중추기구)의 업무를 관장하게 되어서 진실로 많은 책을 넓게 볼 여가가 없었을 것이니《군계(軍戒)》[43] 3편을 익힐 수만 있다면 면장(面牆)[44]을 면할 수도 있을 것이오."

---

43 군대에서 지켜야 할 계율을 적은 책으로 보인다. 구체적으로 이러한 제목을 가진 책이 있는지는 확실하지 않다.

44 《후한서》〈좌웅전〉에 나오는 문구로 담장을 마주하면 보이는 것이 없는 것처럼 배우지도 못하고 다른 술책도 없고 아무 재능도 없는 것을 비유한 말이다.

7   신사일(24일)에 요에서는 야율소살(耶律蘇薩, 速撒)이 준포(準布, 부족 명칭)의 포로를 헌상하니 돌려서 조서를 내려서 아름답게 포상(褒賞)하고 나아가서 당항(党項)의 제부(諸部)[45]를 토벌하라고 명령하였다.

8   임오일(25일)에 요에서는 탁주(涿州, 河北省 保定市)자사인 안길(安吉)이 송(宋)에서 황하 북쪽에 성을 쌓았다고 상주하자 유수인 유열(裕悅, 관직명) 야율휴격에게 이를 어지럽히어 공사를 성취할 수 없게 하라고 명령하였다.

9   갑신일(27일)에 요에서는 서남면(西南面)초토사인 한덕위(韓德威, 942~996)가 당항의 15부가 변경을 침략했는데 군사를 가지고 이들을 공격하여 격파했다고 주문을 올렸다.

10   정해일(30일)에 요에서는 추밀사 겸정사령인 실방(室昉, 920~994)이 나이가 많아 늙었다는 것으로 겸직을 풀어 줄 것을 요청하였는데 허락하지 아니하였다. 실방이 《상서(尙書)》〈무일편(無逸篇)〉[46]을 올려서 간언하자 태후가 이를 듣고 가상하게 여겼다.

---

45 당항족은 한대(漢代)에 강족(羌族)이 대량으로 하롱(河隴)지구와 관중(關中)
   일대로 옮겨왔는데, 이때에 당항족은 농사를 모르는 원시 유목생활을 했다.
   그들은 부락을 단위로 구분하였으며 성씨를 부락의 명칭으로 사용하였고 점
   차로 당항 8부(部)를 이루었으며 그 가운데 탁발씨(拓跋氏)가 가장 강하였는
   데, 이 이외에 흑(黑)당항과 설산(雪山)당항 부락이 있다.
46 《상서》의 〈무일편〉에는 집중적으로 황음(荒淫)을 금지하는 내용이 실려 있다.

11   2월 초하루 무자일에 일식이 있었다.[47]

12   요에서는 각지의 관리와 군민(軍民)은 아무런 연고 없이 무리
들을 모아서 사사롭게 말을 할 수 없었고 야간통행의 금령을 무릅쓰
는 일을 금하고 위반한 사람은 이에 연좌시켰는데, 한덕양(韓德讓,
941~1011)이 정치를 오로지 한 때문이었다.

13   기축일(2일)에 요에서는 남경(南京, 북경)에서 주문을 올려서 송
(宋)에서 변경에 양식을 많이 쌓아 놓았다고 보고하자 태후는 유수인
야율휴격에게 이를 엄하게 대비하라고 명령하였다.

14   갑오일(7일)에 요에서는 경종황제를 건릉(乾陵)에 장사지냈다. 병
신일(9일)에 태후가 건릉에 가서 전(奠)을 드리고 어용전(御容殿, 황제
의 용안을 모신 전각)에 가까운 신하들을 그리라고 명령하였다.

15   신축일(14일)에 요에서는 남경통군사인 야율선포(耶律善布)가 상
주하기를 송의 변경 70여 개의 촌락이 내부하였다고 하자 태후는 그들
을 안무하여 살게 하라고 명령하였다.

16   을사일(18일)에 요에서는 야율소살이 당항 토벌에서 승리하였다
고 상주하니 이들을 위로하였다.

---

47 《요사》에는 안 실려 있으나《송사》와《거란국지》에는 이 기사가 실려 있다.

17 무신일(21일)에 요에서는 특리곤(特里袞, 惕隱, 司徒)인 야율화격(耶律華格, 化哥)을 북원대왕으로 삼고 해리(諧里, 解領)를 남부재상으로 삼았다.

18 신해일(7일)에 요주(遼主)가 성산(聖山, 瀋陽 法庫巴爾虎山)에 가서 드디어 삼릉(三陵)[48]을 배알하였다.

19 3월 기미일(3일)에 요주(遼主)가 독산(獨山)에 행차하여 사자를 파견하여 서남면에서 공로를 세운 장사들에게 상을 주었다.

20 신유일(5일)에 요에서는 대부방(大父房)[49]의 태위(太尉)인 야율합갈녕(耶律哈噶寧, 曷魯寧)을 특리곤으로 삼았다.

21 계해일(7일)에 우간의대부·동판삼사인 송기(宋琪, 917~996)를 좌간의대부·참지정사로 삼았다.

22 처음으로 삼사(三司)[50]를 나누어 삼부(三部)로 하고 각기에 사

---

48 내몽고 적봉시 파림좌기 부근에 있으며 주요한 능묘로는 요의 태조(太祖), 태종(太宗), 목종(穆宗)의 능이 있고, 그 이후의 황제인 성종(聖宗)과 홍종(興宗), 도종(道宗)의 묘도 있다.

49 요는 족장(族帳)제도가 있다. 황족을 포함하여 9장(帳)이 있으며 후대에는 황족과 그들이 소속한 사(司)·방(房)·장(帳)이 있는데, 오원사·육원사에 속하는 등 5방(房)이 있었으며, 또 맹부방(孟父房)·중부방(仲父房)·계부방(季父房)과 횡장(橫帳)이 있어서 모두 1장 3방이라고 하였다. 여기서 대부방이란 그러한 방(房)의 하나로 보인다.

(使)를 두었다. 우간의대부·동판삼사인 왕명(王明)을 염철사(鹽鐵使)로 하고 좌위장군인 진종신(陳從信, 912~984)을 탁지사(度支使)로 하며 여경사(如京使)인 학정(郝正)을 호부사(戶部使)로 하였다.

황제가 일찍이 재상에게 말하였다.

"삼사(三司)의 관리들이 짐의 앞에서 일을 상주하면서 얽히고설키어 같고 다름이 있는데, 이는 진실로 사사로운 일을 위한 것이 아니지만 다만 지나치게 치우친 견해를 고집하고 있으니 좋은 것을 좇아서 논의하지 못한다. 짐은 매번 이치를 가지고 열어서 타이르는데 만약에 제왕이 조급하고 포악하면 어찌 너그럽게 수용할 수 있겠는가! 짐은 신하들에게 장려하고 애호하기에 힘쓰면서 재능에서 우열을 채용하면서 하나하나 볼 수 있어서 그 그릇과 능력에 따라서 각기 맡기고 시킨다. 상주(上奏)를 하고 대답할 때에 말씨와 안색을 빌리지 않는 일이 없으며 선한 것과 악한 것을 아울러 들으면서 아직은 일찍이 이들을 준엄하게 꺾지는 않았다."

송기가 말하였다.

"사람의 재주와 쓰임새는 겸비하는 일이 적습니다. 폐하께서 귀 밝고 눈 밝게 비추어 보시니 단점과 장점이 모두 드러나니 혹 처음으로 천자의 위엄을 보고 속으로 겁내고 두려워하게 되는데 만약에 언사와 용안(龍顔)을 내려주시지 않는다면[51] 어떻게 그의 간절한 정성을 말미암겠습니까? 먼저 돌아가신 황제께서는 만년(晚年)에 조금은 상하여 엄하고 급해지셨습니다. 성스러운 마음으로 깊이 사리를 살펴보며 일

---

50 재정 경제에 관련된 세 가지 업무를 관장하는 관서이다.

51 부드러운 말씨와 부드러운 안색을 의미하는 것이다.

의 사정을 다 드러내시면 신하들은 대단히 다행입니다."

23   갑자일(8일)에 요주(遼主)가 요하(遼河)의 평정(平淀)[52]에 머물렀다.

24   기사일(13일)에 제왕부(諸王府)와 황자부(皇子府)에 처음으로 자의(諮議)·익선(翊善)·시강(侍講) 등의 관직을 두었는데 저작좌랑인 요탄(姚坦)·국자박사인 형병(邢昺, 932~1010) 등으로 이를 삼았다. 요탄과 형병은 모두 제음(濟陰) 사람이다.

25   병자일(20일)에 강무전(講武殿)에 나아가서 예부(禮部)의 공거인(貢擧人)들에게 복시(覆試)를 치러 진사인 장사(長沙) 사람 왕세칙(王世則) 이하 175명을 발탁하고 제과(諸科) 516명에게 나란히 급제를 하사하였는데, 진사는 54명이고 제과는 117명으로 동출신(同出身)으로 하였다. 처음으로 갑을(甲乙)로 등급을 나누고[53] 경림원(瓊林苑)에서 연회를 베풀어 주었는데, 뒤에는 드디어 오래도록 제도화되었다.

---

52 거란 민족은 물 근처에 있는 평평한 곳을 평정이라고 하는데, 《요사》에는 흑산평정(黑山平淀), 흑하평정(黑河平淀), 요하의 평정, 춘주북평정(春州北平淀) 같은 말이 나온다. 요새 북쪽에는 산맥과 사막이 많은데 물가의 호반에 있는 평지는 토지가 비옥하고 수초가 풍부하여 목축을 하기에 편하기 때문에 이를 입정(入淀)이나 출정(出淀)이라는 말이 나오는 것이다.

53 본문에는 분갑(分甲)라고 되어 있는데, 《국사지(國史志)》를 보면 분제갑을(分第甲乙)이라고 되어 있어서 갑을로 등급을 나누었다는 말이다.

26 신사일(25일)에 요나라에서는 국구(國舅)이며 동평장사인 소도녕 (蕭道寧)을 요흥군(遼興軍)절도사로 삼고 이어서 충량좌리공신(忠亮佐 理功臣)이라는 호칭을 하사하였다.

27 임오일(26일)에 요에서는 청우(靑牛)와 백마(白馬)를 가지고 천지 (天地)에 제사를 지냈다.[54]

---

54 거란의 기원에 관한 신화에 흰말과 푸른 소에 관한 이야기가 있다. 요령(遼寧) 과 내몽고(內蒙古)를 가로 지르는 서랍목륜하(西拉沐倫河)와 노합하(老哈河) 라는 두 개의 하류(河流)가 있는데 서랍목륜하는 대흥안령(大興安嶺)의 남 단(南端)에서 기원하고, 노합하는 요령의 의무려산(醫巫呂山)의 서쪽 아래에 서 기원하여 두 물길이 합쳐져서 대하(大遼河)로 흘러 들어가는데 이것이 요 하의 상유(上游)이다. 서랍목륜하란 거란어로 황수(潢水)의 뜻이 있고, 노합 하는 토하(土河)의 뜻이 있어서 거란족이 이 두 하류 유역에서 번창하고 생 식하였기에 여기에서 아름다운 신화가 탄생하였다. 그 신화전설을 보면 다음 과 같다. '오래도록 천궁(天宮)에 살던 천녀(天女)가 구름 위에서의 삶이 적막 하여 한 마리의 푸른 소[靑牛]를 타고 평지삼림(平地森林)이라는 곳에서부터 황수를 따라 내려 왔다. 또 신인(神人)이 한 마리의 흰말[白馬]를 타고 마우산 (馬盂山)에서 토하(土河)를 따라서 동쪽으로 내려왔다. 그리하여 푸른 소가 끄는 수레를 탄 천녀와 흰말을 탄 신인이 황수와 토하가 모이는 지점인 목엽 산(木葉山)에서 만났다. 천녀와 신인은 백마를 놀게 하고 청우를 가라고 하고 서 서로 기뻐하며 만났다. 이때에 하늘에서 꽃비가 내리고 땅에서는 영지(靈 芝)가 자라며 온갖 꽃이 피었으며 만 리에 푸른 하늘이 펼쳐졌고, 상서로운 구름과 산들 바람이 불었고 여러 산들이 푸르렀으며, 대지에서는 한 점 상서 로운 기운이 일어났다. 천녀와 신인은 여기에서 즐거운 날을 보내고 손을 잡 고 꽃향기 나는 마음과 새소리 지저귀는 마음을 토로하며 남녀가 사랑하였 으니 이는 하늘이 만들어 준 것이며, 거란 민족의 시조전설(始祖傳說)이다. 거 란인들은 이 전설을 아주 중시(重視)하여 요의 태조인 야율아보기가 일찍이 목엽산에 시조묘(始祖廟)를 세웠는데, 기수가한(奇首可汗, 神人)은 남쪽 사당 에 모시고 기돈가한(奇敦可汗, 天女)은 북쪽 사당에 모시면서 매년 받들고 제 사를 끊이지 않았으며, 전쟁을 하게 되면 반드시 여기에 제사를 지내며 보고

28 건(虔, 江西省 贛州)·신(信, 江西省 上饒市)·요(饒, 江西省 鄱陽縣)
세 주(州)에 조서를 내려서 매해에 연(鉛, 납)과 석(錫, 주석)을 사들여
전(錢)을 만들라고 했는데 전운사인 장제현(張齊賢, 942~1014)이 요청
하였던 것이다. 장제현은 처음에 강남서로전운부사(江南西路轉運副
使)였는데, 요주·신주·건주의 산골짜기에 있는 동(銅)과 철(鐵)이 나는
곳을 물어서 알아내었다. 또 전 시대의 주조법은 오직 요주 영평감(饒
州 永平監)이 당(唐)의 개원(開元) 연간에 전(錢)을 만드는 재료를 사용
하였는데, 견실(堅實)하여 오래 갈 수 있었다. 이로부터 그 방법을 확정
적으로 채용하여 매년 50만 관(貫)을 주조하였는데, 무릇 구리 85만 근
(斤)과 납 15만 근, 주석 16만 근을 사용하였다. 장제현이 궁궐에 나아
가서 대면하고서 그 일을 진술하였다.

조서가 이미 내려졌는데, 새로운 방법은 납과 주석을 많이 든다고
말하는 사람이 있었지만 장제현은 굳게 당대(唐代)의 옛 방법을 인용
하여 말하니 논의하는 사람들이 빼앗을 수 없었다. 그러나 당의 영평전
법(永平錢法)은 육호주곽(肉好週郭)[55]이 정묘(精妙)하여 장제현이 비
록 매해 수량을 배로 주조하였기에 점차로 조악(粗惡)하게 되었다.

29 갑신일(28일)에 복건(福建)에 있는 여러 주의 염금(鹽禁)[56]을 없

하여 전쟁이 순조롭게 승리하기를 빌었다.'

55 고대 원형의 옥기(玉器)와 전폐(錢幣) 등의 가장자리와 구멍을 말한다. 육(肉)
이란 가장자리이며 호(好)란 가운데 있는 구멍이다. 주곽이란 고전(古錢)에서
원으로 되어 있는 가장자리와 네모로 구멍이 뚫린 구멍에서 조금 올라와 있
는 윤곽을 말한다.

56 염금이란 고대(古代)에 개인이 소금을 생산하는 것을 금지하는 법령이다.

앴다.

30   여름 4월 초하루 병술일에 요태후와 요주(遼主)가 동경(東京, 遼宁省 遼陽市)에 갔는데, 추밀부사인 야율묵특(耶律黙特, 沒只)을 동경유수로 하였다. 경인일(5일)에 태조묘를 배알하였다. 계사일(8일)에 태후가 조서를 내려서 부리(婦嫠)[57]로 사는 부녀들에게 상을 하사하였다. 신축일(16일)에는 태후가 요주와 함께 세 릉(陵)[58]을 배알하였다.

31   황제가 복건(福建)의 판적(版籍, 호구책)을 열람하고 재상에게 말하였다.

"진홍진(陳洪進, 914~985)은 장(漳, 복건성 장주)·천(泉, 복건성 천주시) 두 주(州)를 가지고 수만 명의 무리를 감당하였으니, 명목 없는 과부(科賦)[59]를 징수하면 백성들이 감당하지 못한다. 최근에 조정에서 이미 모두 면제하고 삭감하였고 백성들은 모두 은혜에 감사하니 짐도 역시 느끼지 못하는 사이에 스스로 기쁘다."

또 일찍이 조보에게 말하였다.

---

57 외롭게 사는 부녀 즉, 과부(寡婦)를 말한다. 이부(嫠婦)라고도 하는데, 이절(嫠節)이란 부녀의 절조(節操)를 말하며, 이는 지아비가 죽고 나서도 개가(改嫁)하지 않는 것을 말한다.

58 요 왕조의 황제를 지낸 사람들의 능묘(陵墓)로 내몽고 적봉시 파림좌기(內蒙古 赤峰市 巴林左旗) 부근에 있으며 중요한 것으로는 요 태조(太祖)의 조릉(祖陵), 요 태종(太宗)과 목종(穆宗)의 회릉(懷陵)이며, 그 후로 요 성종(聖宗), 흥종(興宗), 도종(道宗)의 묘가 있다.

59 정해진 조부(租賦) 이외로 부가하여 물리는 것을 말한다.

"종전에 한 지역을 점거하였던 정권[60]이 취렴(聚斂)한 것이 무릇 수백 종이었지만 짐이 모두 제거하도록 하였는데, 다시 5년이나 7년쯤 지나면 마땅히 백성들의 조세를 모두 감면하여야 할 것이요. 경은 짐의 이 말을 기록하여 두면 헛되이 한 말이 아닐 것을 알 것이요."

조보가 말하였다.

"폐하께서 백성들을 아끼시는 뜻은 천심에서 나온 것으로 오직 처음부터 끝까지 힘써 이를 실천하면 천하 사람들은 아주 다행일 것입니다."

---

60 여기서는 복건지역에 있던 왕국을 가리키는 것이므로 오월국을 말하며, 오월국왕인 전숙(錢俶)은 북송에 항복하였다.

황하의 범람과 대책

32   임인일(17일)에 외관(外官, 외성의 관리)에게 계유(戒諭)를 반포하
였다. 황제는 처음에 경계하는 말 두 가지를 만들었는데, 하나는 경조
관(京朝官, 京官과 升朝官)으로 외지(外地)에 책임을 받은 사람에게 경
계한 것이고, 다른 하나는 막직(幕職)[61]과 주현관(州縣官)에게 경계한
것이었다. 이에 이르러서 합문(閤門)[62]으로 하여금 조사를 하는 날에
지의(旨意)를 선포하여 욱려(勗勵, 勉勵)하게 하였고, 이어서 그 말을
치소(治所)의 건물 벽에 써 두어서 준수하여 경계로 삼았다.

33   요주(遼主)가 응화전(凝和殿, 凝神殿)에서 향사(享祀)를 드렸고,

---

61 지방장관에 속한 관리로 남북조시기에는 참군(參軍), 주부(主簿)가 있었고,
    송대에 오면 첨서(簽書), 판관청(判官廳)의 공사(公事), 사리(司理), 사법(司法),
    사호(司戶), 녹참(錄參, 錄事參軍), 절추(節推, 節度推官), 찰추(察推, 觀察推官),
    절판(節判, 節度判官), 찰판(察判, 觀察判官) 등이 있었다.

62 합문은 궁전의 측면에 있는 문을 말하는 것이지만 송대에 오면서 관원들의
    조참과 연회, 예의 등에 관한 업무를 담당하는 기관으로 그 책임자는 합문사
    였다.

계묘일(18일)에 건릉(乾陵)[63]을 배알하였다.

34　애초에 미덕초(弭德超)가 조빈(曹彬, 931~999)을 비방하면서 추밀사(樞密使) 자리를 얻기를 기대했는데, 부추밀사가 되자 크게 실망하였으며, 반열에서도 또한 시우석(柴禹錫, 943~1004)의 아래에 있게 되었다. 하루는 왕현(王顯, 932~1007)과 시우석을 욕하면서 말하였다.

"나는 국가의 대사(大事)를 말하여 사직을 편안하게 한 공로를 가지고 있어도 단지 가느다란 큰 관직을 얻었을 뿐인데, 너희들은 어떤 사람이기에 도리어 나의 위에 있는가?"

또 말하였다.

"윗분[황제]은 잡고 지키는 것이 없어서 너희들에게 현혹되었다."

왕현 등이 그 일을 아뢰자 황제는 화가 나서 그를 신문하도록 명령하니 미덕초가 모두 갖추어 자복하였다. 임자일(27일)에 제명(除名)하였고, 아울러 친속들을 경주(瓊州, 海南省 海口市)로 유배하였다.

미덕초는 처음에 이부(李符)와 송기(宋琪, 917~996)의 천거를 받아서 황상을 섬겼는데 이부가 벼슬이 깎여서 영국(寧國, 安徽省 東南部) 사마(司馬)가 되고 미덕초는 추부(樞府, 추밀부사)의 일을 맡자 누차 그것을 억울해 하였다.[64] 마침 미덕초가 실패하였는데, 황제가 그들의

63　건릉은 요의 경종 야율현(耶律賢)과 그 황후인 소작(蕭綽)을 합장한 능묘이며 요령성 북진시(北鎮市) 신립촌(新立村)에 있는 낙타산(駱駝山)에 있다. 현재는 건물과 봉토가 무너져서 보이지 않는다.

64　이부의 천거를 받은 미덕초는 자기를 추천한 이부가 영국사마로 크게 좌천되자 그 영향을 받아서 자기가 겨우 추밀부사에 머물게 된 것을 억울해 한 것이다.

붕당을 싫어하여서 이부를 영표(嶺表, 남쪽 오령 이남 지역)로 유배시키
도록 하였다.

　노다손이 애주(崖州, 海南省 三亞市 崖城鎮)로 유배되자 이부는 조보
에게 말하였다.

　"주애(硃崖, 海南省 珠崖郡)는 비록 멀리 바다 가운데 있지만 그곳의
물과 땅이 자못 좋습니다. 춘주(春州, 廣東省 陽春市)는 비록 가깝기는
하지만 장기(瘴氣)[65]는 심하게 독을 품고 있어서 도착한 사람은 반드
시 죽으니 노다손을 그곳에 두는 것만 같지 못합니다."

　조보는 대답하지 않았다. 이에 이부를 지춘주(知春州)로 하였더니
1년여 만에 죽었다.

　미덕초가 이미 실패하고 나자 황제는 조빈에게는 다른 것[과실]이
없다는 것을 깨닫고, 그를 더욱 후하게 대우하였으며 종용히 조보 등에
게 말하였다.

　"짐이 듣고 단안을 내린 것이 밝지 아니하여 속으로 마음에 부끄럽
다."

　조보가 대답하여 말하였다.

　"폐하께서 미덕초가 재간이 있다고 알아서 그를 임용하셨고 조빈에
게 죄가 없다는 것을 살펴보고 밝히 이를 씻어주셨으니, 사실이 감추어
진 것이 없었고, 일은 어느 정도에 이르자 즉각 단안(斷案)을 내리시었
으니 이것이 폐하의 성스러운 밝으심을 드러내는 것입니다.

65　중국 남방의 산림 속의 뜨거운 열기가 많은 환경 속에서 어떤 원인(동물 혹은
　식물)으로 나타나는 일종의 병을 유발하는 독기(毒氣)를 말한다.

35 진무전(進武殿)을 고쳐서 숭정전(崇政殿)으로 하였다.[66]

36 요에서는 여러 신하들이 태후가 청정(聽政)[67]하기 때문에 의당 존호(尊號)가 있어야 한다고 하여 유사(有司)에게 책례(冊禮, 책봉의 의례)를 자세히 확정하도록 하교(下敎)하기를 요청하였다. 추밀원에 조서를 내려서 연변(沿邊)의 절장(節將)들에게 유시하기를 '책례를 시행하는 날이 되면 단지 자제(子弟)를 파견하여 표문을 받들어서 축하'만 하는데, 변방의 방비에서 실패하는 일이 있을까 걱정해서이다. 추밀원에서 북부사도(北府司徒)인 야율파덕(耶律頗德)에게 남경(南京, 북경)에서 올린 율문(律文)을 번역하도록 조서를 내리라고 요청하자 이를 좇았다.

37 5월 초하루 병진일에 황하가 활주(滑州, 河南省 滑縣)의 한촌(韓邨)에서 터져서 전(澶, 河南省 淸豊縣)·복(濮, 山東省 鄄城과 河南省 范縣, 그리고 濮陽市의 南部)·조(曹, 山東省 菏澤市)·제(濟, 河南省 濮陽市, 山東省 聊城市와 泰安市 경계 지역)의 여러 주(州) 백성들의 전지(田地)에 범람하였고, 사람들이 사는 여사(廬舍)를 무너트리고 동남쪽으로 물이 흘러서 팽성(彭城, 강소성)의 경계까지 가서 회하(淮河)로 들어갔

---

66 이때에 이르러 무력을 숭상한다는 의미의 진무(進武)라는 전각을 정치를 숭상한다는 의미로 바꾼 것은 북송 정책의 전환으로 볼 수도 있을 것 같다.

67 보통 수렴청정(垂簾聽政)이라고 한다. 수렴이란 발을 늘어트리는 것이며, 청정이란 정치적인 업무를 보고 받고 처리하는 것을 말한다. 황제가 어릴 경우에 태후(太后)가 조회에 나아가서 정치적인 업무를 처리하는데, 태후는 여러 신하들을 만나야 하지만 남녀의 구별 때문에 태후의 자리 앞에 발을 쳐 놓고 태후는 그 안에서 여러 신하들을 접견하는 것이다.

는데, 곽수문(郭守文, 935~989)에게 정부(丁夫)를 징발하여 이를 막도록 명령하였다. 〔지도참고〕

38　요(遼)의 국구(國舅)이며 정사문하평장사(政事門下平章事)인 소도녕(蕭道寧)[68]이 황태후(皇太后) 생신을 경축(慶祝)하기 위해 부모의 집에 돌아가서 예를 거행하도록 요청하였고, 제국공주(齊國公主, 969~1045)[69]와 명부(命婦)[70] 그리고 여러 신하들은 각기 물건을 올려서 연회를 열고 국구의 장하(帳下)에 있는 노인들에게 물건을 차등 있게 하사하였다.

39　정묘일(12일)에 조서를 내려서 도성(都城)의 남쪽에 태일궁(太一宮)을 짓도록 하였다.

---

68 국구(國舅)란 황태후 혹은 황후의 동생이나 오빠를 말하므로 황제의 외삼촌 혹은 처남이다. 그렇다면 소도녕은 황태후 소작(蕭綽)의 오빠이거나 남동생 혹은 성종(聖宗) 야율융서(耶律隆緖)의 처남이어야 하지만 야율융서의 외삼촌이나 처남 가운데는 소도녕이 없다. 그러므로 여기에서의 국구란 일반적인 혈연관계로 붙여진 이름이 아니다. 요(遼)에서는 관사(官司)와 하사한 명칭으로 국구를 사용하였는데, 대국구사(大國舅司)를 설치하고 관명 위에 국구라는 호칭을 덧붙여 주고 있다. 《요사(遼史)》의 〈백관지(百官志)〉를 보면 국구태사(國舅太師), 국구상온(國舅詳穩), 국구별부(國舅別部) 등이 있다.

69 제국공주는 요 경종과 황후 소작의 딸이며 성종의 누나이다.

70 명부에는 내명부와 외명부가 있는데, 내명부는 군왕의 처첩, 미혼 자매, 미혼 아녀자와 직계 여성 존친속을 말하며 바로 황후에서 공주, 종실의 처첩이나 모친까지를 포함하고 있다. 외명부는 고명(誥命)을 받은 관리의 부인을 말하는데, 이미 결혼한 공주, 군주로부터 작위를 받은 관원의 모친이나 정실 등을 말한다.

❖ 황하지역 범람지구

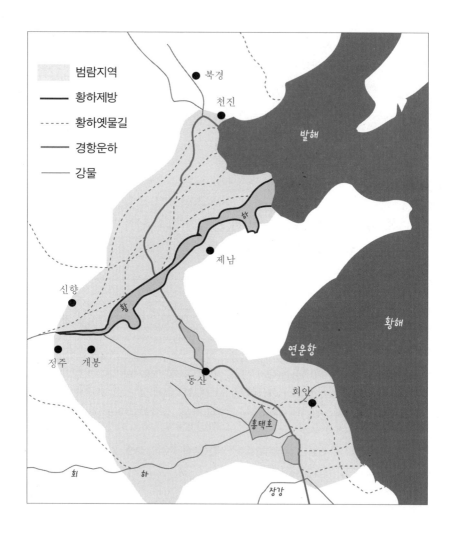

40　여환(黎桓)[71]이 스스로 삼사(三使)[72]의 유후(留後)[73]라고 하면서 사자(使者)를 파견하여 진공하였으며 아울러 정선(丁璿, 974~1001, 정(丁) 왕조의 폐제)의 양위표문(讓位表文)을 올렸다. 조서를 내려서 정선 모자(母子)를 보내어 궁궐로 오게 하였지만 듣지 않았다.

41　경오일(15일)에 요(遼)에서는 남경통군사(南京統軍使)인 야율선포(耶律善布, 善補)가 연(燕)지역의 백성으로 송(宋)으로 도망하여 들어 온 사람들을 불러들여서 1천 호를 얻어가지고 귀국하니 조령을 내려서 위무하였다.

42　신미일(16일)에 요주(遼主)가 영주(永州, 內蒙古 翁牛特旗)에 다다랐다.

43　을해일(20일)에 요(遼)에서는 추밀사인 한덕도(韓德度)가 후한(後漢)의 태후가 임조(臨朝)하였던 고사[74]를 채택하여 태후의 존호(尊號)

71　여환(黎桓, Lê Hoàn, 941~100)은 월남 정조(丁朝)를 무너트리고 여조(黎朝)를 세운 여조의 개국군주이며 980년부터 1005년까지 재위하였다.

72　여기서 삼사란 월남지역에 있는 세 개의 군 즉, 교지(交趾, 越南東京, 즉 越南의 北部)와 구진(九眞, 越南淸化省, 義安省, 河靜省, 廣平省, 즉 월남의 중부)와 일남(日南, 越南 順化以南, 즉 越南의 중부와 그 남쪽 일부분)을 가리키는 것이다.

73　관직상 책임자가 없을 때에 임시로 그 업무를 추진하도록 맡겨진 직책을 말한다.

74　후한(後漢)시대에는 황태후가 임조한 경우가 제일 많았는데, 임조칭제한 사람은 등수(鄧綏), 염희(閻姬), 양납(梁妠), 두묘(竇妙), 하황태후(何皇太后)이다.

를 올리는 책례(冊禮)의 초안을 기초하여 정(定)하고 이를 올렸다.

44 병자일(21일)에 요(遼)에서는 청우(靑牛)와 백마(白馬)를 가지고 천지에 제사를 지냈다. 무인일(23일)에는 요주(遼主)가 목엽산(木葉山)에 갔다.

45 요(遼)에서는 서남로초토사(西南路招討使)인 대한(大漢)[75]이 당항(党項)의 여러 부(部)에서 온 사람이 아주 많다고 상주하자 조서를 내려서 아름답다고 포상하였다.

46 6월 초하루 을유일에 요주(遼主)가 유사에게 조서를 내려서 황태후를 책봉하는 날에 3품 이상은 법복(法服)[76]을 입고 3품 이하는 대사류(大射柳)[77]의 복장을 사용하라고 하였다.

---

75 대한은 정식명칭이 아니다. 연구에 의하면 이 사람은 한광사(韓光嗣, 918~983)의 아들인 한덕위(韓德威, 942~996)로 알려지고 있다. 한덕위는 보령(保寧) 초에 상경(上京)황성사와 유주(幽州)방어사, 북원(北院)선휘사를 역임하였으며, 아버지가 죽자 사임하였다가 다시 임시로 서남초토사가 되었다. 그러다가 통화(統和) 원년(983년)에 당항 15부(部)가 침입하자 이를 공격하여 패배시켰으며 정식으로 서남초토사가 되었다. 이러한 상황으로 보아서 대한은 한덕위로 생각된다.

76 조복(朝服)을 말한다. 태조 병인년에 황제에 즉위 할 적에 조복에 충갑하였던 것은 비상사태를 대비한 것이었으며, 그 후에 슬슬례(瑟瑟禮), 대사례를 행할 때에 조복을 입게 하였던 것은 한법복(漢法服)이었다. 한복(漢服)이란 황제(黃帝)시절에 만들었다는 면관장복(冕冠章服)으로부터 시작하여 그 후 내려오면서 조금씩 변하였고, 당대(唐代)에는 면관에 강포(絳袍)를 조복으로 하였으며 요(遼)에서도 이것을 채용하였다.

47 요(遼)에서는 서남로(西南路)초토사가 당항(党項)의 부장(部長)[78]이 내부(內附)하게 해달라고 빌었다고 상주하자 조서를 내려서 이를 무위(撫慰)하고 이어서 그것이 진실인지 거짓인지를 살피면서 삼가 변방을 대비하라고 하였다.

48 병술일(2일)에 요주(遼主)가 상경(上京, 內蒙古 赤峰市 巴林左旗 林東鎭南)으로 돌아갔다.

49 정해일(3일)에 한림학사·중서사인인 이목(李穆, 928~984)을 지개봉부(知開封府)로 하였다. 이목은 분석하고 판결하는 것이 세밀하고 민첩하여서 간사하고 교활한 사람들이 관용을 받지 못하였으니 이로 말미암아서 호강(豪强)들의 흔적이 가려지고 권세 있고 귀한 사람들이 감히 사사로움으로 가지고 간섭하지 아니하였다. 황제는 그의 재주를 더욱 알고 비로소 속으로 크게 쓰려고 하였다.

50 신묘일(7일)에 요(遼)에서는 태묘(太廟)에서 제사를 지냈다.
갑오일(10일)에 요주(遼主)는 여러 신하를 인솔하고 태후에게 존호

---

77 사류(射柳)란 찰류(扎柳)라고도 하는데, 화살로 버드나무 가지를 쏘는 것으로 일종의 활쏘기 활동이다. 남북조시기에 선비족, 흉노족 등 북방민족의 관습이 청대에까지 이어지고 있었다. 요·금(遼·金)시기에 정형화된 의식으로 바뀌었는데, 이때에 입는 복장은 안마(鞍馬)까지도 평소와는 다른 복장을 하였다.

78 당항족은 나뉘어 8부(部)가 되었는데, 세봉씨(細封氏), 비은씨(費听氏), 왕리씨(往利氏), 파초씨(頗超氏), 야리씨(野离氏), 방당씨(房當氏), 미금씨(米擒氏), 탁발씨(拓跋氏) 등 8부이며 이 가운데 어떤 부의 우두머리로 보인다.

(尊號)를 올려서 승천황태후(承天皇太后)로 하였으며, 여러 신하들은 요주에게 존호를 올려서 천보황제(天輔皇帝)로 하였는데, 크게 사면하고, 기원을 고쳐서 통화(統和)로 하였다. 국호(國號)를 바꾸어 대거란(大契丹)으로 하였다. 정미일(23일)에 요(遼)에서는 백관들에게 각기 작위를 1급씩 올리고 추밀부사(樞密副使)인 야율색진(耶律色珍)을 수사도(守司徒)로 하였다.

51　기해일(15일)에 왕현(王顯, 932~1007)을 추밀사(樞密使)로 하고, 시우석(柴禹錫, 943~1004)을 선휘남원사(宣徽南院使) 겸추밀부사(兼樞密副使)로 하였다.

시정기 작성의 제도화

52   황제가 가까운 신하들에게 말하였다.

"짐(朕)이 친히 많은 선비를 선발하면서 기갈(飢渴)함을 거의 잊었으며 불러서 다가가서 묻고 그 재주를 보고는 선발하여 이를 채용하였으니, 돌이 뒹구는 들판에 유일(遺逸)은 남아 있지 않고, 조정에는 군자가 많을 뿐이기를 기대하였다. 짐이 매번 포의로 진신이 된 사람을 보면 그 사이에는 단아(端雅)하여 무리들이 추천하고 칭찬하는 사람이 되니 짐은 그들의 부모를 대신하여 기쁘다. 혹은 불러서 근신으로 제수하였는데, 반드시 좋은 날을 선택하여 그들이 끝까지 길(吉)하기를 바란다. 짐은 사대부에게 빚을 진 것이 없다."

마침내 재상에게 말하였다.

"당대(唐代)에는 채방사(採訪使)를 두었는데, 대개 관리들의 선악(善惡)과 인민의 질고(疾苦)를 살피고자 함이었다. 그러나 명령을 받은 사람은 관직이 높으면 권세가 대단히 무겁고, 관직이 낮으면 위엄 있는 명령이 시행되지 않았다. 또 만나는 주(州)와 군(郡)에서는 받잡고 영접하는데 여가가 없으니 어찌 이로움과 해로움을 살펴 알 수 있겠는가? 다만 헛된 명목뿐이다. 이렇게 여러 인재들을 신중하게 선발 하여 각기 나누어 일을 하도록 맡겨서 공로가 있고 허물이 있으면 상과 벌을 분명히 할 것이다.

또 국가가 인재를 선발하는데 가장 절실하게 힘써야 하는데 인군(人君)이 아홉 겹 깊은 곳에 살면서 어찌 두루 알아서 반드시 채택하여 묻겠는가? 진실로 훌륭하다고 칭찬 받는 것이 많으면 바로 조행(操行)에 한 점 티도 없을 것이니 만약에 한 사람을 택하게 된다면 이로움이 한이 없을 것이다. 옛 사람들의 말에 '열 마리의 좋은 말을 얻는 것이 한 마리의 백락(伯樂)[79]을 얻는 것만 못하고, 열 자루의 날카로운 칼을 얻는 것이 한 자루의 구야(歐冶)[80]를 얻는 것만 못하다.'라고 하였는데, 짐이 게으로지 않고 찾아서 묻는 것은 단지 훌륭한 인재를 찾아내어 일을 맡기어 시키는데 충당하려는 것이다."

조보가 말하였다.

"제왕이 훌륭하고 착한 사람을 올려서 채용하는 것은 실제로 태평스러운 치리(治理)에 도움이 되지만 그러나 채택하는 것에서 중요한 것은 그 알맞은 곳을 얻는데 있습니다. 대개 군자와 소인은 각기 그 무리의 부류가 있으니, 먼저 계셨던 성인은 허물을 살펴보되 그 무리에서 찾았으니 신중하지 않을 수 없습니다."[81]

---

79 백락(伯樂, 기원전 680?~기원전 610)의 원래 이름은 손양(孫陽)으로 춘추 중기의 고국(郜國, 山東省 菏澤市 成武縣) 사람으로 진(秦)이 부국강병 정책을 쓸 적에 말의 관상을 보는 것으로 유명하였는데 그것으로 진 목공 때에 백락장군이 되었으며, 그의 책으로 《백락상마경(伯樂相馬經)》이 있다.

80 구야자(歐冶子)를 말하는데, 춘추시대에 가장 저명한 검(劍)을 주조하는 사람이었다.

81 이 말은 공자의 말에서 나온 것이다. 《논어》〈이인(里仁)〉 제4에 "子曰: 人之過

황제가 그렇다고 하였다.

53 태산(泰山)지역의 부로(父老)들과 하구(瑕丘, 山東 兗州市) 등 일곱 개의 현에 사는 백성들이 궁궐에 와서 봉선(封禪)하기를 요청하였는데, 허락하지 않고 후하게 물건을 하사하고 돌려보냈다.

54 가을 7월 초하루 갑인일에 요(遼)에서는 태후가 청정(聽政)하였다. 을묘일(2일)에는 요주(遼主)가 친히 죄수들을 심리하였다. 태후는 기민한 꾀를 가지고 있어서 좌우에 있는 사람들을 잘 어거하였다. 이보다 먼저 요인(遼人)이 한인을 구타하여 죽인 사람이 있으면 소나 말로 배상하였으며 한인(漢人)의 경우에는 그를 목 베고 이어서 그 친속들을 노비(奴婢)로 삼았다. 태후는 일률적으로 한인의 법으로 판결하니 연(燕)지역의 백성들이 모두 복종하였다. 한덕양(韓德讓, 941~1011)에게 개부의동삼사(開府儀同三司) 겸정사령(兼政事令)을 덧붙여 주었다.

55 신유일(8일)에 요주(遼主, 성종)가 재생례(再生禮)[82]를 거행하였다.

也 各于其党 觀過 斯知仁矣."이라고 되어 있다. 이는 다른 사람의 저지른 과오는 모두 다른 원인과 다른 유형이 있으니, 여러 다른 과오를 관찰하면 바로 인(仁)을 알게 된다는 말이다.

82 요대(遼代)에는 '본명년(本命年)'을 지내면 또 재생례(再生禮) 혹은 복탄례(復誕禮)라고 부르는 것을 거행하는데 요대에는 12년의 기년(紀年)을 사용하였기 때문이며, 매 12년마다 한 번씩 윤회하여 탄생한다고 하여 사람마다 이러한 해에 이르게 되면 자기가 처음 탄생하였다는 의식을 거행하며 모친이 양육해 준 은공에 보답하려는 것이다.

56 　정묘일(14일)에 왕언초(王彦超, 914~986)가 태자태사(太子太師)
로 치사(致仕)하였다. 우천우위(右千牛衛)상장군인 오건유(吳虔裕,
901~988)는 당시에 나이가 이미 80여 세인데, 다른 사람에게 말하였다.
　"내가 설사 전각의 계단 아래에 넘어져서 죽는다고 하여도 단연코
왕언초가 70세에 치사한 것을 배우지 않겠다."
　사람들이 전하며 웃었다.

57 　계유일(20일)에 요주(遼主)가 제왕(諸王)과 더불어 짝을 나누어
격국(擊鞠)[83]을 하였다.

58 　곡수(穀水)·낙수(洛水)·전수(瀍水)·간수(澗水)에서 물이 넘쳐서
관부와 민간의 집 1만여 구(區)를 무너트렸으며 물에 빠져서 죽은 사람
은 만(萬)으로 계산하였는데, 공현(鞏縣, 河南省 鄭州市)은 거의 없어졌
다.

59 　신미일(18일)에 곽지(郭贄, 935~1010)가 참지정사(參知政事)에서
파직되었다. 곽지는 일찍이 정사(政事)에 관하여 논의한 주문(奏文)에
서 말하였다.
　"신은 순서에 맞지 않는 대우를 받았으니 맹서컨대 우직(愚直)하게

---

83 격국은 타구(打毬) 혹은 격구(擊毬)라고도 한다. 당대(唐代)에 성행하였는데,
　게임을 하는 사람은 반드시 말을 타고 공을 쳐야 하며 격국에 소용되는 공은
　주먹 크기 정도였다. 공의 중간은 텅 비게 파냈으며, 공을 만드는 재료는 질박
　하고 가볍지만 질긴 나무를 사용하였는데, 공의 밖에는 정교하게 꽃무늬를
　새겼다.

보고를 올리겠습니다."

황제가 말하였다.

"우직한 것이 정사에 어떤 이익이 있는가!"

곽지가 대답하여 말하였다.

"비록 그러하다고 하여도 오히려 간사(奸邪)한 것 보다는 낫습니다."

이에 이르러 술을 마신 것이 주량(酒量)을 지나쳤는데 입대(入對)[84] 하게 되었지만 숙취(宿醉)한 것이 아직 풀어지지 아니하여 황제가 노하여 비서소감(祕書少監)으로 제수하였고, 얼마 후에 지형남부(知荊南府)로 내 보냈다. 풍속에서 음사(淫祀)[85]를 숭상하였는데, 오랫동안 가뭄을 만나게 되자 비 내리기를 비는 도구를 잔뜩 늘어놓자, 곽지가 처음 도착하여 모두 철거하여 강에 던져 버리라고 명령하였으며, 며칠 지나지 않아서 큰 비가 내렸다.

60　병자일(23일)에 요(遼)에서는 한덕위(韓德威, 942~996)가 사람을 보내어 당항(党項)의 포로들을 올려 보냈다.

61　경진일(27일)에 송기(宋琪)에게 형부상서를 덧붙여 주고, 이방(李昉)을 참지정사(參知政事)로 하였다. 당시에 조보에 대한 은총과 예우가 점점 쇠퇴하였고, 황제는 이방과 묵은 친분이 있었기에 그러므로 이러한 명령을 내린 것이다.

---

84 신하 된 사람이 황궁에 들어가서 황제가 제기한 문제 혹은 질문에 대답하는 것이다.

85 음사라는 것은 적합하지 않은 제사나 혹은 국가에서 제사하도록 한 전범에 들어 있지 않은 신에게 제사하는 것을 말한다.

62 8월 기축일(6일)에 요주(遼主)는 조릉(祖陵)[86]을 배알하였다. 신묘일(8일)에 태후가 그의 아버지인 초국왕(楚國王) 소사온(蕭思溫, ?~970)의 묘에 제사를 지냈다. 계사일(10일)에 요주와 태후는 회릉(懷陵, 太宗 耶律德光의 묘)을 배알하였다.

북원추밀사인 야율색진(耶律色珍)은 본래 소사온이 천거한 사람인데, 태후의 조카를 처로 하여서 태후가 그에게 위임하였다. 갑오일(11일)에 요주(遼主)는 태후 앞에서 야율색진과 궁시(弓矢)와 안마(鞍馬)를 서로 바꾸면서 약속하여 벗이 되었다.[87]

63 기해일(16일)에 요주(遼主)가 적산에서 사냥을 하였는데, 사자를 파견하여 건릉(乾陵, 景宗 耶律賢과 그 皇后蕭綽의 合葬陵)의 응신전(凝神殿)에 웅방(熊肪, 곰의 기름)과 녹포(鹿脯, 말린 사슴고기)를 천신하였다.

64 을사일(22일)에 요(遼)에서는 유열(裕悅, 관직명)인 야율휴격(耶律休格)에게 명령하여 원성(元城)에서 제점(提點)[88]하게 하였다.

---

86 요 왕조의 개국황제인 야율아보기의 무덤으로 그 위치는 조주성(祖州城) 터의 서북쪽 내몽고 파림좌기(巴林左旗) 임동진(林東鎭) 서쪽의 깊은 산속에 있다.

87 북방 민족에 있는 풍속이다. 몽고에는 안답(安答)을 맺어서 의형제 혹은 자매가 되는데 이때에 예물을 교환하였다. 거란 민족에게도 이러한 풍속이 있었고, 여기서 요의 황제 성종과 야율색진이 의형제를 맺은 것이다.

88 제점은 관직명이다. 송(宋)에서는 제거와 점검의 뜻을 가지고 사법, 형옥, 하거 등의 업무를 관장하였으며, 금(金)에서는 근시국(近侍局)에 제점을 두었으며 명대에도 제점대사가 있었다. 요(遼)에도 이러한 뜻과 업무를 가진 제점을 두었다.

65 경술일(27일)에 석희재(石熙載, 928~984)를 추밀사에서 파직하였다. 석희재는 발에 병이 나서 떠나기를 요청하였고 황제는 친히 그 집에 행차하여 가서 위문하였다. 오래도록 낫지 않으니 드디어 항표(抗表, 황제에 올리는 奏章)를 올려서 기밀업무에서 해제시켜 줄 것을 요구하였으니 그러므로 우대하는 예의를 하면서 파직시킨 것이다.

66 신해일(28일)에 조서를 내려서《주공시법(周公諡法)》에서 55개 자(字)를 늘렸다.

67 임자일(29일)에 요(遼)에서는 서남초토사인 한덕위(韓德威, 942~996)가 표문을 올려서 당항(党項)에서 다시 배반한 사람들을 치게 해달라고 요청하였는데, 태후가 별부(別部)의 군사 수천 명을 발동하여 이를 돕게 하고 검(劍)을 하사하면서 편리한 대로 일을 하도록 허락하였다.

한덕위는 한덕양(韓德讓, 941~1011)의 동생이다. 한덕양의 형인 한덕원(韓德源, 938~979)과 동생인 한덕응(韓德凝, ?~?)은 나란히 한덕양 때문에 요(遼)에서 귀하게 드러났다. 한덕응은 자못 청렴하고 삼갔는데, 한덕원은 어리석고 욕심을 가져서 뇌물을 받는 것으로 이름이 나자 한덕양이 편지를 보내어 이를 간(諫)하였지만 끝내 고치지 않아서 논평하는 사람은 그를 하찮게 보았다. 오직 한덕위만 말 타고 활쏘기를 잘 하여서 전쟁에서의 공로를 세운 것으로 드러났다.

68 애초에 태조는 노다손(盧多遜, 934~985)에게 조서를 내려서 시정(時政)을 기록하여 매월 사관(史館)에 보내게 하였는데, 노다손은 끝내

책을 완성할 수 없었다. 이에 우보궐(右補闕)·직사관(直史館)인 호단(胡旦, 955~1034)이 말하였다.

"당대(唐代)부터 중서(中書)·추밀원에는 모두《시정기(時政記)》[89]를 비치하였으며 매월 편수(編修)하여 사관으로 보냈습니다. 주(周, 후주) 현덕(顯德) 연간에 재상인 이곡(李穀, 903~960)이 또 주문을 올려서 추밀원(樞密院)에 내정일력(內庭日曆)을 두게 하였습니다. 이후로부터는 질질 끌면서 폐지하고 빠트렸으니 사신들이 찬집(撰集)할 증빙이 없게 되었습니다. 바라건대 추밀원으로 하여금 예전처럼 내정일력을 두게 하시고, 문신으로 부사(副使, 추밀원 부사)를 담당하고 있는 사람과 학사(學士)들에게 위임하여 순서대로 돌아가면서 기록하여 사관에 보내게 하십시오."

황제는 그 말을 채택하여 조서를 내렸다.

"지금부터 군사(軍事)와 국가(國家)에 관한 정치의 요점은 나란히 참지정사인 이방(李昉, 925~996)에게 위임하여 찬록(撰錄)하게 하고 추밀원 부사 한 사람으로 하여금 찬집(纂集)하게 하여 말일(末日)마다 사관에 보내라."

이방이 이 때문에 편수할《시정기》를 요청하여 매월 먼저 어전(御殿)에 상주하고 그 후에 소관 부서에 붙이게 하자 이를 좇았다.《시정기》가 어전에 상주된 것은 이방에서부터 시작되었다.[90]

---

89 《시정기(時政紀)》라고도 쓰는데, 일종의 역사서를 쓰는 체재(體裁)이다. 당(唐) 무측천(武則天)시절에 재상인 요숙(姚璹)이 창안한 것이며, 재상이 황제와의 사이에서 토론한 것을 기록하였다가 사관에 교부하였으며, 일력(日曆)과 실록(實錄) 등 역사서를 편찬하는 근거로 삼게 하였다.

90 이도(李燾)의《자치통감장편(資治通鑑長編)》에서는 '당시에 비록 〈시정기〉라

69 　이보다 먼저 해마다 강(江)·회(淮)의 쌀 400만 곡(斛)을 운반하여 경사(京師)에 공급하였는데, 일률적으로 관부의 전(錢)을 사용하여 견선역부(牽船役夫, 배를 끄는 일꾼)에게 보내니 자못 수고롭고 시끄러웠다. 이에 이르러 선박마다 그 삯을 계산하여 주인(舟人, 배 부리는 사람)에게 주어서 스스로 불러 모으게 하니 일은 아주 편해졌다. 이미 그리하였는데, 선박 수백 척이 하진(河津)에 한 달 이상을 머물며 떠나 갈 수 없자 황제는 기문졸(期門卒, 숙위를 담당한 병사)을 파견하여 이를 정탐(偵探)하였다. 계리는 스스로 말하였다.

"유사가 항상 싣는 것을 제외하고 피혁(皮革)·적악(赤堊, 붉은 석회)·연석(鉛錫)·소목(蘇木, 약재) 등 별도로 물건을 방치하였는데, 저장하는 일을 맡은 사람이 바로 받지 않은 연고이다."

황제가 크게 화가 나서 조서를 내려서 탁지사(度支使)를 절실하게 책망하고 한 달의 월봉(月俸)을 빼앗았다.

는 명칭을 가지고 있었다고 하여도 그러나 표제에는 〈송사관사건(送史館事件)〉이라고 되어 있으며 사관(史館)에 보내는 일은 경덕(景德) 원년(1004년)에 이르러서야 비로소 표제를 〈시정기〉라고 하였다.'라고 되어 있다.

곡식 전운 방법의 개선

70   계(谿, 廣西)·금(錦)·서(敍, 四川省 宜賓市)·부(富, 江西 豊城) 네 주
(州)에 사는 만족(蠻族)들이 내부(內附)하였다.

71   9월 초하루 계축일에 처음으로 경사(京師)에 수륙로발운사(水陸
路發運使)를 설치하고 왕빈(王賓)·허창예(許昌裔)를 동지수로발운(同
知水路發運)으로 하고 왕계승(王繼升, 926~989)·유반(劉蟠, 919~991)을
동지육로발운(同知陸路發運)으로 하였다. 무릇 한 강(綱)[91]에 그 주차
역인(舟車役人)의 삯을 계산하여 강(綱)을 주관하는 관리[綱吏]에게 주
어 스스로 백성들을 고용하여 다시는 조발(調發)하지 않았다. 무릇 수
륙의 배와 수레, 연(輦)이 관물(官物)과 재화(財貨)를 운송하여 들어가
고 나가는 것은 모두 문서로 통보하고 이를 독촉하고 감독하였다. 이로
부터 진공(進貢)한 것을 운반하는데 막힘이 없었다.

---

91 당대부터 대량의 화물을 운반하여 옮기는 방법으로 화물을 무더기로 나누
    어 운행하면서 매 무더기를 실은 차량이나 선박에 번호를 붙이는데, 이 화물
    의 무더기를 말한다.

72 요(遼)에서는 동경(東京, 遼寧 遼陽)·평주(平州, 河北)에서 가물고
메뚜기 떼가 생기고 머지않아서 남경(南京, 북경)에 가을장마가 있자
잠시 관문에서 징수하는 것을 정지하고 산서(山西)지역의 양곡매입(糧
穀買入)의 무역을 통하게 하였다.

73 신유일(9일)에 요주(遼主)가 조릉(祖陵)을 배알하고 임술일(10일)
에 상경(上京, 內蒙古 赤峰市 巴林左旗 林東鎭 南)으로 돌아갔다.

74 을축일(13일)에 황제가 재상에게 말하였다.

"짐(朕)은 백성들이 농사짓는 수고로움을 생각하지만 춘추(春秋)의
부조(賦租)는 군사와 국가의 쓰임에 지출하는 것이니 아직 이를 없앨
수 없는 것을 한스럽게 생각하오. 최근에 양세(兩稅)의 세 기한[92]에 특
별히 한 달을 덧붙이게 명령하였는데, 관리들이 조정의 지의(旨意)를
체득하지 못하고 스스로 평가를 최상으로 받을 것을 찾아서 매를 치고
벌주는 일을 자행하여 독촉하며 처리하여 모으려 한다. 이 한 가지 일
은 더욱 화기(和氣)를 상하게 하니 의당 이를 경계(儆戒)해야 하오."

마침내 조서를 내렸다.

"여러 주의 장리(長吏)들은 속현(屬縣)을 살피고 방문하여 부세를 독
촉하면서 형벌을 잔인하게 사용한 사람이 있을 적에는 그 죄를 판단하
라."

---

92 양세를 징수하는 기한은 전국적으로 달랐는데, 후주시절의 하세(夏稅)는 5월
   15일부터 징수하기 시작하여 7월 30일에 완납하기로 되어 있다. 그러나 북부
   는 8월 5일까지이다. 추세(秋稅)는 9월 1일부터 12월 15일까지로 되어 있는
   데, 그 후에 납부기한을 조정하였다.

또 재상에게 말하였다.

"백성들이 수재나 한재가 있었던 것을 호소하면 바로 사실을 조사하는데 즉각 파견하여 길을 나서게 하되 오히려 시간에 뒤쳐질까 걱정하라. 자못 듣기로는 사자가 〔간혹〕 미적거리며 출발하지 않는다 하니, 주현에서는 부세를 거두는 것에서 기한을 어길 것을 염려하여 날로 채찍질하게 되고, 백성들 역시 사실을 검사하여 다시 씨 뿌릴 것을 기다린다. 만약에 이처럼 머물고 늦어지게 된다면 이 어찌 짐이 부지런히 정치를 하면서 백성들을 구휼하려는 뜻이겠는가! 지금부터 사자를 파견하여 재한(災旱)을 사실대로 조사하는 데는 그 지역의 멀고 가까운 것과 업무의 크고 작은 것을 헤아려서 기한을 정하여 이를 파견하라."

75 병인일(14일)에 황제가 재상에게 말하였다.

"형호(荊湖)·강(江)·절(浙)·회남(淮南)의 여러 주(州)에서는 매년 전백을 상공(上供)하면서 부민(部民) 가운데 재산이 많은 사람을 파견하여 호송하여 궐하(闕下)에 가게 한다. 백성들은 대부분 질박(質朴)하고 노둔(魯鈍)하여 아랫사람들을 어거(馭車)하는 수단이 없는데 상앗대를 잡고 노를 젓는 뱃사공은 모두 완고(頑固)하고 교활(狡猾)하며 즐겁지 않아서 멋대로 침탈(侵奪)하고 도적질하여 백성들은 혹 파산(破産)하여 관물(官物)을 변상하니 아주 말이 안 된다."

마침내 조서를 내렸다.

"지금부터 직접 파견된 아리(牙吏)[93]들은 다시는 백성들을 시끄럽게 하지 말라."

---

93 아문(衙門)의 하급관리를 말한다. 아문은 관리가 일을 처리하는 곳을 말한다.

76 신미일(19일)에 요(遼)에서는 유사가 요주(遼主)의 생일을 천령절(千齡節)로 하자고 요청하자 이를 좇았다. 옛날 유열(裕悅)이었던 야율오진(耶律烏珍, 屋只)의 아들을 녹용(錄用)하여 임아(林牙)로 삼았는데, 태후가 야율오진이 보도(輔導)한 공로를 가지고 있다는 것을 유념하여서이다.

77 병자일(24일)에 요주(遼主)가 노옹천(老翁川)에 갔다.

78 곽수문(郭守文, 935~989)이 터진 황하의 제방을 막는데 오래 되어도 완성하지 못하였다. 황제가 재상에게 말하였다.

"어떤 사람이 말하기를 황하의 양쪽 언덕에 옛날에는 멀리 제방이 있어서 물길을 넓게 하였는데, 그 후에 백성들은 땅이 비옥(肥沃)한 것이 유리하다고 하여 모두가 그 안에 살게 되니 하천이 꽉 차서 넘쳐흐르게 되면 수재(水災)로 근심하게 되었다고 한다. 마땅히 살펴 시찰하여 다시 수리하게 하여야 할 것이다."

마침내 전중시어사인 제음(濟陰, 山東省 定陶縣) 사람 시성무(柴成務, 934~1004)·국자감승 낙양(洛陽) 사람 조부(趙孚) 등을 파견하여 서쪽으로는 하양(河陽, 河南省 孟縣)에서부터 동쪽으로 바다에 이르기까지 함께 황하 제방의 옛 터를 시찰하게 하였다. 조부 등이 회보하는 주문을 올렸다.

"멀리 떨어져 있는 제방을 수리하는 것이 물길을 나누는 것만 같지 아니합니다. 활(滑, 河南省 滑縣)·전(澶, 河南省 淸豐과 范縣, 山東省 莘縣縣) 두 주(州)가 제일 좁으니 의당 남쪽과 북쪽 하안(河岸)에서 그 하나씩을 열어야 하는데 북쪽으로는 왕망하(王莽河)로 들어가게 하여 바다

로 통하게 하며 남쪽으로는 영하(靈河)로 들어가서 회하(淮河)로 들어
가게 하여 갑자기 흐르는 것을 절감(節減)하여 하나같이 변구(汴口)의
방법처럼 해야 합니다."

조정에서 논의하면서 백성들의 힘을 쓰는 것을 아주 애석하게 생각
하여 그 상주한 것을 묵혀 두었다. 당시에 흐리고 비가 많이 오자 황제
는 황하의 터진 것이 아직 메꾸어지지 않아서 이를 깊이 걱정하였다.
정축일(25일)에 추밀직학사 장제현(張齊賢, 942~1014)을 파견하여 전
거(傳車)를 타고 백마진(白馬津, 滑縣城의 서북 5km에 있는 황하 옛 물길의
南岸 건널목)에 보내어 태뢰(太牢)[94]에 벽옥(璧玉)을 더하여 제사를 지
냈다.＊

---

94 태뢰는 고대에 제사를 지내면서 사용하는 희생물로 육생(六牲)의 최고
규격이다. 일반적으로는 천자만이 사용하는 제사이고 천제(天祭)를 지낼
때에 지내는 제사이다.

권012

송기12

10국을 통합한 북송

```
┌─────────────────────────────────────────┐
│                                         │
│          《태평어람》의 편찬              │
│                                         │
└─────────────────────────────────────────┘
```

태종 태평흥국 8년(계미, 983년)[1]

1 　겨울 10월에 황제는 새로 번역된 경전(經典)[2] 5권을 재상에게 보
이며 이어서 말하였다.

　"무릇 군주(君主)와 신하(臣下)가 된 사람은 다른 사람을 잘 다스
리고 사물을 이롭게 하는 것이 바로 수행(修行)이다. 양 무제(梁武帝,
464~549)는 자기 몸을 버려서 절의 가노(家奴)가 되었다[3]니 이는 정말

1 　요의 성종(聖宗) 통화(統和) 원년이다.

2 　송 태종의 말로 보아서 불교경전으로 보인다. 그러나 구체적으로 불교의 어느
　경전을 말하는지는 알 수 없다.

3 　양 무제는 남북조시대 양(梁)을 건국한 소연(蕭衍)을 말한다. 양 무제 소연은
　처음에는 유학에서 출발하여 도교를 거쳐서 불교에 입문하였다. 그가 불교에
　입문한 것은 황제에 즉위한 후 천감(天監) 3년(504년)이며 만년에는 불교에
　심취하였다. 양 무제는 스스로 불교수행을 하였고, 불교의 발전에 힘을 썼다.
　《자치통감》 권153에는 '9월 계사일(15일)에 황상[양 무제]이 동태사(同泰寺)에
　행차하였고, 사부무차대회(四部無遮大會)를 거행하였다. 황상은 어복(御服)
　을 벗고 법의(法衣)를 지녔으며, 마음을 깨끗이 하고 번뇌와 사욕을 버리고

로 커다랗게 현혹된 것이다. 방외(方外, 외국, 여기서는 불교의 발상지인 인도를 말함)의 논설도 역시 볼만한 것이 있는데, 경(卿) 등은 시험적으로 이를 읽으시오. 대개 그 가르침을 가지고 있을 것이지 석씨(釋氏, 석가모니)에게 빠지라는 것은 아니요."

2   을미일(13일)에 요(遼)에서는 남경유수(南京留守) 야율휴격(耶律休格, 休哥, ?~998)이 여러 절도사들이 매해에 공헌하는 것을 말하면서 거란의 관리처럼 하라고 요청하고 단지 말안장과 말을 올리는데 그쳤는데, 이를 좇았다.

3   정유일(15일)에 요(遼)에서는 오왕(吳王)인 야율초(耶律稍)를 상경유수(上京留守, 상경은 內蒙古 赤峰市 巴林左旗)로 삼아 행임황윤사(行臨潢尹事)⁴로 하였다.

4   무술일(16일)에 제왕(諸王)의 이름을 고치고 모두에게 봉작(封爵)⁵을 차등 있게 올려 주었다.

───────

편성(便省)을 방으로 사용하였는데, 장식 없는 평상과 와기(瓦器)에 작은 수레를 탔고, 사인(私人)으로 일을 맡았다.'라는 기록이 있다.

4   행직이다. 임황윤은 임황지역의 핵정책임자이며 임황은 요의 상경에 속한 일부구역이다. 그러므로 상경유수이면서 그 가운데 임황지구의 임시 책임자로 한 것이다.

5   송대의 작위는 당말의 제도를 조정하여 시행하였다. 왕(王)과 공(公)은 국(國) 또는 군(郡)에 봉(封)하였고 후(侯)는 군(郡)에 백(伯), 자(子), 남(男)은 현(縣)에 봉하였다. 군과 현에 봉하는 경우에는 모두 개국(開國)이라는 것을 덧붙여 주었다. 송대의 작위는 일반적으로 종신작(終身爵)이었고, 상징성을

5   사도 겸시중인 조보(趙普)는 파직되어 무승(武勝, 河南省 鄧州市)
절도사 겸시중으로 하였다.

6   11월 초하루 임자일에 참지정사 송기(宋琪, 917~996)·이방(李昉,
925~996)을 나란히 동평장사로 하였다.

황제가 말하였다.

"세상이 잘 다스려지고 혼란하게 되는 것은 상벌(賞罰)이 적당한지
아닌지에 있으며 상벌이 그 공로와 죄에 합당하다면 바로 잘 다스려지
지 않을 일이 없는데, 만약에 희노(喜怒)를 장식하는 도구[6]로 여긴다
면 혼란하지 않는 일이 없으니 경(卿) 등과 더불어 이를 경계하는 것이
요."

송기가 말하였다.

"상벌이라는 두 개의 칼자루는 이에 세상을 어거(馭車)하는 재갈과
굴레인데, 상과 벌을 다스리는 사람이 진실로 상을 주고 벌을 주는 것
이 지극히 공평하면 태평시절을 이루지 않는 일이 없었습니다."

가진 것이며 자손에게 전달되지는 않았다. 송조에서는 당대의 제도를 유지하
여 봉군식읍(封君食邑)하여 1만 호에서부터 2백 호까지 14등급이 있었지만
이것은 허함(虛銜)일 뿐이고 별도로 실봉(實封)을 붙여야 했다. 실봉은 1천 호
에서 10호까지이고 매호당 절전(折錢)으로 25문(文)이었는데, 관봉(官俸)에
따라서 발급되었기 때문에 수입은 낮았다. 작위의 종류는 ①친왕(親王), ②사
왕(嗣王), ③군왕(郡王), ④국공(國公), ⑤군공(郡公), ⑥현공(縣公), ⑦후(侯),
⑧개국군공(開國郡公), ⑨개국군후(開國郡侯), ⑩개국현백(開國縣伯), ⑪개국
현자(開國縣子), ⑫개국현남(開國縣男), ⑬공사(公士)가 있다.

6 상벌을 시행하면서 시행하는 사람이 자기의 감정에 따라서 상벌로 자기의 감
정을 표출하는 도구로 삼는다는 것이다.

이방은 처음에 노다손(盧多遜, 934~985)과 잘 지냈는데, 노다손이 누차 이방을 헐뜯자 어떤 사람이 이를 알렸지만 이방은 믿지 않았다. 이에 황제의 말이 노다손이 한 일에 미치니 이방은 힘껏 풀어주려고 하였다.

황제가 이를 이용하여 말하였다.

"노다손이 항상 경을 헐뜯은 것은 1전(錢)의 가치도 없소."

이방이 비로소 깨달았다. 황제는 이로부터 더욱 그를 중시하였다.

7 계축일(2일)에 요(遼)에서는 응주(應州, 산서 북부)에서 송의 첩자를 붙잡았는데 이를 책형(磔刑)[7]에 처하였다.

8 갑인일(3일)에 조서를 내려서 지금부터 재상의 반열(班列)은 친왕의 위에 있도록 하였는데, 이방·송기 등이 굳게 사양하였지만 황제는 허락하지 않고 말하였다.

"재상의 책임은 백규(百揆, 百官과 天下의 각종 정무)를 총괄하는 것이고, 번저(藩邸, 번왕의 저택)를 두는 것은 단지 조청(朝請, 황제를 조현하는 요청을 받는 직위)하는 것을 받들려는 것뿐이다. 원좌(元佐, 僚佐의 우두머리로 제왕) 등이 오히려 어린데 그에게 겸손하고 덜어내는 도리를 알게 하려는 것이니 경들은 너무 사양하지 마시오."

9 고양관(高陽關)[8]에서 요의 정탐(偵探)하러 온 기병을 붙잡아서

---

7 잔인한 혹형(酷刑)으로 사람의 살과 뼈를 발라내고 지체(肢體)를 자른 다음에 다시 목을 베는 형벌이다.

호송하여 궁궐 아래에 도착하였는데, '요(遼)에서는 가까운 성채(城寨)에 성을 쌓았다'고 말하였다. 황제가 재상에게 말하였다.

"이는 스스로 안전히 하고자 하는 계책일 뿐이다."

또 말하였다.

"유주(幽州, 燕州라고도 함. 유주의 중심은 薊城인데 北京 中部와 北部 혹은 계현)의 사방으로는 평평한 하천이니 험하고 굳어서 믿을 만한 것이 없으니 당기고 누르기가 어렵다. 다른 시기에 연·계(燕·薊)지역을 수복하면 마땅히 옛날 북쪽 입구에 있는 여러 험지에 그 요해처(要害處)에 근거하여 불과 서너 곳에 군사를 주둔시키고 보루와 성채를 설치한다면 저절로 남목(南牧)[9]을 끊게 된다."

송기가 대답하여 말하였다.

"범양(范陽)에서 전 시대에 군사를 주둔시켰던 곳은 고북구(古北口)와 송관정(松亭關)·야호문(野狐門)[10] 세 길이며, 나란히 보장(堡障, 堡壘)을 세웠는데, 오늘날까지 돌을 쌓았던 기첩(基堞, 성터)이 아직도 있으니, 장래에 단지 이 몇 곳에 수자리를 설치하면 될 것입니다."

---

8 고양관은 하북의 고양(高陽) 동쪽에 있는데 옛날에는 어구(淤口)·익진(益津)·와교(瓦橋) 세 관문(關門)의 남쪽으로 태평흥국 7년(983년)에 고양관으로 고쳐 불렀다.

9 남쪽으로 와서 목축을 한다는 말이지만, 요의 남하를 말한다. 요의 거란족의 특성이 목축을 하기 때문에 이렇게 말한 것이다.

10 고북구는 산해관(山海關)과 거용관(居庸關) 사이에 있는 장성의 요새이며, 송정관은 하북성 관성현(寬城縣) 서남쪽에 있고, 관문이 험한 요새이며 교통의 요지이다. 요의 연경(燕京)에서 중경(中京, 內蒙古 寧城)으로 가는데 반드시 이 길을 지나야 했으며 야호문은 야호령(野狐嶺)에 있는 관문(關門)으로 하북성 만전현(萬全縣)에 있다.

10   기미일(8일)에 태일궁(太一宮)이 완성되었는데 장제현(張齊賢, 942~1014) 등이 하늘에 제사를 지내는 예의에서 그 반을 덜어내라고 요청하였는데, 또 조금 더 덜어냈다.

11   정묘일(16일)에 장춘전(長春殿)에서 조보를 전별(餞別)하는 연회를 열었다. 황제가 조보에게 시를 하사하였다.

조보가 받들고 눈물을 흘리며 말하였다.

"폐하께서 신(臣)에게 시를 하사하시니 마땅히 돌에 새기었다가 신의 썩은 뼈와 함께 구천(九泉) 아래에 장사지내겠습니다."

황제는 그 때문에 감동하였다.

다음날 가까이 있는 신하들에게 말하였다.

"조보는 국가에서 커다란 공훈(功勳)을 세우는 수고를 하였다. 짐은 포의(布衣)를 입고 있던 시절에 그와 더불어 따르며 놀았는데, 지금 치아와 머리카락이 쇠잔하였으니 기무(機務)로 번거롭게 하고 싶지가 않아서 좋은 땅을 선택하여 그로 하여금 누워서 치료하게 하여 시편(詩篇)을 가지고 뜻을 이끌려고 하였다. 조보는 감격하고 또 눈물을 흘리니 짐(朕) 역시 이 때문에 눈물을 떨어뜨렸다."

송기가 대답하여 말하였다.

"조보는 어제 중서(中書)에 도착하여 어시(御詩)를 잡고 감읍(感泣)하였습니다. 지금 다시 선유(宣諭)를 듣게 되니 군신(君臣) 사이에는 시작과 끝나는 것이 나뉘었지만 양쪽이 다 온전하다고 말할 만합니다."

12   장춘전의 연회에서 추밀사 왕현(王顯, 932~1007) 등이 옆에서 모

시고 있다가 황제가 해진 바지를 입고 있는 것을 보고서 그것을 여러 차례 쳐다보았다. 황제가 웃으면서 말하였다.

"짐은 아직 일찍이 새 옷을 입지 않았는데, 대개 베틀에서 짜는 수고로움을 생각하고 도탑고 박실(實樸)함을 보여서 천하 사람들을 위하여 앞서 보이려고 하는 것이다."

13　임신일(21일)에 한림학사 이목(李穆, 928~984)·여몽정(呂蒙正, 946~1011)·이지(李至, 947~1001)를 나란히 참지정사로 하고, 추밀직학사 장제현·왕면(王沔, 950~992)은 나란히 동첨서추밀원사(同僉署樞密院事)[11]로 하였다. 이지는 진정(眞定) 사람이고 왕면은 제주(齊州) 사람이다. 이목 등이 입대(入對)[12]하였는데 황제가 말하였다.

"지금 양제(兩制)[13]의 신하 10여 명은 모두 문학을 실제에 적용하고 조행과 이력이 모나고 깨끗하다. 이목은 경부(京府)에 살면서 더욱 엄숙하다고 불리니 그런고로 덧붙여 장려(奬勵)하고 발탁(拔擢)한다."

11　추밀원은 황제를 보좌하여 군사의 기밀을 관장하는 부서이며, 그 책임자는 추밀사(樞密使, 從一品)이고, 그 다음의 직책으로는 지추밀원사(知樞密院事, 正二品), 동지추밀원사(同知樞密院事, 正二品), 추밀부사(樞密副使, 從二品), 첨서추밀원사(簽書樞密院事, 從二品), 동첨서추밀원사(同簽書樞密院事, 正三品), 추밀직학사(樞密直學士, 正三品)이 있다.

12　신하가 황궁에 들어가서 황제가 제기한 문제나 질문에 대답하는 것이다.

13　양제란 내제(內制)와 외제(外制)를 합쳐서 부른 말이다. 내제는 송대에 한림학사가 황제의 명령을 받아서 조령을 기초하는데 이를 말하는 것이고, 외제는 중서사인과 다른 관직을 가진 사람에게 지제고라는 직함을 덧붙여 주어서 조령(詔令)을 짓게 하는데 이를 말한다. 그러므로 한림학사와 중서사인을 합하여 부를 때에는 양제라 하는 것이다.

이목 등이 두 번 절하고 감사하였다.

황제가 또 말하였다.

"짐이 전에 나온 책을 두루 열람하였는데, 대개 군주와 신하 사이에 마음이 통하면 도(道)가 합해졌으니 그런고로 일은 모두 숨긴 것이 없어서 말하는 것이면 반드시 채용될 수 있었다. 짐이 벼리고 자세히 하여 잘 다스리기를 구하는데 경(卿) 등은 짐의 팔다리와 눈과 귀가 되어서 설령 정치에 빠진 것이 있다면 의당 마음을 다하여 이를 말하시오. 짐이 한 가지 일을 할 적마다 오래도록 찾아 풀어내는데 오직 스스로 허물을 책망할 뿐이지 진실로 높은 곳에 있으면서 스스로 믿으면서 다른 사람으로 하여금 감히 말을 못하게 하지는 않을 것이오."

14 경진일(29일)에 시독관(侍讀官) [14]을 두었다. 황제의 성품은 독서하기를 좋아하여 조서를 내려서 사관에서 편찬한 《태평총류(太平總類)》를 매일 세 권씩을 올리라고 하였다. 송기 등이 말하였다.

"하루에 세 권씩을 읽으신다면 아마도 성스러우신 몸이 피곤하게 될까 걱정입니다."

황제가 말하였다.

"책장을 펴면 유익하니 수고롭지 않다. 이 책 1천 권은 짐이 1년에 두루 읽으려고 한다."

얼마 안 있다가 이름으로 고쳐서 《태평어람(太平御覽)》이라고 하였다.

---

14 관직명으로 제왕을 모시고 책을 읽고 강의하거나 혹은 황자(皇子)들에게 책을 가르치고 강의하는 업무를 맡은 직책이다.

15   요(遼)에서는 태후와 요주(遼主)가 건릉(乾陵)에 제사를 지냈다.

조서를 내렸다.

"3경(京)[15]의 좌우상(左右相)과 녹사참군 등에게 유시(諭示)하는데, 마땅히 공적인 업무를 잡으며 아부하며 순종하며 일을 할 수 없다. 여러 현령(縣令)과 보조하는 사람이 만약에 주(州)의 관원이나 조정의 사자가 이치에 맞지 않게 징발하고 요구하는 경우를 만나게 된다면 혹두려워하여 순종하지 말며, 때때로 채집하여 들어서 전최(殿最, 우열의 순서)를 가리라. 백성들 가운데 부모가 있는데, 호적을 따로 하고 다른 곳에 사는 사람이 있다면 이웃 마을사람들이 느끼고 살핀 것을 듣고 이를 연좌시키라. 부모에게 효성스런 사람이 있어서 세 세대가 함께 거주하는 사람이 있다면 그 집안을 정려(旌閭)하라."

16   12월 정해일(6일)에 회해국왕(淮海國王)[16]인 전숙(錢俶)이 세 번 표문을 올려서 병마대원수(兵馬大元帥)·국왕(國王)·상서령(尙書令)·태사(太師) 등의 관직에서 풀어 달라고 비니 조서를 내려서 원수라는 명칭을 철폐하고 나머지는 허락하지 않았다.

17   기해일(18일)에 요(遼)에서는 태후가 옥분만(玉盆灣)에서 물고기 구경을 하였고, 신축일(20일)에는 준연(濬淵)에서 물고기를 관람하였다.

---

15 요(遼)는 상경(上京), 동경(東京), 남경(南京)을 두어 3경으로 하였는데, 후에 다시 중경(中京)과 서경(西京)을 두어 5경제를 운영하였다.

16 오월국왕 전숙이 송에 항복한 다음에 송으로부터 받은 작위의 이름이다.

18　계묘일(22일)에 활주(滑州, 河南省 滑縣)에서 터진 황하는 이미 메 웠다고 말하니 여러 신하들이 축하하였다. 얼마 안 있다가 다시 황하가 방촌(房村, 山東省 微山縣)에서 터지니 황제가 말하였다.

"근래에 황하가 한촌(韓村, 河北省 保定市)에서 터져서 백성들을 징 발하여 제방을 수리하였지만 완성하지 못하였으니 얼마나 나의 백성 들이 무겁고 곤란했겠는가? 마땅히 제군(諸軍)으로 이를 대신해야 할 것이다."

이에 병졸 5만 명을 발동하는데, 시위보군(侍衛步軍)도지휘사로 그 역사(役事)를 관장하게 하였다.

19　황제가 재상에게 말하였다.

"최근에 듣기로는 승·도(僧·道)로 환속(還俗)하여 과거에 응시하는 사람이 있다고 하는데, 과거 시험장이 혼탁해진다. 진사(進士)는 반드 시 경의(經義)[17]에 능통해야 하고 주공(周公)과 공자(孔子)의 가르침 을 준수하고 혹 들뜨고 천박한 문장을 익히는데 그치었다면 특별히 근 본적인 것에 힘쓰는 도리가 아니다."

갑진일(23일)에 여러 주(州)에 명령을 내려서 환속한 승·도는 과거 에 응시하는 것을 금지하였다. 진사는 첩경(帖經)[18]을 면제하고 단지

---

17 경의란 과거시험을 보는 데 있어서 중요한 문체(文體)이다. 이 문체는 한·당 대에 싹이 텄고 북송시기에 형성되었으며 왕안석은 이 경의를 가지고 사대부 들의 사상을 통일하려고 하였다. 이 문체는 명·청대의 팔고문(八股文)의 추 형(雛形)으로 일정한 정식(程式)을 갖추어야 하는데, 제형(題型)과 구성(構成) 등이 구비되어 있어서 팔고문의 특징이 보이고 있다.

18 이는 당대 과거시험의 방식의 하나이다.《통전通典》〈선거(選擧)〉3을 보면, 첩

묵의(墨義)[19] 20도(道, 차례)를 시험하고, 모두 경전 속에 있는 정문(正文)의 대의(大義)를 가지고 문제를 내었다. 진사와 제과(諸科)에는 각기 법서(法書)의 묵의 10도를 늘려 시험 보게 하고 진사에게는 율의(律義, 율령의 대의)를 늘려 시험 치게 하였다.

20　요(遼)에서는 칙령을 내려서 여러 형옥(刑獄)에 처해진 것이 억울하지만 펼쳐서 깨끗이 할 수 없는 사람이 있다면 어사대(御史臺)에 와서 신청하여 호소하는 것을 들어 주고, 관리에게 맡겨서 다시 신문(訊問)하게 하였다. 이보다 먼저 대리시(大理寺)의 옥송(獄訟)으로 무릇 뒤집힌 것과 관계있어서 상주한 것은 한림학사·급사중·정사사인(政事舍人, 정사당 소속의 사인)이 상세하게 판결하도록 하였었는데, 이에 이르러서 처음으로 소경(少卿)을 두어 올바르게 이를 주관하게 하였다.

21　병오일(25일)에 우보궐(右補闕)·직사관(直史館)인 호단(胡旦, 955~1034)이 〈하평송(河平頌)〉을 헌상하였는데, 그 안에 '반역한 노다손은 황무지에 던져 버리고 간사한 조보는 울타리 밖으로 내친다.' 같은 말이 있었으며 황제가 이를 보고 크게 화를 내고 재상을 불러서 말하였다.

─────────

경이라는 것은 자기가 익힌 경전을 가지고 그 양쪽 끝을 가려 놓고 중간에 오직 한 줄만 열어놓은 종이를 잘라서 첩(帖)을 만드는 것을 말한다. 무릇 첩은 세 글자인데, 때에 따라서 늘리거나 줄이는데 가부(可否)는 하나가 아니어서 혹은 4, 5, 6을 맞춘 사람을 합격시킨다. 《구당서(舊唐書)》 〈문종기(文宗紀)〉 하에서는 '진사는 의당 먼저 첩경을 시험보고 아울러 대의(大義)를 대략적으로 묻고 경의에 정통한 사람을 뽑아서 급제시킨다.'라고 하였다.

19 선으로 둘러 싼 경의(經義)와 주석(注釋)에서 나온 간단히 문답하는 제목이다. 1장의 시험지 가운데 이러한 종류의 제목이 왕왕 30~50차례 나온다.

"호단이 쓴 말의 뜻은 어그러지고 맞지 않는다. 짐이 스스로 발탁하여 갑과(甲科)에 두었고, 시험을 거쳐서 외방(外方)에 일을 맡겼더니 이르는 곳에서 좋은 상황을 가진 것이 없다. 지해주(知海州, 해주는 江蘇省)로 있는 동안 부하에게 소송을 당하여 옥사(獄事)는 이미 갖추어졌지만 마침 대사면령을 만났으며, 짐은 그의 재주를 기억하고 그의 허물을 버리었다. 마침내 감히 방자한 마음으로 미친 짓을 하는 것이 이와 같다. 지금 조정에는 많은 군자(君子)가 있는데 호단이 어찌하여 아직도 시종(侍從)하는 대열에 있는가?"

중서사인 왕우(王祐) 등이 상주하여 호단은 의당 깎아내려 쫓아내야 한다고 하니 정미일(26일)에 호단에게 책임을 지워 전중승(殿中丞)·상주(商州, 陝西省 商洛市)단련부사로 삼았다.

태종의 동생 조정미의 죽음

22   이달에 권지상주(權知相州, 상주는 河南省 安陽市)·우보궐(右補闕)
인 전석(田錫, 940~1004)이 상소문을 올려서 말하였다.

"화재(貨財)를 전매[20]하면서 이로움을 그물질 하는 것이 대단히 조
밀(稠密)하니 몸소 기밀업무를 가까이 하시면 윤지(綸旨, 聖旨)가 조금
씩 번거로워집니다. 이른바 이로움을 그물질 하는 것이 대단히 조밀하
다는 것은 주국(酒麴, 술과 누룩)의 이익[21]인데, 다만 늘려 채우기만을
요구하는 것이며, 상세(商稅)[22]의 이익은 다만 남은 것을 내놓기를 요

---

20 송대의 전매 사업은 소금, 차(茶), 술, 향료(香料), 반(礬, 明礬)과 광산물이 주
   였다. 매해에 얻어지는 것은 항상 정부의 수입원의 대종을 이루어서 엄격하게
   금제(禁制)하는데, 백성들의 생활과 밀접한 관계가 있었다.

21 송대 술의 전매는 각고(榷酤)라고 하며, 관부에서 만들어 파는 것과 민간이
   만들어 파는 두 종류가 있는데, 관부에서 만들어 파는 것은 대부분 부주(府
   州) 혹은 번잡한 현(縣)의 경내에서 시행되며 주무(酒務)가 그 업무를 전담하
   고 감관을 두어 그 일을 주관한다. 민간이 만들어 파는 것은 대도회나 혹은
   현(縣)이나 진(鎭), 향(鄕), 여(閭, 마을) 같은 곳에서 시행되며 주호(酒戶)가 그
   업무를 맡는데 정부에서 누룩을 만들어서 백성들이 술을 빚어 팔게 하고 그
   세금을 징수하였다.

구하여 해를 거듭하면서 비교하여 가져가는데 단지 증가하는 것만을 관리하니 그 이익의 근원을 다하게 하는 것은 이보다 더 한 것이 없습니다.

지금 빌건대 그 상수(常數, 정해진 수)를 정해 놓고 상규(常規, 정해진 규정)를 주는데, 예컨대 주현(州縣)에서 세금을 부과하고 징수하는 것과 농업과 잠업(蠶業)에 붙이는 부세(賦稅)는 풍년이 든 해라도 아직은 추가 납부하였다는 말을 듣지 못했고, 흉년이 든 해에는 법에 따라 천천히 징수하는 것을 허락하였으니, 자연스럽게 이치는 그 속에서 찾을 수 있으며 백성들은 조치할 바를 압니다.

이른바 성지(聖旨)가 조금씩 번거로워진다는 말은 인군(人君)의 도리란 간략하기를 힘쓰는 것인데, 간략하게 되면 호령(號令)은 훤히 알게 되어 사람이 쉽게 좇는다는 것입니다. 신하로서의 도리란 부지런히 하는 것인데 부지런하게 되면 직업이 닦여지고 일이 옹체(壅滯)되는 것이 없게 된다는 것입니다.

신이 엎드려 폐하를 뵙건대 일찍이 백관들의 조하(朝賀)를 받고 점심 때에는 만 가지 기미(幾微)를 가진 일을 살피십니다. 혹은 갑장(甲

---

22 송대의 상세는 과세(過稅)와 주세(住稅) 두 종류가 있다. 과세란 상품을 옮겨 가서 파는 사람에게 붙이는 세금이며 대체로 1천 전에 20씩이고, 상점을 가지고 앉아서 파는 것이 주세인데 그 세는 1천 전에 30씩이다. 그러므로 과세는 유통세이고 주세는 교역세이다. 주세를 부담하는 사람은 상품의 생산자를 겸하는 경우가 많아서 수공업자 겸 상인이며 가정수공업을 하는 농민인 경우가 있다. 그 외에 잡세(雜稅)라는 것이 있는데, 상선에 실린 화물의 다소(多小)에 따라서 선주에게 부과하는 세로 승전(勝錢)이라고 한다. 또 염관(鹽官)이 사사롭게 순찰을 도는 장정을 고용하여 상인들이 장소로 들어가지 못하게 막고 납세를 요구하는데, 100문(文)에 10문을 막는 사람에게 주는 것으로 예전(例錢)이라고 하였다.

仗, 병기)을 올리고, 혹은 군인을 가려서 살피고, 혹은 몸소 오라에 묶인 죄수를 신문(訊問)하고 혹은 친히 전마(戰馬)를 관람하며 혹은 궤(匭, 상자)에 집어넣어 들여 온 것[23]은 혹 그 말의 이치를 상세히 심사하고, 북을 두드려서 들여 온 것은 혹 저 사람의 억울함과 무고함을 묻습니다.

대개 폐하께서는 사방으로 귀 밝게 들어도 혹 아직 도달하지 못하는 것이 있으며, 만 가지의 기미를 가지고도 혹 아직 알지 못하는 것이 있다고 생각하시어도 이와 같은 데 이릅니다. 그러나 어찌하여 이 수고로움을 옮겨서 현명한 사람을 찾는데 수고하시지 아니하며 어찌하여 이러한 자세하고 오로지함을 고쳐서 선비를 선발하는 일에 오로지하지 아니하십니까? 간관(諫官)은 좌우에 두고, 어사(御史)는 바로 위임하여 규탄(糾彈)하게 하며, 급사중(給事中)은 마땅한 재능을 가진 사람으로 하여 조서(詔書)에 봉박(封駁)[24]하는 것을 허락하고, 기거랑(起居郎)은 문채(文彩)를 가진 사람으로 하여 말하는 것과 움직이는 것[25]을 기

---

23 투궤(投匭)라는 것인데, 이는 당 무측천(武則天) 때에 구리로 궤짝을 만들어서 조당(朝堂)에 두고 황제에게 올리고 싶은 글을 써서 그 귀짝 안에 넣게 한 것에서 비롯된 제도이다.

24 봉박이란 신하가 올린 주장(奏章)에 어긋나거나 틀린 것을 박정(駁正)하거나 또는 황제가 적당하지 않은 조령을 내렸을 적에 이를 봉함하여 돌려보내는 것이다. 한대(漢代)에 황제의 조서를 봉환(封還)한 경우가 많았지만 봉박(封駁)이라는 명칭은 없었다. 당대(唐代)에 이 봉박을 급사중에게 하게 하였고, 송대도 이 제도를 그대로 이어 받았다. 이 봉박하는 관원을 언관(言官)이라고 불렀다.

25 송대의 기거랑은 황제가 전에 나아가면 모시고 서있고, 행행하면 좇으며 큰 조회를 하게 되면 기거사인(起居舍人)과 함께 전각 아래 이수(螭首)가 있는 옆에 마주 서 있다. 무릇 조회에서 사유(赦宥)를 명령하고, 예악, 법도를 늘리

록하도록 명령하십시오.

백 가지 직책이 이와 같고, 각기 그 업무를 수행하며, 천 개나 되는 관직이 이와 같아서 각기 그에 적당한 사람을 얻는다면 어찌 일이 온당하게 처리 되지 않을까 걱정하며 어찌 백성들이 사여(賜與)를 받지 못할까 염려하십니까! 하물며 궁궐이란 바로 존엄한 분이 계신 곳이고 헌지(軒墀, 궁전)는 깨끗하고 절실한 행반(行班)이 늘어서 있는데, 어찌 묶여 있는 죄수를 압송해오게 하고, 병들어 있는 군인 혹은 헛된 말을 하여 월소(越訴)[26]하는 무리, 혹은 요행이나 은덕을 바라는 무리들이 편전(便殿)으로 이끌려 들어와서 천안(天顏)을 대면할 수 있어야 합니까?

폐하께서는 일에 따라서 지휘하시고 때에 따라서 주거나 빼앗는데, 그 중간에 자주 이어받아서 돌아보고 묻는 일이 있다면 위로는 하늘같은 위엄을 두려워하여 혹은 우연하게 진술하는 일이 있게 되더라도 조금은 성지(聖旨)를 유쾌하게 하려고 합니다. 하지만 겁먹고 나약하며 더듬더듬하는 사람은 입으로는 비록 상주하여도 그 마음을 다 펼 수 없고, 간사하고 말 잘하는 사람은 말은 비록 온당하지만 아직은 반드시 도리를 갖는 것은 아닙니다.

거나 줄이고, 상벌에서 징벌을 권고하고, 여러 신하가 나아가서 황제를 대면하고, 문무신하에게 관직을 제수하고 제사를 지내고 연회를 열며, 황제가 다가가서 불러 보고, 사시(四時)의 기후, 사방의 부서(符瑞), 호구의 증감, 주현(州縣)의 폐치(廢置)는 모두 써서 저작관(著作官)에게 준다. 보통은 기거주사관(起居注史官)이라고 부른다.

26 소송을 하는데 일정한 단계가 있지만 이를 뛰어 넘어 상급에 호소하는 것을 말한다.

폐하께서 혹은 은택을 베푸시고, 혹은 형벌의 명칭으로 조치하면 비록 예감(睿鑑, 聖旨)은 두루 통하여 진실로 굽고 남용되는 것이 없겠지만 그러나 황제의 조정은 깨끗하고 정숙한데 어찌 시끄럽게 말하겠습니까?《서경(書經)》에서 '아랫사람에게 다가가면서는 간단하게 하라.' 또 '무리를 통어하면서는 관대함으로 하라.'고 하였습니다.[27] 원컨대 폐하께서 살펴서 이를 보시기 바랍니다.

아! 신에게는 또 청하는 것이 있습니다. 중서(中書)[28]는 재상이 업무를 살피는 집이고 상부(相府, 재상이 사무 보는 곳)는 폐하께서 현명한 사람을 우대하는 곳입니다. 지금에는 중서의 외무(外廡, 본 건물 옆에 있는 집)에 마감(磨勘)[29]이라는 하나의 관사(官司)를 두고 조신(朝臣)들의 공과(功過)가 있는지 없는지를 비교하고 주군(州郡)의 수고하고 유능한 것의 허실을 심사합니다. 대개 그 직책은 본래 고공(考功)[30]에 속

---

27 이는《상서주소(尚書注疏)》권3〈대우모(大禹謨)〉에 실려 있는 고요모(皐陶謨)의 말이다. 원문은 '皐陶曰 帝德罔愆 臨下以簡 御衆以寬 傳愆過也'이다.

28 중서성을 말한다. 중서성은 중앙정권체계 가운데 3성 가운데 하나이다. 주요 업무는 황제와 토론하여 법안을 기초하며 황제 조령의 초안을 잡아서 숙의하고 그 원고를 의정(擬定)한다. 이것을 중서성에서 황제에게 올리어 비답을 받아서 이를 시행하게 된다. 정부 최고의 명령을 만들어 황제가 동의하는 것이다.

29 마감이란 감찰을 거친 관원의 정치적 업적을 가지고 관원을 임명하는데 사용하는 고핵(考核) 방식이며, 마감은 관원의 승진과 임용에서 반드시 거쳐야 하는 고핵 과정이다. 송대에는 문관은 선인(選人)과 경조관(京朝官)으로 구분되는데 선인은 문관 가운데 가장 하층이고, 경조관은 경관(京官)과 승조관(升朝官)으로 나뉜다. 조정에 나가서 정치를 논의하는 자격을 가진 사람을 승조관이라고 하고, 비서랑 이하의 하급관원을 경관이라고 한다.

30 관직명으로 고공사랑중(考功司郎中)의 약칭이다. 이부(吏部)에 소속되어 내외 관리들을 고찰하는 직책이다.

하였었는데, 고공의 직책이 수행되지 않으면서부터 마감이라는 이름이 바꾸어 가며 나왔으니 특별히 정체(政體)에 맞지 않습니다. 이것은 신(臣)이 아직 깨닫지 못한 것 가운데 하나입니다.

과거에는 제후에게 허물이 있고, 백성들에게 억울함이 있다면 반드시 대관(臺官, 어사대의 관원)에게 명령을 내리어 위임하여 제사(制使, 황제가 파견한 사자)를 보내는데, 진실로 헌부(憲府, 사헌부의 별칭)의 형조(刑曹)가 그 전적인 책임입니다. 지금은 전직(殿直, 황제의 시종관)·승지(承旨)를 차견(差遣, 파견)하여 제감사신(制勘使臣, 황제의 감찰하는 사신)을 삼도록 하는데, 특히 공적인 일을 처리할 인재는 아닌데도 종종 다른 사람의 죄를 국문(鞫問)하는 일을 위임하니, 혹 형법(刑法)을 아직 이해하지 못하여 망령되이 깊이 탄핵을 덧붙이더라도, 이미 제서(制書)를 가지고 임석하여 사람들은 위엄(威嚴)을 두려워하는데 누가 감히 막으며 항거하겠습니까! 어찌 무고(無辜)한데 함정에 빠져서 폐하의 인자한 지의(旨意)를 훼손하는 일이 없겠습니까! 이것이 신이 이해하지 못하는 두 번째입니다.

신은 매번 역사책을 읽으면서 무릇 필부(匹婦)가 정숙하고 곧으며 야인(野人)도 효(孝)를 행하여 오히려 저들의 문려(門閭)를 표창하는데, 혹은 그들에게 속백(束帛)을 하사하여 경박한 풍속을 가진 사람들을 권장합니다. 지금 국가의 관료가 멀리 사환(仕宦)하게 되면 집을 이사할 수가 없고 부모가 돌아가셨다고 말하여도 이임(離任)할 수 없어서 검은 상복(喪服)을 입고 일을 보니 어찌 효자의 마음을 편하게 하겠습니까? 밝은 조서는 아직 시행되지 않아서 성인의 가르침을 깊이 훼손합니다. 이것이 신이 이해하지 못하는 세 번째입니다."

상소문이 들어갔지만 회보하지 않았다.

23 이 해에 역경원(譯經院)[31]에 편액(匾額)을 하사하여 '전법(傳法)' 이라고 하고 좌우 양가(兩街)로 하여금 어린아이 50명을 선발하여 역 경원에 가서 범학(梵學)과 범자(梵字)를 익히게 하였다.[32]

태종 옹희(雍熙) 원년(갑신, 984년)[33]

1 봄 정월 무오일(7일)에 우복야(右僕射)인 석희재(石熙載, 928~ 984)가 죽었다.

석희재의 성품은 충실하였고, 사건을 만나서는 감히 말하며 돌아보 고 회피하는 바가 없었다. 이에 이르러 병이 나서 일어나지 못하자 황 제는 슬퍼하며 탄식하기를 며칠 계속하였는데, 시중을 증직하고 시호 를 원의(元懿)라고 하였다.

---

31 불교경전을 번역하는 기구로 송대에는 태평흥국 7년(982년)에 개봉의 흥국사에 역경원을 설립하였고, 다음 해에 전법원(傳法院)으로 고쳤다. 역경원의 조직은 상당히 완비되어서 역주(譯主), 증의(證義), 증문(證文), 서자(書字), 필수(筆受), 철문(綴文), 참역(參譯), 간정(刊正) 윤문(潤文)의 직책을 두었다. 그리고 그 서쪽에 인경원(印經院)을 두어서 번역한 경전의 간행을 책임지게 하였다.

32 고대 인도에서 사용하던 언어를 범어(梵語)라 하고 그 문자를 범문(梵文)이라 고 한다. 여기서는 고대 불교경전을 쓰는데 사용한 언어가 범어였기 때문에 이를 연구하는 학문과 그 글자를 말하는 것이다. 보통의 경우에 범학(梵學)이 란 불학(佛學)과 같은 의미로 쓰인다.

33 요(遼)의 성종 통화(統和) 2년이다.

2 임술일(11일)에 조서를 내렸다.

"삼관(三館)[34]에서는《개원사고서목(開元四庫書目)》[35]을 가지고 관(館) 안에 빠진 것을 열람하여 그 서명(書名)을 구체적으로 늘어놓아 안팎에서 책을 가지고 올라 올 사람을 모집하고 권질(卷帙)의 수에 따라서 등급을 나누어 넉넉하게 사여(賜與)하고 관부(官府)로 보내기를 원하지 않는 것은 책을 빌려서 필사를 마친 다음에 이를 돌려보내라."

이로부터 사방에 있는 책은 왕왕 사이사이로 나왔다.

3 갑자일(13일)에 요주(遼主)가 장락(長濼)에 갔다.

4 유사가 절도죄는 대벽(大辟)에 이르게 한다고 올리자 조서를 내려서 특별히 그 사죄(死罪)를 관대하게 하라고 하고 이어서 재상에게 말하였다.

"짐은 사람의 목숨을 무척 아끼지만 그러나 때로는 그 가운데 심한 사람의 목숨을 빼앗아 많은 사람에게 경계한다. 그런데 소인들에게 관대하고 용서하려는 뜻을 알게 하지 않으려는 것은 그들 가운데 범법하는 사람이 많아질까 두려워서이다."

5 을축일(14일)에 황제가 단봉루에 나아가서 등불 벌려 놓은 것과 사서인(士庶人)들이 거리를 메우고 있는 것을 보고 재상에게 말하였다.

---

34 소문관(昭文館), 사관(史館) 그리고 집현원(集賢院)을 말하는 것이다.

35 송대의 왕요신(王堯臣) 등이 편찬한《숭문총목(崇文總目)》에 의하면 당 개원 연간(713~741)에 편정한《개원사고서목(開元四庫書目)》은 모두 40권으로 되어 있다.

"나라가 여러 세대 동안 전쟁을 겪은 뒤로 천하가 편안하고, 경사(京師)가 번성하였으니 특별히 위안이 되는데, 짐은 평상시에 술을 마시는 일이 아주 적지만 오늘 저녁은 경들과 더불어 같이 즐기려고 하니 의당 각자가 다 취하도록 하시오."

이에 매번 술잔을 비울 적에는 여러 신하들에게 보였다.

6   부릉현공(涪陵縣公)인 조정미(趙廷美, 947~984)가 방주(房州, 호북성)에 도착하였는데, 걱정하고 두려워하다가 병이 되어 죽었다. 정묘일(16일)에 방주에서 보고를 하자 황제는 오열(嗚咽)하고 눈물을 흘리면서 재상에게 말하였다.

"조정미는 어려서부터 강퍅(剛愎)하였고 자라서는 더욱 흉악(凶惡)하였으니, 짐이 동기(同氣)이고 지친(至親)이어서 차마 그를 법으로 조치하지 아니하고 방릉에 살게 하면서 허물을 생각하기를 바랐소.[36] 바야흐로 은혜를 미루어 옛 것을 회복시키려고 하였는데, 갑자기 이렇게 운명하였으니 애통하고 상한 마음을 어찌할 것인가?"

마침내 추가로 부릉왕(涪陵王)에 책봉하고, 시호를 내려서 도(悼)라

---

36 조정미는 송 태조 조광윤과 태종 조광의의 동생이다. 송 태조 조광윤이 죽었을 때에 조광의에게 모살(謀殺)되었다는 소문이 있었고, 조광의가 즉위한 뒤에는 금궤의 맹세라는 말이 있어서 조광의 다음으로는 조광미에게 황제의 자리가 전해질 것이라는 소리도 있었다. 조정미는 원래 조광미(趙匡美)였는데, 태조 때문에 광(匡)을 광(光)으로 바꾸었고, 다시 태종 때문에 광(光)을 정(廷)으로 고쳤다. 본래 제왕(齊王)이었고, 개봉부윤과 중서령을 겸하였다가 다시 진왕(秦王)으로 하였는데, 시우석(柴禹錫)이 조정미가 교만방자하다고 고발하였고, 조보는 이부(李符)를 시켜서 조정미를 무고하게 하여 서경유수로 귀양 보내졌고, 병부상서 노다손과 연결하려 하다가 일이 실패하여 강등되어 부릉현공이 되었다.

고 하고 황제는 발상(發喪)하고 성복(成服)하였다.

그 후에 종용히 재상에게 말하였다.

"조정미의 어머니인 진국부인(陳國夫人) 경씨(耿氏, ?~983)는 짐의 유모였다가 뒤에 가서 조씨(趙氏)에게로 출가하여 군기고부사(軍器庫副使)인 조정준(趙廷俊)을 낳았소. 짐은 조정미 때문에 지금 조정준에게 좌우에서 무기를 잡게 하였는데, 조정준이 금중(禁中)에서 일어나는 일을 조정미에게 누설하였소. 얼마 전에 서지(西池)를 팠는데, 짐이 장차 가서 유람하려고 하였더니 조정미와 좌우에 있는 사람들이 이때를 이용하여 몰래 발동하려고 하였소. 만약에 유사에게 명령하여 끝까지 추궁하게 하였다면 조정미의 죄는 주살하고도 남았을 것이요. 짐은 단지 서경인 낙양에 살도록 하였는데, 조정미는 더욱 원망하여 불손한 말을 내보내어 비로소 방릉으로 옮기면서 그를 전부 용서하였소. 조정준에게 이르러서도 역시 깊은 죄를 덧붙이지 않았고 다만 좇아서 깎아 내려서 내몰았소, 짐이 조정미에게는 대개 부담될 일이 없었소."

말을 마치고 이 때문에 슬퍼하였다. 이방이 대답하여 말하였다.

"부릉왕의 패역(悖逆)함은 천하 사람들이 함께 들었지만 궁금(宮禁) 안에서 일어나는 일은 만약에 폐하께서 그 곡절을 펼쳐 보이지 않으셨다면 신 등이 어떻게 이것을 알겠습니까?"

전 운 체 계 의 개 혁

7   전주(澶州, 河南省 濮陽市)에서 말하기를 '백성들 가운데 수재(水災)나 한재(旱災)를 입은 것이 20무(畝) 이하의 사람이 조세를 면제해 달라고 청구한 것은 조신(朝臣)들이 전무(田畝)가 많지 않다고 하여 그 소원(訴願)을 받지 말기를 요청하였다.'고 하였다. 황제가 말하였다.

"이와 같이 한다면 가난한 백성으로 전지(田地)가 적은 사람은 은택 (恩澤)이 항상 미치지 아니한다. 재앙과 해를 받으면 조세를 면제해 주는 것은 정치가 곤궁함으로 말미암은 것인데 어찌하여 많고 적은 것을 가지고 한정하겠는가?"

신미일(20일)에 조서를 내렸다.

"지금부터 백성이 수재와 한재를 호소하면 전지가 많고 적은 것을 가지고 가리지 말고 모두 더불어 검사하고 시찰하라."

8   임신일(21일)에 여러 주의 백성들로 지난해에 관부에서 빌렸던 속(粟)을 면제해 주었다.[37]

---

37 갚지 않아도 된다는 말이다.

9   좌간의대부·참지정사인 이목(李穆, 928~984)이 죽었다.

이목은 지극한 행동을 하였는데, 어머니가 일찍이 병들어 누워 있으면서 해를 지났는데, 움직이거나 멈추거나 옆으로 돌아누울 때에 모두 친히 겨드랑이를 부축하였다. 애초에 조정미의 사건에 연좌되어 관리에게 부촉(付囑)되었는데, 이목은 아들인 이유간(李惟簡)으로 하여금 어머니에게 거짓으로 조서를 받들어 옥대(獄臺, 옥사를 처리하는 기관)에서 국문(鞫問)을 하고 있다고 말하게 하였고, 관직이 깎여서 집에 돌아와서도 끝내 어머니에게 고백하지 아니하고, 격일로 번번이 나가서 친구를 찾아보고 혹은 불교사원에서 놀면서 겉으로는 입직(入直)하는 것처럼 했다. 그리고나서 복직하기에 이르렀지만 어머니는 끝내 알지 못하였다.

집정(執政)하고 한 달이 좀 넘어서 어머니 상(喪)을 당하였는데, 조서를 내려서 억지로 그를 일어나게 하였더니 이목은 더욱 애훼(哀毀)[38]하였다. 계유일(22일)에 일찍 일어나서 곧 조현하려고 하는데 중풍(中風)이 들어 어지러워 하다가 갑자기 죽었다. 황제가 임석하여 곡(哭)을 하고 눈물을 흘리며 재상에게 말하였다.

"이목의 행동거지는 순수하고 올바르니 바야흐로 곧 중용하려고 하였는데, 갑자기 죽기에 이르렀으니 이 사람의 불행이 아니고 바로 짐의 불행이다."

10   정축일(26일)에 황제가 시신들에게 말하였다.

---

38 부모상을 만나서 슬픈 나머지 그 몸을 훼손하는 것을 말하는데, 그 후로는 거상(居喪) 중에 예를 다한다는 말로 쓰인다.

"옛날에 진(晉) 무제(武帝, 司馬炎, 236~290)가 오(吳)를 평정한 다음
에 내총(內寵)[39]들에게 빠졌고, 후궁(後宮)을 기른 것이 거의 수천 명
이었으니 특히 제왕의 도리를 잃었다. 지금 궁중에는 직장(職掌)에서
부터 조사(粗使)[40]에 이르기까지 3백 명에 불과한데, 짐은 오히려 많
다고 생각한다."

11   2월 초하루 임오일에 황제가 숭정전(崇政殿)에 나아가서 친히 여
러 군대의 장교를 사열하고 명적(名籍)에 의하여 수고하고 업적을 쌓
은 것을 참고로 그들을 올려주거나 내쫓았는데, 한 달이 넘어서야 마치
었다. 가까운 신하들에게 말하였다.

"짐이 장교(將校)를 발탁하여 뽑는 데는 우선 그 사람이 삼가면서도
능히 아랫사람을 어거(馭車)할 수 있는 사람을 뽑았고 힘세고 용감한
것은 다음으로 하였다."

또 말하였다.

"병사가 비록 많아도 진실로 간택(簡擇)을 하지 아니하면 병사가 없
는 것과 같다. 짐이 〔생각하기로는〕 강습(講習)을 통하여 점점 정예화
(精銳化) 되니 만약에 통수(統帥)를 하는데 그에 적합한 사람을 얻는다
면 어떤 적인들 이기지 못하겠는가!"

옛날 제도를 보면 제군(諸軍)이 사현(辭見)[41] 하거나 혹은 행간(行

---

39 제왕이 총애하는 사람으로 보통은 내관 가운데 권력 있고 총애 받는 사람을
   가리킨다.

40 직장이란 해야 될 구체적인 업무를 가진 사람을 말하며, 조사는 황제가 간단
   한 심부름을 시킬 수 있는 사람을 말한다.

41 무릇 백관들이 중조(中朝)에서 나가서 외관(外官)이 될 때에 조정에 가서 인

間)에서 날래고 과단성을 가지고 출중(出衆)한 사람은 장교로 하여금 서로 보임(保任)⁴²하게 하였다. 산원좌반도두(散員左班都頭)⁴³인 위능(魏能, ?~1015)이 변방에서 수자리를 서면서 많은 사람들의 보임을 받지 못하였는데, 황제가 말하였다.

"이 사람은 재주도 있고 용감하니 짐이 그를 스스로 보임할 수 있겠다."

이로부터 조금씩 덧붙여 올려서 썼다.

12   우보궐(右補闕)인 교유악(喬維岳, 926~1001)을 회남(淮南)전운사로 삼았다. 이보다 먼저 회하가 서쪽으로 흘러 30리(里)를 가면 산양만(山陽灣, 江蘇 山陽)이라고 하는데 물살이 여울지고 사나워서 배를 운행하면서 지나가게 되면 대부분이 전복되어 물에 빠지는 걱정거리가 있었다. 교유악은 옛날 사하(沙河, 河南省 中部)를 규획(規劃)하여 열었는데, 말구(末口, 山陽)에서 회음(淮陰)의 마반구(磨般口)까지 무릇 40리였다. 또 건안(建安, 福建省 建甌市)에서 북쪽으로 가서 회서(淮澨, 회하 물가를 메워서 돋운 곳)에 이르기까지 무릇 다섯 개의 제방이 있

사를 하고, 외관이 들어와서 조근(朝覲)하는 사람을 이끌어 조현하게 하는데, 이때에 사현하는 사람은 백관들의 반열과 더불어 하지 않고, 스스로 반열을 만들어 서게 되어 있다. 그러므로 사현이란 인사하기 위하여 황제를 알현하는 것을 말한다.

42 조정에 인재를 추천하고 그 사람에 대하여 담보하는 책임을 지는 것을 가리키는 것이다.

43 산원은 일정한 직무가 없는 관원을 말하며, 도두는 일정한 군대, 즉 도(都)의 우두머리이다.

어서 배를 운행하는데, 10강(綱)[44] 전후였으며 그 중에서 무겁게 실은 것은 모두 양곡(糧穀)을 내려놓고 지나갔으며, 배가 부서지면 양식을 잃어버리는 일이 항상 있었다. 강졸(綱卒, 조운하는 병졸)은 옆에서 간사한 짓을 하여 대부분이 침범하여 도둑맞았다. 〔지도참고〕

교유악은 마침내 이두문(二斗門, 水閘門)을 서하(西河)의 세 번째 제방에 새로 만들게 하였는데 두 문(門)의 사이는 서로 50보를 넘게 하고 하옥(夏屋, 門廡)을 뒤집어 놓아 현문(懸門)[45]을 설치하여 물을 저장해 두었다가 조수(潮水)가 평평해지기를 기다려서 이를 쏟아 냈다. 하안(河岸)에 횡교(橫橋)를 세워놓고 흙과 돌을 쌓아서 그 밑을 굳게 하였다. 이로부터 그 폐단을 다 혁파하니 배를 운행하여 왕래하는데 옹체(壅滯)되는 일이 없었다.

13 경자일(19일)에 요주(遼主)가 태후를 조현하고 이어서 요락천(饒樂川, 현재 지명 不詳)에서 사냥하는 것을 관람하였다. 병오일(25일)에 요주는 제왕(諸王) 대신과 더불어 교사(較射)[46]하였다.

---

44 송 초에 조운은 선박을 편대(編隊)를 지어서 운영하였는데 대체로 10소(艘, 척)로 하나의 선대(船隊를 조직하는데 이것을 1綱)라고 하였다. 따라서 10강이라면 선박 100소가 조운을 담당하였던 것으로 보인다.

45 고대 성문에 설치하였던 문갑(門閘)으로 평시에는 올려서 걸어 놓았다가 경보가 있게 되면 그 문을 내려서 닫도록 한 것이다. 여기서는 수갑문(水閘門)을 말하는 것으로 갑문을 올려서 물이 통하게 하고 갑문을 내려서 물을 가두어 두는 방법을 이용하여 조운하게 하는 것이다.

46 활쏘기 경기이다.

❖ 경항 대운하

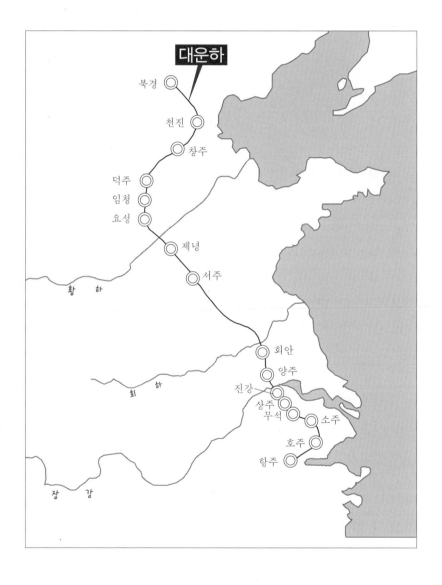

14 정미일(26일)에 요(遼)에서는 초토사(招討使)인 한덕양(韓德讓)이
당항을 정벌하고 돌아오다가 드디어 하동(河東)을 습격하니 조서를 내
려서 아름답다고 포상하였다.

15 3월에 문무관원과 외국의 번객(蕃客)에게 대명전(大明殿)에서 연
회를 베풀어 주고 발해대사(渤海大使)인 난하(鸞河)를 불러서 그를 위
로하며 어루만져 주었다. 난하는 발해(渤海)의 추장(酋長)인데, 황제가
유주(幽州)을 정벌하자 부족(部族)을 인솔하고 귀순하였으니 그런 연
고로 이러한 하사를 한 것이다.[47]

16 한림학사인 송백(宋白, 936~1012)을 파견하여 승전(乘傳)[48]으로
가서 백마진(白馬津, 河南省 滑縣 北)에 제사를 지내게 하였는데 태뢰
(太牢, 제물이 소인 제사)를 지내는 것을 빠뜨리면서 벽옥(璧玉)을 덧붙
였으니, 황하가 터졌지만 곧 메꾸어지기 때문이었다.

---

47 다른 자료에는 대란하(大鸞河)로 되어 있다. 대란하는 송 태종시기에 송에 투
항한 발해 사람이다. 태종이 북한을 멸망시킨 다음에 발해의 추장 대란하
가 소교(小校)인 이훈(李勳) 등 16명과 부족 300기(騎)를 인솔하고 송조에 투
항하였는데, 송 태종이 대란하를 발해도지휘사로 삼았다. 송 태평흥국 9년
(984년) 봄에 대명전에서 연회를 베풀고서 대란하를 불러서 아주 긴 시간 위
무하였다. 송 태종은 이때에 전전교위인 유연한에게 '란하는 발해의 호수로
우리에게 귀부하여 그가 충성스럽고 순종하였으므로 가상히 여긴다. 무릇
이속을 가져서 말 달리기를 즐겨하고 높은 곳에서 망보며 경계하고 준마(駿
馬) 수십 필과 함께 교외에 나가서 사냥을 하는 것이 성질이 되었다.'라고 하
면서 10만 민전(緡錢)을 하사하였다.
48 역참에 있는 수레를 타고 가는 것을 말한다.

17　을묘일(5일)에 일본국(日本國) 승려인 조연(奝然, 938~1016)이 그 나라에서 와서[49] 입조하여 말하였다.

"국주(國主)의 성(姓)은 왕씨인데, 시조에서부터 지금까지 무릇 64세(世)를 내려 왔는데, 85명의 왕이 있었으며, 문무(文武) 관료들은 모두 세관(世官, 세습되는 관직)입니다."

황제가 이를 듣고 탄식하여 재상에게 말하였다.

"이는 섬나라 이적(夷狄)일 뿐인데 오히려 옛날의 도를 보존하고 있구나! 중국은 당나라 말기에서부터 해내가 분열되어 오대의 대수(代數)는 더욱 촉박하였고, 대신의 자손은 모두 아버지와 할아버지의 가업(家業)을 이을 수 있는 것이 적었다. 짐은 비록 덕이 과거의 성인에는 미치지 못하지만 그러나 힘써서 이치를 구하니 아직 일찍이 감히 스스로 한가하게 방일(放逸)하지 않았다. 바라건대 상궁(上穹, 하늘)에서 내려 살피셔서 운조(運祚, 운수)가 유구하고 대신들 역시 세세토록 녹봉과 직위를 지키기를 바란다. 경(卿) 등은 의당 각기 마음을 다하여 짐을 보필하고 멀리 있는 이적만이 홀로 이러한 경사(慶事)를 누리지 말게 하시오."

18　병오일[50]에 비서승(祕書丞)인 양연경(楊延慶) 등 10여 인을 선발

---

49 일본의 승려 조연은 속성이 진(秦)인데, 경도(京都)에서 출생하여 어려서 동대사(東大寺)에 들어가서 관리(觀理)에게 삼론종(三論宗)을 공부하였으며 또 석산사(石山寺)의 원고(元杲)에게 진언밀교(眞言密敎)를 익혔다. 송 태평흥국 8년(983년)에 불법을 넓히려고 여러 승려들의 반대를 극복하고 동대사에 송첩(宋牒)을 들여 올 수 있기를 청원하며 제자인 성산(成算), 조일(祚壹), 가인(嘉因) 등 4~5명을 인솔하고 송의 상인 진인상(陳仁爽), 진인만(陳仁滿)의 배를 타고 송에 들어와서 불법(佛法)을 구하였다.

하여 나누어 지제주(知諸州, 여러 주의 知州)로 하였다. 황제는 이어서 재상에게 말하였다.

"자사(刺史)의 책임은 가장 뛰어난 것이 백성들에게 가까이 하는 것인데, 진실로 그에 적당한 사람이 아니라면 백성들은 그 화(禍)를 당한다. 옛날에 진팽(秦彭)[51]이 영천(潁川, 河南省 中部) 태수였는데, 교화가 크게 시행되어 경내에는 마침내 봉황(鳳凰)·기린(麒麟)·가화(嘉禾)·감로(甘露) 같은 상서(祥瑞)로움이 있었다."

송기가 말하였다.

"진팽은 한 명의 군수였는데 정치를 훌륭히 하자 하늘이 그에게 감응한 것이 이와 같았는데, 하물며 천하의 군주임에서야!"

19 정사일(7일)에 황제가 재상에게 말하였다.

"하주(夏州, 陝西 靖邊縣 北白城子)에 사는 번인(蕃人) 부족 가운데 강하고 사나워서 통제(統制)하기 어려운 사람은 모두 몸을 위탁하고 귀순하였는데, 무릇 종족(種族) 5만 여장(餘帳)[52]을 얻었다. 짐은 또한

---

50 이 해 3월 1일은 신해일이므로 3월 중에는 병오일이 없다. 만약에 이 기사의 앞에 기록된 사건이 을묘일이라면, 이 사건 다음으로 기록된 사건은 정사일이므로 그 사이에는 병진(丙辰)일이어야 맞고 그렇다면 이날은 6일이다. 그러므로 병오는 병진의 잘못이다.

51 진팽(秦彭, ?~88)은 부풍(扶風)의 무릉(茂陵, 陝西省 興平市 東北) 사람으로 자는 백평(伯平)이다. 후한의 관원으로 영평(永平) 7년(64년)에 외척으로 개양성(開陽城) 문후(門候)가 되었다가 15년(72년)에는 기도위(騎都尉)가 되어서 부마도위(駙馬都尉)인 경병(耿秉)을 도와서 흉노정벌을 하였다. 건초(建初) 원년(76년)에 산양(山陽)태수가 되었고, 6년 임직을 마치고 영천(潁川)태수가 되었으며 장화(章和) 2년(88년)에 죽었다.

양향(糧餉)을 옮겨 주는 것이 수고롭고 시끄러울 것을 염려하는데, 다만 차(茶)를 싸가지고 가서 번부(藩部)에서 무역하여 군대에 식량을 공급하도록 한다면 아직 일찍이 백성들을 징발하여 수송하지 않게 될 것이다."

또 이계봉(李繼捧, 957?~1004)에게 말하였다.

"너는 하주에 있으니 어떤 도리를 사용하여 번부를 통제하는가?"

대답하여 말하였다.

"융인(戎人)들은 아주 교활해서 신은 다만 기미(羈縻, 籠絡)를 할 뿐이지 통제할 수 있는 것은 아닙니다."

---

52 장(帳)이란 포(布) 혹은 기타 재료로 만든 차폐용의 물건이다. 이는 유목족이 호구 단위로 사용하는 이동 천막과 같은 것이다.

직간을 허락하라는 요구

20 기미일(9일)에 활주(滑州, 河南省 滑縣)에서 터진 황하를 이미 다 메꾸었다고 말하니, 여러 신하들이 축하하였다. 수재가 미친 주현(州縣)의 백성들에게 금년의 전조(田租)를 면제하였다.

21 계미일⁵³에 부릉왕(涪陵王, 趙廷美, 947~984)의 아들인 조덕공(趙德恭, 962~1006)·조덕륭(趙德隆, 964~986)을 자사(刺史)로 삼고, 사위인 한숭업(韓崇業)을 정난군(靜難軍, 陝西 邠縣)사마(司馬)로 하였다.

22 기축일⁵⁴에 재상과 가까이 있는 신하들을 불러서 후원(後苑)에서 꽃을 감상(鑑賞)하였으며 시종(侍從)하는 사신(詞臣)⁵⁵들에게 각기

---

53 이 해의 3월에는 계미일이 없다. 기미일(9일)과 임신일(22일) 사이에 계해일이 있는데, 계미가 계해의 오식일 가능성이 있고 그렇다면 이날은 13일이다.

54 앞의 주석과 같이 이 해 3월에는 기축일이 없다. 기미일과 임신일 중간에 을축일이 있으므로 기축은 을축의 오식으로 보이며 을축일은 15일이다.

55 문학을 하면서 시종하는 신하를 가리키는 말인데, 예컨대 한림(翰林)과 같은 경우이다.

부·시(賦·試)[56]를 짓도록 하였다. 꽃을 감상하면서 부·시를 지은 것은 이로부터 시작되었다.

23 임신일(22일)에 함방원(含芳苑)에 행차하여 연사(宴射)하고서 재상인 송기(宋琪, 917~996)에게 말하였다.

"이곳은 3년이고 5년에도 한 번 오지 않으니 진실로 자주 나와서 유희하며 연회를 하는 것은 아니다."

이때에 유계원(劉繼元, ?~992)·이계봉(李繼捧, 957?~1004) 등이 모두 모시고 앉았었는데 송기가 이를 이용하여 신(神) 같은 무력(태종의 神武)을 찬송하면서 이방(李昉, 925~996)과 더불어 각기 부·시(賦·詩)를 지었고, 황제는 화답하여 이를 하사하였다.

24 이 봄[57]에 재상이 일을 상주하고 물러나는데 황제가 말하였다.

"경(卿) 등이 상주(上奏)한 부서(簿書)는 마침내 항상 있는 것이요. 오직 시무(時務)에서 불편한 것만은 반드시 심한 말을 하고 숨기지 않

---

56 부(賦)와 시(詩)를 말하는 것으로 문학의 형식이다. 부는 고대 문체(文體)의 이름으로 조금은 특수하여 외견상으로는 시도 아니고 문(文)도 아니지만 그 내용을 보면 그 속에는 시도 있고 문도 있어서 반시반문(半詩半文)의 혼합체라고 할 수 있다. 시는 시가(詩歌)라고도 하는데, 고도의 응결(凝結)된 언어로 작자의 풍부한 정감(情感)을 형상하여 표현하는 것으로 집중적으로 사회생활을 반영하며 일정한 절주(節奏)와 운율(韻律)을 가지고 있는 문학제체이다.

57 월과 날짜가 없이 기록하고 다만 계절인 봄만을 기록한 경우인데, 여기에 기록한 사건은 봄 즉, 1월부터 3월 사이에 있었던 사건이다. 날짜를 모르는 경우에는 월말에, 월, 일, 계절도 모르는 경우에는 연말에 기록하도록 되어 있는 것이 편년체의 필법이다.

아야 짐(朕)이 마땅히 재량하고 짐작하여 실행할 것이요. 만약에 마땅하지 않은 것을 말하여도 역시 책임지우지 않을 것이요."

25 여름 4월 을유일(5일)에 태산(泰山)의 부로(父老) 1천여 명이 다시 궁궐에 와서 봉선(封禪)[58]하기를 요청하였다. 무자일(8일)에 여러 신하들이 표문(表文)을 올려서 봉선하기를 청하였는데 표문을 올린 것이 무릇 세 번이었다. 갑오일(14일)에 조서를 내려서 금년 11월에 태산에서 지내라고 하였다.

26 이날 금명지(金明池)[59]에 행차하여서 수전(水戰) 연습하는 것을 보고 재상에게 말하였다.

"수전이란 남방지역의 일인데, 지금 그 땅이 이미 평정되었으니 다시는 이를 시용(施用)하지 않겠지만 때로 이를 익혀서 무공(武功)을 잊지 않겠다는 것을 보일 뿐이다."

이어서 강무대(講武臺)에 행차하여 여러 군대가 말달리고 활 쏘는 것을 관람하고 무예(武藝)가 아주 뛰어난 사람이 있으면 모두에게 백(帛)을 하사하였다. 돌아와서 경림원(瓊林苑)의 북사(北榭, 북쪽에 있는

---

58 봉선이란 제왕이 하늘로부터 천명(天命)을 받는 의식이다. 이러한 의식은 춘추전국시대에 시작되었는데, 당시의 제·로(齊·魯)지역에 있는 유사(儒士)들이 태산(泰山)은 천하에 제일 높은 산이라고 여기고 인간 가운데 가장 높은 제왕은 응당 최고 높은 산에서 지고무상(至高無上)의 신령(神靈)에게 제사를 지내야 한다고 생각하였다. 태산은 제·로의 분계에 있다.

59 북송시기에 저명한 황제의 원림(園林)으로 동경(東京) 변량성(汴梁城, 개봉) 밖에 있다.

臺榭)에 올라가서 따르는 신하들에게 마실 것을 하사하고 누대(樓臺) 아래에 전(錢)을 던져서 영인(伶人)들로 하여금 다투며 갖게 하고 아주 기뻐하면서 끝냈다.

27   정해일(7일)에 요(遼)에서는 선휘사(宣徽使)이며 동평장사인 야율보령(耶律普寧)·도감(都監)인 소근덕(蕭勤德)이 여진(女眞)을 정벌하여 승리한 보고를 헌상하니 야율보령에게 겸정사령(兼政事令)을 제수하였으며 소근덕에게 신무위(神武衛)대장군을 주고 각기에게 금으로 된 그릇과 여러 물건을 하사하였다.

28   경인일(10일)에 요(遼)에서는 태후가 임조(臨朝)하여 체류(滯留)된 옥사(獄事)를 판결하였다.

29   병신일(16일)에 호몽(扈蒙, 915~986)·가황중(賈黃中, 940~996)·서현(徐鉉, 916~991) 등에게 조서를 내려서 봉선하는 의식을 자세히 정하게 하였다.

30   기해일(19일)에 남작방부사(南作坊副使)인 이신우(李神佑) 등 4명에게 명령하여 경사(京師)에서 태산에 이르는 도로를 수리하게 하였다. 경자일(20일)에 재상인 송기를 봉선대례사(封禪大禮使)로 하고 한림학사인 송백(宋白, 936~1012)을 노부사(鹵簿使)[60]로 하였으며 가

---

60 노부(鹵簿)를 관장하는 책임관을 말하는데, 노부란 국가 원수의 중대한 국가 활동에서 사용하는 전장제도로 의장대, 국악대, 무용, 차량, 교통안전, 치안 등 전체적으로 총괄하는 것을 말한다.

황중을 의장사(儀仗使)로 하였다. 송기 등이 지나가는 곳의 의장과 거가(車駕)를 인도하는 것을 논의하니 황제가 말하였다.

"짐의 이번 행차는 대개 창생(蒼生)을 위하여 복 받기를 기도하는 것이니 지나치게 스스로 엄하게 경계하는 것은 짐의 뜻이 아니다."

이에 조서를 내렸다.

"오직 고묘(告廟)[61]하는 곳과 태산(泰山) 아래에서부터 의장(儀仗)을 사용하고 지나는 곳에서는 역시 반드시 진설할 필요는 없다."

31   5월 신해일(2일)에 성의 남쪽에 행차하여 보리밭을 관찰하였으며 보리를 베는 사람에게 전백을 하사하였다. 돌아오다가 옥진원(玉津園)에 행차하여 물고기를 관람하고, 연사(宴射)하고 가까이 있는 신하들에게 말하였다.

"짐이 오대(五代) 이후를 보건대 제왕이 처음에는 근검하다가 끝내는 마침내 그 간난(艱難)하였던 것을 잊어버리면 넘어져서 망하는 것이 빠르게 되었으니 모두가 스스로 남긴 것이다. 다른 사람의 위에 있는 사람은 마땅히 경계해야 한다."

32   여러 주의 농사(農師, 農事를 관장하는 관원)를 철폐하였다.

33   정축일(28일)에 건원(乾元)·문명(文明) 두 전각(殿閣)에 화재가 있었다.

---

61 천자나 제후가 순수를 나가거나 전쟁 등 중대한 일을 만났을 때에 사당에 가서 이를 고하는 일을 말한다.

34 　장작감승(將作監丞)인 이원길(李元吉)·정고언(丁顧言)을 당후관(堂後官)[62]으로 삼고 비의(緋衣)·은대(銀帶)·상홀(象笏)을 하사하였다. 경관(京官)으로 당후관을 맡은 것은 이로부터 시작되었다.

35 　염철사(鹽鐵使)인 왕명(王明)이 강남의 염금(鹽禁)을 열어 주어 1년에 판매하는 소금 합계 53만5천여 관(貫) 가운데 28만7천여 관의 공급하는 소금을 백성들에게 주고, 세금징수 시에 그 전(錢, 鹽錢)을 거두고, 24만여 관은 상인들이 판매하고 무역하도록 허락해 주어 그 산전(算錢)을 거두자고 하였는데 이를 좇았다.

36 　6월 초하루 기묘일에 요(遼)에서는 태후의 옥사(獄事)를 판결하는 일이 월말까지 이르렀다.

37 　정해일(8일)에 조서를 내려서 직언하는 사람을 찾았다.

38 　임진일(13일)에 조서를 내렸다.
　"천하의 막직(幕職)[63]·주현관(州縣官)으로 편지를 올려서 업무를

---

62 송 초에 중서오방당후관(中書五房堂後官)의 약칭이다. 송 태조는 당후관의 선발을 중하게 생각하였는데, 오대(五代)시기에 당후관은 2인으로 충임하였다가 태조 때에 처음으로 4인으로 이에 충임하였으며 후에 5품계로 확정하였는데 일과 권한이 자못 무거웠으며 정사당의 뒤에서 업무를 수행하였기 때문에 이러한 명칭을 얻었다. 이 명칭은 원풍개제(元豐改制) 때에 없어졌다.

63 지방 장관의 속리(屬吏)로 송대에는 첨서판관청(簽書判官廳)의 공사(公事), 사리(司理), 사법(司法), 사호(司戶), 녹참(錄參, 錄事參軍), 절추(節推, 節度推官), 찰추(察推, 觀察推官), 절판(節判, 節度判官), 찰판(察判, 觀察判官) 등이다.

말하면서 무릇 백성들의 풍속 가운데 이로운 것과 해로운 것, 정령(政令) 가운데 좋고 나쁜 것, 아울러 본주(本州)에 부속되어 있는 역전(驛傳)으로 부치어 보고하는 것을 허락한다."

이보다 먼저 전운사(轉運使)와 지주(知州)·통판(通判)은 모두 편지를 올릴 수가 있었고 주현의 관속들은 안 되었는데, 황제는 아랫사람들의 마음이 전달되는 것이 막히는 것을 고려하였으니 그러므로 이 조서를 내린 것이다.

39   기축일(10일)에 사자를 제로(諸路)에 파견하여 옥사(獄事)를 시찰하였다.

40   진안(鎭安)절도사·수중서령인 석수신(石守信, 928~984)이 죽었는데 시호를 무열(武烈)이라고 하였다.

41   경자일(21일)에 처음으로 제주(諸州)에 명령하여 10일에 한 번 죄수를 심리하라고 하였다.

42   임인일(23일)에 황제가 재상에게 말하였다.

"봉선(封禪)이 폐지 된 것이 이미 오래 되었는데, 지금 시절(時節)은 고르고 해마다 풍년이 들어 이를 시행하는 것이 진실로 마땅하다. 그러나 정전(正殿)에 화재를 만났으니, 드디어 큰일[봉선]을 거행하는 것이 혹 하늘의 뜻에 부합하지 않는다. 또한 더위가 바야흐로 심하니 깊이 사람들이 수고할 것을 염려한다."

마침내 조서를 내려서 봉선을 중지하고 동지에 남교(南郊)에서 제사를 지내게 하였다.

43　가을 7월 임자일(4일)에 건원전(乾元殿)을 고쳐서 조원전(朝元殿)
으로 하고 문명전(文明殿)을 문덕전(文德殿)으로 하며 단봉문(丹鳳門)
을 건원문(乾元門)으로 하였다.

44　을묘일(7일)에 조서를 내렸다.
"어사(御史)가 옥사(獄事)를 국문(鞫問)하면서 반드시 몸소 친히 하
여야 하고 서리(胥吏)에게 전적으로 맡길 수 없다."

45　경신일(12일)에 궤원(匭院)⁶⁴을 고쳐서 등문고원(登聞鼓院)으로
하고 동연은궤(東延恩匭)를 숭인검원(崇仁檢院)으로 하며 남초간궤(南
招諫匭)를 사간검원(思諫檢院)으로 하고, 서신원궤(西申冤匭)를 신명
검원(申明檢院)으로 하며 북통현궤(北通玄匭)를 초현검원(招賢檢院)으
로 하며 이어서 간원(諫院)은 예전처럼 간관(諫官) 한 명을 차견(差遣)
하여 주판(主判)하게 하였다.

46　8월 신묘일(14일)에 요(遼)에서는 동경유수인 야율목제(耶律穆濟,

64　당(唐) 측천무후 수공 원년에 두었던 것으로 중서성에 속하였으며, 간의대부
와 보궐, 습유 한 사람을 지궤사(知匭使)로 하였다. 네모난 함인데 청·단·맥·
흑 네 색깔을 칠하고 매일 저녁에 들여 넣었다가 아침에 내놓는데 관서 밖에
두었다. 무릇 신민 가운데 자신을 추천하거나 정치의 보궐을 말하거나 억울
함을 호소하며 부송을 헌상하는데 그 함이 각각 달랐다. 송대에 태종 옹희
원년에 등문고원과 등문검원으로 고쳤다.

末只)가 주문을 올려서 여진(女眞)의 주포실(珠布實·薩里, 尤不直, 賽里) 등 8종족이 무리를 들어서 내부(內附)하게 해달라고 빌었다고 하자 조서를 내려서 이를 받아들였다.

47   계축일[65]에 포의(布衣, 벼슬이 없는 사람)로 검은 주머니에 편지를 봉함하여 바친 사람이 있었는데, 그 말씨가 미친 듯 망령스러웠다. 황제가 이를 보고 재상에게 말하였다.

"최근에 봉사(封事)[66]를 올리는 사람들은 대부분이 조정의 순서를 알지 못하고 말하는 것이 대부분 맹랑하다. 본래 아랫사람들의 마음이 위로 전달되어서 여러 가지 일이 옹체됨이 없게 되기를 바란 것이니 그러므로 비록 미친 듯하며 망령되더라도 역시 용납함을 베풀어 준 것이요."

송기가 말하였다.

"폐하께서 널리 언로를 용납하시니 진실로 1백 가지 가운데 하나를 얻는다고 하더라도 역시 이는 국가의 이로움입니다."

48   우보궐(右補闕)·지목주(知睦州, 목주는 浙江省 建德市 東北)인 전석(田錫, 940~1004)이 조서에 응대하여 상소문을 올렸는데 그 대략이다.

"지금 폐하께서 바야흐로 지극한 말을 듣기를 갈망하는 것을 갖고

---

65 8월 1일이 무인일이므로 8월에는 계축일이 없다. 《속자치통감장편》에는 이 사건이 계사일로 되어 있고 계사일은 16일이므로 계축은 계사의 잘못으로 보인다.

66 황제에게 올리는 글로 다른 사람이 볼 수 없고 황제가 직접 보도록 봉함하여 올리는 글을 말한다.

있기 때문에 바야흐로 절실하게 직간(直諫)하기를 기다리는 바가 되었고, 허물을 이끌어내어 스스로 경계하시며 덕을 닦아서 두루 새롭게 하려고 하십니다.

신은 책임이 가까이하는 신하에게 있으며 성스러우신 분에게 있지 아니하고, 죄는 간관에게 있고 폐하에게 있지 아니하다고 생각합니다. 근래에 폐하께서는 아침에 명령하였다가 저녁에 고치는 일들이 있는데, 제칙(制勅)이 시행될 때에 아직 마땅하지 않은 바가 있지만 아무도 봉박(封駁)하는 사람이 없음으로 말미암은 것입니다. 급사중(給事中)[67]이 만약에 그것에 적당한 사람을 얻어서 제칙에서 만약에 봉박(封駁)하는 것을 허락하였더라면 내려 보낸 제칙에 마땅하지 않은 것이 없을 것이며, 시행하는 일들이 정치(精緻)하지 않은 것이 없을 것이며 편집하려 격식(格式)을 만들었다면 어찌 아침에 명령하였다가 저녁에 고치는 일이 있겠습니까? 신이 책임이 가까이 있는 신하에게 있고, 성스러운 분에게 있지 않다고 하는 까닭입니다.

신이 또한 보기에는 폐하께서 가까운 것을 버리고 먼 곳을 꾀하는 일이 있는 것은 말과 행동이 지극한 이치에 맞지 않은 것으로부터 말미암은 것이지만 아무도 감히 간쟁(諫諍)하는 사람이 없으니 이는 좌우에 있는 습유(拾遺)와 보궐(補闕)의 허물입니다. 더하여 시절은 오래도록 승평(昇平)하고 천하는 하나로 뒤섞여서 폐하께서 승평시대를 스스로 얻어서 공로와 업적이 스스로 많기에 이르렀습니다.

---

67 송대의 급사중은 4품관에 속하는데, 문하성의 일상적인 업무를 처리하면서 내외출납하는 문서를 심사하여 읽고 정령이나 관직을 수여하는데 마땅하지 않은 것을 박정(駁正)하며 매일 주장을 기록하여 올리면서 그 어긋나고 잘못된 것을 지적하고 처리하는 직책이다.

　사방은 비록 평안하고 만국은 비록 조용하지만 그러나 형벌은 아직 아주 그만두지 아니하였으며, 수재와 한재도 아주 조절되지 아니하였지만 폐하가 이를 태평이라고 말씀하시는데 누가 감히 태평스럽지 않다고 말하겠습니까? 바야흐로 백성들을 위하여 복 받기를 구하고 하늘의 공로에 보답하고자 하여 태산(泰山)에서 제사를 지내고 상제(上帝)에게 예(禮)를 펼치시려고 하는데 사람들의 꾀는 비록 할 수 있겠지만 하늘의 뜻은 아직 좇지 않습니다. 금중(禁中)에서 화재가 나서 장차 영명(英明)한 군주에게 경계하여 깨우치고 있으니 해내에 조서를 내리시어 드디어 여인(輿人)[68]들에게 포고하십시오. 신이 죄가 간관에게 있고 폐하에게 있지 않다고 하는 까닭입니다.”

68　수레를 끄는 사람이라는 말로 직위가 낮은 이졸(吏卒)을 말한다.

방사 진박의 건의

49 정유일(20일)에 황제가 친히 태일궁(太一宮)에서 제사를 드렸다.

50 9월에 지하주(知夏州)인 윤헌(尹憲, 932~994)이 이계천(李繼遷, 963~1004)을 습격하여 5백 급(級)을 참수하고 그의 모친과 처를 붙잡고 1천4백 장(帳)을 포로로 잡았는데, 이계천은 몸만 죽음을 면하였다. 이에 이계봉(李繼捧, 957?~1004)에게 성(姓)을 하사하여 조(趙)라고 하고 이름을 보충(保忠)이라고 하면서 하주(夏州, 陝西 靖邊縣 北白城子) 자사·정난(定難, 치소는 하주)절도사를 제수하고 이계천을 토벌하게 하면서 하(夏)·은(銀, 陝西省)·유(宥, 内蒙古 鄂托克前旗) 다섯 주(州)를 관장하게 하였다. 이계봉이 진(鎭)에 이르러 며칠 되자 이계천이 허물을 후회하고 정성을 보냈다고 말씀을 올리자 황제는 은주자사·서남순검사(西南巡檢使)로 하였다. 이계천은 본래 항복할 마음이 없어서 다시 융인(戎人)들을 유인하여 노략질을 하였다.

51 임술일(15일)에 여러 신하들이 표문을 세 번 올려서 존호를 응운통천예문영무대성지인명덕광교황제(應運統天睿文英武大聖至仁明德廣

敎皇帝)로 하였는데 허락하지 않으니 재상이 머리를 조아리며 굳게 청하였지만 끝내 허락하지 않았다.

52   황제가 즉위하면서 화산(華山)[69]의 은사(隱士)[70]인 진박(陳摶, 872~989)을 불러 들어와서 조현하게 하였다. 겨울 10월에 다시 궁궐에 도착하자 황제는 더욱 예(禮)를 무겁게 덧붙여주고 송기(宋琪) 등에게 말하였다.

"진박은 다만 그 자신의 몸을 선하게 하고 세리(勢利)에 간여하지 않으니 이른바 방외(方外, 세상 밖)의 선비이다. 화산에 이미 40여 년 살았으니 그 나이를 헤아려 보건대 마땅히 100세일 것이며, 스스로 오대(五代)의 어려움과 흩어짐을 경험하였는데 다행스럽게 천하가 승평하니 그러므로 와서 조근(朝覲)하게 하였다. 그와 더불어 말해보면 아주 들을 만 할 것이다."

이어서 사자를 파견하여 보내어 중서(中書)에 이르게 하였다. 송기 등이 종용히 진박에게 물었다.

"선생께서는 현묵(玄默)[71]을 수양하는 도(道)를 얻으셨으니 사람들을 교화(敎化)할 수 있습니까?"

---

69 태화산(太華山), 화통화(華通花), 포선산(褒禪山)이라고도 불리는데, 5악(岳) 가운데 하나이다. 섬서성 위남 화음현에 있다.

70 도가철학의 학술용어이다. 은둔하여 전적으로 학문만을 연구하는 선비이거나 민간 교육자를 말한다.

71 《회남자(淮南子)》〈주술훈(主術訓)〉에 '하늘의 도란 현묵(玄默)하다.'라는 말에서 나온 것으로 깊이 가라 앉아 말하지 않는 것, 혹은 아주 고요하여 아무것도 하지 않는 것을 말한다. 즉 도가적 수양방법이다.

대답하여 말하였다.

"저 진박은 산이나 들에 사는 사람이라 이 시절에는 쓸데가 없으며 역시 신선(神仙)과 황백(黃白)[72]의 일과 토하고 받아들이는[73] 양생의 도리를 알지 못하며 사람들에게 전할 수 있는 방술(方術)이 없습니다. 가령 백일(白日)이 올라가는데 역시 세상에 무슨 이익이 있겠습니까? 주상의 용안이 빼어나게 특이하고 고금의 일에 널리 통달하였으니 정말로 도(道)를 가진 어질고 성스러운 주군이시어서 바로 군신(君臣)이 덕을 같이하고 교화를 일으켜 치세에 이른 시절이 되었으니 부지런히 수련을 행하여도 이보다 더 나을 것이 없습니다."

송기 등이 그 말을 표문으로 올리니 황제는 더욱 기뻐하였다.

갑신일(8일)에 진박에게 희이선생(希夷先生)이라고 호를 하사하고 유사(有司)로 하여금 머무르는 곳의 대관(臺觀)을 늘려 수리하게 하였다. 황제는 누차 더불어 위촉하여 시를 짓고 화답하게 하였으며 몇 달이 되어 돌아가도록 보냈다.

53   계사일(17일)에 남주(嵐州, 山西省 嵐縣)에서 뿔이 하나인 짐승을 헌상하였다. 서현(徐鉉, 916~991) 등이 상린(祥麟, 상서로운 기린)이라고 하니 재상인 송기 등이 절하고 표문을 올려서 축하하였다. 황제가 말하였다.

---

72 술사(術士)가 말하는 연단(鍊丹)을 거쳐서 금·은(金·銀)을 만들어 내는 술법을 말한다.

73 토납법(吐納法)을 말하는 것인데, 일종의 수련 방법으로 숨을 내쉬어 탁한 기운을 내보내고 숨을 들이쉬어 맑은 기운을 들이마시는 것 혹은 발음을 조절하여 신체 각 부위의 기능을 조절하는 기공의 단련방법이다.

"진기한 금수는 일에 무슨 이로움이 있겠는가! 바야흐로 나라 안이 크게 편안하고 풍속이 순박하고 두터우면 이것이 바로 으뜸가는 상서로움일 뿐이요."

송기 등이 이어서 선포하여 보여주기를 청하였는데, 무릇 상서로운 물건은 63종이었고, 아울러 그림을 그려서 사관(史館)에 보냈다.

54 11월 병인일(20일)에 친히 태묘(太廟)에 제사를 지냈다. 정묘일(21일)에 남교(南郊)에서 천지에 제사를 지냈는데 선조(宣祖)를 하늘에 배향(配享)하고 태조(太祖)를 상제(上帝)에 배향하였는데, 예관(禮官)인 호몽(扈蒙)의 건의를 좇은 것이다. 이날 천하에 크게 사면하고, 기원을 고쳐서 옹희(雍熙)라고 하였다.

55 계유일(27일)에 건주(建州, 江蘇省)의 진사인 양억(楊億, 974~1020)을 비서성정자(秘書省正字)로 하였는데 이때 나이가 열한 살이었다. 양억은 일곱 살에 문장을 쓸 수 있어서 황제가 그 이름을 듣고 강남(江南)전운사 개봉(開封) 사람인 장거화(張去華, 938~1006)에게 조서를 내려서 가서 사예(詞藝)를 시험해 보라고 하자, 보내어 궁궐에 왔다. 계속하여 3일간 마주하여 부(賦) 5편을 시험하였는데, 모두 붓을 들어 완성하니 황제는 감탄하며 상 주었으며 그러므로 이렇게 명령한 것이다.

56 12월 경진일(5일)에 회해국왕(淮海國王) 전숙(錢俶, 929~988)을 옮겨 한남국왕(漢南國王)에 책봉하였다.

57 계미일(8일)에 경기(京畿)지역에 나이 많은 사람들에게 백(帛)을

하사하였다.

58   정해일(12일)에 영남(嶺南)에 있는 여러 주의 채주장(採珠場, 진주 채취장)을 폐쇄하였다. 이로부터 오직 상선(商船)으로 무역한 것과 해외로부터 오는 진공품(進貢品)뿐이었다.

59   임진일(17일)에 덕비(德妃) 이씨(李氏)를 세워서 황후로 하였는데, 옛날 치주(淄州, 山東省 淄博市)자사인 이처운(李處耘, 920~966)의 딸이다.

60   병신일(21일)에 경사에 대포(大酺)[74] 3일을 하사하였고, 개봉부(開封府)와 여러 군대에 있는 악인(樂人)을 모아서 사방에서 화물을 매매하는 곳으로 옮기고 5방(方)의 사녀(士女)들을 크게 모아서 산거(山車)[75]와 한선(旱船)[76]을 만들어서 어도(御道)를 왕래하게 하였으며, 여룡만연(魚龍曼延, 마술)의 놀이를 하였는데, 건원문(乾元門) 앞에서 주작문(朱雀門)에 이르기까지 무릇 몇 리나 되었다. 황제가 단봉루(丹

---

74 대포는 제왕이 즐겁고 경사스러움을 표시하기 위하여 특별히 민간에게 연회를 거행하도록 허락하는 것을 말하며, 동아시아에서 대포는 모두 3일~5일이다. 대포가 최초로 있었던 것은 조의 무령왕이 중산을 멸망시켰을 때였다.

75 예각(藝閣)이라고도 하는데, 중국의 전통적인 민속 기예로 신(神)을 환영하는 경기이다. 이것은 일본에 전해져서 유명해졌는데, 일반적으로 어린아이가 역사적 인물로 분장해서 아름답게 만들어진 집에 타고서 시가행진을 하는 놀이이다.

76 중국의 민간 공연예술 형식의 하나이다. 정초나 경축일에 섬서·산서·하북지역에서 특히 유행하는 것이며, 모의 배를 만들어서 순항하는 무용이다.

鳳樓)에 나아가서 대포(大酺)하는 것을 보고 시신(侍臣)들을 불러서 술을 하사하고 기전(畿甸)의 노인들을 줄지어 앉게 하고 술과 음식을 하사하였으며 음악이 섞여서 연주되니 관람하는 사람은 꽉 찼다. 다음날 가(歌)와 시(詩), 송(頌), 부(賦)를 헌상한 사람이 수천 명이었다.

61   요(遼)에서는 한림학사승지(翰林學士承旨)인 마득신(馬得臣, ?~989)을 선정전학사(宣政殿學士)로 하였다. 마득신은 배우기를 좋아하고 문장을 잘 썼는데, 조정에서 정직(正直)한 것으로 칭찬하였다.

태종 옹희 2년(을유, 985년)[77]

1   봄, 정월 초하루 병오일에 요주(遼主)가 장락(長濼)에 갔다.

2   병진일(11일)에 조덕공(趙德恭, 962~1006)을 좌무위(左武衛)대장군으로 삼아 판제주(判濟州)로 하고 안정후(安定侯)로 책봉하였다. 조덕륭(趙德隆, 964~986)을 우무위(右武衛)대장군으로 삼아 판기주(判沂州)로 하고 장녕후(長寧侯)에 책봉하였는데 모두 부릉왕(涪陵王) 조정미(趙廷美, 947~984, 태종의 동생)의 아들이다. 우보궐인 유몽수(劉蒙叟)를 통판제주(通判濟州)[78]로 하고 기거사인인 한검(韓檢)을 통판기주

---

77 요의 성종 통화 3년이다.

78 송 태종 조광의는 자기의 동생 조정미의 두 아들에게 작위를 주고 판주(判州)의 관직을 주었다. 그러나 자기와 경쟁 관계에 있는 친척에 대한 적절한 통제가 필요하였던 것으로 보인다. 그래서 그들이 있는 지역에 통판(通判)이라

(通判沂州)로 하였으며 주의 업무를 수행하게 하였다. 유몽수는 유희고(劉熙古, 903~976)의 아들이다.

3   정사일(12일)에 요(遼)에서는 한림학사 형포박(邢抱朴, 생졸년 불상)을 예부시랑·지제고로 삼고, 좌습유·지제고인 유경(劉景, 생졸년 불상)과 이부랑중·지제고인 우장용(牛藏用, 생졸년 불상)을 나란히 정사사인(政事舍人, 정사당의 사인)으로 삼았다. 형포박은 배우기를 좋아하여 고전에 박식하였고, 유경은 단정하고 장중하며 문장을 쓸 수 있었으니 모두 당시의 중망(衆望)을 받았다.

4   계해일(18일)에 한림학사인 가황중(賈黃中, 940~996) 등 아홉 명을 권지공거(權知貢擧)로 하였다. 황제가 재상에게 말하였다.
  "과목(科目, 과거의 과목)을 두고 선비를 뽑는 것이 가장 긴요한 것이요. 최근 몇 년 동안 명적(名籍, 과거에 응시할 명단)이 1만을 넘게 채웠으니 함부로 들어 온 사람이 없을 수 있겠소?"
  기사일(24일)에 조서를 내렸다.

는 관직을 가진 사람을 내려 보낸다. 통판은 원래 오대 순의 원년(921년)에 처음으로 설치되었다고 하지만 실제로 북송시기에 새로 만들어진 것으로 본다. 조정에서는 지방에 대한 강력한 통제를 통하여 지주(知州)의 직권이 지나치게 강하여 멋대로 커지는 것을 방지하려고 통판을 두어 지주를 감독하게 하여 양자가 상호 견제하도록 하였다. 전체적 명칭은 통판모주군주사(通判某州軍州事)로, 이를 해석해 보면 어떤 주(州)·어떤 군(軍)의 업무를 전체적으로 결정한다는 뜻인데, 이를 간단히 통판(通判)·통주(通州)·주판(州判)·감군(監郡)·군좌(郡佐)·주좌(州佐)·치중(治中)·별가(別駕)·군승(郡丞)이라고 하였다.

"지금부터 제과(諸科)에 나란히 명령을 내려서 사람의 숫자를 헤아려 정하도록 하고 서로 참작하여 시험장으로 끌어 들이는데, 과목을 나누어 떨어져 앉게 하며 관리에게 명령하여 감문(監門)을 순찰하게 하여 삼가 출입하는 사람을 살펴라. 문자를 가지고 왕복하며 관리와 더불어 하는 자는 간사스런 사람이니 이를 법에 넘기고 사사로이 경의(經義, 경전의 뜻)를 서로 가르치는 사람은 과장(科場)에서 내쫓고, 대오(隊伍)를 짜서 미리 알고 있는 것 역시 연좌시키라. 진사과(進士科)는 배(倍)로 연구하고 뒤집어 보도록 하라. 공거(貢擧)[79]한 사람은 전시(殿試)를 거칠 수 없으며 고시를 치루지 않고 추천하라."

처음으로 시관(試官)의 친척이어서 별도로 시험을 치게 한 사람이 무릇 98명이었다. 또 진사시율(進士試律)[80]을 철폐하고 첩경(貼經)을 회복시켰다.

5   2월 초하루 병자일에 요(遼)에서는 우장용을 지추밀직학사(知樞密直學士)로 하였다.

---

79 관리가 군주에게 사람을 천거하는 것을 공거라고 한다. 고대의 향거리선(鄕擧里選)과 제후들이 공사(貢士)한 것에서 발전된 것이다. 한대(漢代)에는 군국(郡國)에 효렴(孝廉)을 천거하라고 한데서 공거가 시작되었는데 뒤에 가서 과거고시가 되었다. 《송사(宋史)》 〈선거지〉에는 '양한(兩漢) 이후로 선거하는 제도가 같지 않았지만 현명한 사람을 얻고자 하는데 귀일(歸一)하였을 뿐이다. 그 필요하지 않은 것을 시험 치지만 그러나 들어가 벼슬하는 데는 공거(貢擧)하는 과목(科目)이 있고, 관리로 복무하는 데는 전선(銓選)의 격(格)이 있으며 일을 맡아 하면서는 고과(考課)의 법이 있다.'라고 하였다.

80 진사과에 율의(律義)를 시험 치는 것을 말한다.

6   무인일(3일)에 권교주유후(權交州留後)인 여환(黎桓)⁸¹이 사자를
보내어 공물을 바쳤다.

7   을미일(20일)에 하주(夏州, 陝西省 靖邊縣 北白城子)의 이계천(李
繼遷, 963~1004)이 도순검사(都巡檢使)인 조광실(曹光實, 931~985)을
유혹하여 가로천(葭蘆川)⁸²에서 죽였다. 이계천은 지근택(地斤澤, 夏
州에서 동북으로 300리 지점)에서 패배하면서부터 때없이 빙빙 떠돌아다
니었는데 서쪽 사람들이 그에게 많이 귀부하여 점차로 강대하여졌다.
이에 무리를 인솔하고 인주(麟州, 四川省 若爾盖縣)를 공격하고 사람을
시켜서 조광실을 속여서 날짜를 기약하여 가로천에서 만나서 항복하
기로 하였다. 조광실은 이를 믿고 또한 그 공로를 오로지 하고자 하여
다른 사람과 모의하지 아니하고, 100명의 기병을 따르게 하고 기일에
맞춰 그곳에 갔다. 이계천이 매복시킨 군사가 일으키자 조광실은 해를
입었으며 끝내 은주(銀州, 陝西省 橫山縣 東)를 습격하여 점거하였다.

8   병술일(11일)에 황제는 재상에게 말하였다.
"짐이 역사책을 보니 진(晉, 후진)의 고조(高祖, 石敬瑭, 892~942)가

---

81 여환(黎桓, Lê Hoàn, 941~1005)은 월남 전여조의 개국군주로 980년부터
   1005년까지 재위하였다. 그가 죽은 다음에 시호를 붙여 주지 않아서 죽
   은 다음에 불렸던 대행이라는 임시칭호를 사용하여 여대행(黎大行, Lê Đại
   Hành)이라고 불렀다.

82 옛날의 재차수(諸次水)인데, 수원(水源)은 수원(綏遠) 경계 지역에 있는 악이
   다사(鄂爾多斯) 경내이다. 일명 사하(沙河)라고도 하는데, 동남쪽으로 흘러서
   변장(邊牆, 장성)으로 들어갔다가 섬서의 유림(楡林)과 가현(葭縣)을 거쳐서 황
   하로 들어가는데 강안(江岸) 갈대풀이 많아서 이러한 이름이 붙여진 것이다.

거란에 원조해 주기를 요구하고 끝내 아버지를 섬기는 예를 행하고 이어서 땅을 잘라서 그들을 받들어서 수백만의 서민들을 밖의 지역에 빠져들게 하였고, 풍도(馮道, 882~954)·조형(趙瑩, 885~951)이 또한 재보(宰輔)의 자리에 있으면서 모두 파견되어 예를 갖추게 하였으니 굴욕이 심하였다.”

송기(宋琪, 917~996) 등이 주문을 올려서 말하였다.

“진 고조는 풍도를 파견하여 명령을 받들고 사자로 가게 하면서 연회를 벌려서 그를 전송하면서 친히 술잔을 들어 눈물을 흘리며 말하기를 ‘두 임금의 명령에 통달하여 한 나라의 즐거움을 바꾸어오고 나의 중신을 위로하니 저 궁색한 요새로 가서 백성들을 숨 쉬게 하고 우호관계를 계속하면서 마땅히 이 품은 뜻을 몸에 새겨 성내지 말라.’고 하였습니다. 돌아오기에 이르자 시(詩)를 지어 말하기를 ‘전상(殿上)에는 한 잔의 천자의 눈물이 있고 문 앞에는 두 절개를 가진 나라 사람이 있구나!’라고 하였습니다. 바야흐로 지금은 정장(亭障)이 정숙하고 깨끗하여 살아 있는 영혼들이 편안하고 태평하니 모두 통제하고 막았던 것으로 말미암았습니다. 옛날의 경계(境界)를 회복하는 것은 역시 시절이 있을 것입니다.”

황제가 그렇게 여겼다.

| 동정 계획을 하는 요 |

9   사·관(寺·觀, 불교사원과 도교도관)을 늘려 설치하는 것을 금하였다.

10   3월 기미일(15일)에 예부에서 공거한 사람에게 복시를 치러서 진사(進土)에 수성(須城, 山東省 동평현 西北) 사람 양호(梁顥, 963~1004)등 179명과 제과(諸科) 311명을 얻었는데 나란히 이름을 불러서 급제(及第)를 하사하였다. 이름을 부른 것은 이로부터 시작되었다.

재상인 이방(李昉, 925~996)의 아들이 이종악(李宗諤, 964~1012)과 참지정사인 여몽정(呂蒙正, 944~1011)의 종제(從弟)인 여몽형(呂蒙亨), 염철사인 왕명(王明)의 아들인 왕부(王扶), 탁지사인 허중선(許仲宣, 929 ~990)의 아들인 허대문(許待問)이 진사과에 공거(貢擧)되어 시험쳐서 모두 등급(等級)에 들어갔다. 황제가 말하였다.

"이들은 나란히 세력가들인데, 외롭고 빈한한 사람들과 경쟁하여 나가니 설사 문예(文藝)를 가지고 올라갔다고 하여도 사람들은 짐이 사사로움을 가지고 있다고 생각할 것이다."

전부 그들을 취소하였다.

청주 사람인 왕종선(王從善)이 오경과(五經科)에 응시하여 나이가 처음으로 약관(弱冠, 20세)을 넘었지만 스스로《오경》의 경문(經文)과 주(注)를 통째로 외운다고 말하였더니 황제가 본경(本經)을 두루 들어서 그를 시험하였는데, 그가 외우는 것이 물 흐르듯 하자 특별히《구경(九經)》급제를 하사하고 대면하고 녹포(綠袍)·은대(銀帶)와 전(錢) 2만을 하사하였다.

당시에 좌우에 있는 사람들이 아직도 남겨진 재주 있는 사람들이 있다고 말씀을 올리자 임술일(18일)에 다시 시험을 치고 또 진사인 휴녕(休寧, 安徽省 黃山市) 사람 홍담(洪湛, 963~1003) 등 76명과 제과 300명을 얻어서 나란히 급제를 하사하였다.

11 지진주(知秦州, 진주는 甘肅省 甘谷縣 東)인 전인랑(田仁朗, 930~989) 등을 파견하여 군사를 거느리고 이계천(李繼遷)을 치게 하였다.

12 강남(江南)의 백성들이 주리자 강을 건너가서 스스로 점유하는 것을 허락하였다.

13 여름 4월 초하루 을해일에 사자를 파견하여 강남지역의 여러 주에 가서 주린 백성들을 진휼하고 관리들의 능력이 있는지 없는지를 살피게 하였다.

14 병자일(2일)에 후원(後苑)에서 가까이 하는 신하들에게 연회를 베풀어주고 꽃을 감상하며 물고기를 낚고 음악을 연주하며 술을 하사하

여 마시게 하면서 부·시(賦·試)를 짓고 활쏘기를 연습하도록 명령하였다. 이로부터 해마다 하는 상례(常例)가 되었다.

15   5월 경오일(21일)에 중서문하에서 주청(奏請)하기를 '귀양 갔다가 사면을 거친 사람이 궁궐로 돌아오면 그 뒤의 효과를 따져 보려고 한다.'고 하자, 황제는 허락하지 않고 재상에게 말하였다.

"조정에서 이치에 맞게 하는 것은 마땅히 현명하고 훌륭한 사람에게 일을 맡기고 군자(君子)와 소인(小人)은 마땅히 분명하게 구별해야 하오. 지금 바다 가운데 있는 섬은 구석지고 벼랑 끝인 멀리 있는 험악한 곳이고, 아주 많은 방축된 신하들이 있는데, 교연(郊禋)[83] 이래로 어찌 생각 중에 없겠는가! 그러나 이 험악한 사람들이 만약에 조금이라도 뜻을 얻는다면 바로 다시 붕당(朋黨)을 만들고 싶어서 멋대로 헐뜯거나 칭찬할 것이니 무리를 해치는 말[84]과 같을 것인데, 어찌 의당 가볍게 논의하겠소!"

16   계유일(29일)에 요(遼)에서는 국구(國舅)인 소도녕(蕭道寧)을 동평장사·지심주사(知瀋州事, 심주는 遼寧省 瀋陽市)로 삼았다.

---

83 고대의 제왕이 연기를 하늘로 피워 올리며 천지(天地)에 제사를 지내는 커다란 의식을 말한다.

84 해군지마(害群之馬)를 말하는 것으로 이는 하나의 성어(成語)인데, 원래는 말무리들을 해치는 열악한 말을 가리키는 말이지만 사회나 집단을 해롭게 하는 사람을 가리키는 말이 되었다. 이 성어는 《장자(莊子)》〈잡편(雜篇)〉 서무귀(徐無鬼)에 실린 '夫爲天下者, 亦奚以異乎牧馬者哉? 亦去其害馬者而已矣[무릇 천하를 위한다는 것이 역시 어찌 말을 기르는 것과 다르겠는가? 역시 그 말을 해치는 놈을 제거할 뿐이다.]'라는 데서 나왔다.

17 6월 갑술일(1일)에 요(遼)에서는 태후(太后)가 친히 묵혀있는 옥
사(獄事)를 판결하였다.[85]

18 무자일(15일)에 다시 금염(禁鹽)·각고(權酤)[86]하였다.

19 이계천이 이미 조광실(曹光實)을 죽이고 나서 드디어 삼족채(三
族寨)를 포위하여 이를 함락시켰다. 황제가 크게 노하여 전인랑(田仁
朗)을 불러서 하옥시켜서 따져서 묻게 하고 사죄(死罪)를 용서하고 상
주(商州, 陝西省 商洛市)로 귀양 보냈다.

  이달에 부장(副將)인 왕신(王侁) 등이 은주(銀州, 陝西省)의 북쪽으
로 나아가서 실리(悉利)의 여러 영채(營寨)를 깨뜨리고 그들의 대주(代
州, 山西省 東北部)자사를 목 베었다. 당시에 곽수문(郭守文, 935~989)
과 왕신은 함께 변방의 일을 관장하였는데, 지하주(知夏州, 하주는 陝西
省 靖邊縣北 白城子)인 윤헌(尹憲, 932~994)과 더불어 염성(鹽城)에 있
는 여러 번족(蕃族)을 공격하여 1천여 장(帳)을 불태웠다. 이로부터 은
(銀)·인(麟, 四川省 若爾盖縣)·하(夏) 세 주(州)의 번족 325족(族)이 모
두 내부하였는데, 호구 수는 6천여였다.

20 가을 7월 초하루 갑진일에 요(遼)에서는 여러 도(道)에 명령을 내

---

85 요(遼)의 경종(景宗)의 황후인 소작(蕭綽)이다. 그녀는 병약한 경종을 도와서
  정치를 했는데, 이때 경종을 이어 황제가 된 성종(聖宗) 야율융서(耶律隆緒,
  972~1031)는 13살이었기 때문에 태후인 소작이 직접 정치를 한 것이다.

86 소금의 사사로운 제조와 판매를 금하고, 술을 정부에서 전매하는 것을 말한
  다.

려서 갑옷과 병기를 수선하여 동쪽으로의 정벌[87]을 준비하게 하였다.

21 경신일(17일)에 조서를 내렸다.

"제로(諸路)의 전운사(轉運使)와 제주(諸州)의 장리(長吏)들은 오로지 절실하게 지회관리(知會官吏)[88] 등을 감독하여 살피는데, 때에 맞추어 창고의 곡식을 살펴보아 훼손되고 썩는데 이르지 말게 하라. 그 가운데 지출할 것을 계산하여 헤아려지는 것 말고는 방법을 강구하여 바꾸도록 하는데 혹은 매출(賣出)하여 백성들에게 빌려주거나 경사로 옮겨오라. 만약에 살펴보지 않아서 관청의 곡식을 손해에 이르게 한 사람은 비록 관리에서 쫓아냈다고 하여도 오히려 법률로 판결하라."

22 정묘일(24일)에 요(遼)에서는 사자(使者)를 파견하여 동경에 있는 여러 군대의 병기와 동정(東征)할 도로를 검열하고, 장사인 소도녕(蕭道寧)을 소덕군(昭德軍, 瀋州)절도사로 삼고, 곽습(郭襲)을 천평군(天平軍)절도사로 삼았다.

이때에 재상인 실방(室昉, 920~994)이 민부(民夫) 20만 명을 발동하여 하루에 일을 마쳤다. 이때에 실방과 한덕양(韓德讓, 941~1011)·야율색진(耶律色珍, 斜軫)은 서로 벗 하며 잘 지내면서 마음을 함께하여 정치를 보필하면서 두폐(蠹弊, 좀 먹는 폐해)를 정돈하여 밝히었는데 말을

---

87 요(遼)에서 동쪽이란 이 당시에 고려(高麗)를 의미하는 것이다.

88 이는 지직(知職)으로 보이지만, 이 말로는 어떤 관직인지 알 수 없다. 다만《속자치통감장편》권26에 지회관리(知會官吏)가 지창관리(知倉官吏)로 되어 있으므로 여기서 회(會)는 창(倉)의 오자(誤字)로 보아야 한다. 따라서 이 지회관리란 창고관리를 책임진 관리이다.

하지 않은 것이 없었으며 힘써 백성들을 쉬게 하고 부세(賦稅)를 적게
하였으니 그런고로 법도(法度)가 완비되었다.

23 8월 초하루 계유일에 요(遼)에서는 요택(遼澤)이 막히고 잠겨서
고려 정벌을 그만두고, 추밀사인 야율색진에게 명령하여 도통으로 삼
아서 여진(女眞)을 토벌하게 하였다. [지도참고]

24 계미일(11일)에 요주(遼主)가 건릉(乾陵)을 배알하였다.[89]

25 계사일(21일)에 요(遼)에서는 태후(太后)가 현릉(顯陵)[90]을 배알
하고, 경자일(28일)에는 건릉을 배알하였다.

26 애초에 부릉공(涪陵公) 조정미(趙廷美, 태종의 동생, 947~984)가 죄
를 얻자 초왕(楚王)인 조원좌(趙元佐, 965~1027)[91]가 홀로 그를 펼쳐서

---

89 건릉은 요의 현 황제인 성종(聖宗)의 아버지 경종 야율현(耶律賢)의 무덤으
로 요령성 북진시(北鎮市) 신립촌(新立村) 낙타산(駱駝山)에 있다.

90 현릉은 요조 동단국왕(東丹國王)인 야율배(耶律倍)의 무덤이며 요령성 북진
시 의무려산(醫巫閭山)에 있는데 원래는 요나라의 현덕부(顯德府)였다. 야율
배가 의무려산의 아름다움을 좋아하여 그 산정에 망해당(望海堂)을 세웠는
데, 그 아들이 세종(世宗) 야율완(耶律阮)도 요 목종(穆宗)에 의하여 이 현릉
에 장사지내졌다. 세종 야율완은 경종의 아버지이고, 현 황제 성종의 할아버
지이며 현 태후의 시아버지이다.

91 태종 조광의의 첫째 아들이다. 조광의의 아들은 모두 9명이며, ①한(漢) 공
헌왕(恭憲王) 조원좌(趙元佐), ②소성태자(昭成太子) 조원희(趙元僖), ③진종
(眞宗), ④상(商) 공정왕(恭靖王) 조원분(趙元份), ⑤월(越) 문혜왕(文惠王) 조
원걸(趙元傑), ⑥진(鎮) 공의왕(恭懿王) 조원악(趙元偓), ⑦초(楚) 혜공왕(恭惠

❖ 10세기 동북아 형세도

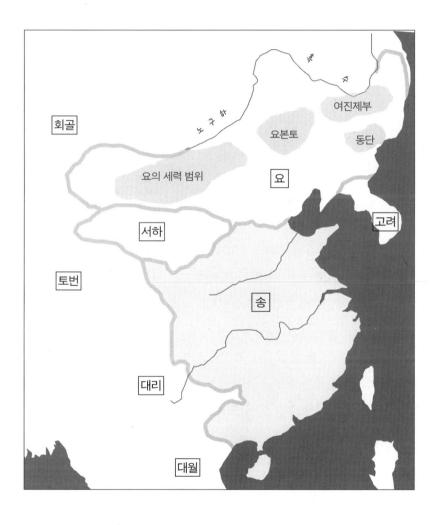

구하였지만 황제는 듣지 않았다. 조정미가 죽으니 끝내 마음이 아팠던 조원좌는 여러 세월을 걸쳐서 조청하지 않았으며, 여러 차례 잔인하게 행동하고 법도(法度)를 지키지 않으면서 좌우에 있는 사람이 조그만 과실을 저질러도 반드시 손수 칼을 사용하였는데, 복리(僕吏)[92]가 뜰을 지나가게 되면 왕왕 활을 당겨서 그를 쏘았다. 황제는 가르친 것이 매우 엄려(嚴厲)하였지만 모두 개전(改悛)함이 없었다. 이 해 여름과 가을에 병이 심하였는데, 황제는 깊이 걱정된다고 여겼다. 9월에 병이 조금 나으니 황제는 기뻐하였고, 이어서 덕음(德音, 황제의 음성)을 내렸다.

경술일(9일)은 중양절(重陽節)이어서 이방(李昉, 925~996) 등의 집에서 가까이 있는 신하들에게 술을 내리고 제왕(諸王)들을 불러서 정원에서 연사(宴射)하게 하였으나 조원좌는 아프다가 바로 일어났기에 참여하지 않았다. 저녁이 되어 진왕(陳王)인 조원우(趙元佑, 966~992) 등이 그곳을 지나가자 조원좌가 말하였다.

"너희들이 지존(至尊)과 연사를 하였지만 나는 참여하지 않았는데, 이는 군부(君父)에게 버림받은 것이다."

끝내 분(忿)을 일으켰고 한밤중에 잉첩(媵妾)을 가두어 놓고 불을 멋대로 붙여서 궁궐을 태웠는데 새벽이 되어서도 연기와 화염이 아직 그치지 않았다. 황제는 속으로 불은 반드시 조원좌가 한 짓이라고 여기고 잡아 당겨다 중서성(中書省)에 오게 하고 어사(御史)를 파견하여 조사하여 묻게 하면서 앞에서 커다란 형틀을 설치하였더니 조원좌는 두렵

王) 조원칭(趙元偁), ⑧주(周) 공숙왕(恭肅王) 조원엄(趙元儼), ⑨숭왕(崇王) 조원억(趙元億)이다.

92 직위가 아주 낮은 관리로 후세에는 잡역을 하는 심부름꾼으로 쓰였다.

고 무서워서 모두 사실대로 대답하였다. 황제는 입내도지(入內都知)[93]인 왕인예(王仁睿)를 파견하여 말하였다.

"너는 친왕이어서 부유하고 귀하기가 지극한데 어찌 흉측하고 패역하기가 이와 같은가! 국가의 전범(典範)과 법률(法律)은 내가 감히 사사로이 할 것이 아니니 부자의 정리는 여기에서 끊겠다."

조원좌는 대답할 말이 없었다. 진왕인 조원우 이하와 재신(宰臣)과 근신(近臣)들이 눈물을 흘리며 구하려고 하였지만 황제는 눈물을 흘리면서 말하였다.

"짐(朕)이 매번 책을 읽을 적에 앞 시대에 제왕의 자손들이 가르치는 것을 좇지 않는 것을 보면서 아직 일찍이 팔을 움켜쥐고 분하고 한스러워하지 않은 일이 없었다. 어찌 나의 집안에 이러한 일이 닥치게 될 것을 알았겠는가?"

드디어 제서를 내려서 폐(廢)하여 서인(庶人)으로 삼아 균주(均州, 湖北省 丹江口市)에 안치하게 하였다. 정사일(16일)에 송기(宋琪, 917~996) 등이 백관을 인솔하고 합문(閤門)에 부복(仆伏)하고 절하며 표문을 올려서 조원좌를 경사에 머물러 있게 해 주기를 빌었지만 황제는 허락하지 않다가 표문이 세 번 올라가자 마침내 이를 허락하였다. 조원좌가 길을 떠나서 황산(黃山)에 이르렀는데 불러서 돌아오게 하여 남궁에 두고 사자가 감독하고 보호하여 밖에 있는 사람과 연락하는 일을 없게 하였다. 왕부(王府, 초왕부)의 관료들이 모두 죄받기를 요청하였는데, 황제가 말하였다.

---

93 입내시성 도지라는 말이다. 입내시성은 금중에서 황제가 생활하는 것을 받드는 기구로 그 구성원은 환관으로 되어 있는데, 중요 관원은 도도지(都都知), 도지(都知), 부도지(副都知), 압반(押班) 등이 있다.

"짐이 교훈하여도 오히려 좇지 않는데, 어찌 너희들이 이끌어 인도
할 수 있겠느냐?"

나란히 풀어주고 묻지 않았다.

27   우우림통군(右羽林統軍)인 주보권(周保權, 952~985)이 죽었다.

28   윤달(윤9월) 갑술일(3일)에 우부랑중·지제고인 정(鄭, 陝西 華縣
東) 사람인 한비(韓丕, ?~1009)를 지괵주(知虢州, 괵주는 河南 盧氏縣)
로 하였다. 한비는 문재(文才)와 덕행(德行)을 가지고 있어서 조정에서
는 어른다운 사람이라고 칭찬하였지만, 그러나 고명(誥命)을 기초하
고 이를 실제로 응용하는 것에서는 미적대고 늦게 되는 점에서는 이지
러졌다. 하루 저녁에 조서(詔書)가 나오기를 아주 급하게 기다리는데
한비는 붓을 멈추고 오래 끌면서 옛날에 초안(草案)을 묻고 찾으니 서
리(胥吏)로 본래 해당 문호를 관장하는 사람이 나가서 숙박하여서 찾
아 검색할 수가 없자 한비는 마침내 자물쇠를 부수고 꺼내 와서 고치
고 바꾸어 올렸다. 재상인 송기(宋琪)는 성질이 좁고 급하여 늘 독려(督
勵)하고 책임을 지웠고, 혹은 늘려서 조롱하니 한비는 평정할 수가 없
어서 표문을 올려서 외직(外職) 임무를 달라고 요구하였고 그러므로
이러한 명령을 한 것이다.

29   을미일(24일)에 옹관(邕管)[94]에서 사람을 죽여서 귀신에게 제사

---

94 당대에 옹관경략사(邕管經略使)를 두었는데 옹주(邕州)가 치소이다. 그 아래
  로 관할하는 곳은 옹주(邕州, 廣西 南寧市), 귀주(貴州, 廣西 貴港市), 횡주(橫
  州, 廣西 橫縣), 흠주(欽州, 廣西 欽州市), 징주(澄州, 廣西 上林縣), 빈주(賓州,

를 지내는 것과 승려가 처노(妻帑, 처자)를 두는 것을 금지하였다.

30   겨울 10월 초하루 신축일에 황제는 갇혀 있는 죄수를 살펴보고 옥사(獄事)를 결정하는데 해가 저물자 가까이 있는 신하들이 수고로운 것이 지나치게 심하다고 간언하였다. 황제가 말하였다.

"옥송(獄訟)은 고르고 윤당(允當)해야 하니 짐은 마음속으로 깊이 적당하다고 여기는데 무슨 수고로움이 있겠는가?"

이어서 재상에게 말하였다.

"어떤 사람은 말하기를 유사(有司)가 할 조그만 일이기 때문에 제왕은 친히 결정하는 것이 마땅치 않다고 하지만 짐의 생각은 이와는 다르다. 만약에 아주 높은 곳에 스스로 있게 된다면 아랫사람들의 마음이 위에 도달할 수 없다."

31   기유일(9일)에 변하(汴河)의 주량서리(主糧胥吏, 양곡을 관리하는 하급 관리)가 조군(漕軍, 조운을 담당하는 군사)의 구량(口糧, 양식)을 빼앗은 것에 연좌되어 팔뚝을 자르고 하반(河畔)에서 3일간 조리를 돌리다가 목 베었다.

32   11월 갑술일(4일)에 요(遼)에서는 오왕(吳王)인 야율초(耶律稍)에게 명령하여 진왕(秦王) 한광사(韓匡嗣, 918~983)의 상장(喪葬) 업무를 관장하게 하였다.[95]

廣西 賓陽縣), 엄주(嚴州, 廣西 來賓市), 나주(羅州, 廣西 廉江市), 순주(淳州, 廣西 橫縣 西北 巒城鎭 北), 양주(瀼州, 廣西 上思縣 西南), 산주(山州, 廣西 北海市 東), 전주(田州, 廣西 田陽縣 東南), 농주(籠州, 廣西 扶綏縣)이다.

33 신묘일(21일)에 조서를 내렸다.

"지금부터 경관(京官)·막직(幕職)·주현관(州縣官) 가운데 정부모우
(丁父母憂)⁹⁶한 사람이 있으면 나란히 풀어주어 이임(離任)하게 하고
상참관(常參官)은 상주(上奏)하여 보고하고서 회보(回報)를 기다리라."

34 요(遼)에서는 한덕양(韓德讓, 한광사의 아들, 941~1011)을 겸정사
령(兼政事令)으로 하였다. 이보다 먼저 야율호고(耶律虎古, ?~990)가
말을 하다가 한광사(韓匡嗣)를 거슬렀었는데, 이에 이르러 탁주(涿州,
河北省 保定市)자사로써 불리어 경사(京師)에 왔다가 다시 어떤 일로
한덕양을 거슬리게 하였다. 한덕양이 화를 내고 호위가 잡고 있는 골타
(骨朵)⁹⁷를 가지고 그 뇌를 쳐서 쓰러뜨렸는데 여러 신하들은 감히 묻
지 못하였다.

---

95 요의 한광사가 죽은 것은 2년 전인 983년 11월 14일이며, 이는《속자치통감》
  권11에 기록되었다. 그런데 지금에 와서 상사(喪事)와 장례(葬禮)를 치룬 것
  으로 보인다.

96 원래는 부모 혹은 조부모 등 직계의 어른의 상사(喪事)를 만나는 것을 가리
  키는 말이었으나 후에는 대부분 관원(官員)이 상중(喪中)에 있는 것을 말한
  다. 이것은 한대(漢代)에 시작되었지만 송대(宋代)에 이르러서는 태상(太常)이
  그 업무를 주관하였다. 여기서 정우(丁憂) 사이에 부모를 끼워 넣은 것은 정
  (丁)을 '만나다.'라는 동사로 보고, 우(憂)는 '걱정거리 즉 상사(喪事)'라는 명
  사로 본 것이기 때문에 '부모님의 상사를 만나다.'라는 뜻이 된다.

97 골타는 긴 몽둥이 같은 고대의 병기(兵器)인데 쇠나 단단한 나무를 이용하여
  만든 것으로 머리 끝 부분은 오이[瓜]처럼 생겼다. 여기서 호위란 금위(禁衛)
  를 말하는 것으로 금위는 양쪽으로 늘어서서 금포(錦袍), 박두(樸頭)에 잠사
  화(簪賜花)를 갖추고 골타를 잡고 있다.

35 12월 초하루 경자일에 일식이 있었다.[98]

36 병진일(17일)에 송기(宋琪)·시우석(柴禹錫)이 면직되었다. 당시에 지광주(知廣州)인 복양(濮陽, 河南省 東北部) 사람 서휴복(徐休復)이 비밀리에 상주문을 올려서 광남(廣南)전운사인 강릉(江陵, 湖北省 荊州市) 사람 왕연범(王延範)이 모의하여 불궤(不軌)[99]하였다고 하고 또 그가 대신(大臣)에게 의지하고 붙어서 감히 동요시킬 수가 없다고 말하니 황제는 곧 사자를 파견하여 조사하고 국문(鞫問)하게 하였다. 왕연범은 송기의 처인 고씨(高氏)의 먼 친속이었다. 마침 송기·시우석이 들어와서 대면(對面)하였는데, 황제가 물었다.

"왕연범은 어떤 사람이요?"

송기는 아직 그 실마리를 알지 못하고 왕연범은 강하고 밝으며 충성스런 줄기를 가졌다고 크게 칭찬하였고, 시우석 역시 그리 하였다. 황제는 마음속으로 송기 등이 서로 왕래한다고 생각하고 그 상황을 드러내지 않고, 단지 송기는 농담을 잘하여 대신으로서의 체통을 갖지 못하였고, 시우석은 봉공(奉公)하는데 정성을 보낼 수 없었다는 이유로 그들의 정병(政柄, 정권)을 파직시키어 송기는 수형부상서(守刑部尚書)로 하고 시우석은 좌교위(左驍衛)상장군으로 하였다. 이어서 이방(李昉) 등에게 말하였다.

"짐이 대신에게 대하여 어찌 쉽게 나오고 들어가게 하겠는가! 송기

---

98 《요사》에는 날짜가 쓰여 있지 않고,《송사》와《거란국지》에는 날짜가 있다.

99 정상적이 궤도를 이탈하여 법도에 맞지 않는다는 말이지만 결국은 반란을 가리키는 말이 되었다.

는 재상이 되어 마침내 노다손(盧多遜, 934~985)의 옛 집에 살게 해달라고 청하여 오명(惡名)을 피하지 않았으니, 종리의(鍾離意)[100]와 얼마나 멀리 떨어진 것인가? 중서·추밀은 조정의 정령(政令)이 나가는 곳이고 치란(治亂)의 근본에 관계되었다. 마땅히 각기 공정(公正)하고 충성스러움을 다하여 임용(任用)한 것에 부응해야 할 것이다. 사람이란 누구라도 인친(姻親)의 마음이 없겠냐마는 진실로 재주가 저울질하기에 부족하면 그들에게 재물과 포백(布帛)을 남겨 주느니만 못하다. 짐 역시 옛 친구들이 있지만 만약에 결과적으로 취할 것이 없으면 아직 일찍이 명기(名器)를 빌려 주지 않았다. 경들은 이것을 경계하시오."

37　교방사(敎坊使)인 곽수충(郭守忠)이 외직을 요구하였지만 황제는 허락하지 않고 백(帛)을 하사하였다.

38　당시에 복건(福建)에서 조달해 오는 학령(鶴翎, 학의 깃털)으로 전우(箭羽, 화살 뒤에 끼우는 깃털)로 사용하였는데 하나의 영(翎)의 값이 수백 전에 이르자 백성들은 이를 아주 괴로워하였다. 용계(龍溪, 湖南省 東安縣) 주부(主簿)인 요양(饒陽, 河北省 衡水市) 사람 왕제(王濟)가 편리한 방법으로 백성들에게 아령(鵝翎, 거위의 깃털)으로 대신 공급하도

---

100 종리의는 후한 명제 때의 회계군 산음(會稽郡 山陰) 사람이다. 젊어서 우독을 담당하였다가 건무 14년(38년)에 회계군에서 역병이 발생하여 만여 명이 죽자 종리의는 혼자 스스로 고향으로 내려가서 약을 구하여 도와서 많은 사람을 살렸다. 그 후에 효렴으로 천거되어 대사도인 후패(侯霸)에게 임용되었다. 그 후에 하구령(瑕丘令)이 되었고, 건무 25년(49년)에는 당읍령(堂邑令)으로 옮겨졌다가 명제(明帝)가 즉위하여서 상서가 되었는데 청렴하기로 이름이 나 있는 사람이다.

록 타이르고 역(驛)을 통하여 그 일을 아뢰었는데 이로 인하여 이웃 군에 조서를 내려서 모두 왕제가 진술한 것처럼 하게 하였다.

39   남강군(南康軍, 江西省 廬山市)에서 말하기를 눈이 세 자가 내리고 큰 강이 얼어서 합쳐졌으며 무거운 짐을 실을 만 하다고 하였다.

40   이 해에 연계(燕薊)에서 군사를 운용할 것을 논의하고 고려(高麗)에 조서를 내려서 유시하여 군사를 징발하여 서쪽에서 만나자고[101] 하였다.

41   요(遼)에서는 태후가 스스로 칭제(稱制)하고 바로 야율휴격(耶律休格)에게 남쪽의 업무를 총괄하도록 위임하였다. 야율휴격은 수병(戍兵)을 고르게 하고, 경휴법(更休法)을 세우고 농상(農桑)을 권고하며 크게 무력적인 대비를 닦았다. 송(宋)에서 군사를 사용할 뜻이 있음을

---

101 《고려사》〈세가〉 권3 성종 4년조에 "宋將伐契丹收復燕 以我與契丹接壤 數爲所侵 遣監察御史韓國華齎詔來諭曰: '朕誕膺丕構奄宅萬邦 草木虫魚罔不被澤 華夏蠻夷罔不率從. 蠢玆北虜侵敗王略. 幽薊之地中朝土彊 晉漢多故戎醜盜據. 今國家照臨所及書軌大同 豈使齊民陷諸獷俗. 今已董齊師旅殆滅妖氛. 元戎啓行分道閒出 卽期誅剪以慶渾同. 惟王久慕華風 素懷明略 效忠純之節 撫禮義之邦. 而接彼犬戎 罹於荼毒 舒泄積忿 其在玆乎. 可申戒師徒迭相掎角 協比隣國同力 蘯平奮其一鼓之雄 戡此垂亡之虜. 良時 不再王其圖之. 應虜獲生口牛羊財物器械並給賜本國將士 用申勸賞.' 王遷延不發兵 國華諭以威德. 王始許發兵 西會國華乃還."이라고 되어 있다. 내용은 송에서 감찰어사인 한국화를 파견하여 고려와 함께 거란을 양쪽에서 치자는 것이고, 성종은 군사를 내지 않으려고 하다가 한국화의 위덕으로 군사를 내게 되었다는 것이다.

엿보고 간첩을 많이 두어서 거짓으로 나라 안이 텅 비었다고 말하게
하였다. 변방의 우두머리들은 꾀가 없어서 모두 이를 믿었다.＊

태종 옹희 3년(병술, 986년)[1]

1   봄 정월 신미일(2일)에 우무위(右武衛)대장군인 장녕후(長寧侯)
조덕륭(趙德隆, 964~986, 조정미의 둘째 아들)이 죽었다. 그의 동생 조덕
이(趙德彛, 968~1015)가 후(侯)을 이어 받고 판기주(判沂州, 기주는 山東
省 臨沂市)로 하였는데 이때 나이는 19세였다. 나는 메뚜기 떼가 경계
를 넘어 들어오게 되자 이민들이 구덩이를 파고 불로 태워버리기를 요
청하였는데, 조덕이가 말하였다.

"하늘에서 재앙을 내린 것이니 땅을 지키는 사람의 죄이다."

마침내 자기에게 책임을 지워 허물을 끌어안고 깨끗하게 재계를 하
고 기도를 드리니 메뚜기 떼는 스스로 죽었다.

2   병자일(7일)에 요(遼)에서는 도통(都統)인 야율색진(耶律色珍, 斜
軫) 등 여진(女眞)의 산채로 붙잡은 사람 10여만 명을 올렸다. 애초에

---

1   요 경종 통화(統和) 4년이다.

요(遼)에서는 군목사사(群牧使司)[2]를 두었는데, 말이 크게 번식하였다. 이에 이르러서 여진 말을 얻게 되니 세력은 더욱 강해졌다.

3 경진일(11일) 야루(夜漏) 1각(刻)[3]에 북쪽에서 붉은 기운이 도는 것이 마치 성(城) 같았는데, 날이 밝아도 흩어지지 않았다.

4 이보다 먼저 지웅주(知雄州, 웅주는 河北省 雄縣)인 개봉(開封) 사람 하령도(賀令圖, 948~986)가 그 아버지인 악주(岳州, 湖南 岳陽市)자사 하회포(賀懷浦), 그리고 문사사(文思使)[4]인 설계소(薛繼昭) 등이 이어가면서 말씀을 올렸다.

"거란(契丹)의 주군은 나이가 어리어서 나라의 일을 그 어머니에게서 결정하며 한덕양(韓德讓, 941~1011)이 총애를 받아서 가까이 가서 용사(用事, 권력을 쥠)하고 있어서 그 나라 사람들이 이를 괴로워하고

---

2 목축을 관장하는 관서이며 그 책임자는 군목사(群牧使)이다. 요조(遼朝, 916~1125)는 거란 귀족이 주체가 되어서 한(漢), 해(奚), 발해(渤海)와 기타 북방민족으로 건립한 왕조로 그 강역은 동쪽으로는 바다에 이르고 서쪽으로는 금산(金山)에 이르며 북쪽으로는 여구하(臚朐河)에 이르고 남쪽으로는 백구(白溝, 河北省 高碑店市)에 이르렀다. 그 범위는 요령, 길림, 흑룡강, 내몽골, 북경, 천진, 하북, 섬서성과 러시아 몽골의 일부분을 차지하였는데, 그 경제는 목축경영과 농업 두 가지로 나뉜다.

3 야루는 고대 구리로 만든 항아리에서 물을 떨어뜨려서 시간을 재는 기구를 말하는데, 1주야를 100각(刻)으로 잡으면 14.4분이 되는데, 청대에 이르러 96각으로 하여 15분으로 하였다.

4 문사원(文思院)은 당 후기에 설치하였던 제작기구인데 오대를 거쳐서 송대에도 설치하였다. 문사원의 성질과 직관에 관하여 많은 변화가 있었고, 문헌의 기록도 아주 적어서 자세하지 않지만 문사사는 문사원의 책임자로 보인다.

있으니[5] 청컨대 그 틈을 타고서 유·계(幽·薊)를 뺏으십시오."

황제는 비로소 속으로 북벌(北伐)할 뜻을 가졌다.

조서를 내려서 친정(親征)을 논의하게 하였는데, 참지정사인 이지(李至, 947~1001)가 말씀을 올렸다.

"유주(幽州, 河北 北部와 遼寧 일대)는 거란의 오른쪽 팔인데 왕의 군사가 가서 치게 되면 저들은 반드시 항거할 것입니다. 성을 공격하는 사람은 수만 명 밑으로 가지 않을 것이며 병사는 많고 비용은 많이 들며 형세는 반드시 널리 후량(餱糧, 말린 음식으로 군량)을 준비해야 합니다. 가령 하루 만에 이겨서 평정한다면 마땅히 100일을 기준으로 계산해야 하는데 변방에 있는 양식창고가 이것을 충당할 수 있을지 아직 알지 못하겠습니다. 또 범양(范陽, 保定市와 北京市 일대) 근처는 평평하여 언덕이 없으니 산까지 가기에는 이미 멀어서 돌을 가져 오기는 더욱 멉니다.

금성탕지(金城湯池)는 단단하여 돌이 아니면 부술 것이 없습니다. 신의 어리석음으로는 경사는 천하의 근본이어서 폐하께서 연곡(輦轂, 天子의 車駕 혹은 경사)을 떠나지 않고 조심스럽게 종묘(宗廟)를 지키는

---

5 요(遼)의 황제인 성종(聖宗)이 즉위한 것은 건형 4년(982년)인데 이때 나이가 열세 살이었고 그 어머니 소(蕭)태후는 서른 살이었다. 소태후의 아버지 소사온이 죽었기 때문에 소태후를 도울 사람이 없지만 요의 종실 귀족은 200여 명이 각자 군사를 거느리고 있었다. 이에 소태후는 야율색진과 한덕양를 정치에 참여하여 결정하게 하였고, 한덕양이 금위를 맡아 성종과 소태후를 보호하였다. 야사에는 소작이 어렸을 적에 한덕양에게 시집을 가기로 되어 있다가 경종에게 시집가게 되었으며 경종이 죽은 다음에 한덕양에게 다시 시집가기로 하고 한덕양의 처를 독살하였다고 한다. 그 후 한덕양은 항상 소태후와 함께하였으며 성종도 한덕양을 아버지처럼 시봉(侍奉)했다는 것이다.

것은 적들에게 한가(閑暇)함을 보이는 것이면서 억조(億兆)나 되는 우
러러 보는 사람들을 위로한다면 정책 가운데 제일입니다.

대명(大名, 북경 대명부)은 하삭(河朔)[6]의 요충이 되어 보위하는 곳이
니 혹은 잠시 난로(鑾輅, 황제)를 주필(駐蹕)하여 겉은 스스로 거느린다
고 말하며 군사적인 위엄을 씩씩하게 하신다면 대책 가운데 중간쯤이
될 것입니다. 만약에 마침내 멀리까지 군사를 끌고 가서 친히 변방에
도달하시면 북쪽으로는 걱정할 만한 정병을 갖게 되고 남쪽으로는 염
려 되는 중원을 갖게 되니 옷자락을 끄는 간절함[7]과 수레의 끈을 자르
는[8] 미칠 듯한 어리석음으로 저지(沮止)하오며, 신은 비록 불초하지만

---

6 황하 이북으로 산서성, 하북성과 산동성의 일부를 가리키는 말이다.

7 《자치통감》 권69에 위문제가 기주(冀州, 하북성) 출신의 사졸과 그들의 집안
   식구 10만 호를 이사시켜서 하남(河南)지역을 가득 채우고자 하였을 때에 신
   비(辛毗)가 이를 반대하는 내용이 실려 있는데, 바로 그 고사에서 나온 이야
   기이다.
   신비가 말하였다. "폐하께서는 신이 불초한 사람이라고 생각하지 않으셔서 좌
   우에 두시고 모의하는 관리로 항상 곁에 있게 하셨는데, 어찌 신과 더불어 논
   의하지 않을 수 있습니까? 신이 말하고자 하는 것은 사사로운 것이 아니며
   사직에 대한 염려인데 어찌하여 신에게 화를 내십니까?" 황제가 대답을 하지
   아니하고 일어나 안으로 들어갔다. 신비가 따라가서 그의 옷소매를 잡아끌었
   는데, 황제는 마침내 옷을 뿌리치며 돌아오지 아니하였다가 한참 지나 나와
   서 말하였다. "좌치(佐治)! 경은 나를 잡는 것이 어찌하여 그렇게 급하오?" 신
   비가 대답하였다. "지금 옮긴다면 곧 민심을 잃게 될 것이고 또한 먹일 것도
   없으니 그러므로 신이 감히 힘써 다투지 아니할 수 없었습니다."

8 《자치통감》 권42에 후한 광무제가 스스로 외효를 정벌하려 하자 광록훈인 여
   남(汝南, 하남성 여남현) 사람 곽헌(郭憲)이 "동쪽지역이 처음으로 안정되었으
   니, 거가가 멀리까지 정벌을 나가는 것은 옳지 않습니다."라고 하며 수레에 가
   서 패도(佩刀)를 꺼내어 수레 끄는 끈을 잘랐다는 고사에서 인용한 것이다.

두 현명한 분[9]의 뒤에 서기를 부끄러워합니다."

5   경인일(21일)에 북벌하였는데, 조빈(曹彬, 931~999)을 유주도행영
전군마보수륙도부서(幽州道行營前軍馬步水陸都部署)로 하고, 최언진
(崔彦進, 922~988)을 그의 부장(副將)으로 하고, 미신(米信, 926~992)을
서북도도부서(西北道都部署)로 하고, 두언규(杜彦圭, 927~985)를 그 부
장으로 하였는데, 그 무리들은 웅주(雄州, 河北省 雄縣)로 나가게 하였
으며 전중진(田重進, 929~997)을 정주로도부서로(定州路都部署)하여
비호(飛狐, 甘肅省 隴西縣)로 나가게 하였다. 〔지도참고〕

6   무술일(29일)에 참지정사 이지(李至, 947~1001)는 병으로 파직되
어 예부시랑이 되었다.

7   2월 임자일에 반미(潘美)를 운·응·삭등주도부서(雲·應·朔等州都
部署)로 삼고 양업(楊業)을 부장(副將)으로 하여 안문(雁門)으로 나가
게 하였다.

8   이계천(李繼遷, 963~1004)이 요(遼)에 항복하자 요에서는 정난절
도사(定難節度使)·도독하주제군사(都督夏州諸軍事)로 하였고, 이계충
(李繼衝)을 부사(副使)로 하였다.

9   3월 계유일(5일)에 조빈(曹彬)이 요(遼)의 군사와 고안(固安, 河北

---

9   앞에서 태종에게 요(遼)를 정벌하라고 건의한 사람들을 말한다.

省 中部)의 남쪽에서 싸워서 그 성에서 승리하였다. 정축일(9일)에 전중진(田重進)이 그들을 비호(飛狐, 河北 淶源縣)의 북쪽에서 격파하였다. 반미가 서형(西陘, 河南省 濟源縣 東)에서부터 들어와서 요(遼)와 싸웠는데 또 승리하였고, 북쪽으로 추격하여 환주(寰州, 山西省 朔州市)에 이르렀다. 경진일(12일)에 자사 조언신(趙彦辛)이 주를 들어가지고 항복하였다. 조빈은 또 요의 군사를 탁주(涿州, 河北省 保定市)의 동쪽에서 패배시키고 이긴 기세를 타고 그 북문을 공격하여 신사일(13일)에는 이를 이겼다. 반미는 나아가서 삭주(朔州, 山西省 西北部)를 포위하니 그 수장인 조희찬(趙希贊)이 성을 들어가지고 항복하였다.

10 요(遼)에서는 남경유수인 야율휴격(耶律休格, 休哥)으로 조빈의 군사를 담당하게 하고, 야율색진(耶律色珍)을 도통(都統)으로 삼아서 군사를 인솔하여 반미 등을 담당하게 하였다. 요주(遼主)는 친히 정벌에 나서겠다는 것을 능묘(陵廟)와 산천(山川)에 제사를 지내 알리고 태후와 더불어 타라구(駝羅口, 涿縣 東北)에 진을 치고서 여러 부(部)의 군사들을 재촉하여 응원하도록 하며 또 임아(林牙)인 근덕(勤德)에게 명령하여 군사를 인솔하고 평주(平州, 河北省 陸河流域 이동)의 해안을 지키면서 남쪽 군대에 대비하게 하였다.

11 전중진(田重進)이 비호(飛狐)의 북쪽에 도착하니 요(遼)에서는 기주(冀州, 河北省 衡水市)방어사인 대붕익(大鵬翼)·강주(康州)자사인 마윤(馬贇)·마군(馬軍)지휘사인 하만통(何萬通)이 무리를 인솔하고 와서 도왔다. 전중진은 형사(荊嗣)에게 명령하여 나가서 싸우게 하여 하루에 여러 차례 맞부딪쳤는데 요(遼)의 군사는 이기지 못하고 곧 숨어서

❖ 송 태종의 요 정벌도

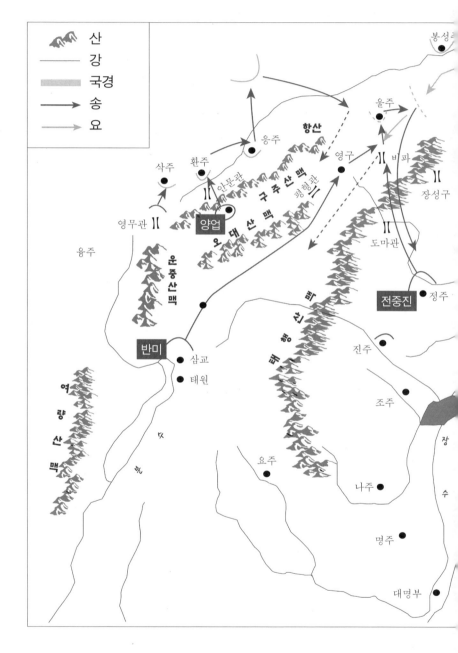

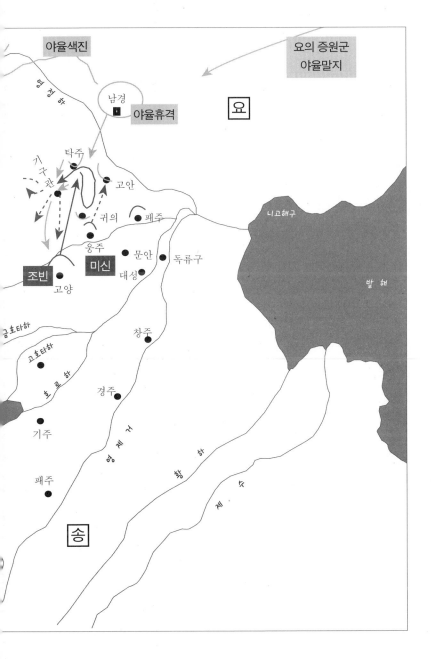

야율색진

요의 증원군
야율말지

요 연 경 하

남경

야율휴격

요

탁주

기구관

고안

귀의   패주

니고해구

웅주

미신   문안

독류구

조빈   대성

고양

발해

금호타하

고호타하

호로하

창주

경주

기주

영 제 거

황 하

제 수

패주

송

떠나려고 하니 전중진은 끝내 많은 군사를 가지고 이 틈을 타서 산채로 대붕익·마윤·하만통 등을 붙잡았다. 조빈은 탁주(涿州)에 들어가서 부장인 이계선(李繼宣, 950~1013) 등을 파견하여 경무장한 기병을 관장하여 탁하(涿河)를 건너서 적의 형세를 엿보았다. 을유일(17일)에 요(遼)에서는 곧 무리를 인솔하여 와서 공격하려고 하였는데, 이계선이 이를 격파하였다. 정해일(19일)에 반미가 돌아와서 응주(應州, 산서성)를 공격하니 그 수장(守將)이 성을 들어가지고 항복하였다.

12　사문(司門, 刑部 司門司)원외랑인 왕연범(王延範)이 비서승인 육탄(陸坦)·융성현(戎城縣, 廣西 蒼梧縣)주부인 전변(田辯)·술사(術士)인 유앙(劉昻)이 불궤(不軌)한 것을 모의한 것에 연좌되어서 기시되었다.

13　경인일(22일)에 무령군(武寧軍, 江蘇省 北部)절도사·동평장사인 기국공(岐國公) 진홍진(陳洪進, 914~985)이 죽었다.

14　전중진이 비호를 포위하고 대붕익(大鵬翼)으로 하여금 성 아래에 가서 그 수장(守將)인 마보도지휘사 여행덕(呂行德) 등에게 유시하게 하였는데, 신묘일(23일)에 여행덕과 부도지휘사인 장계종(張繼從)·마군도지휘사인 유지진(劉知進)이 성을 들어 가지고 항복하였다. 조서를 내려서 그 현을 비호군(飛狐軍)으로 삼았다. 전중진은 또 영구(靈丘, 山西省 大同市)를 포위하니 병신일(28일)에 그 수장(守將)인 보군도지휘사 목초(穆超)가 성을 들어가지고 항복하였다.

15　이달에 처음으로 사인(士人)을 채용하여 사리판관(司理判官)[10]으

로 삼았다.

16　조서를 내려서 임시로 공거(貢擧)를 중지시켰다.

17　여름 4월 초하루 기해일에 요주(遼主)가 남경(南京, 북경)의 북교 (北郊)에 머물렀다.

18　신해일[11]에 반미(潘美)가 운주(雲州, 河北省 赤城縣)에서 승리하 였다. 임인일(4일)에 미신(米信, 926~992)이 요(遼)의 군사를 신성(新城)에서 크게 격파하였다.

19　정미일(9일)에 가부(駕部)원외랑인 양예(梁裔)를 지응주(知應州) 로 하고, 감찰어사인 장리섭(張利涉)을 지삭주(知朔州)로 하였으며 우 찬선대부인 마무성(馬務成)을 동지환주(同知寰州)로 하였다.

20　기유일(11일)에 전중진이 또 요의 군사를 비호(飛狐)의 북쪽에서

10　송 태종 태평흥국 4년(979년)에 처음으로 설치한 관명인데 아교 가운데 법률 을 아는 사람이나 높은 수준의 지식을 가진 사람을 선발하여 사리원에 소속 시켰다.

11　4월 1일이 기해일이므로 신해일은 13일이다. 그러나 이 사건 다음에 신해일에 앞서는 임인일(4일)과 정미일(9일)이 배열되어 있으므로 신해일이 맞다면 사 건의 배열이 맞지 않는다. 사건의 진행으로 본다면 신해일의 사건은 임인일과 정미일에 일어난 것보다 앞서 일어난 것으로 볼 수 있다. 그런데《속자치통감 장편》에 의하면 이 사건은 신축(辛丑)일에 일어난 것으로 기록되어 있으며 이 날은 3일이다. 따라서 신해일은 신축일의 잘못으로 보인다.

격파하고 그 두 명의 장수를 죽였다.

21   임자일(14일)에 좌습유(左拾遺)인 장서(張舒)에게 명령하여 동지운주(同知雲州)로 하였다.

22   을묘일(17일)에 전중진이 울주(蔚州, 河北省, 山西省의 경계)에 도착하였고, 좌우도압아인 이존장(李存璋, ?~922)·허언흠(許彦欽) 등은 그 절도사인 소묵리(蕭默哩, 啜里)를 죽이고, 감성사(監城使)인 경소충(耿紹忠)를 붙잡아가지고 성을 들어 항복하였다. 숭의사(崇儀使)인 위진(魏震)을 지울주(知蔚州)로 하였다. 요(遼)의 원병이 대대적으로 도착하자 전중진의 군사들은 요의 군사와 이리저리 돌아다니면서 싸웠는데, 당시의 군교(軍校)는 다섯 무리 가운데, 그 네 무리는 모두 이미 싸우다 죽었으며 큰 고개에 도착하여서는 오직 형사(荊嗣)만이 힘껏 싸우자 요의 군사들은 비로소 퇴각하였고 드디어 울주를 평정하였다.

이 전역(傳譯)에서 변민(邊民) 가운데 날래고 용감한 사람들이 다투어 단결(團結)하여 적을 막았으며 혹은 밤중에 성루(城壘)로 들어가서 목을 베고 수급(首級)을 가지고 돌아 왔다. 황제는 이 소식을 듣고 기뻐하며 말하였다.

"이들은 변방(邊方)에서 나고 자라서 틈나는 대로 전투를 익히었을 것이니 만약에 분명하게 상(賞)의 규격(規格)을 세우면 반드시 대대적으로 응모하는 사람이 있을 것이다."

마침내 조서를 내려서 백성들을 모집하였다.

"왕사(王師, 송의 군사)를 응원할 사람을 규합(糾合)할 수 있는 사람은 양식을 공급하고 무기와 갑옷을 빌려오고, 추호(酋豪)를 붙잡아 오는 자는 그 직명(職名)의 높고 낮음에 따라서 부서(部署)에 보임을 주겠다. 산 사람을 붙잡아 오는 사람은 한 사람당 전(錢) 5천으로 하고 수급을 얻어 오는 사람은 3천으로 하며, 말은 상등(上等)인 경우에 1만, 중등(中等)인 경우에는 7천, 하등(下等)인 경우에는 5천으로 한다. 유주(幽州, 北京中部와 北部, 薊縣)를 평정한 다음에 군대에 있고자 원하는 사람은 우대하여 녹용(錄用)하며 귀농(歸農)을 원하는 사람은 3년 동안의 요역(徭役)을 면제하여 준다."

이로부터 응모하는 사람이 더욱 많았다.

기구관 전투에서 패배한 송

23   애초에 조빈(曹彬)이 여러 장수와 더불어 들어가서 인사를 하는데 황제가 조빈에게 말하였다.

"반미(潘美)의 군사는 다만 먼저 운(雲)·응(應)으로 향하게 하고 경(卿) 등은 10여만 명의 무리를 가지고 겉으로 유주(幽州)를 빼앗을 것이라고 말하면서도 또한 신중(愼重)한 태도를 가지고 천천히 가고 작은 이익을 탐하여 적(敵)을 잡지 말라. 적들은 대대적인 군사가 온다는 소식을 듣고 반드시 강한 군사를 유주에 모아 놓을 것인데, 군사가 이미 모이게 되면 산(山)의 후방을 도울 여가가 없다."

이미 그리했는데, 반미가 먼저 환(寰)·삭(朔)·운(雲)·응(應) 등 주(州)를 떨어뜨리고 전중진은 또 비호(飛狐)·영구(靈丘)·울주(蔚州)를 빼앗고 산 후방의 요해처를 많이 얻었으나 조빈 등도 역시 연달아 신성(新城)·고안(固安)을 걷어 들이고 탁주(涿州)를 떨어뜨리니 군사세력이 크게 떨쳤다. 매번 승리하였다는 주장(奏章)이 도착하게 되면 황제는 자못 조빈의 진군 속도에 놀라고 또 거란이 양도(糧道)를 끊을까 걱정하였다.

조빈이 탁주(涿州)에 도착하였는데 요(遼)의 남경유수인 야율휴격

(耶律休格)은 병사가 적어서 나와 싸우지 않고, 밤이면 가볍게 무장한 기병(騎兵)으로 하여금 외롭고 약한 곳을 약탈하게 하며 나머지 무리를 협박하고 낮이면 정예(精銳)의 군사로 그 세력을 넓히면서 숲 속에 매복을 두고서 우리[송의 군사]의 양도(糧道)를 끊었다. 조빈은 10여 일을 머물면서 먹을 것이 다하자 마침내 군사를 웅주(雄州)로 물려서 먹을 것의 공급을 해달라고 하였다. 황제가 이 소식을 듣고 크게 놀라서 말하였다.

"어찌 적이 앞에 있는데, 군사를 물려서 추속(芻粟)[12]을 달라고 하는가? 어떻게 실책(失策)이 심한가!"

급히 사자를 파견하여 이를 중시시키고 명령하였다.

"다시 앞으로 가지 말고, 군사를 백구하(白溝河)[13]의 가장자리로 이끌어서 미신(米信, 926~992)의 군사와 만나도록 하며 무기를 어루만지고 예봉을 쌓아 두면서 서부지역 군사의 형세를 늘리라. 반미 등이 산의 후방에 있는 땅을 다 경략하기를 기다려서 전중진과 만나서 동쪽으로 내려와서 유주를 향하면서 조빈(趙彬)·미신(米信)과 합하면 군사를 전부 모아 적을 제압하는 것이 반드시 승리하는 길이다."

당시에 조빈이 거느리는 제장들은 반미와 전중진이 누차 싸워서 승리하였다는 소식을 듣고 스스로 많은 군사를 장악하고서 공격하여 빼앗을 수 없었기에 모의하고 계획하는 것이 벌떼처럼 일어났지만 또 다시 서로 모순이 되니, 조빈은 통제할 수가 없자 마침내 50일분의 식량

---

12 추(芻)는 말 먹일 꼴이고, 속(粟)은 군사들이 먹을 식량이다.

13 백구하는 태행산(太行山)에서 발원하여 산서성 동부와 하북성 장가구(張家口), 보정(保定) 등지를 거쳐서 마지막으로 백양정(白洋淀)으로 들어간다.

을 싸가지고 다시 탁주(涿州)로 가서 공격하였다. 이때에 요주(遼主)는 주(州, 탁주)에서 동쪽으로 50리 지점에 머물러 있으면서 야율휴격(耶律休格)과 포령(蒲領) 등으로 하여금 가벼운 무장을 한 군사를 가지고 남쪽의 군사[송(宋)의 군사]를 압박하게 하였더니 남쪽의 군사는 한편으로 행군하고 한편으로 싸우기를 무릇 4일간이나 하여 비로소 탁주에 이를 수가 있었다.

이때는 바야흐로 더워서 군사들은 피곤하고 고달팠는데, 싸가지고 간 식량은 이어주지 못하여 마침내 다시 이를 포기하였다. 노빈(盧斌)으로 하여금 성 안에 있는 늙고 어린 사람들을 아울러 데리고 낭산(狼山)을 나란히 하여 남쪽으로 가게 하였다. 조빈 등은 많은 군사를 가지고 물러나는데 다시는 대오(隊伍)를 갖는 일이 없었으니 드디어 야율휴격에게 밟히는 바가 되었다.

5월 경오일(3일)에 기구관(岐溝關)에 도착하였는데 요(遼)의 군사가 그들을 뒤쫓아 따라잡으니 남쪽의 군대는 크게 패배하였다. 조빈 등은 나머지 군사를 거두어 밤중에 거마하(巨馬河)를 건너서 역수(易水)의 남쪽에 영채를 만들었고, 이계선(李繼宣, 950~1013)이 힘껏 거마하에서 싸우자 요의 군사들은 비로소 물러났는데 추가로 도망하여 고산에 도착하였다.

바야흐로 거마하를 건너면서 사람과 가축이 서로 짓밟으니 죽은 사람이 계산할 수 없었다. 지유주행부사(知幽州行府事)인 유보훈(劉保勳, 925~986)의 말이 진흙탕 속에 빠졌고, 그 아들인 유리섭(劉利涉)이 이를 구하려고 하였지만 꺼낼 수가 없어서 드디어 함께 죽었다. 유보훈의 성품은 순수하고 삼갔으며 관리의 업무를 처리하는데 정예여서 일찍이 사람들에게 말하였다.

"내가 명령을 받고서 아직 일찍이 피하는 말씀을 드리지 아니 하였고, 동료들을 맞이하면서 아직 일찍이 실의(失意)하지 않게 하였으며 집에 재물을 쌓아서 아직 천금(千金)에 이르지는 않았다."

죽기에 이르자 듣는 사람들이 모두 이를 아파하고 애석해 하였다. 전중승(殿中丞)인 공의(孔宜, 941~986) 역시 거마하에 빠졌다. 나머지 무리들은 고양(高陽, 河北省 保定市 高陽縣)으로 달아나다가 요의 군사에게 충격을 받아서 죽은 사람이 수만 명이었는데 사하(沙河)는 이 때문에 흐르지 않았고, 창과 갑옷을 버린 것이 언덕처럼 되었다. 야율휴격은 송의 군사 시체를 수습하여 경관(京觀)[14]을 만들었다. 황제는 조서를 내려서 유보훈의 손자인 유거천(劉巨川)·공의의 아들 공연세(孔延世)를 녹용(錄用)하게 하였다.

24 　계유일(6일)에 반미는 사자를 파견하여 응(應)·삭(朔) 두 주(州)의 장리(將吏)와 기로(耆老) 등을 부송(部送)하여 궁궐에 보냈는데, 황제가 불러서 접견하고 그들을 위무하였으며, 나란히 의복(衣服)과 관대(冠帶, 관모와 허리 띠)를 하사하였다.

25 　병자일(9일)에 궁원사(宮苑使)인 왕계은(王繼恩, ?~999)이 역주(易州, 河北省 易縣)에서부터 말을 달려서 도착하였는데 황제는 비로소 조빈 등의 군사가 패배한 것을 듣고 마침내 제장(諸將)들에게 조서

---

14 경관이란 고대에 무공을 빛내기 위하여 적의 시체를 모아서 쌓아 놓고 흙을 높게 덮어 무덤을 만든 것이다. 경관을 만들었다는 기록은《춘추좌전(春秋左傳)》에 처음 보이는데, 초의 장왕(莊王)이 필(邲, 河南 武陟 東南)에서 당시에 강대한 진(晉)의 군사를 깨뜨리고 대승(大勝)을 거둔 다음에 경관을 쌓았다.

를 내려서 군사를 관장하여 변방에서 나누어 주둔하게 하고 조빈과 최
언진(崔彦進)·미신(米信)을 불러서 들어와 조현하게 하고 전중진(田重
進)은 전군(全軍)을 인솔하고 정주(定州, 하북성)에 주둔하게 하고 반미
는 대주(代州, 山西省 忻州市 代縣)로 돌아가게 하였다.

26　임오일(15일)에 요주(遼主)는 남경(南京, 북경)으로 돌아가서 병
오일(19일)에 원화전(元和殿)에 나아가서 종군하였던 장교들에게 크
게 연회를 베풀고 야율휴격(耶律休格)을 책봉하여 속국왕(宋國王)으로
하였다. 야율포령(耶律蒲領)·수녕(壽寧)·야율만노녕(耶律滿努寧, 蒲奴
寧)[15]과 여러 공로를 세운 장교들에게 작위와 상을 더해 주었는데, 차
등이 있었다. 야율휴격은 이긴 기세를 타고 땅을 경략할 것을 요청하며
황하를 경계로 하자고 하였는데, 태후는 좇지 않았다.

27　조빈 등이 아직 돌아오지 않았는데, 조보(趙普)가 손수 소문(疏
文)을 써서 간하였다.

"엎드려 크게 사납고 커다란 군사를 발동하여 가서 유계(幽薊)를 평
정하려고 하면서부터 백만이나 되는 집의 산 사람을 모으고 나는 듯
수레를 끌어서 제공하고 수십 개 주(州)의 전토(田土)와 농사와 뽕나무
밭은 반쯤 잃었습니다. 이것은 이른바 맑은 구슬을 가지고 참새를 쏘는
것이며 생쥐 때문에 노기(弩機)를 쏘는 것이니 잃는 것이 많고 얻는 것

---

15 야율만노녕(耶律滿努寧)은 전에 야율포노녕(耶律蒲奴寧)으로 기록했었는데,
이 부분에서 滿努寧으로 쓴 부분에서 만(滿)은 포(蒲)의 잘못인 것으로 보인
다. 앞에 나온 사람인 耶律蒲領의 예에서처럼 포(蒲)가 이름에 들어가는 것
이 일반적인 현상 같기 때문이다.

이 적습니다.

하물며 열흘이나 한 달 사이에 바로 가을이 닥치는데,[16] 내지(內地)에서 먼저 곤란해지고[17] 변경 지역에서는 일찌감치 차가워집니다. 저들은 활을 강하게 하고 말은 살찌게 했는데 우리 쪽은 사람은 피곤하고 군사는 늙어서 아마도 이러한 때를 당하여서 혹 지호(指呼)[18]를 그르칠까 걱정입니다. 원컨대 밝으신 조서를 내시어서 속히 철병하는 것을 논의하게 하십시오.

신(臣)이 또한 생각하기로는 폐하께서 이어서 군사를 일으키지 않아야 하니, 반드시 치우쳐서 듣는 것으로 인하여 소인들이 옆으로 기울이게 되는 것은 다만 풀어서 임금을 속이는 것이며 일이 성공하면 이익을 자기 자신에게 돌리고 성공하지 못하면 걱정거리를 나라에 끼칩니다. 지난번 이래로 유계를 빼앗는 것을 논의 하시면서 아직 누가 주모(主謀)인지를 살펴보지는 못하였습니다. 텅 빈 이야기와 미친 말은 모두 빛나는 이슬에 호응하는 것이니, 원컨대 그 사람을 미루어 형법(刑法)으로 처치하고 두루 성스러운 판단을 밝히시어 여러 사람들의 마음을 만족하게 하십시오. 신(臣)은 폐와 간을 드러내놓고자 하오니 먼저 머리카락이 추위를 느끼지만 황무지에 던져지어 기시된다고 하더라도 달게 드러나는 주살을 기다리겠습니다."

황제는 손수 조서를 써서 조보에게 하사하여 말하였다.

"짐이 지난번에 군사를 일으키면서 장수를 선발하였는데, 단지 조빈

---

16 이 부분은《자치통감장편》등으로 보건대 5월 말 경으로 보인다.

17 수확하는 계절에 인력을 동원하여 어려워진다는 뜻이다.

18 지적하고 부르는 일로 일을 시키는 것을 말한다.

등이 웅·패에 주둔하면서 양식을 싸고 갑옷을 갈고 앉아서 군대의 성세(聲勢)를 넓히면서 한 달여 동안에 산의 뒤가 평정되기를 기다렸다가 반미·전중진 등과 군사를 모아서 나아가서 직접 유주(幽州)에 맞닥뜨려 힘을 함께하여 몰고 가서 물리쳐서 옛 강토를 회복하고자 하였던 것이 짐의 뜻이었소.

어찌하여 장수들이 이루어진 계획을 준수하지 않고 각기 소견(所見)으로 달려가서 10만 명의 갑옷 입은 군사를 관장하여 요새를 멀리까지 나가서 다투어 속히 그 군현(郡縣)을 빼앗고자 하였고 또한 군사를 돌리어서 치중(輜重)을 도움 받고자 하여 왕복하면서 수고롭게 하는 폐단이 생겼다가 적이 올라타는 바가 되었소. 이 책임은 주장(主將)에게 있는 것이요.

변방의 일은 이미 대략적으로 이 때문에 갖추어졌으니 경은 걱정하지 마시오."

28 6월 초하루 무술일에 일식이 있었다.

29 황제는 제장(諸將)들이 조서를 어기고 기율(紀律)을 잃은 것을 가지고 〈자면시(自勉詩)〉[19]를 지어서 가까이 있는 신하들에게 하사하였다. 처음에 군사를 일으키는 것을 논의하면서 황제는 다만 추밀원(樞密院)과 더불어 계책을 논의하기를 하루에 여섯 번이나 부르기에 이르렀지만 중서성(中書省)에서는 듣는데 참여하지 아니하였다.

───────────

19 자기 자신을 반성하며 다짐을 하는 시를 말한다. 제장들의 잘못을 자기의 잘못으로 돌린 시로 보인다.

패배하기에 이르자 추밀원사(樞密院使)인 왕현(王顯, 932~1007)·부사인 장제현(張齊賢, 942~1014)·왕면(王沔, 950~992)을 불러서 말하였다.

"경(卿) 등은 함께 짐(朕)을 살펴보았는데, 지금부터 다시 이와 같은 일이 있을 것 같소?"

황제는 이미 정성을 미루어 허물을 후회하니 왕현 등은 모두가 부끄럽고 두려워서 용납할 수 없을 것 같았다.

재상인 이방(李昉) 등이 서로 이끌면서 상소문을 올렸다.

"옛날에 한 고조는 30만 명의 무리를 가지고 평성(平城, 山西省 大同市)에서 곤란을 겪었는데[20] 갑자기 봉춘군(奉春君)[21]의 말을 채용하여서 화친의 정책을 확정하였습니다. 문제(文帝)는 밖으로 기미(羈縻)[22]할 것을 보이면서 속으로 깊이 억누르고 덜어냈으니[23] 이에 변방에 있는 성에서는 연폐(宴閉)하였고 백성들은 어깨를 쉬었으며 상한 것은 많지 않았지만 그 이익은 아주 넓었습니다.[24] 혹시 폐하께서 늘

---

20 한 고조 6년(기원전 201년)에 한왕(韓王) 한신(韓信)이 흉노에 항복하자 다음해에 한 고조 유방이 30만 군을 친히 거느리고 흉노를 공격하러 갔다가 흉노에게 평성에서 포위되어서 곤란을 겪은 일을 말한다.

21 유경(劉敬, 本名은 婁敬)의 작위명이다. 유방에게 관중에 도읍할 것을 건의하였고, 흉노에 대하여 화친책을 건의하였는데, 유방은 당시에는 화를 내고 처벌하였지만 평성에서 곤란을 겪은 다음에 유경의 건의가 옳았음을 알고 사면하였다.

22 이족(異族)에 대하여 책봉하여 왕·후·장 등의 명칭을 주고 또 화친책과 조공, 호시(互市)의 방법을 가지고 이족을 통제하고 농락하는 정책을 말한다.

23 절검하고 겸허한 태도를 가졌다는 말이다.

24 연폐(宴閉)는 안폐(晏閉)를 말한다. 이는 저녁때가 되면 문을 닫는다는 평화

어 서 있는 집의 경현(罄懸, 아무 것도 없는 것)을 염려하시어서 천금(千金)이 들어가는 하루의 비용[25]을 조금 줄이시려고 하신다면 비밀리에 변방에 있는 장수들에게 유시하시고 일의 비밀스러움이 거의 나타나지 않게 하십시오. 저쪽[요]에서도 역시 평소에 이러한 마음을 가지고 있으니 진실로 그 일을 즐겁게 들어서 군사의 힘을 번거롭게 하지 않게 되어 변방에서 먼지 일어나는 일을 중지할 수 있습니다."

　황제는 요(遼)는 반드시 변경으로 들어 올 것이라고 생각하여 장영덕(張永德, 928~1000)에게 명령하여 지창주(知滄州)로 하고 송악(宋偓, 926~989)을 지패주(知霸州)로 하며 유정양(劉廷讓, 929~987)을 지웅주(知雄州)로 하고 조연부(趙延溥, 929~987)를 지패주(知貝州)로 하였다. 유정양 등은 모두 오래 된 장수로 오랫동안 절진에서의 직책에서 파면되었었는데, 황제는 요(遼)를 치게 하여 스스로 보답하게 하려고 하였으니 그러므로 조연부와 더불어 나란히 명령한 것이다.

스런 상태를 표현한 말이다. 이 말은 원래 《한서(漢書)》 권94 하의 '至孝宣之世 承武帝奮擊之威 直匈奴百年之運 因其壞亂幾亡之隙 權時施宜 覆以威德 然後單于稽首臣服 遣子入侍 三世稱藩 賓於漢庭 是時邊城晏閉 牛馬布野 三世無犬吠之警 菊庶亡干戈之役'이라는 부분을 인용한 것이다.

25 전쟁을 하게 되면 하루에 들어가는 군비의 막대함을 말하는 것이다.

30   병진일(19일)에 어사중승인 신중보(辛仲甫, 927~1000)를 급사중·
참지정사로 하였다.

31   을사일(8일)²⁶에 지대명부(知大名府, 대명부는 河北省 邯鄲市 大名
縣)인 조창언(趙昌言, ?~1009)이 편지를 올려서 패배한 군사의 장수
인 조빈(曹彬) 등을 참수할 것을 요청하였는데 황제가 주문을 보고 아
름답다고 감탄하면서 우대하는 조서를 내려서 그를 포상(襃賞)하였다.
얼마 후에 불러서 어사중승으로 벼슬을 내렸다.
    조빈 등이 궁궐에 도착하였는데 무오일(21일)에 가황중(賈黃中,
940~996)·뇌덕양(雷德驤, 917~992)·이신원(李臣源)에게 조서를 내려
서 조빈과 최언진(崔彦進)·미신(米信)·두언규(杜彦圭, 928~986) 등을
불러서 상서성에 가서 그에게 국문(鞫問)하게 하였다. 가을 7월 초하루

---

26 이 사건은 앞의 기사와 비교할 때에 앞에 일어난 일을 뒤에 기록한 셈이어서
  편년체의 필법에 맞지 않는다. 다만 기록자는 조빈 등에 대한 조치와 관련된
  사건이므로 이 조치와 연관하여 생각하게 하려고 이러한 방법을 사용한 것
  으로 보인다.

무진일에 가황중 등이 조빈 등은 법으로는 모두 참형(斬刑)에 해당한다고 말하였더니 조서를 내려서 백관들에게 논의하게 하였다. 기사일(2일)에 공부상서인 호몽(扈蒙, 915~986) 등이 유사(有司, 담당관, 여기서는 가황중 등을 말함)가 정한 바와 같이 논의하다. 조빈은 흰옷을 입고 죄 받기를 기다리면서 깊이 스스로 허물을 끌어냈다. 경오일(3일)에 조빈에게 책임을 지워 우교위(右驍衛)상장군으로 하고 최언진을 우무위(右武衛)상장군으로 하며 미신 이하는 모두 관직을 깎았다. 여러 신하들과 여러 군교(軍校)가 죽은 일이 있거나 적(敵)에게 함입(陷入, 잡혀 간 사람)된 사람은 그 자손을 녹용(錄用)하였다.

32　애초에 미신·부잠(傅潛) 등의 군대가 패배하자 무리들이 시끄러웠는데, 다만 이계륭(李繼隆, 950~1005)만이 거느리는 부대를 가지고 떨치며 열(列)을 이루어 돌아왔다. 바로 이계륭에게 명령하여 지정주(知定州, 정주는 하북성 保定市와 石家莊市 중간)로 하였다. 조서(詔書)를 내려서 여러 군대를 나누어서 주둔하게 하자 이계륭은 서리(書吏)로 하여금 그 조서를 다 기록하였다. 10여 일이 지나서 패배한 병졸들이 성 아래에 모였는데 향할 곳을 알지 못하자 이계륭은 조서에 의거하여 권(卷)[27]을 주고서 각기 권을 가지고 소속부대로 찾아 가게 하였다. 황제는 그가 지모(智謀)를 갖고 있다고 칭찬하고 임신일(5일)에 이계륭을 마군도우후(馬軍都虞候)로 삼아서 영운주(領雲州)방어사로 하였다.

갑술일(7일)에 전중진(田重進)을 마군도우후로 삼았다. 유주의 전역(戰役)에서 오직 전중진의 군사만이 패배하지 않았으니 그런고로 특히

---

27 해당 병사에 대하여 소속부대를 명시한 서류로 보인다.

명령을 내린 것이다.

33 임오일(15일)에 산 뒤에 있는 여러 주[28]의 항복한 백성들을 옮겨서 하남부(河南府, 南省 洛陽市)·허(許, 河南省 許昌市)·여(汝, 河南省 中西部) 등의 주(州)로 가게 하였는데, 무릇 7만8천여 명이었다.

34 첨서추밀원사(僉署樞密院事)인 장제현(張齊賢, 942~1014)이 일에 관하여 말을 하다가 자못 황제의 뜻을 거슬렀는데, 이에 이르러 가까이 있는 신하들에게 적(敵)을 막을 계책을 물으니 장제현이 이어서 스스로 나아가 변방을 지키게 해달라고 청하였다. 무자일(21일)에 장제현에게 급사중을 주어 지대주(知代州)로 하여 도부서(都部署)인 반미(潘美)와 더불어 변방(邊方)에 연해 있는 병마를 관장하게 하였다.

35 계사일(26일)에 계주(階州, 甘肅 武都縣 東)에서 복진현(福津縣, 甘肅 武都縣 西北)에 용당협(龍堂峽)에서부터 큰 산이 날아와서 백강(白江)을 막아버려서 물이 거꾸로 흐르기를 10여 장(丈)이 되어 백성들의 전지를 수백 리를 무너트렸다고 말하였다.

36 갑오일(27일)에 조서를 내려서 진왕(陳王) 조원우(趙元祐)를 조원희(趙元僖, 966~992)로 하고, 한왕(韓王) 조원휴(趙元休)를 조원간(趙元侃, 968~1022)으로 하며, 기왕(冀王) 조원준(趙元儁)을 조원빈(趙元份,

---

28 태행(太行)산맥, 오대(五臺)산맥 등을 말하는 것으로 그 뒤로는 울주(蔚州), 응주(應州), 환주(寰州), 삭주(朔州) 등 전중진이 공격하여 항복시킨 곳이 있다.

969~1005)으로 하였다.[29]

37　요(遼)에서는 제로병마도통(諸路兵馬都統)인 야율색진(耶律色珍)이 군사 10만 명을 거느리고 안정(安定)의 서쪽에 도착하니 지웅주(知雄州)인 하령도(賀令圖, 948~986)가 그를 조우(遭遇)하였는데 패배한 것이 쌓여서 남쪽으로 달아났다. 야율색진이 따라잡고 오대산(五臺山)에서 싸웠지만 죽은 사람이 수만 명이었다. 다음 날에 울주(蔚州)를 공격하여 함락시켰다. 하령도는 반미와 더불어 군사를 인솔하고 가서 구원하였는데, 야율색진과 비호(飛狐)에서 싸웠지만 남쪽의 군사가 또 패하였다. 이에 혼원(渾源, 山西省 大同市)·응주(應州)의 군사가 모두 성을 버리고 달아나니 야율색진은 이긴 기세를 타고 환주(寰州)에 들어가서 성을 지키는 이졸 1천여 명을 죽였다.

38　반미가 이미 비호(飛狐)에서 패배하자 마침내 양업(楊業, 923~986)과 더불어 군사를 이끌고 운(雲)·삭(朔)·환(寰)·응(應) 네 주의 백성들을 보호하여 남쪽으로 옮겼다. 삭주에 있는 낭아촌(狼牙村, 河北省 保定市)에 도착하여서 거란이 이미 환주(寰州)를 함락시켰으며 군사 세력이 더욱 왕성하다는 말을 듣고 양업은 그들의 칼날을 피하고자 하여 반미 등에게 말하였다.

"지금 적의 칼날은 더욱 왕성하여 더불어 싸울 수가 없습니다. 다만 군사를 관장하여 대석로(大石路, 重慶市 綦江縣)로 나가서 먼저 사람을

29　모두 송(宋) 태종(太宗)의 아들이다. 송 태종의 아들은 모두 아홉 명인데, ① 장자 조원좌, ②차자 조원희, ③3자 송 진종(眞宗) 조항, ④4자 조원빈, ⑤5자 조원걸, ⑥6자 조원악, ⑦7자 조원칭, ⑧8자 조원엄, ⑨9자 조원억이다.

파견하여 비밀리에 운·삭의 수장(守將)에게 알리고 큰 군사가 대주(代州)를 떠나는 날을 기다렸다가 운주(雲州)의 무리들로 하여금 먼저 나가게 하고 우리 군사들은 응주(應州)에 가게 하면 거란은 반드시 모든 군사를 다 가지고 막을 것이니 바로 삭주(朔州)의 이민(吏民)들로 하여금 성을 나가서 곧바로 석갈곡(石碣谷, 山西 朔州市 南)에 들어가서 강한 노(弩)를 가진 군사 1천 명을 골짜기 입구에 늘어놓고 기사로 중간 길에서 돕게 한다면 세 주의 무리들은 만 가지로 안전하게 보전합니다."

감군(監軍)인 울주(蔚州)자사인 왕신(王侁)이 그 논의하는 것을 저지하며 말하였다.

"수만 명의 정병(精兵)을 관장하면서 두려워하고 나약하기가 이와 같다니! 다만 안문(雁門)의 북천(北川)으로 가는 동안에 북을 치면서 마읍(馬邑)으로 갑시다."

순주(順州)단련사인 유문유(劉文裕, 944~988) 역시 이것에 찬성하였다.

양업이 말하였다.

"안 됩니다. 이것은 반드시 패배하는 형세입니다."

왕신이 말하였다.

"그대는 평소에 무적(無敵)이라고 불렸는데 지금 적을 보고는 머무르고 구부러져서 싸우지 않으니 다른 뜻을 가진 것이 아닐 수 있소?"

양업이 말하였다.

"나 양업은 죽음을 피하지 않지만 대개 때가 아직 유리하지 않으니 다만 사졸들을 죽거나 다치게 하면서 공로를 세우지 못하게 하는 것이요. 지금 그대는 나 양업에게 죽지 않는다고 책망하지만 마땅히 여러 공(公)들보다 앞설 뿐이요."

마침내 군사를 이끌고 대석로(大石路)에서 삭주를 향하였다. 곧 떠나려고 하면서 눈물을 흘리면서 반미에 말하였다.

"이번 행차에서는 반드시 승리하지 아니할 것입니다. 나 양업은 태원(太原)에서의 항복한 장수이니 분수로는 마땅히 죽어야 하는데[30] 황상께서 죽이지 않고 총애하여 연수(連帥)[31]로 하여 병권을 주셨습니다. 적을 멋대로 내버려 두어 공격하지 않는 것이 아니고 대개 그 편리한 것을 엿보아 한 자 되는 정도의 공로를 세워서 나라의 은혜에 보답하려는 것입니다. 지금 여러분들이 나 양업에게 적을 피한다고 책망하지만 나 양업은 마땅히 먼저 죽겠습니다."

이어서 진가곡구(陳家谷口, 寧武의 북쪽으로 40리 지점)를 가리키며 말하였다.

"여러분들은 여기에서 보병의 강노를 벌려 놓고 좌우 날개에서 돕다가 나 양업이 이리저리 싸우면서 여기에 이르기를 기다렸다가 바로 보병으로 협격하여 이를 구원하고 그렇지 않으면 무리의 씨도 안 남을 것입니다."

반미는 바로 왕신과 더불어 휘하의 군사를 관장하여 진가곡구에 진을 쳤다.〔지도참고〕

야율색진(耶律色珍)은 양업이 도착했다는 소식을 듣고 부부서(副部署)인 소달란(蕭達蘭)을 파견하여 길에 군사를 숨겼다. 양업이 도착하

---

30 양업은 북한(北漢)의 장군으로 북한이 송에게 멸망하면서 송 태종이 사자를 파견하여 불러서 우령군대장군에 임명하였던 사람이다.

31 연수란 고대에는 10국 제후들의 장(長)을 말하지만 일반적으로는 고급 장관을 가리키는 말이다. 여기서는 양업이 장수가 되었다는 것을 말하는 것이다.

자 야율색진은 무리를 데리고 싸울 자세를 만들더니 양업의 기치(旗幟)가 전진하니 야율색진은 거짓으로 패하였고, 복병(伏兵)이 사방에서 일어났으며 야율색진은 군사를 돌려서 앞으로 나가서 싸우니 양업은 크게 패하고 물러나서 낭아촌(狼牙村)으로 향하였다.

왕신은 인시(寅時, 새벽 3시부터 5시까지)부터 사시(巳時, 9시에서 11시까지)까지 양업의 회보를 받지 못하자 사람을 시켜서 탁라대(託邏臺)에 올라 그곳을 바라보게 하였더니 요(遼)의 군사가 패하여 도망하는 것으로 생각하고 왕신은 그 공로를 다투려고 바로 군사를 관장하여 곡구(谷口, 陳家谷口)를 떠났다. 반미는 통제할 수 없어서 마침내 회하(灰河)에 이어서 서남쪽으로 20리를 갔는데 갑자기 양업이 패배하였다는 소식을 듣고 바로 병사를 지휘하여 물러나서 달아났다.

양업은 힘껏 싸워서 해가 중천에 있을 때에서 저녁에 이르자 과연 곡구(谷口)에 도착하였지만 바라보니 사람이 없자 가슴을 치면서 크게 통곡하고 다시 장하(帳下)의 병사들을 인솔하고 힘껏 싸웠는데 몸에 수십 군데의 상처를 입었고 사졸들은 거의 다 없어졌는데 양업은 오히려 손으로 수십 수백 명을 찔렀으며 말이 중상을 입어서 나아갈 수 없자 깊은 숲 속에 숨었다.

거란의 장수인 야율희달(耶律希達)은 멀리 옷자락의 그림자를 보고 그것을 쏘았는데, 양업은 말에서 떨어져서 사로잡혔고, 그 아들인 양연옥(楊延玉, ? ~986)과 악주(岳州, 湖南 岳陽市)자사인 왕귀(王貴)는 함께 죽었다. 양업은 처음에 적에게 포위되자 왕귀가 친히 활을 쏘아 수십 명을 죽였는데, 화살이 다하자 빈주먹을 벌려서 수십 명을 쳐서 죽였으며, 마침내 해를 당했다. 양업이 바로 사로잡히자 이어서 크게 탄식하며 말하였다.

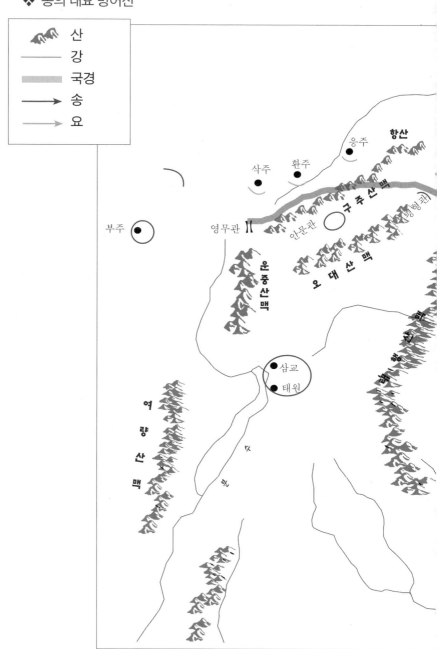

❖ 송의 대요 방어선

🏔	산
—	강
▨	국경
→	송
→	요

항산

웅주

삭주 환주

구주산맥

안문관

부주

영무관

운중산맥

오대산맥

삼교

태원

여량산맥

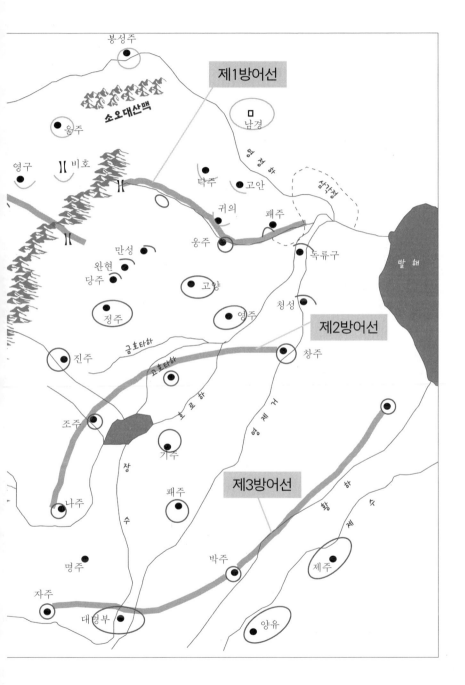

"황상께서 나를 후대하시어 변방을 막으면서 적(賊)을 깨뜨리고 보고하기를 기대하였는데, 도리어 간신(奸臣)들의 질투를 받아 명령에 몰리어 죽기에 이르렀고 왕사(王師)가 패배한 것이 쌓이게 하였는데, 다시 무슨 면목으로 살기를 구하겠는가!"

마침내 먹지 않고 3일 만에 죽었다.

양업은 책을 읽을 줄 몰랐지만 충성스럽고 용감하며 지모를 갖고 있어서 공격하여 싸우는 것을 연습하면서 사졸들과 고락을 함께 하였다. 대주(代州)의 북쪽은 고생스럽고 추워서 사람들이 대부분 담요를 걸쳤지만 양업은 다만 솜옷을 끼고 노천(露天)에 앉아서 군사적인 일을 처리하였는데, 옆에 불을 지피지 않았으니 거의 얼어 죽을 지경이었지만 그러나 양업은 기쁜 것처럼 하면서 추운 기색이 없었다. 정사를 처리하는 것은 간단하고 쉬웠으며 아랫사람에게 다가가서는 은혜를 베풀었으니 그러므로 사졸들은 즐겨 쓰였다. 그가 실패하자 휘하에는 아직도 1백여 명이 있었는데, 양업이 말하였다.

"너희들은 각자 부모와 처자가 있으니 나와 더불어 죽을 것이 없다."

무리들이 감격하여 눈물을 흘리었는데, 한 사람도 살아 돌아 온 사람이 없었다.

황제가 소식을 듣고 아프고 애석해 하면서 곧바로 반미의 삼임(三任)[32]을 삭탈하고 왕신을 제명하고 금주로, 유문유는 등주로 유배시켰다. 양업에게 태위(太尉)·대동군(大同軍)절도사를 증직하고 그 집에 후하게 하사하였으며 그의 아들 다섯과 왕위의 아들 두 명을 녹용하였다.

---

32 관리의 경력과 자력(資力)에 따라서 관리를 올리고 내리는 것인데, 세 번 임무를 수행하였던 경력을 말한다.

39   8월 초하루 정유일에 왕면(王沔, 950~992)·장굉(張宏)을 나란히
추밀부사로 삼았다.

40   기미일(23일)에 요주(遼主)는 실방(室昉, 920~994)·한덕양(韓德
讓, 941~1011)의 말을 채용하여 산서(山西)지역의 조부(租賦)를 1년간
면제하였다. 산서지역의 여러 장교들의 공로와 과실을 차례로 정리하
여 상주거나 벌을 주었다. 임술일(26일)에 야율색진이 거느린 장교는
전에 여진을 격파하였고, 후에는 송에 승리하였기에 공로를 차례를 먹
여 상을 덧붙여 주었다. 계해일(27일)에 야율색진에게 수태보(守太保)
를 주었다.

41   9월 초하루 병인일에 이사시킨 환(寰)·응(應)·울(蔚) 등의 주(州)
의 백성들에게 쌀을 하사하였다.

42   무진일(3일)에 호부랑중인 장거화(張去華, 938~1006)가《대정요
록(大政要錄)》30편을 헌상하니 황제는 이를 기뻐하고 새서(璽書)[33]를
내려서 아름다움을 포상하였다. 장거화가 처음으로 명령을 받아서 지
섬주(知陝州)가 되었는데 이 때문에 머물며 가지 않았다.

---

33 새서는 고대에 진흙으로 문서를 봉(封)하고 나서 그 위에 도장을 찍은 문서를
   말한다. 고대에는 긴 거리를 체송(遞送)하는 문서는 쉽게 파손될 수 있기 때
   문에 죽간이나 목(木)·독(牘)에 글을 써서 두 조각을 하나로 합쳐서 끈으로
   묶고 그 끈을 묶은 위에 니(泥)를 가지고 굳게 봉함하고 그 위에 도장을 찍었
   기에 이를 새서라고 하였다. 진(秦) 이후에는 황제의 조서를 말하는 것이 되
   었다.

43   판형부인 장필(張佖)이 말씀을 올렸다.

"바라건대 지금부터 잘못하여 사형을 받은 것을 결정하여 상주한 사람은 죄를 감형(減刑)하거나 속죄(贖罪)할 수 없게 하며, 법관·판관을 잡도리하여 모두 관자(官資) 1임(任)을 삭제하고 장리(長吏)는 나란히 그 현임(現任)을 정지하십시오."

이를 좇았다. 일찍이 대벽(大闢, 사형 죄)을 범한 사람이 있었는데, 조서를 내려서 특별히 감형하고서 황제가 장필에게 말하였다.

"짐은 소인(小人)이 법을 무릅썼지만 그 원래의 마음은 커다란 해충이 아니니 그러므로 사형을 용서하여 귀양을 보내는 것도 역시 이를 응징하여 이를 징계하기에 충분하다."

장필이 대답하여 말하였다.

"먼저 돌아가신 왕(王)께서 법(法, 형법)을 세우시었는데 대개 소인들 때문이었고 군자는 진실로 범하지 않았습니다."[34]

황제가 재상에게 말하고 또한 장필이 아는 말을 하였다고 칭찬하였다.

44   무인일(13일)에 북정(北征)하였던 군사 가운데 진(陣)에서 죽은 사람의 집에는 3개월간의 식량을 하사하였다.

45   신사일(16일)에 요주(遼主)가 황후인 소씨(蕭氏)를 받아들였다.[35]

---

34 《예기(禮記)》〈곡례(曲禮)〉에 나와 있는 말로 '예불하서인 형불상대부(禮不下庶人 刑不上大夫); 예는 서인까지 내려가지 아니하고 형벌은 대부까지 올라가지 않는다.'라는 뜻을 풀어 말한 것이다.

35 이때에 요의 성종(聖宗) 야율·융서(耶律隆緖, 972~1031)는 열네 살이었다.

46 겨울 10월 초하루 병신일에 황상이 비백서(飛白書)[36]를 재상인 이방(李昉) 등에게 하사하며 이어서 말하였다.

"이것은 비록 제왕의 일은 아니지만 그러나 사냥하고 노래를 하고 색을 밝히는 것보다는 오히려 낫지 아니한가?"

이방 등이 머리를 조아리며 감사하였다.

47 좌습유인 진정(眞定, 河北省 正定縣) 사람 왕화기(王化基, 944~1010)가 항소(抗疏, 직언상소)하여 스스로를 추천하였는데, 황제가 이를 보고 재상에게 말하였다.

"왕화기가 스스로 인주(人主)와 관계를 맺으니 진실로 상을 줄만 하다."

또 말하였다.

"이항(李沆, 947~1004)·송식(宋湜, 950~1000)은 모두 훌륭한 선비요."

바로 중서에 명령하여 왕화기와 나란히 불러서 시험 치게 하였다. 이항은 비향(肥鄉, 河北省 邯鄲市) 사람이고 송식은 장안 사람이다. 경자일(5일)에 나란히 우보궐·지제고로 제수하고 각기에게 전 100만을 하사하였다. 황제는 또 이항이 본래 가난하여 다른 사람에게 돈을 빚지고 있다는 소식을 듣고 별도로 30만을 하사하여 이를 갚게 하였다.

황제는 내외제(內外制, 內制와 外制)의 임무를 아주 무겁게 여겨서

---

36 서예기법의 하나로 붓으로 글씨를 쓸 때에 붓 끝의 먹물이 완전히 나오지 않아서 붓이 마른 느낌을 가질 때 이것으로 글씨를 쓰면 필획(筆劃)에 먹물이 묻지 않은 흰부분이 생기게 되는데 이러한 상태로 쓴 글씨를 말한다. 이러한 기법은 사람들로 하여금 글씨를 보면서 날아가 움직이는 느낌을 준다.

한 명의 사신(詞臣, 문장을 다루는 신하)을 임명할 적마다 반드시 재상에게 자문을 구하고 재능이 알차고 아름다움을 겸비한 사람을 구했는데, 먼저 〔후보자와〕 더불어 말해보면서 그 그릇과 식견을 관찰하였다. 일찍이 좌우에 있는 사람들에게 말하였다.

"짐은 일찍이 다른 사람들의 말을 들었는데 조정에서 한 명의 지제고를 임명하면 〔그〕 여섯 인척(姻戚)들이 서로 축하하며 한 명의 부처가 세상에 나왔다고 말하니 어찌 쉬운 일이겠는가! 곽지(郭贄, 935~1010)는 남부(南府, 개봉부)에 사는 문인(門人)인데 평소 당시의 촉망(囑望)을 받기에 부족하였지만 이로 인하여 그는 문필(文筆)에 즐거움을 가졌다가 드디어 고명(誥命)을 기초하는 일을 장악하도록 명령을 받았다. 자못 제서(制書)가 나왔다는 소식을 듣고는 사람들은 혹 그를 비웃었으며 짐 역시 그 때문에 부끄러워서 끝내 한림(翰林)에 들어오지 못하게 하였다."

48 기해일(4일)에 요(遼)에서는 정사령(政事令)인 실방(室昉)이 주문을 올렸다.

"산서(山西)·사천(四川)에서는 전쟁을 한 뒤로부터 인민들은 돌아가면서 이사를 하고 도적(盜賊)은 기득 찼으니 빌건대 유사(有司)에게 금지시키도록 〔명령을〕 내려 보내십시오."

마침내 신주(新州, 內蒙古 新州, 占婆)절도사인 포타리(蒲打里)에게 명령을 내려서 사람을 파견하여 길을 나누어 순검(巡檢)하게 하였다.

49 갑진일(9일)에 진왕(陳王) 조원희(趙元僖)를 개봉윤 겸시중으로 하였다. 호부랑중 장거화(張去華, 938~1006)를 개봉부판관으로 삼고,

전중시어사 진재(陳載)를 추관으로 하여 나란히 불러 보고 말하였다.

"경(卿) 등은 조정의 단아(端雅)한 선비이니 나의 아들을 잘 보좌해 주시오!"

각각에게 전(錢) 1백만씩을 하사하였다.

직접 전장에 나서는 요 태후 소작

50   을묘일(20일)에 요주(遼主)가 남경(南京)에 갔다. 무오일(23일)에 남원대왕(南院大王)인 야율류녕(耶律留寧)이 말하여 남원부민(南院部民)의 조부(租賦) 1년 분을 면제하게 하였다.

51   경신일(25일)에 여환(黎桓, Lê Hoàn, 941~1005)을 정해(靜海)절도사로 삼고, 좌보궐인 경조(京兆, 西安) 사람 이약졸(李若拙, 943~1001)·국자박사인 익도(益都, 山東省 靑州市) 사람 이각(李覺)에게 조서를 싸가지고 사자로 가게 하였다. 여환은 제도(制度)를 참월(僭越)하였는데 이약졸이 바로 경계 지역으로 들어가서 바로 좌우에 있는 사람들을 파견하여 신하로서의 예의를 가지고 경계하였더니 여환이 조서에 절하면서 공손함을 다 하였다. 연회를 열어 향응(饗應)하는 날에 앞에다 이상하고 괴이한 물건을 늘어놓았지만 이약졸은 돌아보지도 않았으며 또 사사롭게 만나지도 않고 오직 만족(蠻族)지역에 빠졌던 사신인 등군변(鄧君辨)을 데리고 돌아왔다.

52   11월 초하루 을축일에 우산기상시인 서현(徐鉉, 916~991) 등이

《신정설문(新定說文)》³⁷ 30권을 올렸는데 모인(模印, 刻板 印刷)하여 반행(頒行)하게 하였다.

53 경오일(6일)에 요(遼)에서는 정사령인 한덕양(韓德讓, 941~1011) 을 수사도(守司徒)로 하였다.

54 계유일(9일)에 요주(遼主)가 정전(正殿)에 나아가서 남정(南征) 하는 장교(將校)들을 크게 위로하였다. 병자일(12일)에 남쪽으로 내려 와서 협저과(狹底堝)에 갔는데, 태후가 친히 치중(輜重)과 병갑(兵甲) 을 열람하였다. 정축일(13일)에 야율휴격(耶律休格)을 선봉도통(先鋒都 統)으로 삼았다. 임진일(28일)에 당흥현(唐興縣, 四川省 崇州市 東南)에 도착하였다. 남군(南軍, 송군)이 호타교(滹沱橋, 山西省 繁峙縣 泰戲山 孤山村)의 북쪽에 주둔하였는데, 요(遼)에서는 장교(將校)를 선발하여 이를 쏘았고 나아가서 그 다리를 불질렀다. 계사일(29일)에 사하(沙河) 를 건너가서 간첩 두 명을 붙잡았는데, 의복과 물건을 하사하고 태주 (泰州)로 돌아가도록 타일렀지만 좇지 않았다. 절도사인 노보고(盧補 古)³⁸·도감인 야율반(耶律盼)이 태주에서 싸웠지만 패배하는 일이 쌓 이자 갑오일(30일)에 노보고의 고신(告身)을 빼앗고 그 도감(都監) 이 하의 사람들에게는 각기 곤장을 때렸다. 야율휴격 등에게 조서를 내려 서 군사에 관하여 논의하게 하였다.

---

37 서현이 구중정(句中正), 갈단(葛湍), 왕유공(王惟恭) 등과 함께 《설문해자(說 文解字)》를 교정하여 만든 책이다. 이것이 조판(雕版)되어 유포되었는데 이를 대서본(大徐本)이라고 하였다.

38 요(遼)의 저특부(楮特部)절도사이다.

55 12월 임인일(8일)에 한림학사인 송백(宋白, 936~1012) 등이《문원영화(文苑英華)》[39] 1천 권을 올리니 조서를 내려서 포상하며 회답하였다.

56 요(遼)에서는 야율휴격(耶律休格)이 남쪽의 군대를 망도(望都, 河北省 保定市)에서 패배시켰다. 당시에 도부서인 유정양(劉廷讓, 929~987)이 수만 명의 기병을 가지고 바다와 나란히 하여 나아가면서 이경원(李敬源)과 군사를 합하기로 약속하였으며 겉으로는 연(燕)을 빼앗는다고 말하였다. 야율휴격이 이 소식을 듣고 먼저 군사를 가지고 그 요충지를 꽉 누르고 나아가서 영주(瀛州, 河北省 河間)를 압박하였다. 태후의 군사가 도착하여 군자관(君子館, 河北省 河間 西北)에서 싸웠다. 날씨가 아주 추워서 송의 군사들은 궁노(弓弩)를 당길 수가 없었는데, 요(遼)의 군사가 유정양을 몇 겹으로 포위하자 이경원은 싸우다 죽었다. 창주(滄州, 河北省 東部)도부서인 이계륭(李繼隆)이 기일을 놓쳐서 구원하지 못하고 물러나서 악수(樂壽, 河北省 滄州市 獻縣)에 주둔하였다. 유정양의 모든 군사는 다 죽으니 죽은 사람이 수만 명이었고

---

39 《문원영화(文苑英華)》는 송 태종 때에 이방(李昉), 호몽(扈蒙), 송백(宋白), 서현(徐鉉) 등 20여 명이 공동으로 편찬한 문학의 총집(總集)이다.《문원영화》는 태평흥국 7년(982년)에 편찬을 개시하였는데, 뒤에 가서 송 태종이 또 소이간(蘇易簡), 왕우(王祐), 범고(范杲), 송식(宋湜)과 송백(宋白) 등에게 명령하여 편찬에 참가하게 하여 옹희 3년(986년)에 초고를 완성하였으며 모두 1천 권이었다. 뽑은 시문(詩文)은 2만3백여 수이고《문선(文選)》과 이어져서 위로는 남조 양대(梁代)부터 아래로는 오대에 이른다. 문체(文體)는 부(賦), 시(詩), 가행(歌行), 잡문(雜文)과 조고(詔誥), 서판(書判), 표소(表疏), 비지(碑誌)로 당대의 작품이 90%를 차지한다.

〔그는〕 겨우 몸만 죽음을 면하였다.

이보다 먼저 지웅주(知雄州)인 하령도(賀令圖, 948~986)는 성품이 공로 세우기를 탐하여 일을 벌였는데, 가볍고 무모(無謀)하였다. 야율 휴격이 일찍이 간첩으로 하여금 그를 속여서 말하게 하였다.

"나는 거란에서 죄를 지어서 아침이나 저녁으로 귀조(歸朝, 송나라에 귀부함)하기를 원한다."

하령도는 그것이 속이는 것이라는 것을 헤아려 보지 않고 스스로 마지막으로 큰 공로를 얻을 것이라고 생각하면서 사사로이 야율휴격에게 중금(重錦, 아주 고운 비단) 열 량(兩)을 남겨주었다. 이에 이르러 야율휴격은 군대 안에서 말을 전하여 웅주(雄州, 河北省 雄縣)의 하사군(賀使君)[40]을 만날 수 있기를 원한다고 하였다. 하령도는 먼저 속은 바가 되어서 속으로 그가 와서 항복할 것이라고 생각하고 바로 휘하에 있는 수천 명의 기병을 이끌고 맞이하였다. 곧 그의 장막(帳幕)에 이르기 전 수백 보 밖에 야율휴격이 호상(胡牀)에 앉아서 욕을 하여 말하였다.

"네가 일찍이 변방의 일을 잘 경영하였는데, 지금 마침내 죽음을 바치러 왔구나!"

좌우에 있는 사람들을 지휘하여 그를 좇던 기병을 다 죽이고 도리어 하령도를 결박해 가지고 갔다. 고양관부서(高陽關部署)인 태원(太原, 山西省) 사람 양중진(楊重進, 923~987)은 힘껏 싸우다가 죽었다.[41]

---

40 태수나 자사에 대한 존칭으로 여기서는 하령도를 지적하는 말이다.

41 《요사(遼史)》〈성종기(聖宗紀)〉에는 12월 을사일에 송의 장수인 하령도와 양중진을 붙잡았다고 되어 있고, 《거란국지》에도 역시 하령도와 양중진이 모두 함락되었다고 말하였지만 《송사(宋史)》에는 양중진이 전사했다고 하였다.

애초에 하령도는 그의 아버지인 하회포(賀懷浦)와 더불어 처음으로 북벌(北伐)을 꾀하였는데, 1년 동안에 부자(父子)가 모두 실패하자 당시에 이것을 구실(□實)로 삼았지만 그러나 그 후로 변방의 장수들 가운데 감히 유·연(幽·燕)을 빼앗자는 것을 논의하는 사람이 없었다.

유정양이 궁궐에 가서 죄 받기를 청하였는데, 황제는 이계륭이 잘못한 것을 알고 책임지우지 않았다. 이계륭을 추궁하도록 중서성에 상황을 묻게 하였지만 조금 있다가 역시 그를 풀어 주었다.

57 　동두공봉관(東頭供奉官)인 마지절(馬知節, 955~1019)이 감박주군(監博州軍, 박주군은 山東省 聊城市 東北)이었는데, 유정양이 패배했다는 소식을 듣고, 요인(遼人)들이 이긴 기세를 타고 다시 남침(南侵)할까 두려워서 이어서 성루(城壘)를 완전히 수리하고 기계(器械, 무기)를 다듬고 정장(丁壯)들을 헤아리며 추량(芻糧, 꼴과 양식)을 쌓아 놓는데 15일에 준비를 갖추었다. 처음에 요역(徭役)을 일으키자 이민(吏民)들은 모두가 일을 만드는 것이라고 생각하였지만 이미 그렇게 하고나서 적이 과연 도착하여 대비가 갖추어진 것을 보고 군사를 이끌고 떠나니 무리들이 처음으로 탄복하였다.

58 　임자일(18일)에 방주(房州, 湖北 房縣)를 세워서 보강군(保康軍)으로 만들고, 우위(右衛)상장군인 유계원(劉繼元, ?~992)을 절도사로 삼았다.

59 　요(遼)의 군사가 다시 호곡(胡谷)에서부터 들어와서 대주(代州, 山西省 東北)의 성 아래에서 압박하니 신위도지휘(神衛都指揮)인 마정(馬

正)이 거느리는 사람을 주(州, 대주)의 남문 밖에 늘어놓았는데 중과부적(衆寡不敵)이었지만 부부서(副部署)인 노한윤(盧漢贇)이 성벽을 보위하며 스스로 굳게 하였다. 지주(知州)인 장제현(張齊賢, 942~1014)이 상군(廂軍)[42] 2천 명을 선발하여 마정의 오른쪽으로 나가면서 무리들에게 감격적인 맹세를 하고 한 명이 1백 명을 맞으니 요의 군사가 드디어 물러나 달아났다.

이보다 먼저 장제현이 반미(潘美)와 약속하여 군사를 나란히 하여와서 만나서 싸우기로 하였는데, 그 간사(間使, 密使)가 요(遼)에 붙잡히자 장제현을 이를 깊이 걱정하였다. 조금 있다가 척후(斥候)가 도착하여 말하기를 반미의 군사가 병주(幷州, 山西省 太原市와 大同市 그리고 河北省 保定市 일대)를 나왔다고 말하였으며, 40리쯤 가다가 홀연히 비밀 조서를 받들게 되었는데 동로(東路)의 군사가 군자관(君子館, 河北 河間西北)에서 꺾였으니 병주의 군사는 출전(出戰)을 허락하지 않아서 이미 주(州)로 돌아갔다. 이때에 적의 기병(騎兵)이 개울을 봉쇄하고 있자 장제현이 말하였다.

"적은 반미가 오는 것을 알고 있지만 반미가 물러 간 것을 모른다."

마침내 반미의 사자를 밀실 가운데 가두어 놓고 밤중에 군사 200명을 내어 한 사람이 깃발 하나씩을 가지고 한 묶음의 꼴을 지고 주(州)의 성 서남쪽 30리 떨어진 곳에서 깃발을 늘어놓고 꼴을 태웠다. 요의 군사들이 멀리서 불빛 가운데 깃발이 있는 것을 보고 속으로 병주의

---

42 송대에 주(州)에 주둔하고 있는 진병(鎭兵)이다. 명칭은 상비군이지만 실제로는 각 주부와 몇몇 중앙기구에 속한 잡병(雜兵)이다. 주요한 것을 모집하여 주부(州府)나 몇몇 기관이 관리하는데 전체적으로는 시위마한사·시위보차사에 예속되어 있다.

군사가 이른 것이라고 생각하고 놀라서 달아났다. 장제현은 먼저 보졸(步卒) 2천 명을 토등채(土磴寨)에 숨겨 놓았다가 습격하여 그들을 크게 패배시키고 그 왕자(王子) 한 명과 장전석리(帳前錫里, 舍利) 한 사람을 붙잡고 참수한 것이 수백 급이며 포로로 잡은 것이 5백여 명이고, 말 1천여 필을 노획하였고, 차장(車帳)·우양(牛羊)·기갑(器甲)이 아주 많았다. 장제현은 노한윤에게 공로를 돌리었다. 기미일(25일)에 노한윤의 승리한 소식이 올라오자 황제는 우대하는 조서로 칭찬하는 회보를 하였다. 후에 노한윤이 아직 일찍이 접전(接戰)하지 않은 것을 알고 검할(鈐轄, 군을 절제 통할하는 무관직)인 유우(劉宇)가 모두 파직되어 우감문위(右監門衛)대장군으로 하였다.[지도참고]

60 이계천(李繼遷)이 요(遼)에 혼인하자고 빌었는데 요(遼)에서는 왕자장(王子帳)절도사인 야율양(耶律襄)의 딸을 의성공주(義成公主)로 책봉하여 그에게 시집가게 하였다.

61 계축일(19일)에 요(遼)의 군사가 풍모진(馮母鎮)을 뽑고 크게 군사를 풀어 놓아 포로로 잡고 노략질하였다. 병진일(12일)에 형주(邢州, 河北省 巨鹿縣)를 함락시켰다. 정사일(23일)에 심주(深州, 河北省 衡水市)를 뽑았는데 바로 항복하지 않자 수장(守將) 이하를 주살하고 군사를 멋대로 풀어서 크게 약탈하였다. 당시에 연변(沿邊)에는 상처를 입은 병졸들이 1만 명을 채우지는 아니 하였는데, 시골백성들을 병졸(兵卒)로 삼으려고 계획하고 생각하였지만 모두 백도(白徒)[43]여서 일찍

---

43 훈련을 받지 않은 병졸 혹은 임시로 징집된 장정을 말한다.

이 전투를 익히지 않았으니 그러므로 요의 군사가 이르는 곳에서 오랫동안 핍박하였으며 그 세력은 더욱 떨쳤다.

태종 옹희 4년(정해, 987년)[44]

1   봄 정월 을축일(2일)에 요(遼)의 군사가 속성현(束城縣, 河北 河間縣 束城鎭)을 깨뜨리고 군사를 풀어서 대대적으로 노략질하였다. 정묘일(4일)에는 문안(文安, 河北省 廊坊市)에 머물면서 사람을 파견하여 불러서 항복하게 하였는데 좇지 않자 그곳을 격파하고 정장(丁壯)들을 다 죽이고 그곳의 어린이와 노인들을 포로로 잡았다. 무인일(15일)에는 요주(遼主)가 남경(南京)으로 돌아갔다. 기묘일(16일)에는 원화전(元和殿)에 나아가서 장사(將士)들에게 대대적으로 상을 주었다.

2   병술일(23일)에 조서를 내려서 행영(行營)에서 전투에서 패배한 장사(將士)들의 죄를 풀어주고 겉으로 드러난 해골(骸骨)을 묻었으며 일로 죽은 사람이 있는 집안에는 그 집에 늠급(廩給, 봉록)을 주고 일로 죽은 문관(文官)과 무관(武官)의 자손을 녹용(錄用)하며 하북지역에 미납한 조부(租賦)를 면제하고 적에게 유린된 사람에게는 3년 간, 군사가 지나 간곳에는 2년, 나머지는 1년 간 요역(徭役)을 면제시켰다.

3   무자일(25일)에 광남(廣南)지역에 있는 여러 주(州)의 자염(煮

---

44 요(遼)의 성종 통화 5년이다.

❖ 군자관 전투도

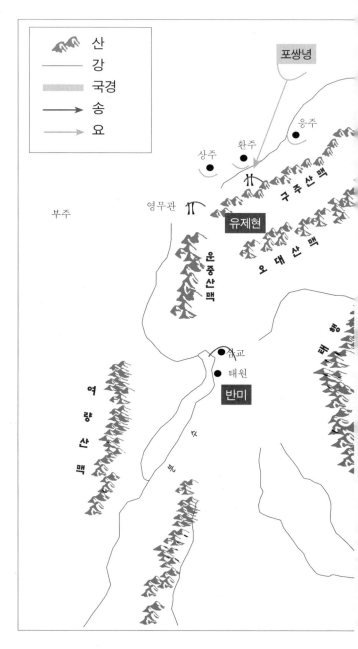

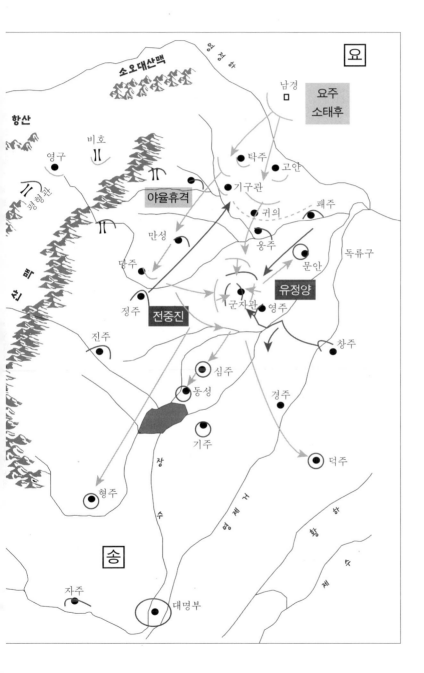

鹽)[45]을 임시로 중지하였는데, 유사가 쌓인 소금이 30년을 지탱할 수 있다고 하였던 연고였다.

4 2월 병신일(3일)에 한남국왕(漢南國王) 전숙(錢俶)을 무승군(武勝軍, 河南省 鄧州市)절도사로 하고 옮겨서 남양국왕(南陽國王)으로 책봉하였으며, 갑인일(21일) 다시 허왕(許王)으로 고쳐서 책봉하였다.

5 3월 초하루 계해일에 요주(遼主)가 장춘궁(長春宮)에 행차하여 꽃을 감상하고 물고기를 낚았으며 모란(牡丹)을 가까이 있는 신하들에게 두루 하사하며 즐겁게 연회를 연 것이 며칠 계속되었다.

6 안수충(安守忠, 932~1000)이 이계천(李繼遷, 963~1004)에게 다가가서 왕정(王亭)에서 싸워서 거듭 패배시켰다.

7 여름 4월 초하루 계사일에 추밀부사인 장굉(張宏)을 어사중승으로 삼고 어사중승인 조창언(趙昌言, ?~1009)을 추밀부사에 충임하였다. 황상은 장굉이 용병(用兵)할 적에 잠자코 있으면서 자리를 지키고 있었지만 그러나 조창언은 변방(邊方)의 일에 관한 이해(利害)를 여러 번 올렸으니 그러므로 두 사람을 바꾼 것이다.

8 요주(遼主)가 남경(南京)에 갔다. 정유일(5일)에 요주(遼主)가 백

---

45 소금을 생산하는 방법 가운데 하나로 용기(容器)에 바닷물 혹은 염정(鹽井)에서 가져 온 소금기 있는 물을 끓여서 소금을 생산하는 것으로 은·주(殷·周)시대부터 있었다.

관들을 인솔하고 태후에게 존호(尊號)를 책서(冊書)하여 올려서 예덕
신략응운계화승천황태후(睿德神略應運啓化承天皇太后)라고 하니 여
러 신하들은 요주의 존호를 올려서 지덕광효소성천보황제(至德廣孝昭
聖天輔皇帝)라고 하였다.

9   염철사(鹽鐵使)인 임구(臨朐, 山東省 濰坊市) 사람 장평(張平)이
죽었다.

장평이 처음에 진(秦)·농(隴)에서 목재의 채취와 매매를 감독하였는
데 새로운 제도로 바꾸어 세워서 육운(陸運)과 수운(水運)의 비용을 계
산하고 봄과 가을 두 계절에 커다랗게 뗏목을 묶어서 위수(渭水)에서
황하(黃河)에 이르게 하였고, 저주(砥柱)를 거쳐서 경사에 다다르게 하
니 1년 동안에 좋은 목재가 산처럼 쌓여서 황제는 그 공로를 칭찬하고
공봉관(供奉官)으로 옮기고, 감양평도목무겸조선장(監陽平都木務兼造
船場)⁴⁶으로 하였다.

예전에는 관부에서 배를 만들고 이미 완성하면 한 적에 세 호구(戶
口)를 징조(徵調)하여 이를 지켰는데 황하의 흐름이 여울지고 급하여
그것이 표류(漂流)하여 잃어버리는 것을 대비하면 1년에 부역(負役)하
는 백성이 수천 명이었다. 장평은 마침내 연못을 뚫어서 물을 끌어들이

---

46 감양평도목무겸조선장(監陽平都木務兼造船場)이라는 관직은 양평(陽平, 陝西
   漢中 寧强)에서 목재를 채취하고 운반하며 매매하는 모든 업무를 관장하며
   동시에 배 만드는 곳의 업무를 관장하는 직책이다.

고 그 사이에 배를 묶어두니 다시는 백성들을 징조(徵調)하지 않았다.

도적의 우두머리인 양발췌(楊拔萃)라는 사람이 있었는데 관중(關中)과 삼보(三輔) 사이에서 왕래하며 도적질하자 조정에서는 여러 주(州)의 병사를 파견하여 이를 쳤지만 이기지 못하였는데 장평이 사람을 파견하여 유세하여 그들을 항복시켰다. 업무를 관장하고서 무릇 9년이 되자 관부(官府)의 돈을 아낀 것을 계산하니 80만 민(緡)이었다.

염철사를 맡기에 이르렀는데 겨우 몇 달 만에 섬서전운사(陝西轉運使)인 이안(李安)이 그[장평]가 옛날에 간사한 일을 한 것을 들추어내니 장평은 걱정하고 화를 내다가 병이 되어 죽었다. 황제는 오히려 조회를 하루 동안 열지 아니하고 우천우위상장군을 증직하고 장사 지내는 일을 관부에서 공급하게 하였다.

10   을미일(3일)에 조서를 내렸다.

"제주(諸州)에서는 더운 여름 달에는 5일에 한 번씩 감옥(監獄)을 청소하게 하고 마실 것과 장(漿, 미음, 마실 것)을 공급하고 병든 사람은 의원(醫員)으로 하여금 치료하게 하며 작은 죄를 지은 사건은 바로 이를 결심(結審)하라"

11   기해일(7일)에 수륙(水陸)의 발운(發運)을 병합하여 한 관청으로 하였다.[47]

---

47 수(水)발운사와 육(陸)발운사를 합쳐서 수륙발운사(水陸發運司) 하나로 한 것이다.

12   황제는 장차 대대적으로 군사를 일으켜서 요(遼)를 공격하려고 하여 사자(使者)를 파견하여 하남·북(河南·北)에 있는 여러 주(州)에 가서 정장(丁壯)을 모집하여 의군(義軍)으로 만들었다. 경동(京東)전운사인 하읍(下邑, 安徽 碭山縣) 사람 이유청(李維淸)이 말하였다.

"이와 같이 한다면 천하 사람들은 농사를 짓지 아니합니다!"

세 번 상소문을 올려서 이를 다투었다. 재상 이방 등이 서로 이끌면서 주문(奏文)을 올렸다.

"최근에 사자를 파견하여 전거를 타고 밖으로 나아가서 병사를 만들려고 하니 [하동(河東)]에서부터 하남(河南)까지 40여 개 군에서 무릇 8명의 장정 가운데 한 명을 뽑아서 군대에 보충하고 있습니다. 신(臣)들이 자못 더불어 논의하는 것을 들었는데, 모두 말하기를 하남의 백성들은 변방에 사는 백성들과 같지 않고 평소에 농사와 잠업(蠶業)을 익혔지 전투는 알지 못한다고 합니다. 갑자기 이렇게 담아서 묶어 모으려니 혹은 사람들의 마음이 동요되어 이어서 도피하여 도적이 되면 다시 반드시 잘라 없애야 한다고 염려합니다. 하물며 땅을 기름지게 하여야 할 때를 당하여 다시 농사짓는 업무를 방해하는 것입니다. 바라건대 엄한 칙령을 내리어 계속하여 사신(使臣)을 파견하여 이르는 곳에서 만약에 사람들의 마음이 편안하지 않으면 점찍어 모집하기가 어려우니 바로 반드시 조금 늦추시고 상주하는 주문을 비밀에 부치고 취하여 잘라내십시오"

이에 개봉윤인 진왕(陳王)인 조원희(趙元僖)가 역시 상소문을 올려서 말하였다.

"자세히 뽑은 정예의 군사는 나누어 변방에 있는 성에 수자리를 서게 하고 [요(遼)가] 온다면 이를 막고, 간다면 쫓지 않습니다. 대비(對

備)가 있으면 걱정거리가 없는 것이 옛날의 도(道)입니다. 모집한 향병 (鄕兵)은 비록 많다고 하여도 어디에 쓰겠습니까? 하물며 하남(河南) 에 사는 사람들이야 무예(武藝)를 바로 익힐 수 없으니 모두 군대에 배치할 수 없습니다. 하북(河北)의 변방에 딸려 있는 여러 주(州)는 자못 틈나는 대로 말달리고 활 쏘는 것을 익혔으니 혹은 선발하여 군중(軍中)에 둘 수 있으며 명령하여 본지에서 성지를 지키게 하고 하남에 있는 여러 주에는 모두 중지하고 그만 두십시오."

황제도 그 말을 그러하다고 하였다.

조서를 내려서 안변책(安邊策, 변방을 안정시키는 대책)을 물으니 전중시어사인 조부(趙孚)가 주문으로 논의하였다. 대략적으로 마땅히 안에서 전비를 잘 닦고 밖으로 기쁘게 결맹하는 것을 허락하는 것이라고 하였는데, 황제는 칭찬하고 이를 받아들였다.

13 5월 을축일(4일)에 시어사(侍御史)인 정선(鄭宣)·사문원외랑(司門員外郎)인 유지(劉墀)·호부원외랑인 조재(趙載)를 나란히 여경사(如京使)⁴⁸로 하고 전중시어사인 유개(柳開, 948~1001)를 숭의사(崇儀使, 武職 散官)로 하였으며 좌습유인 유경(劉慶)을 서경작방사(西京作坊使)로 하였다. 유개는 대명(大名) 사람인데, 처음에 전중시어사로 지패주(知貝州, 패주는 河北省 淸河縣 西北)가 되었다가 감군(監軍)과 분(忿)

---

48 여경사는 관직명이다. 당 현종 때에 어사로 태창(太倉)출납사로 삼았는데 오대에 여경사로 바꾸었다. 그 직무는 창고 감독에 해당하며 송대에 와서 무신의 전보를 위한 관직이 되었다.《송사(宋史)》〈직관지〉에는 '여경사는 장택사(莊宅使)로 돌리고, 전공이 있으면 동작방사(東作坊使)로 전환시킨다.'라고 되어 있다.

하여 다투다가 상채령(上蔡令, 상채는 河南省 中南部)으로 깎이었다. 탁주(涿州)에서부터 돌아오게 되자 궁궐에 나아가서 편지를 올려서 북쪽 변방에서 죽음으로 보답하겠다고 하니 황제는 그를 가엾게 여겨서 다시 옛날 관직을 주었다. 유개는 또 편지를 올려서 말하였다.

"신은 특별한 은혜를 받았는데, 아직 보답하지 못하였습니다. 나이가 겨우 40이어서 근육의 힘이 바야흐로 굳세니 바라건대 폐하께서 신에게 보병과 기병 수천 명을 하사하시고 하삭(河朔)[49]의 전쟁하는 곳을 맡기신다면 반드시 출생입사(出生入死)[50]하여 폐하를 위하여 다시 유계(幽薊)를 빼앗겠습니다."

이에 황제는 역시 문(文)과 무(武)를 병용하고자 하여 마침내 조서를 내려서 문신(文臣) 가운데 무략(武略)과 군사를 아는 사람이 있으면 관질(官秩)을 바꾸어 주는 것을 허락하였다. 이에 유개와 정선 등은 나란히 바꾸어 제수된 것이다.

14 병인일(5일)에 사자(使者)를 제로(諸路)에 파견하여 말을 사들였다.

15 애초에 진주(秦州, 廿肅省 廿谷縣 東) 장도현(長道縣)의 주장관(酒

---

49 황하의 이북지역을 가리키는 말로 산서(山西), 하북(河北)과 산동(山東)의 일부 지역이다. 한(漢) 이후로는 기주(冀州)를 가리키며 황하의 중, 하류 지역이다.

50 원래의 뜻은 낳아서 죽을 때까지라는 말인데 후에 생명의 위험을 무릅쓴다는 말로 변했으며 《노자(老子)》에서 말하는 '出生地, 入死地.[땅에서 낳아서 죽어서 땅으로 들어간다.]'라는 것에서 나왔다.

場官)인 이익(李益)은 집안에 재물이 넉넉하여 동복(僮僕)이 항상 수백 명이었는데, 조정의 귀한 사람들과 관계를 맺고 소통하며 관리의 단점과 장점을 쥐고 있어서 군수(郡守) 이하의 사람들이 모두 그를 두려워하였다. 백성들은 이익에게 빚을 지고 이자를 내는 집안이 수백 집이었는데, 관부(官府)에서 징수(徵收)하려고 독촉하는 것이 조조(租調)를 걷는 것보다 급하였지만 다만 관찰추관(觀察推官)인 풍항(馮伉, ?~1000)만이 굴복하지 않았다.

풍항이 하루는 말을 타고 나가는데 이익이 노복을 파견하여 붙잡아서 [말에서] 떨어뜨리고 그를 상처를 입히고 모욕하였다. 풍항은 두 번에 걸쳐서 그 일을 논(論)하는 상주문을 올렸는데, 모두 저리(邸吏)[51]가 감춘 바가 되어 연락할 수 없게 되었다. 뒤에 말을 사는 통역(通譯)을 이용하여 표문을 붙여서 호소하니 황제가 크게 노하여 조서를 내려서 이를 체포하게 하였다. 조서가 아직 도착하지 않았는데, 권력 있고 귀한 사람들이 이미 먼저 이익에게 보고하여 도망가게 하였다. 황제는 더욱 화가 나서 물색(物色)[52]하여 이익을 더욱 급하게 체포하도록 명령하였다.

몇 달이 되어서 하내에 있는 부자인 학씨(郝氏)의 집에서 붙잡아서 착고(着錮)에 채워져서 어사대로 호송하여 그를 국문하자 이익은 모두 자복하였다. 정축일(16일)에 이익을 참수하고 그 집안을 적몰하였다. 이익의 아들 이사형(李士衡)은 먼저 진사에 올라서 광록시승(光祿寺

---

51 각 지방에서 경사에서 필요한 업무를 처리하기 위하여 경사에 둔 사무소의 관리를 말한다.

52 찾을 필요가 있는 사람이나 물건을 가리키는 말이다.

丞)을 맡았는데, 조서를 내려서 그 적(籍, 관적)을 없앴다. 주에 사는 백성들은 이익이 죽었다는 소식을 듣고 모두가 추렴하여 술을 마시면서 서로 경하(慶賀)하였다.

16   병주도부서인 반미(潘美)와 정주도부서(定州都部署)인 전중진(田重進)이 모두 조서를 받고 들어와서 조현하였다. 경인일(29일)에 《어제평융만전진도(御製平戎萬全陣圖)》[53]를 꺼내어 반미·전중진과 최한 등에게 친히 진퇴공격(進退攻擊)의 도략(韜略)을 주고 나란히 《장유오재십과(將有五才十過)》[54]의 설(說)을 써서 그들에게 하사하였다.

17   이계천(李繼遷, 963~1004)이 자주 변방을 노략질하자 어떤 사람은 이계봉(李繼捧, 962~1004)이 조정에서 있었던 일을 이계천에게 누설하는 것이라고 의심하였다. 황제는 마침내 이계봉을 내보내어 숭신군(崇信軍, 甘肅省 隴東地區)절도사로 삼고 그 동생인 이극헌(李克憲)을 옮겨서 도주(道州, 湖南 道縣 西)방어사로 하였고, 이극문(李克文, ?~1005)은 박주(博州, 山東省 聊城市 東北)로 돌아갔다.

18   요주(遼主)가 빙정(冰井)[55]에서 더위를 피하였다. 6월 초하루 임

---

53 송 태종이 직접 만든 작전(作戰)하는 진법(陣法)으로 융적을 평정하는데 만전을 기하는 진지의 구성도이다. 북송시대에 나온 《무경총요(武經總要)》에서 아주 칭찬하였던 것으로 송대 사료 가운데는 이를 인용하는 경우가 많지만 그러나 구체적인 내용은 아주 적게 남아 있다.

54 장수가 가지고 있는 다섯 가지 재주와 열 가지의 허물을 논하는 글이다.

55 얼음을 저장하기 위하여 만든 땅굴을 말한다.

진일에 대신들을 불러서 여러 정무를 결정하였다.

가을 7월 무진일(7일)에 니라부(尼喇部, 涅利)절도사인 살갈리(薩葛哩, 撒葛里)가 은혜로운 정치를 하자 부민(部民)들이 머물기를 요청하니 이를 좇았다.

요주(遼主)가 나아가서 평지송림(平地松林)[56]에서 사냥을 하였다.

19 조서를 내려서 내객성사(內客省使)의 청사에 바로 삼반원(三班院)을 두게 하였다.[57]

애초에 공봉관(供奉官)·전직(殿直)·전전승지(殿前承旨)는 모두 선휘원(宣徽院)에 예속하였는데 이에 이르러서 그 무리가 많아지자 별도로 삼반원을 설치하여 이를 관장하게 하였다.

20 8월 을미일(5일)에 명령을 내렸다.

"제로전운사(諸路轉運使)와 주군(州郡)의 장리(長吏)들은 지금부터 나란히 멋대로 사람을 천거하여 관할하는 기관의 내관(內官)에 충임할 수 없으며 그곳에 궐원(闕員)이 있게 되면 즉시 갖추어 상주하라."

전에 천거한 사람을 논하면 대부분 친한 사람의 무리와 관계되니 그러므로 그것이 요행이 되는 문을 막은 것이다.

---

56 내몽고(內蒙古) 극십등기(克什騰旗) 일대로 오늘날의 하북 위장(圍場)의 이북으로 해(奚, 거란족이 활동하던 지방)이며 대흥안령인데, 평지에 소나무 숲이 펴져 있는 곳이다.

57 이도의《속자치통감장편》등 여러 책에서 삼반원을 둔 것을 태평흥국 연간이라고 하였지만 모두 잘못이다. 또 함평 3년 설과《진종실록》의 설이 있지만 모두 맞지 않는다.

21 기유일(19일)에 수부(水部)원외랑·제왕부시강(諸王府侍講)인 형
병(邢昺, 932~1010)이 《분문례선(分門禮選)》20권을 헌상하였다. 황제
는 그 책을 들추어 보다가 《문왕세자편(文王世子篇)》을 찾아서 이를 보
고 아주 기뻐하였다. 또 제왕들이 상시로 형병에게 경의(經義)를 물으
면 형병은 매번 군신(君臣)과 부자(父子)의 도리를 끄집어내어 밝히면
서 또 반복하여 이를 진술한다는 소식을 듣고 황제는 더욱 기뻐서 형
병에게 기물(器物)과 전폐(錢幣)를 하사하였다.

22 기거사인인 전석(田錫, 940~1004)이 건명절(乾明節, 태종의 생일)
의 축수시(祝壽詩)를 헌상하였고, 또 편지를 올려서 동쪽으로 가서 태
산(泰山)에 봉선(封禪)할 것을 요청하였다. 9월 정축일(17일)에 전석을
원래의 관직을 가지고 지제고로 하였다. 전석은 직언하기를 좋아하였
는데, 황제는 혹 감내할 수 없어 하니 전석이 종용이 상주하여 말하였
다.
  "폐하께서는 해가 가고 달이 오는 동안 성스러운 성품을 양성하십시
오."
  황제는 기뻐하여 더욱 중하게 여겼다.

23 신사일(21일)에 조서를 내려서 내년 정월에 동교(東郊)에서 제사
를 지내고 적전(籍田)[58]에서 친경(親耕)하겠다고 하면서 한림학사인
송백(宋白, 936~1012) 등에게 명령하여 의식(儀式)을 자세히 정하게 하

---

58 고대의 길예(吉禮)의 하나로 맹춘(孟春) 정월에 춘경(春耕)하기 전에 천자가
   제후들을 인솔하고 스스로 밭을 가는 전례(典禮)이다.

고 5사를 두어 교사(郊祀)하는 제도(制度)처럼 하게 하였다.

24 병술일(26일)에 요주(遼主)가 남경(南京)에 갔는데 이번 겨울에 머물렀다.

25 겨울 10월 임자일(23일)에 좌복야로 치사(致仕)한 심륜(沈倫, 909~987)이 죽었는데 시호를 공혜(恭惠)라 하였다.

26 11월 경진일(21일)에 조서를 내렸다.

"제왕 된 사람이 반작(班爵, 작위의 수여)을 두어 귀한 사람들을 어거(馭車)하고 녹질(祿秩)에 차등을 두어 현명한 사람을 양성하는데, 그들에게 염우(廉隅)[59]하도록 책임 지워서 그들의 관부 업무를 성대하게 하려는 것이다. 봉록(俸祿)으로 주는 수량은 의당 우대하고 넉넉하도록 한다. 응당 백관들의 녹봉으로 주는 전폐(錢幣)와 다른 물건을 공급하는 것은 8푼으로 10을 삼을 것이며 지금부터는 실제 수량으로 지급하라."

27 옹희(雍熙) 초년에 공송(貢送)된 거인(擧人)들로 대궐 아래에 모인 사람은 거의 1만 명을 넘으니, 예부(禮部)에서 시험을 쳐서 합격하여 이름을 상주하는 것은 오히려 1천 명보다 적지 않았다. 황제는 아침부터 저녁까지 헌(軒, 殿前)에 나가서 시험을 열람하는데 며칠을 계속

---

59 모서리, 굽어지지 않거나 구애되지 않는 행동이나 품성을 비유하는 말이다. 이는 본래 산술(算術)에서 쓰는 용어인데, 변(邊)이 염(廉)이고 각(角)이 우(隅)이다.

하여야 바야흐로 마쳤다. 재상은 누차 춘관(春官)⁶⁰의 직책을 유사(有司)에게 돌려주라고 청하였는데, 12월 초하루 경인일에 마침내 조서를 내렸다.

"금년부터 춘관의 지공거(知貢擧)는 당실(唐室, 唐朝 皇室)에 있었던 고사(故事)처럼 하라."

28 산남동도(山南東道)절도사인 조보(趙普)가 와서 조현하였는데, 불러서 전각(殿閣)에 오르게 하여 위무(慰撫)하였다. 조보가 황제를 알현하고 감격하여 오열하니 황제도 역시 마음이 움직였다. 개봉윤(開封尹)인 진왕(陳王) 조원희(趙元僖)가 이 때문에 상소문을 올려서 말하였다.

"조보는 개국한 옛날 원로이며 중후하고 지모를 가졌으니 원컨대 폐하께서 다시 정사를 맡기십시오."

황제는 이를 즐겁게 받아들였다.

29 이달에 옹(雄)·패(霸) 등의 주(州)에서 서로 알리기를 요인(遼人)들이 곧 변경으로 들어온다고 하자 급히 방비(防備)를 준비하였다. 영변군(寧邊軍, 河北省 蠡縣)에서는 며칠간 계속하여 80여 명의 첩자(諜者)를 받았는데 지군(知軍, 知寧邊軍)인 유개(柳開, 948~1001)만이 홀로 믿지 않고 편지를 곽수문(郭守文, 935~989)에게 보내어 다섯 가지 일을

---

60 춘관은 고대의 관직명인데 전욱씨(顓頊氏) 당시에 5관 가운데 하나이며 춘관은 대종백을 장관으로 하면서 예제(禮制), 제사(祭祀), 역법(曆法) 등의 업무를 관장하였으며 송대에는 예부(禮部)가 하는 업무와 대체적으로 같다. 따라서 여기서는 예부를 지칭하는 말이다.

진술하였는데, 요인은 반드시 오지 않을 것이라고 말하였다. 이미 그렇게 하고 났는데 과연 첩자들의 말은 허망한 것이었다. 이때에 황제 역시 장차 친정(親征)하는 문제를 논의하고자 하였더니 하북동로(河北東路)전운부사인 왕사종(王嗣宗, 944~1025)이 상소문을 올려서 요(遼)가 반드시 오지 않을 상황을 말하여 황제는 마침내 중지하였다.

백만덕(白萬德)이라는 사람이 있었는데, 진정(眞定, 河北省 正定縣) 사람으로 요(遼)의 높은 장수로, 변방에 있는 700여 장(帳)을 통솔하였다. 영변(寧邊)에 호걸들이 있었는데 바로 백만덕의 인척이어서 왕왕 경계 밖으로 나가서 그를 보았다. 유개는 사자를 통하여 백만덕에게 유세하여 내응(內應)하도록 하여 유주(幽州)를 이끌어서 왕사(王師, 송의 군대)를 받아들이게 하면서 땅을 찢어서 후(侯)로 책봉(冊封)해 주는 상을 주기로 허락하였다. 백만덕이 허락하고 와서 출사(出師)할 기일(期日)을 달라고 요청하였는데 사자(使者)가 아직 돌아오지 아니하였고, 마침 조서를 내려서 유개를 지전주(知全州)로 하자 일은 드디어 잠자게 되었다.

전주(全州, 廣西 桂林市 資源縣)의 서계동(西溪洞)에 사는 속씨(粟氏)는 종족 500명을 모았는데, 항상 백성들과 양식, 가축을 초략하였다. 유개가 처음 도착하여 의대(衣帶)와 건모(巾帽)를 차려 입고 아리(牙吏, 小吏) 가운데 용감하고 말 잘하는 사람 3명을 얻어가지고 사람을 시켜서 그들을 유세하게 하여 말하였다.

"너희가 나에게 귀부(歸附)할 수 있다면 바로 후한 상을 주고 전지(田地)를 주고 집을 만들어서 그곳에 거처하게 할 것이다. 그렇지 않으면 군사를 내어서 너희들의 씨를 말리겠다!"

속씨가 두려워서 두 명의 서리를 남겨두어 인질(人質)로 삼고 그 우두머리 네 명을 인솔하고 한 명의 서리와 함께 왔다. 유개는 그들에게 두텁게 호사(犒賜)[61]하고 이민(吏民)이 다투어 북을 치고 나팔을 불며 그들에게 술을 먹였다. 며칠을 살다가 돌려보내면서 더불어 기일을 약속하여 가족과 나란히 나오기로 하였는데 한 달여을 넘기지 않고 모두가 노인과 어린 사람들을 이끌고 도착하였다. 유개는 바로 그들에게 살 곳과 직업을 부여(賦與)하고 《시감(時鑑)》 한 편을 지어 이를 돌에 새겨서 경계하였다. 그 우두머리를 파견하여 들어와서 조현하게 하고 본주(本州, 전주)의 상좌(上佐, 우두머리 관리)를 수여하였으며 조서를 내려서 유개에게 전 30만을 하사하였다.

30   국자사업인 공유(孔維)가 편지를 올려서 원잠(原蠶)을 금지하는 것[62]이 나라의 말을 기르는데 이롭다고 하자 직사관(直史館)의 악사(樂史, 930~1007)가 반박하는 주문을 올렸다.

"지금 사들여 오는 나라의 말은 외방(外方)으로부터 온 것이며 먼 곳에서 달려오면서 그들의 사료가 줄어들고 잘 돌보는 것에서 실패하여 드디어 넘어지고 소모되었습니다. 지금 마침내 잠사(蠶事)를 금하자고 하기에 이르렀는데 아주 말이 안 됩니다. 근래에 내려주신 밝은 조서에는 내년 봄에 적전(籍田)에서 제사를 드린다고 하였는데 농사에 대한 전례(典禮)가 바야흐로 시행되면서 그러나 잠사를 금지하는 제서

---

61 호로상사(犒勞賞賜)의 준말로 수고한 군인 등에 대하여 음식을 제공하며 상을 내려 주는 것을 말한다.

62 원잠이란 두 번에 걸쳐서 누에를 치는 것인데 즉 여름과 가을 두 차례 누에를 부화하는 잠업(蠶業)을 말한다. 이 원잠을 금지하는 것은 1년에 두 차례의 양잠을 금지하는 것이다.

(制書)가 또 내려간다면 일이 서로 어그러지어 아마도 마땅하지 않을까 걱정됩니다. 신은 일찍이 주현(州縣)에서 직책을 거쳐 왔기에 거칠지만 이로움과 병통을 알며 편성된 백성들 가운데는 가난한 사람이 많으며 춘잠(春蠶, 봄철의 누에치기)이 이루어지면 단지 부조(賦調)를 충당하는 대비가 되며 만잠(晩蠶, 여름의 누에치기)은 이익은 박(薄)하지만 비로소 1년을 마치는 밑천에 됩니다. 지금 만약에 그 뒤에 도모할 것을 금지한다면 반드시 연(緣)을 이용하는 폐단이 생기고 어지럽고 혼란함이 뚜렷할 것인데 백성들은 얼마나 한가하게 편안하겠습니까!"

황제가 이를 보고 드디어 원잠을 금지하는 것을 잠재웠다.＊

용서인에게 공격을 받고 물러난 재상

태종 단공(端拱) 원년[1] (무자, 988년)

1   봄 정월 초하루 기미일에 조하를 받지 않으니 여러 신하들이 합문에 가서 절하고 표문을 올리고 축하하였다.

2   경신일(2일)에 요주(遼主)가 화림·천주(華林·天柱)[2]에 갔다.

3   병인일(8일)에 대리평사(大理評事)인 거야(鉅野, 山東省 菏澤市) 사람 왕우칭(王禹偁, 954~1001)을 우습유로 삼고, 화양(華陽, 河南省 鄭州市) 사람 나처약(羅處約, 960~992)을 저작좌랑으로 삼아서 나란히 직사관(直史館)으로 하고 비의(緋衣)를 하사하였는데 예전에는 단지 도

---

1   요(遼)의 성종(聖宗) 통화 6년이다.

2   요의 남경(南京, 북경)에 있는 두 개의 장원(莊園)이다. 이는 모두 요의 경종(景宗)과 성종(聖宗)의 봄철 나발지(捺鉢地)로 경치가 아름다운 황실 정원이다. 나발이란 거란어로 행영(行營), 행재소(行在所), 영반(營盤)의 의미를 가진다.

금대(塗金帶)를 하사하는데 그쳤지만 특별히 명령을 내려서 문서대(文犀帶)[3]를 주어서 그들을 총애하였다. 왕우칭은 그날로 《단공잠(端拱箴)》[4]을 헌상하여서 풍자하는 규간(規諫)을 여기에 기탁하였다.

4   을해일(17일)에 동교(東郊)에서 선농(先農)[5]에게 제사를 지냈는데 후직(后稷)을 배향(配享)하였으며 드디어 적전(籍田)하였다. 처음으로 세 번 쟁기를 밀자 유사(有司)가 예(禮)가 끝났다고 상주하였는데 황제가 말하였다.

"짐의 뜻은 농사를 권고하는데 있는 것이어서 1천 무(畝)를 끝까지 할 수 없음을 한스러워 하는데 어찌 단지 세 번 미는 것으로 제한하는가!"

밭 갈기를 하면서 수십 걸음을 갔는데, 시중드는 신하들이 굳게 청하여서 마침내 그쳤다. 돌아와서 건원문(乾元門)에 나가서 크게 사면령을 내리고 기원을 고쳤다. 백성 가운데 나이가 70 이상으로 덕행을 가지고 있어서 향리에서 뛰어난 사람에게 작(爵) 1급[6]을 하사하였다.

---

3   도금대(塗金帶)와 문서대(文犀帶)는 모두 허리띠인데, 도금대는 진흙과 금(金)물을 발라서 만든 것이고, 문서대는 무늬를 새긴 물소뿔로 장식한 허리띠이다. 도금대보다는 문서대가 귀한 것으로 보인다.

4   왕우칭이 쓴 정치적 풍간(諷諫)을 적은 작품으로 작자의 정치적 입장의 대강을 적은 것으로 당시 송 황실의 사치를 비판하였는데, 이는 당·송시대의 문체(文體)를 비교해 볼 수 있는 문화사적, 문학사적 의미가 있는 작품이다.

5   진대(秦代)에 창조한 농업신이다. 하(夏)의 농업신은 주(柱)였고, 은대(殷代)의 농업신은 전(田)이었으며, 주대(周代)의 농업신은 후직(后稷)이었는데, 진대에는 주대의 농신(農神) 제사의 계통을 이어받아서 다시 그 위에 선농(先農)을 추가하였다.

병자일(18일)에 황상이 《동교적전시(東郊籍田詩)》를 지어서 가까이 있는 신하에게 하사하였다.

5   을유일(27일)에 혹독(酷毒)한 형벌을 사용하는 것을 금지하였다.

6   황제는 보궐(補闕)·습유(拾遺)가 대부분이 하는 대로 좇아 잠자고 있으면서 직책과 업무를 제대로 이행하지 않아서 2월 을미일(8일)에 좌·우보궐(左·右補闕)을 좌·우사간(左·右司諫)으로 고치고 좌·우습유(左·右拾遺)를 좌·우정언(左·右正言)으로 하였다.

7   경자일(13일)에 이방(李昉)을 상서우복야[7]로 삼아서 정치적인 일

---

6   작위제도는 진대(秦代)에 군공을 세우게 하려고 시작하였다. 한대(漢代)에는 중하층의 작위는 군공작(軍功爵)이 전화(轉化)하여 이민작(吏民爵)으로 되었으며 북송 때까지 내려왔는데 북송시대에는 20등작이 있었다. 그러나 1급으로 공사(公士)와 2급인 상조(上造)라는 것이 남아 있을 뿐 3급부터 20급까지는 남아 있지 않다. 그러므로 여기서는 공사라는 작위를 준 것으로 보인다.

7   상서복야는 진·한(秦·漢)시대에는 소부(少府)의 속관(屬官)이어서 상서령(尚書令)을 도와서 관리하는 소부의 문서와 서류를 관리하였으니 하급관리였다. 뒤에 가서 삼국시대에는 복야(僕射)를 좌우로 나누었고, 남북조시대에는 상서령이 궐원이 되었을 때에 상서복야가 조정의 권력을 장악하였다. 수대(隋代)에는 고영(高頴), 소위(蘇威), 양소(楊素)가 상서복야를 담당하면서 상서령은 장기간 궐위였다. 당대(唐代)에는 태종이 상서령을 임명하고 상서령을 가볍게 바꾸어 제수하지 아니하고 상서복야를 장관(長官)으로 하였으며 무측천시대에는 고쳐서 문창좌상(文昌左相)과 문창우상(文昌右相)으로 하였다. 중종 때에 상서복야에게 동중서문하삼품(同中書門下三品), 동중서문하평장사(同中書門下平章事)의 명목을 덧붙여 주지 않아서 다시는 재상이 아니었으니 허직(虛職)이었다.

을 그만두게 하였다.

이보다 먼저 용서인(傭書人)[8]인 적영(翟穎)이라는 사람이 있었는데 성품이 험악하고 허망(虛妄)하였지만 지제고(知制誥)인 호단(胡旦, 955~1034)과 가까웠다. 호단은 큰 소리를 치면서 적영으로 하여금 편지를 올리게 하면서 적영의 이름을 고쳐서 마주(馬周)라고 하면서 당대(唐代)의 마주(馬周, 601~648)[9]가 다시 나온 것이라고 하였다.

이에 등문고(登聞鼓)를 치고 시비를 다투기를 이방은 자신이 원재(元宰)를 맡고 있으면서 북방지역에 많은 경보가 있지만 변방을 걱정해야 하는 직무를 하지 않고 다만 부·시(賦·詩)를 짓고 음주(飮酒)하면서 여악(女樂)을 두었다고 하였다. 황제는 바야흐로 적전(籍田)을 강론하고 있어서 조금 이를 용인(容忍)하였다. 이에 이르러 한림학사인 가황중(賈黃中, 940~996)을 불러서 이방에게 재상을 파직하는 제서(制書)의 초안(草案)을 잡게 하면서 또한 그에게 절실하게 책망하도록 하였

8　용서란 다른 사람에게 고용되어서 책을 베껴 쓰는 것을 직업으로 하는 사람이다. 위진남북조시대의 문학가인 왕증유(王僧孺)와 중서령까지 올라간 주이(朱異)는 모두 용서인 출신이다. 그러나 대다수의 용서인은 일생동안 묵묵히 책을 베껴 썼으며 고대에 서적의 유통은 그들에 의하여 이루어졌다.

9　마주는 외롭고 가난한 사람이었는데, 《시경》과 《춘추》를 열심히 읽었다. 무덕 연간에 주(州)조교를 하였지만 자사에게 쫓겨났고, 후에 변주에 이르러서는 준의령에게 모욕을 당하였다가 장안에 이르러서 상하(常何)의 문하에 빈객이 되었다. 정관 5년에 당 태종이 각 관원의 득실을 말하라고 하자 마주는 상하를 위하여 20가지 정책을 제시하였다가 당 태종의 칭찬을 받아 문하성에 들어가서 관리가 되었으며 감찰어사가 되었다. 마주는 일을 처리하는 것이 주밀하였지만, 제멋대로 말을 하는 것이 당시 사람들의 칭찬을 받았고 태종의 아낌을 받아서 드디어 상서령에 이르렀다. 최후로는 태자인 이치(李治)를 보좌하다가 병들어 죽었다.

다. 가황중이 말하였다.

"복야는 백관들의 스승이고 어른이며 옛날에는 재상의 임무였는데, 지금에는 공부상서(工部尙書)에서 이 직책으로 옮겨 놓으시니 내쫓아 책임지우는 뜻이 아닙니다. 만약에 문창(文昌, 상서좌복야)의 업무를 간단히 하려는데 힘쓰시고 수고로움과 안일함을 고르게 하려는 것으로 말씀하시면 대체적인 격식(格式)을 얻을 수 있습니다."

황제가 이를 그렇다고 하였다.

이방은 화평하고 후덕하였는데 대부분 용서하여서 자리에 있으면서 조심하고 순일하고 삼갔다. 매번 올려 쓰이기를 요구하는 사람이 있게 될 적마다 비록 그 재능이 뽑을만 하더라도 반드시 정색을 하고 거절하고 물리쳤는데 이미 그리하고서 발탁하여 채용하였다. 혹은 채용하기에 부족하다면 번번이 온화한 얼굴과 따뜻한 말로 그를 대우하였다. 자제들이 그 연고를 물으니 이방이 말하였다.

"똑똑한 사람을 채용하는 것은 인주(人主)의 일인데 만약에 그 청을 들어 준다면 이는 사사로운 은혜를 파는 것이니 그러므로 이를 준엄하게 끊어서 은혜를 황상에게 돌리려는 것이다. 만약에 채용하지 않을 사람 같으면 이미 그 바라는 것을 잃었는데 또 좋은 말조차 하지 않으면 원망을 받는 길이다."

8   조보를 태보 겸시중으로 삼고 참지정사인 여몽정(呂蒙正)을 중서시랑 겸호부상서로 삼아 나란히 동평장사로 하였다.

황제가 조보에게 유시(諭示)하여 말하였다.

"경은 자리가 높은 것을 가지고 스스로 방종하지 말고 권력이 무겁다고 스스로 교만하지 말며 다만 상을 주고 벌을 주는데 삼가〔사사롭게〕 아끼고 미워하는 것을 중지한다면 군사와 국가의 일이 어찌 다스려지지 않을까 걱정하겠소!"

여몽정은 바탕이 후덕하고 관대하며 간편하여 두터운 명망을 가지고 있으면서 무리를 만들지 아니하였으며 일을 만나서는 과감하게 말을 하였으며 매번 정사를 논의하면서 아직 마땅하지 않다면 반드시 굳게 안 된다고 하였다. 황제는 그가 감추지 않는 것을 가상(嘉賞)히 여겼으니 그러므로 조보와 함께 명령을 내려서 조보의 옛날 은덕에 의거하여 그를 위한 모범으로 삼게 하였다. 여몽정은 후배이지만 빨리 나아가서 조보와 같은 지위에 있게 되었는데 조보는 아주 그를 밀어서 허락하였다.

9   개봉윤인 진왕(陳王) 조원희(趙元僖)의 봉작(封爵)을 올려서 허왕(許王)으로 삼고, 한왕(韓王) 조원간(趙元侃)의 봉작을 올려서 양왕(襄王)으로 삼았으며, 기왕(冀王) 조원빈(趙元份)의 봉작을 올려서 월왕(越王)으로 삼았다. 황제가 손수 조서를 내려서 조원희 등에게 말하였다.

"너희들은 깊은 궁궐에서 낳아서 자랐으니 반드시 자기를 이기도록 힘쓰고 자세히 하며 낮은 사람들의 말을 듣고 간언(諫言)을 받아들이라. 매번 한 벌의 옷을 입을 적마다 누에치는 여인을 가엽게 여기고 매번 한 그릇 밥을 먹을 적마다 밭가는 농부를 생각하라. 말을 듣고 결단을 내리는 시점에 이르면 그에 대한 기쁘거나 화내는 것을 신중히 하여 멋대로 하지 말라. 짐은 매번 여러 신하를 예로 접하면서 계옥(啓沃)[10]하기를 요구하는데, 너희들은 마땅히 다른 사람의 단점을 천시하지 말고 자기의 장점을 믿지 말아서야 마침내 부귀함을 영원히 지키고 아름다운 끝을 보존할 것이다. 먼저 계셨던 현인들이 말하였다. '나를 거스르는 사람이 나의 스승이고, 나에게 순응하는 사람은 나의 도적이다.' 이것은 살펴보지 않으면 안 될 것이다!"

10   전숙(錢俶, 전의 오월왕, 929~988)에게 봉작을 고쳐서 등왕(鄧王)으로 하였다.

11   갑진일(17일)에 건녕군(建寧軍)을 건주(建州, 福建省 北部 建甌)에 설치하였다.

12   병오일(19일)에 조서를 내렸다.

"제도(諸道)에 사는 백성들 가운데 먹는 것이 어려운 사람이 있으면 있는 곳에서 곳집을 열어서 그들을 진휼하라."

13   조보가 다시 재상의 자리에 들어가자 바야흐로 입반(立班)[11]하는

---

10 《상서(尙書)》에서 나온 말이다. 《상서》 권10, 〈설명상(說命上)〉에 '若歲大旱, 用汝作霖雨. 啓乃心, 沃朕心, 若藥弗瞑眩, 厥疾弗瘳.[만약에 큰 한재가 들게 되면 너를 이용하여 비가 내리게 하고 마음을 열어서 짐의 마음을 비옥하게 하는데, 약에 명현현상이 없으면 그 병은 치료되지 안는 것과 같다]'라고 한데서 나온 것이다. 여기서 '啓乃心, 沃朕心.'에 관한 공영달(孔穎達)의 주소(注疏)를 보면, '마땅히 네 마음속에 가지고 있는 것을 열어서 나의 마음에 물을 대주고 저들이 보는 바를 가지고 자기가 알지 못하는 것을 가르치게 하도록 한 것이다.'라고 하였는데, 뒤에 가서 이 계옥(啓沃)이라는 말은 정성을 다하여 열어서 이끌어 주며 군왕을 보좌하라는 말로 통용되었다.

11 관원들이 조회에 나와서 품질(品秩)에 의거하여 그 서 있는 위치를 말한다.

제서(制書)를 선포하였는데 공부시랑·동지경조관고과(同知京朝官考
課)인 뇌덕양(雷德驤, 917~992)이 이 소식을 듣고 손으로 자기도 모르
게 홀(笏)[12]을 떨어트리고 급히 상소문을 올려서 집으로 돌아가게 해
달라고 하고 또 대면하여 그 까닭을 구체적으로 진술하게 해달라고 요
청하였다. 황제는 면려(勉勵)하는 유시(諭示)를 오랫동안 내리고 또 말
하였다.

"경(卿)은 집으로 가 있으면 짐이 끝내 경을 보존할 것이오."

뇌덕양은 굳게 청하기를 그치지 아니하니 임자일(25일)에 지경조관
고과(知京朝官考課)를 파직시키고 이어 봉조청(奉朝請)으로 하면서 특
히 백금(白金) 30량을 하사하여 그 마음을 위로하였다.

---

12 홀은 속칭 수판(手板), 옥판(玉板)이라고 하는데 관원이 조회에 나갈 적에 잡
   고 가는 호형(弧形)의 판(板)이다. 이는 황제를 알현하면서 상주할 내용이나,
   황제의 말을 기록하는 일종의 비망록이다. 이 홀은 관직에 따라서 그 재료가
   달랐으며, 모양은 위가 좁고 아래가 넓었고, 길이는 2척 6촌이었다.

14 요(遼)에서는 남경부부서(南京副部署)이며 해왕(奚王)인 주녕(籌
寧)이 권력에 의지하여 죄 없는 사람인 이호(李浩)를 때려서 죽기에 이
르렀는데, 유사가 의귀(議貴)[13]하여 주녕의 죄를 대속(代贖)해 주기를
청하여 돈을 내어 이호의 집안을 돕게 하자 이를 좇았다.

15 갑인일(27일)에 요(遼)에서는 대동군(大同軍)절도사·동평장정사
인 유경(劉景, 922~988)이 치사(致仕)하였다. 유경은 목종(穆宗)을 섬기

---

13 관원이나 귀족이 누릴 수 있는 법률적인 특권인 8의(議) 가운데 하나이다. 이
   제도는 서주에서 시작하여 위(魏) 명제 때 법률을 정하면서 법전 속에 들어
   가게 되었다. 8의라는 것은 10악(惡) 이외의 사형에 해당하는 것을 제외하고
   는 사법기관이 직접 심리하지 못하고 반드시 먼저 범죄 사실과 해당 인물이
   누릴 수 있는 특권을 황제에게 주청하여 황제가 여러 신하들에게 논의하도록
   하고 그 후에 황제가 결재하였다. 8의란 ①의친(議親, 황제의 친속), ② 의고(議
   故, 황제의 친구), ③의현(議賢, 덕행고상, 언행이 법칙으로 삼을 수 있는 사람), ④
   의능(議能, 군사, 내정, 계획을 잘 짜는 師範적 인물), ⑤의공(議功, 충성스럽고 큰
   공을 세운 사람), ⑥의귀(議貴, 3품 이상 관원과 1품 작위를 가진 인물), ⑦의근(議
   勤, 고급관원 가운데 직분을 다 지킨 사람), ⑧의빈(議賓, 전 왕조 國君의 후예)이
   다.

면서 자주 당언(讜言, 곧은 말)을 올렸고 경종(景宗)도 역시 그의 충실함에 상을 주었는데 자손들은 요에서 드러나게 귀하게 되었다.

16   이달에 이계봉(李繼捧)을 감덕군(感德軍)절도사로 하였다.

17   3월 갑자일(7일)에 조서를 내려서 관리들에게 경계를 하면서 직언(直言)하기를 요구하였다.

18   황제는 일찍이 호부사(戶部使)¹⁴인 이유청(李維淸)¹⁵에게 말하였다.

"짐(朕)이 《가의전(賈誼傳)》을 읽었는데 밤이 되어도 피곤하지 않았소. 가의(賈誼, 기원전 200~기원전 168)는 한(漢) 문제(文帝) 때에 천하가 평화롭게 잘 다스려졌는데도 시사(時事)를 지적하여 논(論)하면서 '크게 탄식하고 통곡한다.'¹⁶고 말하였으니 대개 인주(人主)에게 감동을 주었으며 촉린(觸鱗)¹⁷을 피하지 않았으니 진실로 충신이며 나라의

---

14 호부사라는 관직의 등장은 당 헌종(憲宗) 때의 무원형(武元衡)에게서 보인다. 헌종 원화 2년(807년)에 정월에 재상으로 임명하고 8월에 겸판호부사(兼判戶部事)로 하였는데, 이로써 호부에 관한 일체의 업무를 관장하게 된 것으로 호부사가 등장하였다.

15 《속자치통감장편(續資治通鑑長編)》에는 이유청(李惟淸)으로 되어 있다.

16 《자치통감(資治通鑑)》 권14에 '上疏曰 臣竊惟今之事勢 可爲痛哭者一 可爲流涕者二 可爲長太息者六[상소하여 이르되, 신이 가만히 오늘날의 사세를 생각해 보니 통곡할 만한 일이 하나이고, 눈물을 흘릴 만한 일이 둘이며, 긴 한숨을 쉴 만한 것이 여섯입니다.]이라고 서두를 꺼낸 상소문이 실려 있다.

17 촉용린(觸龍鱗)의 준말로 이 말의 출전은 《한비자(韓非子)》이다. 용린은 거스

대체(大體)를 밝힌 사람이요. 지금 정신 가운데 이와 비슷한 사람이 있소?"

이유청이 말하였다.

"폐하께서 만약에 일을 말하면서 도리에 맞는 사람을 장려하고 발탁하며 바로 기휘하는 것을 알지 못하는 사람이라도 역시 우대하여 용납한다면 가의 같은 사람은 다시 나올 것입니다."

19   추밀부사(樞密副使)인 조창언(趙昌言, ?~1009)이 염철부사인 진상여(陳象輿)와는 두텁게 잘 지냈는데 탁지부사(度支副使)인 동엄(董儼)과 지제고인 호단(胡旦)은 모두 조창언과 같은 해에 과거합격자였으며, 우정언(右正言)인 양호(梁顥, 963~1004)는 일찍이 대명부(大名府)의 막하에 있었다. 그러므로 네 사람은 밤낮으로 조창언의 집에서 모였는데, 경사(京師)에서는 "진(陳, 진상여)은 3경까지이고, 동(董, 동엄)은 밤중까지이다."[18]라고 말하였다. 적마주(翟馬周)[19]가 이미 이방을 소송하여 파직시키자 호단은 더욱 뜻이 얻어서 매번 당시의 정치를 배척하고 비방하면서 스스로 편지를 올려서 스스로를 천거하였으며 잘 알고 지내는 10여 명을 건너뛰며 천거하여 모두가 공보(公輔)의 그릇이라고 하였는데 조창언이 이를 도왔다.

르면 죽는다는 데서 제왕의 뜻을 용린에 비유한 것이다.

18 '陳三更, 董半夜'이라는 말로 '진상여가 모임에 들어오면 3경(밤 12시)까지 모여 있고, 동엄이 있으면 밤중까지이다.'라는 말로 밤중에 늘 모임을 갖는다는 말이다.

19 원래 용서인(傭書人)이었던 적영(翟穎)이 이름을 당대(唐代)의 인물인 마주로 바꿨기 때문에 그 원래의 성과 바꾼 이름을 합쳐서 쓴 것이다.

　사람들은 그의 말씨와 의기(意氣)로 모두 호단이 한 짓이라는 것을 알았다. 이방은 이미 걸려들어 축출되었고 조보가 권력을 잡고 있는데 깊이 이를 아파하였다. 개봉윤인 허왕 조원희가 그 일을 곧게 밝혀서 황제에게 말하고, 마주(馬周)를 체포하여 감옥에 묶어두고 끝까지 이를 처리하니 모두 자복하였다. 황제는 화가 나서 조서를 내려서 장형(杖刑)에 처하고 해도(海島)로 유배를 보냈다. 갑술일(17일)에 조창언에게 책임을 물어 숭신절도(崇信節度)행군사마로 하고 진상여를 복주(復州, 湖北 仙桃)단련부사로, 동엄은 해주(海州, 江蘇省)사호참군(司戸參軍)으로, 호단은 방주(坊州, 陝西省 黃陵縣)사호참군으로, 양호는 괵주(虢州, 河南 靈寶市)사호참군으로 하였다.

　황제는 조창언에게 대우하는 것이 후하였는데, 끝에 가서 그를 재상으로 하고자 하였다. 마침 조보가 훈구(勳舊)로 다시 들어와서 조창언이 강하고 어그러져서 통제하기 어려웠었는데 이를 이용하여 주살하기를 요청하였다. 조창언이 이미 관직이 깎이었는데, 조보는 또 추후의 명령〈사형〉을 시행하기를 요청하였지만 황제가 허락하지 않아서 마침내 중지되었다.

　조보는 처음으로 절도사가 되어서 대각(臺閣, 상서성)에 편지를 보내었는데, 체재(體裁)와 격식(格式)이 모두 신장(申狀)[20]과 같았으니 이를 받은 사람은 반드시 봉함하여 그에게 돌려보냈다.[21] 다만 진상여만

20　공문의 체재와 격식으로 상급사람에게 사실을 진술하는 문서를 말한다.

21　조보라는 훈구대신이 절도사가 된 뒤에 절도사로서 상서성에 있는 관리에게 올리는 편지는 아랫사람이 윗사람에게 보내는 형식을 취하였던 것이다. 그러므로 보통 상서성에 있는 관리로서는 훈구대신의 이러한 편지를 받기가 민망하여 봉함하여 돌려보냈던 것이다. 즉 감히 조보로부터 그러한 편지를 받을

은 물리치지 않으니 조보는 그가 자기에게 태만한 것이라고 생각하였고 그러므로 호단, 양호와 더불어 모두 무거운 견책을 받은 것이다.

20   애초에 후막진리용(侯莫陳利用, ?~988)[22]이 경성에서 약을 팔면서 변환(變幻)하는 술수를 많이 사용하여 여리에 사는 사람들을 현혹시켰다. 추밀승지인 진종신(陳從信, 912~984)이 황제에게 보고를 올리자 그날로 불러서 그 술수를 시험하였는데, 자못 효험이 있어서 바로 전직(殿直)을 수여하고 자주 은혜와 대우를 덧붙여 주었으며 누차 승진하여 진주(陳州, 河南省 周口市)단련사에 이르렀는데 드디어 다시는 두렵거나 꺼리는 것이 없이 방자(放恣)하고 횡행하면서 거처에서 입고 가지고 노는 것은 모두 승여(乘輿)와 궁전(宮殿)의 제도를 참월(僭越)하였다. 그에게 의지하고 붙는 사람은 자못 천거를 받아 채용되니 사군자(士君子)들은 그 무리를 두려워하여 감히 말을 하지 아니하였다. 이에 이르러 조보가 그가 오로지 사람을 죽이고 다른 불법적인 일을 한 것을 깨끗하게 알아내어 황제 앞에서 모두 이를 드러냈다. 마침내 가까이 있는 신하를 파견하여 가서 조사하게 하니 후막진리용이 상황을 갖추어 말하니 을해일(18일)에 조서를 내려서 제명하고 상주(商州, 陝西省 商洛市)로 유배를 보냈으며 거듭하여 그 집을 적몰(籍沒)하였다.

조금 있다가 조서를 내려서 그를 부르니 조보는 그것이 다시 채용하는 것일까 두려워하여 전중승(殿中丞)인 두인(竇諲, ?~693)에게 다시

────────

수 없다는 표시였던 것이다.

22 성이 후막진이다. 북위의 선비족 가운데 한 부락을 후막진(侯莫陳)이라고 불렀는데 이 부락 사람들은 후막진을 성으로 사용하였다.《위서(魏書)》〈관씨지(官氏志)〉에는 '남쪽의 후막진씨는 후에 진(陳)씨로 고쳤다.'는 기록이 있다.

그가 한 불손한 상황을 알리게 하였다. 또 경서(京西)전운사인 송항(宋沆)이 후막진리용의 집을 적몰하면서 편지 수십 통을 얻었는데, 그 말씨가 모두 지척(指斥)하는 것[23]이 아주 해로운 것이어서 모두 보고하였다. 조보가 이어서 황제에게 권고하여 말하였다.

"후막진리용의 죄는 큰 책임을 지워야 하는데 가벼워서 천하 사람들의 바람을 메우지 못하였으며 그를 살려 둔다고 무슨 이로움이 있겠습니까!"

황제가 말하였다.

"어찌 만승을 가진 주군이 한 사람을 비호할 수 없단 말인가?"

조보가 말하였다.

"폐하께서 주살하지 아니하시면 천하의 법을 어지럽히는 것입니다. 법은 애석하다 할 수 있지만 이 한 녀석은 어찌 애석하다 할 만합니까!"

황제는 부득이하여 상주(商州)에서 육시(戮尸)하게 하였다. 이미 그렇게 하고나서 다시 사자를 파견하여 전거(傳車)를 달리게 하여 그의 죽음을 용서하게 하였지만 사자가 신안에 이르렀는데, 말이 진흙 판에서 돌다가 넘어졌다. 진흙탕을 빠져 나와서 말을 바꾸어 상주에 이르렀지만 이미 저자에서 기시(棄市)되었다. 소식을 들은 사람들이 이를 유쾌해했다.

21 여름 4월 을미일(9일)에 요주(遼主)가 남경(南京)에 갔다. 정유일(11일)에 한덕양(韓德讓)이 태후(太后)를 좇아 격국(擊鞠)을 관람하였

---

23 황제에 대한 지적과 배척을 의미하는 것이다.

는데, 호리실(瑚哩實, 胡里實)이 한덕양에게 돌진하여 말에서 떨어뜨리
니 태후가 화를 내고 즉각 명령을 내려서 그를 목 베게 하였다.

22   정해(靜海)절도사[24]인 여환(黎桓)에게 검교태위(檢校太尉)를 덧
붙여 주었다.

23   5월 신유일(5일)에 비각(秘閣)을 숭문원(崇文院)에 두고 세 관(館)
으로 나누어 책 1만여 권으로 그 안을 채웠다. 이부시랑인 이지(李至,
947~1001)에게 비서감(秘書監)을 겸직하도록 명령하고 황제가 이지에
게 말하였다.

"인군(人君)이란 마땅히 담담하고 바라는 것이 없어야 하고 좋아하
는 것을 밖에 형체로 보이게 해서는 안 되니 간사하고 망령된 것이 스
스로 들어오는 일이 없다. 짐은 다른 것을 좋아하는 것이 없지만 그러
나 책 읽기는 좋아하여 고금(古今)의 성패(成敗)를 많이 보아서 좋은
것은 이를 좇고 좋지 않은 것은 이를 고치니 이처럼 할 뿐이다."

이지 등이 전각(殿閣) 아래에서 책을 보고 있으면 황제는 반드시 사
자를 파견하여 연회를 내려주었고, 또 삼관의 학사들에게 명령하여 모

---

24 정해절도사는 또는 정해군절도사라고 하며 간략하게 정해군이라고 하는데,
   당대(唐代)에 설치하여 교주(交州) 등 12개 주를 관리하였으며 지금의 베트
   남 북부이다. 5대10국시기에 후당 장흥(長興) 원년, 남한(南漢) 대유(大有)
   3년(930년) 9월에 남한에 의하여 소멸되었다. 931년에 양정예(楊廷藝)가 군사
   를 인솔하고 남한을 격파시킨 후에 스스로 정해군절도사라고 하였다. 939년
   에 정해절도사인 오권(吳權)이 남한의 절도사 직무를 버리고 스스로 왕을 칭
   하여 베트남 역사상 전오왕으로 불리는데 이로부터 베트남이 독립의 길로 갔
   다. 그 이후 이 시기에는 여환이 권력을 장악하였다.

두 참여하게 하였다.

24   계해일(7일)에 요(遼)에서는 남부재상(南部宰相)인 야율사(耶律沙, ?~988)가 죽었다.

  야율사는 자주 군사를 거느렸는데, 태후(太后)가 일찍이 궤장(几杖)[25]을 하사하여 그가 고령(高齡)인 것을 대우하였는데, 이에 이르러 죽었다.

25   조정에서는 자주 칙서를 가지고 이계천(李繼遷, 963~1004)을 부르는 유시를 하였는데 이계천은 끝내 항복하려 하지 않고 더욱 변경(邊境)에 침입하여 도둑질하였다. 조보가 건의하여 이계봉(李繼捧, 957?~1004)에게 하대(夏臺, 河南 禹州)의 옛 땅을 다시 위탁하여 그를 도모하게 하려고 하였다. 이계봉은 당시에 감덕(感德)절도사였는데 불러서 궁궐에 오게 하고, 임신일(16일)에 정난(定難, 陝西 橫山縣 西北)절도사를 제수하고 나라의 성(姓, 趙)을 하사하고 이름을 고쳐서 보충(保忠)이라고 하면서 관장하고 있는 다섯 주(州)의 전백(錢帛)·추속(芻粟)·전원(田園) 등을 나란히 그에게 하사하였다. 임오일(26일)에 조보충(趙保忠)이 인사를 하고 진(鎮)으로 가는데, 하사한 물건이 아주 후하였으며 우위제이군도우후(右衛第二軍都虞候)인 왕고(王杲)에게 명령하여 그를 호송하게 하였다. 돌아오게 되니 조보충은 토산물을 예물로 주었지만 왕고는 거절하고 받지 않았는데 황제가 이를 알고 백금 100량을

---

25 궤장은 의자와 지팡이를 말하는 것으로 모두 늙은 사람에게 소용되는 것이며 보통은 노인을 공경하는 것을 표시하는 물건이다.

하사하였다.

26 윤달(윤5월) 기축일(4일)에 양주아내도우후(襄州衙內都虞候)인 조승후(趙承煦)를 육택사(六宅使)[26]로 삼았다. 조승후는 조보의 둘째 아들이다. 조보가 다시 들어와 재상이 되었는데 아직 관직을 요구하지 않아서 황제가 특별히 이를 명령한 것이다. 조보는 일찍이 그의 자제들에게 경계하여 말하였다.

"나는 본래 서생인데 우연하게 창성하는 운을 만나 총애를 받는 것이 분수를 넘어서 진실로 마땅히 몸을 국가에 바치었으니 개인 집안의 일은 내가 참여할 것이 없다. 너희들은 마땅히 각기 면려(勉勵)하여 나의 허물을 거듭하지 말라."

근래의 제도로 재상의 아들이 몸을 일으키면 바로 수부원외랑(水部員外郎)을 제수하고 조산계(朝散階)[27]를 덧붙여 주었지만 여몽정(呂蒙正)이 굳게 사양하여 단지 6품 경관(京官)을 주는 것에 그쳤는데, 이로부터 상례(常例)가 되었다.

27 병신일(11일)에 제도(諸道)에 있는 연령이 높은 사람 127명에게 작위를 주어 공사(公士)[28]로 하였다. 진·한(秦·漢) 이후로 다시는 백성

---

26 여러 황제 아들의 집 출납사무를 관리하는 책임자이다.

27 조관(朝官) 산계(散階)를 말한다. 조관은 조정의 관원 혹은 중앙의 관원을 말하며, 산계란 고정적인 업무를 갖지 않은 관원의 품계이다. 관직을 줄 때에 동시에 수여하는 허함(虛銜)을 주는데 이는 영예로 보는 칭호인 것이다.

28 공사는 작위의 이름으로 진(秦)·한(漢)의 20등작 가운데 가장 낮은 작위이다. 송대의 작위명은 ①왕(王, 親王), ②사왕(嗣王), ③군왕(郡王), ④국공(國

들에게 작위를 주지 않았는데 적전(籍田)하는 예(禮)를 치루고부터 처음으로 다시 하사하였다.

公), ⑤군공(郡公), ⑥현공(縣公), ⑦후(侯), ⑧개국군공(開國郡公), ⑨개국군후(開國郡侯), ⑩개국현백(開國縣伯), ⑪개국현자(開國縣子), ⑫개국현남(開國縣男), ⑬공사(公士)로 되어 있다.

요의 공격을 받는 송

28   한림학사·예부시랑인 송백(宋白, 936~1012)을 지공거(知貢擧)로 하니, 진사 정숙(程宿, 971~1000) 이하 28명과 제과(諸科) 100명을 〔합격시킨〕방(榜)을 붙였다. 방이 이미 나갔는데, 비방(誹謗)하는 논의가 벌떼처럼 일어났으며 혹은 등문고(登聞鼓)를 치면서 별도의 시험을 요구하였다. 황제는 속으로 그 중에는 남겨진 인재가 있을 것이라고 생각하고 임인일(17일)에 숭정전(崇政殿)에서 떨어진 사람에게 복시(覆試)를 치러서 진사인 마국상(馬國祥) 이하와 제과 무릇 700명을 얻었다. 추밀부사인 장굉(張宏)에게 말하였다.

"짐(朕)이 친히 공사(貢士)를 선발하여 사람들 가운데 버려진 인재를 없애려는 것이오. 경과 여몽정(呂蒙正) 등이 자못 대신들에게 저지를 받았는데 짐이 홀로 단안을 내리지 않으면 이러한 상황에 이르지 않을 것이오."

장굉이 머리를 조아리고 사과(謝過)하였다.

구(舊) 제도로는 원(院, 貢院)을 걸어 잠그고 좌장고(左藏庫)에서 10만을 주어 비용에 쓰게 하였다. 이 해에 조서를 내려서 상서사부(尚書祠部)의 전(錢)을 지출하는데 그 수를 배로 하는 것으로 고치라고 하였다.

이보다 먼저 개봉부(開封府)에서 발해(發解)[29]하였는데 여러 주(州)에서 하는 제도처럼 하니 모든 개봉부의 관리들이 그 일만을 오로지 하게 되었다. 이번 가을에 개봉부의 일이 복잡하기가 그지없어서 처음으로 별도의 칙령으로 조신(朝臣)들이 이를 주관(主管)하게 하고 명수(名數)를 정하여 끝내고서 개봉부로 보내어 발해하는 것은 격식(格式)대로 하였다.

29   어사중승(御史中丞)이 일찍이 개봉윤인 허왕 조원희를 탄핵하는 상주문을 올리었는데, 조원희가 불평하면서 황제에게 호소하여 말하였다.

"신은 천자의 아들인데 중승을 촉범하였다는 연고로 국문을 당하게 되었으니 원컨대 널리 용서해 주십시오."

황제가 말하였다.

"이것은 조정의 의제(儀制)인데 누가 감히 이를 위반할 것인가! 짐이 만약에 허물을 가지고 있다면 신하라도 오히려 엿보아 지적할 것인데 너는 개봉윤이 되어서 법을 받들지 않을 수 있겠는가?"

법식(法式)대로 벌을 논(論)하였다.

30   6월 초하루 병진일에 우령군위(右領軍衛)대장군인 진정산(陳廷山)이 모반한 것으로 복주되었다.

---

29 당·송시기에 공거(貢擧)에 응시하여 합격한 사람을 선인(選人)이라고 하는데 소재하는 주나 군에서 해송(解送)하여 보내어 경사에 가서 예부(禮部) 회시(會試)에 참가하게 하는 것을 말한다.

31   호남(湖南)을 무안군(武安軍)절도로 하였다.

32   황제는 이미 마국상(馬國祥) 등을 발탁하였지만 오히려 남겨
진 인재가 있을까 걱정하여 다시 우정언(右正言)인 왕세칙(王世則,
963~1008) 등에게 명령을 내려서 진사와 제과에서 떨어진 사람을 불러
서 무성왕묘(武成王廟)에서 거듭 시험을 치러서 합격한 수백 명을 얻
었다. 정축일(22일)에 황상은 시·부(詩·賦)를 다시 시험 쳐서 또 진사인
섭제(葉齊) 이하 31명과 제과에서 89명을 얻어서 나란히 급제(及第)[30]
를 하사하였다.

33   가을 7월 무술일(14일)에 황제가 조보에게 말하였다.
 "경은 나이가 들어서 더위를 만나면 진실로 쉽지 않을 것이오. 지금
부터 장춘전(長春殿)에서 면대(面對)하는 일이 끝나면 의당 바로 사저
로 돌아가서 휴양하고 조금 서늘해지기를 기다려서 마침내 중서성에
와서 일을 보시오."

34   병오일(22일)에 서천(西川, 사천성)에 있는 제주(諸州)에 염금(鹽
禁)[31]을 해제하였다.

35   8월 갑자일(10일)에 선휘남원사(宣徽南院使)인 곽수문(郭守文,

------

30 급제란 차례에 올랐다는 말인데, 과거 시험에 응시하여 선발되었고 이 때문
  에 방(榜)에 이름을 쓰고 갑을병의 차례가 있게 되어 이러한 이름이 생겨난
  것이다.

31 사사로이 소금 제조를 금하는 법령을 말한다.

936~990)을 진주로도부서(鎭州路都部署)에 충임하였다.

36   무인일(24일)에 무승(武勝)절도사인 등왕(鄧王) 전숙(錢俶)이 죽
었는데 조회를 7일간 그만 두고 추가로 진국왕(秦國王)으로 책봉하고
시호를 충의(忠懿)라고 하고 중사(中使)에게 명령하여 상사(常仕)를 감
독하게 하고 낙양(洛陽)에 장사지냈다. 전숙은 태사·상서령겸중서령
을 40년간 맡았고, 원수(元帥)를 35년간 했으며 끝까지 아주 부귀하여
타고난 복은 근래에 비할 사람이 없었다.

37   경진일(26일)에 국자감(國子監)에 행차하여 박사 이각(李覺)에게
조서를 내려서 《주역(周易)》의 태괘(泰卦)[32]를 강의하게 하니 이각이
별도로 앉고 따르는 신하들은 모두 열을 지어 앉았다. 이각이 천지(天
地)가 감응하여 통하고 군신(君臣)이 서로 호응하는 뜻을 설명하니 황
제는 아주 기뻐하며 특별히 백(帛) 100필을 하사하였다.

38   정유일(13일)에 요(遼)에서는 태후가 한덕양의 장막(將幕)에 행
차하여 상과 물자를 후하게 덧붙여 주고 따르는 신하에게 명령하여 두
패로 나누어 쌍육(雙陸)[33]을 하면서 즐기기를 끝까지 하였다.

---

32 《주역》의 태괘는 위에 곤괘(坤卦)가 있고 밑에 건괘(乾卦)가 있는 괘를 말한다.
  이는 아래로 내려가는 성질의 곤(坤, 땅)은 위에서 밑은 내려가려고 하고, 아
  래에 있는 건(乾, 하늘)은 위로 올라가는 성질을 가져서 화합과 안정을 의미하
  기 때문에 태(泰)라고 한 것이다. 태의 형세에서는 각종 변화의 가능성을 가
  지고 있는 괘이다.
33 장기 같은 놀이로 두 사람이 탁상에서 놀이를 하는 것인데, 별도로 악삭(握

39 이달에 봉황(鳳皇)이 광주(廣州) 청원현(淸遠縣, 廣東)에 있는 합환수(合歡樹)[34]에 나타났는데, 나무 아래에 영지(靈芝)[35] 세 그루가 났다.

40 9월 초하루 을유일에 이계륭(李繼隆, 950~1005)을 정주도부서(定州都部署)로 하였다.

41 첨서추밀원사(簽署樞密院事)인 양수일(楊守一, 925~988)이 죽었다. 양수일은 본래 진왕부저(晉王府邸)의 연인(涓人)[36]이었는데 다른 재능은 없고 조정미(趙廷美, 947~984)의 음사(陰事)[37]를 고발하면서 좋은 지위에 이르고 형통하여 현달(顯達)하였다. 태위(太尉)를 증직하였다.

樗)이나 장행(長行) 같은 이름으로도 불린다. 이 놀이는 인도의 바라새의 놀이에 기초하여 조성된 것인데, 하나의 기반에서 서로 같은 수량의 흑백(黑白) 또는 두 종류의 색깔로 된 말[棋子]로 구성되어 있으며, 말은 12개, 혹은 14개, 혹은 15개로 되는 등 여러 가지가 있다.

34 합환수는 낙엽이 지는 교목(喬木)으로 꽃은 융구(絨球, 모직물로 만든 공) 같은데 향기가 사람들을 매혹시킨다. 잎은 홀수인데 해가 지면 합하였다가 해가 뜨면 갈라져서 사람들에게 우호(友好)의 상징으로 인식되었다.

35 만병통치의 약용으로 쓰이는 지초(芝草)를 말한다.

36 궁중에서 청소를 담당하는 사람인데 보통 가까이 있는 내시를 지칭한다.

37 조정미는 태조와 태종의 넷째동생이다. 태종이 등극한 후에 시우석(柴禹錫)의 고발을 받았고 또 조보의 사주를 받은 이부(李符)가 무고하여 서경유수가 되었다가 병부상서 노다손과 연결하려다가 일이 실패하여 방주(房州, 湖北省房縣)에 이르렀다가 압박을 받고 병이 나서 죽었다.

42　정미일(23일)에 비서감인 이지(李至)가 말하였다.

"저작국(著作局)에서 찬술한 종묘(宗廟)와 여러 제사에서 제사를 지내면서 올리는 축문에서 존호를 칭하는 것은 당대(唐代)에는 오직 《개원례(開元禮)》[38]가 있는데, 옛 것을 상고해 보면 예(禮)에 맞지 않는다고 생각됩니다. 청컨대 옛날 전거(典據)를 들어서 종묘에 제사를 지낼 때에는 사황제(嗣皇帝)인 신(臣) 아무개라고 하고 여러 제사에서는 황제라고 칭하십시오."

이를 좇았다.

43　경술일(26일)에 요주(遼主)가 탁주(涿州, 河北省 保定市)에 나아가서 백서(帛書)를 쏘아서 성 안에 있는 사람들에게 항복하기를 유시하였으나 좇지 않았다. 을묘일[39]에 요의 군사가 사면(四面)에서 이를 공격하니 성이 깨지고 마침내 항복하였는데 이어서 그 무리들을 위무하였다. 부마(駙馬)인 소륵덕(蕭勒德, 勤德)·대사(大師)인 소달란(蕭達蘭, 闥覽)이 모두 흐르는 화살에 맞아서 소륵덕[근덕]은 요주(遼主)의 수레

---

38 《개원례》는 당 개원 20년(732년)에 반포된 관찬 예제(禮制) 전문 저작이다. 당 현종 때에 재상인 소숭(蕭嵩)이 봉칙(奉勅)하여 수찬(修撰)한 것으로 되어 있지만 실제로는 장열(張說), 소숭, 왕중구(王仲邱), 서견(徐堅), 이예(李銳), 시경본(施敬本), 가등(賈登), 장선(張烜), 육선경(陸善)과 홍효창(洪孝昌) 등이다.

39 이 을묘일이 9월이어야 하는 것은 이 사건 뒤에 10월 무오일의 사건이 연결되기 때문이다. 그런데 《중국사역일화중서역일대조표(中國史曆日和中西曆日對照表)》(상해 인민출판)에 의하면 이해 9월 경술일은 26일이고, 10월 1일이 갑인일이므로 을묘일은 10월 2일이다. 따라서 을묘일 앞에는 '겨울 10월'이 있어야 하는데, 이것이 뒤로 가서 무오일 앞에 붙어 있으므로 편집상의 착오를 일으킨 것으로 보인다.

에 실려서 돌아갔다. 바로 남쪽 군사들이 물러난다는 소식을 듣고 야율색진(耶律色珍, 斜軫) 등을 파견하여 추격하여 그들을 크게 격파하였다. 겨울 10월 무오일(4일)에 요의 군사가 사퇴역(沙堆驛)을 깨뜨렸다. 경오일(16일)에는 항복한 군사를 나누어 7지휘(指揮)에 배치하고 귀성군(歸聖軍)이라고 불렀다. 행군참모(行軍參謀)인 마득신(馬得臣, ?~989)이 말하였다.

"송의 군사에게 항복하라고 유시하였지만 아마도 끝내 써 먹을 수가 없을까 걱정되니 청컨대 풀어주어 돌려보내십시오."

요주(遼主)가 허락하지 않았다. 신사일(27일)에 해왕인 주녕(籌寧)이 남쪽의 군사를 익진관(益津關, 송·요 분계선에 위치)에서 패배시켰다. 계미일(29일)에 군사를 장성(長城) 입구로 내 보내니 정주(定州, 河北省, 保定市와 石家莊市의 사이)의 수장(守將)인 이흥(李興)이 이를 쳤지만 야율휴격(耶律休格, 休哥)에게 패배하였다.

44   황제가 모시는 신하들에게 말하였다.

"짐은 매번 옛 사람들이 금황(禽荒)[40]의 경계를 생각하는데, 지금부터는 유사(有司)가 때에 맞추어 예를 행하는 것을 제외하고는 다시는 근전(近甸)에서 유렵(遊獵)을 하지 않겠다."

오방(五坊)[41]에 있는 매와 사냥개를 모두 풀어주고 천하에 조서를

---

40 금황(禽荒)이란 수렵에 깊이 미혹되는 것을 말하는데 《상서(尙書)》〈오자지가(五子之歌)〉에서 '內作色荒, 外作禽荒.[안으로는 색에 빠지고 박으로는 사냥에 빠졌다.]'라고 하였고 《국어(國語)》〈월어하(越語下)〉에는 '王其且馳騁弋獵, 無至禽荒.[왕은 말을 달려 사냥을 하였지만 사냥에 빠지지는 않았다]'라는 데서 나온 말이다.

내려서 다시는 와서 헌상하지 말게 하였다.

45 우간의대부인 번지고(樊知古, 943~994)를 하북동·서로도전운사(河北東·西路都轉運使)로 하였다. 도전운사(都轉運使)는 번지고로부터 시작되었다. 번지고는 바로 번약수(樊若水)인데, 황제가 고친 이름이다.

46 11월 초하루 갑신일에 요주(遼主)가 제군(諸軍)에게 명령을 내려서 공격 도구를 준비하게 하였는데 경인일(7일)에 스스로 군사를 거느리고 장성(長城)의 입구를 공격하면서 사방에서 일제히 전진하였다. 〔송의〕 장사(將士)들은 포위를 무너트리고 남쪽으로 달아났는데, 야율색진(耶律色珍)이 그들을 불렀지만 항복하지 않자 요주는 한덕양(韓德讓)과 더불어 그들을 요격(邀擊)하여 목을 베고 붙잡아서 거의 없앴다. 갑오일(11일)에 만성(滿城)을 뽑았다. 무술일(15일)에 기주를 떨어뜨리고 군사를 풀어서 크게 노략질하였다. 기해일(16일)에 신악(新樂)을 뽑았다. 경자일(17일)에 소랑산채(小狼山寨)를 깨뜨렸다.

  요(遼)의 군사가 당하(唐河, 하북 중부)의 북쪽에 도착하니 〔송의〕 제장들은 조서를 좇아서 일을 하려고 하여 성벽을 굳게 하고 들을 깨끗이 하고 더불어 싸우지 않으려 하였는데, 정주(定州)감군인 원계충(袁繼忠, 938~992)이 말하였다.

  "적의 기병이 가까이에 있고 성 안에는 많은 군사를 주둔하고 있으

---

41 오방은 최고 통치자가 사냥과 오락을 즐기기 위하여 매나 사냥개를 얻으려고 설치한 조방(雕坊), 요방(鷂坊), 골방(鶻坊), 응방(鷹坊), 구방(狗坊)을 말한다.

면서 목을 베어 없앨 수 없다면 멀리 말을 달려 깊이 들어갈 것인데, 어
찌 잘라 충격을 주어 모욕을 막는데 쓰겠는가! 내가 곧 자신이 사졸의
앞에 나아가서 적에게 죽을 것이다!"

말씨와 기세가 강개(忼慨)하니 무리들이 모두 복종하였다. 중황문
(中黃門)인 임연수(林延壽) 등 다섯 명이 조서(詔書)를 잡고서 이를 중
지시키자 도부서인 이계륭(李繼隆, 950~1005)이 말하였다.

"곤외(閫外, 조정의 밖, 변방)의 일은 장수가 오로지 할 수 있다. 왕년
에 하간(河間, 河北省 滄州市)에서 바로 죽지 않은 것[42]은 진실로 장차
국가에 보답할 일이 있어서이다."

마침내 원계충과 더불어 군사를 내어 항거하며 싸웠다.

이보다 먼저 역주(易州)의 정새(靜塞)에 있는 기병(騎兵)은 특히 날
래고 과감하였는데, 이계륭이 가져다가 자기 휘하에 예속시키면서 그
들의 처자를 성 안에 머물러 있게 하였다. 원계충이 이계륭에게 말하였
다.

"이 정예의 병졸이 단지 성을 지킬 수 있는 것에 그치게 하였는데 만
일에 구적(寇賊)이 이르게 되면 성 안에서 누가 더불어 적을 막을 것인
가!"

이계륭이 좇지 않았다. 이미 그렇게 하였는데 과연 요의 군사가 이
르렀고, 역주는 드디어 함락되었으며 병졸들의 처자는 모두 노략되었
다. 이계륭이 병졸을 나누어 제군(諸軍)에 예속시키려고 하니 원계충
이 말하였다.

---

42 지난 태종 옹희 3년(986년) 12월에 요의 야율휴격이 남하해서 이경원이 전사
   할 때에 창주도부서인 이계륭이 실기(失期)하여 이를 구하지 못한 것을 말하
   며 이는 《속자치통감》 권13에 실려 있다.

"아니 된다. 그러나 상주하여 그 군사의 명수(名數)를 올려주고 늠급(廩給)을 우대하여 그들로 하여금 절개(節槪)를 다하도록 하면 좋을 것이다."

이계륭이 그 말을 좇으니 무리들이 모두 감격하여 기뻐하여 이계륭은 이어서 자기 예하에 예속시키기를 빌었다. 이에 이르러 먼저 들어온 사람들의 예봉을 꺾으니 요의 군사들은 크게 붕궤되었고 추격하여 조하(曹河)에 이르렀다. 승리가 보고되니 새서(璽書)를 내려서 상으로 답을 내리었는데, 하사하여 준 것이 아주 넉넉하였다.

47   12월 신미일(18일)에 이계천을 은주(銀州, 陝西路)자사로 하여 낙원사(洛苑使)에 충임하였다.

비판 받는 대요 정책

48　국자박사인 이각(李覺, 947~993)이 말씀을 올렸다.

"무릇 기북(冀北, 河北省)·연(燕, 河北省 北部一帶)·대(代, 山西 代縣)
는 말이 생산되는 곳입니다. 적을 제압하는 쓰임에는 실제로 기병(騎
兵)을 자산으로 하는 것이 급합니다. 논의하는 사람들은 나라에 말을
많게 하려고 하면 변방에 있는 사람들에게 이로움을 먹여서 거듭 통역
하게 하여 이르게 해야 한다고 여깁니다. 그러나 말을 사들이는 비용은
해마다 늘어나지만 구목(廐牧)하는 숫자는 증가 되지 않는 것은 대개
그 생식하는 이치를 잃은 것입니다. 또 변방의 사람들은 축목(畜牧)을
하면서 이리저리 돌고 옮기면서 말을 달려 물과 풀을 쫓아다닙니다. 날
뛰는 망아지와 노니는 암말은 그 물성(物性)에 순응하니 이러므로 점
점 번식하여 많아집니다. 시장에 팔려고 하는 말에 이르러서 중국에 오
게 되면 붙잡아 매어서 마른 풀을 사료로 하며 암·수말을 떼어 놓고 그
가 생성(生成)하는 것을 통제하며 검고 누렇게 병이 들고 이어서 줄어
들고 소모되니 의당 그러한 것입니다.

지금 군대의 대오 가운데는 암말이 아주 많은데도 불어나는 숫자가
특히 적은 것은 무엇 때문입니까? 모두가 말하기를 관부(官府)에서 공

급하는 사료(飼料)의 비용이 충분하지가 않고 또 말이 많은 새끼를 낳으면 연약해 지고, 수말은 먹을 수 있게 한다면 그 추속(芻粟, 꼴과 사료)을 침해하게 되고 말의 어미는 더욱 마르게 되어 말을 기르는 병졸은 죄를 짓게 되지만 이로운 것은 없으니 이 때문에 수말이 탄생하면 마침내 내몰아서 재 냄새를 맡게 해서 죽게 합니다.

그 뒤로 관사(官司)에서는 이 해충이 있다는 것을 알게 되서, 이에 논의하면서 말을 기르는 병졸에게 이르게 되어 헤아려서 상으로 민전(緡錢)을 주지만, 그 하사(下賜)한 것이 거의 없는 것과 같아서 오히려 앞의 폐단을 익힙니다. 지금 가만히 국가가 사들이는 변경(邊境)의 말을 헤아려보면 값이 적은 것은 한 필에 2만을 밑돌지 않고, 왕래하며 지급하여 사여(賜與)하는 것은 다시 숫자 밖에 있으니, 이는 변방 지역에서 비싸게 사가지고 중국에서는 싸게 내버리는 것이어서 이치에 맞지 않는 것입니다.

국가에서 설사 암말을 별도로 골라서 구분하여 기를 겨를이 없다고 하더라도 의당 또한 말을 사들이는 값을 줄여서 반으로 하고 이를 말을 기르는 병졸에게 하사하여 월급(月給)을 늘려주면서 그 후에 말을 납부하기를 기다려서 바로 중지한다면 재화(財貨)는 나라 밖으로 나가지 않고도 말은 번성합니다. 대체적으로 암말은 2만으로 하고 수말은 그 반을 수입하면 역시 1년에 1만 필을 얻을 수 있는데, 하물며 다시 암말이 또 수말을 낳은 것이니 십수 년이면 말은 반드시 배가 됩니다.

옛날에 의돈(猗頓)[43]은 궁색한 선비였는데 도주공(陶朱公)[44]이 다

---

43 전국시대의 대상인으로 그는 하동의 염지(鹽池)를 경영하여 거부가 되었다.

44 범려(范蠡, 기원전 536~기원전 448)를 말한다. 그의 자는 소백이고 다른 이름

섯 마리의 암컷을 기르는 방법을 가르치자 마침내 서하에 가서 의지의
남쪽에 소와 양을 크게 길렀으며 10년 사이에 그 증식된 것은 계산할
수 없었는데 하물며 천하의 말을 생산함에 있어서이겠습니까!”

　황제가 이를 보고 가상하게 생각하였다.

49　저작랑(著作郞)·직사관(直史館)인 나처약(羅處約, 958~990)이 상
소문을 올렸다.

　“가만히 듣건대 중서문하성(中書門下省)에서 말하기를 삼사(三司)
가운데 다시 판관(判官) 12명을 두어서 그 직책을 겸하여 관장하게 하
면서 각기 그 국(局, 분야)을 관장하게 한다고 합니다. 신이 엎드려 보건
대 삼사의 제도는 옛 것이 아니며 대개 당조(唐朝) 중엽 이후에 병사(兵
事)와 침구(侵寇)가 이어지자 부조(賦調)와 관각(管榷, 專賣)으로 나가
는 바가 되니 그러므로 상서성에서 삼사를 나누어 이를 관장하게 하였
습니다.

　그러나 해로움과 폐단이 서로 이어진 것이 오래 되었습니다. 신이
살펴보니 상서도성(尙書都省, 상서성)의 옛 일로 회복시키는 것만 같
지 못한데, 그 상서승(尙書丞)·랑(郞)·정랑(正郞)·원외랑(員外郞)·주
사(主事)·령사(令史) 같은 무리들은 청컨대 6전(六典)[45]의 옛날 의례
에 의거하고 오늘날 삼사의 전도(錢刀)·속(粟)·백(帛)·관각(管榷)·탁

────────

으로 치이자피(鴟夷子皮) 혹은 도주공(陶朱公)이라고 불리는데, 상업을 경영
하여 부자가 되었으며 후대에 장사하는 사람들은 재신(財神)으로 섬기고 있
다. 이 내용은 《월절서(越絶書)》와 《오월춘추(吳越春秋)》에 보인다.
45 고대에 여섯 방면의 나라를 통치하는 방법을 말하는데 여기에는 치전(治典),
교전(敎典), 예전(禮典), 정전(政典), 형전(刑典), 사전(事典)이 있다.

지(度支)의 업무는 고루 24사(司)에 있습니다. 이와 같으니 각기 해당 관사(官司)가 있어서 그 일을 모아 책임지울 수 있습니다. 지금은 창부(倉部)·금부(金部)가 어찌 저름(儲廩)·탕장(帑藏)이 차 있는지 비어 있는지를 알겠으며, 사전(司田)·사천(司川)에서 누가 둔역(屯役)·하거(河渠)가 멀고 가까운지를 알 수 있겠습니까!

이름은 있지만 사실이 없으며 습관이 쌓여서 일상적인 것으로 생겨났으니 퇴안영기(堆案盈幾)[46]하는 서적은 어찌 일찍이 살펴 볼 수 있겠습니까! 만약에 다시 삼사 안에 요속(僚屬)들을 나누어 둔다면 더욱 그 본래의 근원을 잃을 것입니다."

50 이 해에 소부감(小府監)이 말씀을 올렸다.

"본 감(監)의 배역인(配役人)[47]인 곽면(郭冕) 등은 모두 경조관(京朝官)을 맡았었는데 사면령을 만났으니 청컨대 서용(敍用)하십시오."

황제가 말하였다.

"이들은 모두 뇌물죄를 지었으니 단지 거작(居作, 力役)을 면제해 줄 수는 있지만 다시 조관(朝官)의 대열에 나란히 할 수는 없다."

51 요(遼)에서는 처음으로 공거(貢擧)를 실시하여 고제(高第, 제일 높은 등급) 한 명을 방방(放榜)하였다.

---

46 처리할 문건이 책상 위에 가득 쌓여 있는 것을 말하는데, 일반적으로 서적이나 문자로 된 재료가 대단히 많은 것을 의미한다. 이 말의 출처는 위진(魏晉)시대에 혜강(嵇康)의 《여산거원절교서(與山巨源絶交書)》이다.

47 죄를 짓고 관부에 배속되어 역역(力役)에 종사하는 사람을 말한다.

태종 단공 2년(기축, 989년)**[48]**

1   봄, 정월 계사일(11일)에 문무(文武)의 여러 신하들에게 조서를 내려서 각기 변방을 대비할 계책을 진술하게 하였다.

2   이날 요주(遼主)는 제군(諸軍)에게 유시하여 역주(易州, 河北省 中部)로 달려가게 하여 계묘일(21일)에 성을 공격하였다. 〔송은〕 만성(滿城)에 있는 군사를 내어 와서 원조하였는데, 요(遼)의 철림군(鐵林軍)**[49]**이 쳐서 물리쳤는데 지휘사(指揮使)로 사로잡힌 사람이 다섯 명이었다. 갑진일(22일)에 요의 군사가 일제히 나아가니 동경기장(東京騎將)인 하정현(夏貞顯)의 아들 하선수(夏仙壽)가 먼저 올라가자 역주는 드디어 깨졌고 자사인 유지(劉墀)는 요에 항복하였다. 수비(守陴, 성가퀴 방위)하던 장사(將士)들은 남쪽으로 달아나고 요주는 군사를 인솔하고 그들을 맞으니 벗어날 수 있는 사람은 없었다. 바로 마질(馬質)을 자사로 삼고 조질(趙質)을 병마도감으로 삼았으며 역주의 군민(軍民)을 연경(燕京)으로 옮기고 하선수에게 고주(高州, 內蒙古 赤峰市 東北)자사를 제수하였다. 을사일(23일)에 요주(遼主)가 역주의 오화루(五花樓)에 올라가서 병사와 서민들에게 위무하는 유시를 하였다.**[50]**

---

48 요(遼)의 성종(聖宗) 통화(統和) 7년이다.

49 중갑(重甲)기병부대를 말하는 것으로 이는 네 종류가 있는데, 완전한 마구(馬具)·마갑(馬甲)장비·기병의 개갑(鎧甲)·전투병기(戰鬪兵器)로 무장되어 있으며, 요·송(遼·宋) 전쟁시기에 나타났다.

50 송이 역주에서 패배한 사건은 《송사(宋史)》에는 실려 있지 않고, 《자치통감장편》에도 실려 있지 않다. 그런데 《요사》에는 기록되었기 때문에 《속자치통감》

3   호부랑중인 장계(張泊, 934~997)가 주문(奏文)을 올려서 말하였다.

"유·계(幽·薊)에서 군사 활동을 하면서부터 여기까지 여러 해가 쌓였는데 그 연고는 무엇입니까? 대개 중국(中國, 중원지역에 있는 나라 즉 宋)은 지세(地勢)의 이로움을 잃었고, 군사력을 분산되었는데 장수는 중앙(中央, 조정)에서 통제하며 병사들이 명령을 다 사용하지 않는 연고입니다.

중국이 믿는 것은 험한 지형뿐입니다. 삭방(朔方, 북방)에 있는 요새의 남쪽은 지형이 거듭하여 험하고 깊은 산과 큰 골짜기가 만 리에 이어져 있어서 하늘과 땅이 안팎을 한계 짓고 있습니다. 지금 비호(飛狐)⁵¹로부터 그 동쪽은 관문(關門)이 거듭하여 있고 고개도 중복되어 있으며 요새(要塞)의 담장은 크고 험한데 모두가 거란(契丹)이 가지고 있으며 연·계(燕·薊) 이남은 평평한 땅이 천 리에 이어져 있고, 이름난 산과 큰 하천의 장애물이 없으니 이는 지세의 이로움을 잃고 중국을 곤란하게 하는 것입니다.

국가가 통제하고 어거하는 길⁵²은 이로움과 해로움을 살펴 관찰하여 만 가지가 다 안전한 계략을 채택해야 합니다. 지금 하삭(河朔)⁵³에

에는 이를 기록한 것이다.

51 태행산맥에 있는 8개의 관문 가운데 하나이며 바로 비호관(飛狐關)이다. 이는 하북의 울현(蔚縣)의 동남쪽과 내원현(淶源縣)이 교차하는 경계 지역에 있는데 하북 평원에서 북방의 변경으로 통하는 목구멍에 해당하는 곳이다.

52 여기서 대요(對遼) 정책을 말하고 있기 때문에 적, 즉 요(遼)를 통제하고 마음대로 주무를 수 있는 길을 말한다.

53 황하의 이북 지역을 말하는데, 대체적으로 산서, 하북과 산동의 일부 지역을 말한다. 한(漢) 이후로는 기주(冀州) 즉 황하의 중하류 지역을 가리킨다.

있는 군과 현은 성벽이 늘어져 있어서 서로 바라보고 있는데, 조정에서는 성읍이 크고 작은 것을 가리지 아니하고 모두 해자를 준설하고 보루를 쌓고 군사를 나누어 지키게 합니다. 적(敵)의 기병이 남쪽으로 달려서 멀리까지 달려서 깊이 들어오면 모두가 성에서 농성을 하면서 스스로 굳게 지키면서 감히 나가서 싸우지 않으니 적들은 돗자리를 깐 듯 스스로 만족하면서 연·조(燕·趙)지역을 들락거리는데 마치 사람이 안사는 지역을 밟는 것 같습니다.

그들이 이로운 것 때문에 편리한 것을 타고서 성벽을 공격하여 빼앗는데 국가에서는 일찍이 한 읍의 무리들을 가지고 적들의 한 나라의 군사와 더불어 하니 이미 많고 적음에서 같지 않아서 역시 패하여 망하는 것이 서로 이어졌습니다. 그 까닭은 다른 것이 없고 대개 군사를 나누었던 허물입니다.

신이 청컨대 하삭(河朔)의 병사를 모두 모아서 변경에 이어져 있는 곳에 세 개의 커다란 진(鎭)을 건설하고 각기 10만 명의 무리를 통합하여 솥의 세 발처럼 걸터앉아 지키면서 이어서 옛날 성을 둘러싸고서는 널리 새로운 성채(城砦)를 만들고 사마(士馬)로 하여금 들락거리기에 편하게 하십시오. 그런 다음에 봉화(烽火)를 늘어놓고 아침저녁으로 살피는 것을 부지런히 하며 정예(精銳)의 기병을 선발하여 정탐(偵探)하고 보고하는 군사로 삼으면 천 리나 되는 먼 곳도 마치 손 안에서 보는 듯 하여 적의 동정(動靜)은 우리가 반드시 먼저 알게 됩니다.

이어서 친왕(親王)에게 명령하여 나아가서 위부(魏府, 河北 大名縣)에 다가가게 하여 하삭(河朔)의 요해처를 잡아당겨서 전군(前軍) 후방의 병풍으로 삼으십시오. 나머지 군현은 성 안에서 정장(丁壯)을 선발하여 창과 갑옷을 주고 관군(官軍)이 통섭하게 하여 성을 지키게 합니다. 세 진(鎭)이 나누어 우뚝 서있으면 숨어 있는 것이 장성(長城) 같고, 대군(大軍)은 구름처럼 주둔하고서 연·조(燕·趙)지역을 호랑이처럼 살펴보면 신은 거란이 비록 정예의 무기와 갑옷을 가졌다고 하여도 끝내 30만 명의 무리를 넘어서 남쪽으로 패기(貝, 河北 淸河西·冀, 河北省 衡水市)에 침입하지 않을 것이라고 알고 있습니다.

《군지(軍志)》[54]에서 말하기를, '무릇 적(敵)에게 다가가면서 법령(法令)이 분명하지 않고 상을 주고 벌을 내리는 것을 믿지 않으며 북소리를 듣고 나아가지 않고 쇠 소리를 듣고서 중지하지 않는다면 비록 100만 명의 군사를 가지고 있다고 하여도 써 먹는데 무슨 이로움이 있겠는가!'라고 하였습니다. 또 이르기를 '장수는 중앙에서 통제하고 병사는 날카로운 사람을 뽑지 않았다면 반드시 패한다.'고 하였습니다. 신은 얼마 전에 탁주에서의 전투에 관하여 이야기를 들었는데, 원융(元戎, 主將)은 장교들의 능력이 있는지 여부를 모르고 장교는 삼군 가운데 용감한 사람과 겁먹은 사람을 알지 못하고 각기 서로 관할(管轄)하지 않으면서 겸손하고 삼가는 것으로 자임(自任)하며 아직 상을 주어 효과 있게 쓰인 것과 명령을 배반한 사람을 죽였다는 말을 듣지 못하였습니다.

《군지》에서 말하였습니다. '강노(強弩)가 멀리 가지 않으면 짧은 무기와 같다. 활은 쏘아도 맞지 않으면 화살이 없는 것과 같다. 맞아도 들어가지 않으면 화살촉이 없는 것과 같다.' 신이 최근에 듣기로는 탁주

---

54 《군지》는 아주 오래된 병서로 이미 일찍이 산일되었다. 그러나 이 책이 완성된 뒤에는 많은 사람들이 이를 인용하였는데, 좌구명의 《춘추좌전(春秋左傳)》, 삼국시대 사마의, 당 초기의 군사전문가 이정 같은 사람들이 그들의 군사관련 저작 속에 이 내용을 인용하고 있다.

의 싸움에서 적들이 아직 도착하지 않았는데 만 개의 강노(强弩)가 일제히 발사되었고, 적의 기병이 이미 돌아갔는데, 화살이 산처럼 쌓였다고 합니다. 이에 과극(戈戟)과 도검(刀劍)은 그 쓰인 것이 모두 그러함을 알겠으며, 이는 천병(天兵, 천자의 변사, 즉 송의 군대)을 몰아서 빈주먹을 휘둘러서 강한 적을 상대하는 것입니다.

《군지》에서 '삼군(三軍, 군대의 총칭)의 이목(耳目)은 우리의 깃발과 북이다.'라고 말하였습니다. 신이 최근에 듣기로는 탁주(涿州)의 전투에서 진지(陣地)의 전장(戰場)이 이미 포진(布陣)되었는데, 어떤 사람은 병장기(兵仗器)를 가지려고 찾고 어떤 사람은 부대(部隊)를 옮겨가며 수많은 사람들이 전하고 부르는데 시끄러운 소리가 비등(沸騰)하여 마침내 수레가 혼란에 빠지고 놀라며 먼지가 일어나 갈 곳을 알지 못하여서 시석(矢石)은 아직 교차되지 않았는데, 기정(奇正)[55]은 먼저 혼란에 빠졌다고 합니다. 군정(軍政)이 이와 같은데 누가 패망하는 것을 구하겠습니까!

《군지》에서 '무릇 군사를 내 보내어 진지에 다가가서는 한 지아비가 명령을 사용하지 아니하면 그 지아비를 목 베고, 한 장교가 명령을 좇지 않으면 그 장교를 목 베며, 한 부대가 명령을 듣지 않으면 그 한 부대를 목 베라.'고 하였습니다. 옛날에 사마양저(司馬穰苴, 춘추시대 장

---

55 기(奇)란 《손자병법》에서 나오는 기(奇)로 특이한 방법을 내어서 승리한다는 의미로 정상적이지 않는 생각과 방법을 말하는 것이고, 정(正)은 정확하게 처리한다는 의미이다. 기정(奇正)은 강유(剛柔), 공방(攻防), 피기(彼己), 허실(虛實), 주객(主客)이라는 상호 대립적 관계에 있는 것과 마찬가지로 상호간에 생각이 바뀌면서 일을 풀어나가는 것을 말한다. 여기서는 기이한 방법을 쓸 것인가 정상적 방법을 쓸 것인가를 결정하는 것을 말한다.

군)가 장가(莊賈, ?~기원전 208)를 살육하고 위강(魏絳, ?~기원전 522)
은 양간(揚幹)을 죽였으며, 제갈량(諸葛亮, 181~234)은 마속(馬謖, 190~
228)을 주살하였고, 이광필(李光弼, 708~764)은 최중(崔衆)을 참수하였
으니 모두 엄한 형벌을 들어 올릴 수 있고서야 바야흐로 큰 방략을 이
루었습니다. 신이 청하건대 폐하께서 원수에게 명령을 내리시어서 비
장 이하로 명령을 어기고 범하는 사람이 있으면 나란히 군법으로 일을
처리하게 하십시오. 그리고 적의 장교들을 죽이고 얻은 안마와 재화 같
은 것들은 모두 그에게 주시어서 이어서 우대함을 덧붙여주시고 물자
를 하사하십시오. 엄한 형벌을 시행하여 그 명령을 집행하시고, 무거운
상을 가지고 그 마음을 유혹하여 쇠를 울리고 북을 쳐서 나아가고 물러
나는 마땅함을 보이시며, 3령(令) 5신(申)의 신호[56]를 근엄하게 하시어
장군이 중앙의 제어를 받지 않게 되니 무리들이 향하는 방향을 알게 하
여 위대한 송나라의 하늘이 보내는 소리를 진동하게 할 수 없는 것은 아
직 없을 것입니다!

또 변방에 이어 있는 군현에서는 오랫동안 불타고 노략질 되었으니

---

56 3령 5신이란 군사기율을 가리키는 말로 지휘자가 명령하고 경고하는 것을 말
한다. 즉 세 가지의 명령과 다섯 가지의 신칙(申飭)을 말하는 것이다. 3령 가
운데 첫 번째는 적(敵)의 꾀를 보고 도로의 편리성을 보며, 살 곳인지 죽을 곳
인지를 아는 것이고, 두 번째의 명령은 금고(金鼓)를 듣고, 정기(旌旗)를 살피
어서 그들의 이목(耳目)을 가지런히 하는 것이고, 세 번째의 명령은 도끼를 들
어서 형벌과 상을 선포하는 것이다. 다섯 가지의 신칙이란 첫째로 상벌(賞罰)
를 펼쳐보여서 그 마음을 하나로 하는 것이고, 두 번째로는 나뉘는 것과 합하
는 것을 보아서 그 길을 하나로 하는 것이며, 세 번째로는 전진(戰陣)과 정기
(旌旗)를 그리는 것이고, 네 번째로는 밤중의 전투에서는 불과 북소리를 듣는
것이며, 다섯 번째로는 명령을 들으면서 공손하지 않으면 그에게 도끼를 보이
는 것이다.

신(臣)이 빌건대 폐하께서 가을과 여름의 양세(兩稅)를 풀어 모두 면제하여 주시고 곧바로 일이 편안해지는 날을 기다려서 바야흐로 옛날 관례를 이어주십시오. 조정에서 잃어버린 조부는 호망(毫芒, 터럭만큼 작고 가는 것)에 이르지 못하고 또 적들을 막아 내는 유혹하는 지모(智謀)를 가지고 일반 서민(庶民)들이 안무(按撫)하고 품어주는 바람을 위로하여 주십시오.

전 시대의 역사책에 이러한 말이 있습니다. '성인은 천하를 가지고 도량(度量)을 삼고, 사사로운 노여움을 가지고 공적인 의로움을 상하게 하지 않는다.'[57] 이번 병사(兵事) 문제가 이어져서 화가 맺어졌는데, 마땅히 권도(權道)를 가지고 구제(救濟)하여 사용해야 하니 청컨대 폐하께서 또한 조금만 지극히 높으신 것을 억제하시어 화평에 통하는 정책을 거행하시는데, 저쪽에서 만약에 어진 데로 돌아와서 과거를 후회하며 큰 나라 사이에 환영하는 맹약을 받들어 우호관계를 맺어 백성들을 쉬게 하고 우현(宇縣, 천하)을 편안하게 하는 것이 진실로 방가(邦家, 국가)의 바람입니다. 만약에 적들이 만족할 줄 모르고 탐욕과 잔포(殘暴)한 짓에 힘쓰며 큰 나라의 명령을 굽게 하여 좇지 않는다면 굽은 것은 실제로 저쪽에 있는 것이니 우리가 또 무슨 허물이겠습니까? 신이 알기로는 규위(閨闈, 內室)에 있는 부녀라도 역시 마땅히 폐하를 위하여 과극(戈戟, 창)을 짊어지고 잡고서 싸움터에서 효사(效死, 목숨을 돌아보지 않는 것)할 것인데 하물며 6군(軍)에 있는 사람이겠습니까!"

---

57 이와 비슷한 말은《한서》에 있지만 정확하게 일치하는 것은《자치통감》권18, 무제 원광(元光) 2년에 왕회(王恢)가 한 말 가운데 들어 있다.

송·요 전쟁 후의 모습들

4 우정언·직사관인 왕우칭(王禹偁, 954~1001)이 주문을 올려서 말
하였다.

"변방에 대한 대비책은 밖으로 그에 적당한 사람에게 맡기고 안으로
는 그 덕을 닦는데 있습니다. 밖이라고 하는 것은 첫째로 군사 세력의
걱정거리가 합쳐지지 않는데 있고, 장수인 신하의 걱정거리는 권한이
없는데 있습니다. 청컨대 변방에 이어져 있는 요해처에는 삼군으로 그
곳을 대비하게 하시는데, 당(唐)의 수항성(受降城)[58]과 같은 것입니다.
만약에 국가에 군사가 30만 명이 있다고 한다면 매 군(軍)마다 10만 명
일 것이니 서로 구해주고 원조하여 주게 하여 책임을 지워 성공하게
하고 공로를 세운 사람에게 상을 주고 공로를 세우지 못한 사람을 주
살할 것을 밝힙니다.

---

58 하투(河套, 오르도스)지역의 북방에 위치한 당대(唐代)의 수항성은 천덕군(天
   德軍)과 진무군(振武軍)에 나뉘어 예속되어 있었다. 이 성은 명칭으로는 돌궐
   사람들의 항복을 받으려는 것처럼 되어 있지만 실제로는 하투지역에 대한 방
   어체계의 일환으로 만들었으며 여로 기능, 예컨대 군정(軍政)·교통(交通)·경
   제의 중심지 역할을 하면서 주변 지역의 개간을 통하여 군량과 경비의 일부
   를 해결하고자 한 것이었다.

둘째로는 변방을 정탐(偵探)하며 순라(巡邏)를 도는 일에서는 소인 (小人)인 신하를 채용하는 것을 버리는 것입니다.[59] 소인인 신하는 비 록 군주를 아낀다는 명목을 가지고 있으나 군주를 아끼는 실제를 갖고 있지 않은데, 변방에 있는 강역(疆域)이 도탄에 빠졌다고 하여도 모두 상주하지 아니하고 변방에 사는 백성들이 애달프고 고생하여도 모두 말하지 않습니다. 진실로 오래된 신하로 높은 관직에 있는 사람을 채용 하시어서 왕래하며 펼쳐서 위무하면서 온화한 안색을 내려 주시고 모 든 마음을 숨김이 없게 하신다면 변방의 업무는 해결될 것입니다.

세 번째로는 간첩(間諜)을 운영하여 그들[적]을 떼어 놓고 틈새를 이 용하여 그것을 빼앗습니다. 신이 바람결에 듣건대 거란에서는 부인이 정치[60]를 하고 있어서 사람들이 마음으로 복종하지 않는다고 합니다. 의당 두터운 이익을 덜어내어 그 부족의 우두머리에게 먹여서 그들의 마음을 흐트러지게 해야 합니다.

네 번째로는 변방에 사는 사람들이 서로 공격을 하게 하는 것이 중 국(中國)의 이로움입니다. 지금 국가는 서쪽으로 조보충(趙保忠)·절어 경(折御卿, 958~995)을 나라의 심복으로 가지고 있으니 의당 두 장수에 게 칙령을 내리시어 인(麟, 四川省 若爾盖縣)·부(府, 陝西省 楡林市 府谷

---

59 이 번역의 저본으로 삼고 있는 대만 세계서국(世界書局) 판본에는 이 부분에 서 '二曰偵邏邊事, 能(罷)用小臣'라고 되어 있다. 그 까닭에 이 번역에서는 앞뒤의 상황으로 보아서 '能'은 '罷'의 잘못으로 보고 '罷'를 옳은 것으로 생각 하고 해석하였다.

60 성종(聖宗)의 모후인 소작(蕭綽)을 말하는 것이다. 성종(聖宗)이 열 살 때에 즉위하면서 태후인 소작이 임정칭제(臨政稱制)하였는데 이때에 요 성종의 나 이는 열일곱 살이 되었지만 여전히 소태후가 권력을 장악하고 있었다.

縣)·은(銀, 陝西省 橫山縣)·하(夏, 陝西省 靖邊縣 北白城子)·수(綏, 陝西省 綏德縣)의 다섯 주(州)를 인솔하고 그 기각(掎角)⁶¹을 잡아당기면서 겉으로는 곧바로 승주를 빼앗는다고 한다면 거란은 두려워하여 북쪽을 보위할 것입니다.

　다섯 번째로는 애통(哀痛)하는 조서를 내리시어서 변방에 사는 백성들을 감격하게 하십시오. 근년에 연계를 조벌(弔伐)⁶²한 것은 대개 본래는 한인(漢人)들의 강역이어서 진실로 마땅히 수복하여야 하는 것이지만 변방에 사는 백성들은 성스러운 뜻을 알지 못하고 모두가 그 토지를 욕심내어서 거란 사람들이 남쪽에서 목민하게 만들었다고 생각합니다. 폐하께서는 의당 애통하는 조서를 내리어서 변방에 사는 백성들에게 고유(告諭)하여 하나의 수급을 얻는 사람에게는 백(帛)을 하사하고 말 한 필을 얻는 사람에게는 그 값을 돌려주며 부수(部帥)를 얻는 사람에게는 산관(散官)을 준다고 하십시오. 이와 같이 한다면 사람들은 그 용기를 백배하고 병사들은 그 마음을 하나로 할 것입니다.

　안에 있는 것은 관리를 살피고 뽑아 올리는 것을 신중히 하며 대신을 믿고 쓰며 놀고 게으른 것을 금지하는 것입니다. 바라건대 폐하께서 승니(僧尼)가 되는 것을 적게 하시고, 사관(寺觀)을 높이는 것을 적

61　기(掎)란 잡아끄는 것이어서 넓적다리를 잡아당기는 것이고, 각(角)은 뿔을 잡아당기는 것이므로 적을 협격(挾擊)하는 것이다.

62　조민벌죄(弔民伐罪)의 준말로, 악정의 고통 속에서 부모형제가 죽은 백성들에게 조문하고, 죄 지은 사람을 치는 것을 말하는 것으로 군사적 행동의 정당성을 주장하는 말이다. 이 말은 예컨대 은의 탕(湯)이 하걸(夏桀)을 치거나, 주 무왕(周武王)이 은주(殷紂)를 친 것을 말하는데, 어디까지나 공격의 정당성을 내세우기 위한 것이었다.

게 하시며, 풍속을 권고하고 농사에 힘쓰게 한다면 사람들의 힘은 강하게 되고 변방은 충실하게 쓰일 것입니다. 만약에 밖에서 군용물자의 운반으로 수고롭게 하면서 안에서는 놀고 게으른 것으로 소모한다면 사람들의 힘은 날로 줄어들고 변방에서 쓸 것은 많아질 것인데, 불행하게 장마가 들거나 한재가 들게 된다면 구적(寇賊)은 밖에 있는 것이 아니라 안에 있을 것입니다. 오직 폐하께서 깊이 이를 계산하십시오."

황제가 상주문을 보고 깊이 탄복하고 상을 주었으며 재상인 조보도 더욱 그를 그릇으로 생각하였다.

5   지제고인 전석(田錫, 940~1004)이 주문을 올려서 말하였다.

"오늘날 적을 막는 것에서는 장수를 선발하는 것보다 먼저 할 것이 없으며, 이미 장수를 찾고 나서는 청하여 책임을 맡기고 성공하기를 책임 지우는데, 진지의 계획을 내려 줄 필요가 없고 방략(方略)을 줄 필요도 없이 자연스럽게 기회에 따라서 변화를 만들게 하며 틈을 관찰하고 마땅하게 통제하도록 하면 성공 못할 것이 없습니다.

옛날에 조충국(趙充國, 기원전 137~기원전 52)은 한(漢)의 오래된 장수인데, 오히려 말하기를 백 번 듣는 것이 한 번 보는 것만 같지 않다[63]고 하였습니다. 하물며 지금 장수에게 책임을 맡기고 매사(每事)에 중앙[조정]에서 내리는 조서를 좇으려고 하여 방략을 주거나 혹은 진도(陣圖)를 하사하려고 하니 좇으려고 하면 마땅함에 맞지 않지만 오로지 단안(斷案)을 내리면 황상의 뜻을 어기는 것이 되어 이것을 가지고 제압하여 승리하려 하여 그 장점을 보이지 못합니다. 엎드려 빌건대 재

---

63 조충국의 이 말은《자치통감》권26에 실려 있다.

신들에게 속히 명령을 내리셔서 각기 훌륭한 장수를 천거하게 하고 아울러 평소에 소문난 명망(名望)이 있는 묵은 옛날 무신(武臣)이 있는데 스스로 그 능력을 가지고 있는 것을 천거하고 아는 사람을 천거하게 하십시오.

신이 듣건대 2년 전에 군대를 내 보내면서 조빈에게 유주를 빼앗으라고 명령하였는데 후막진리용(侯莫陳利用, ?~988)·하령도(賀令圖, 948~986)의 무리들이 성총(聖聰)을 현혹시켰지만 이방(李昉, 925~996) 등은 알지 못하였습니다. 지난해에 의군(義軍)을 불러서 설치하고,[64] 군대에 배분하는 차자(箚子)를 내렸는데, 조보 등은 역시 알지 못하였습니다. 무릇 재상이 재능을 갖지 아니하였다면 이를 파직시키는 것은 가능합니다. 재상이 일을 맡을 만한데 어찌하여 변방의 일을 논의하고 군대를 발동시키면서 더불어 의견을 듣지 않게 하십니까? '한쪽만을 믿게 되면 간사한 일이 생기고 홀로 책임을 맡으면 혼란이 일어난다.'라는 말이 있습니다. 후막진리용·하령도 등은 이미 앞에서 폐하를 오도(誤導)하였으니 이 두 사람과 비슷한 사람들로 하여금 다시는 뒤에는 폐하의 기민(機敏)하고 마땅한 것을 오도하지 말게 하십시오.《병서(兵書)》에서 이르기를 '일에는 간첩보다 더 비밀스러운 것이 없고, 상(賞)에는 간첩보다 더 무거울 것이 없다.'[65]고 하였는데, 거란은 스스로 여러 나라[우호국]를 소유하고 있지만, 폐하께서는 일찍이 탐색하신 것 가운데 무릇 몇 개의 나라가 그들과 더불어 원수를 맺고 있는지

---

64 2년 전인 태종 옹회 4년(정해, 987년) 4월에 태종은 의군을 설치하였고, 그 내용은《속자치통감》권13에 실려 있다.

65 이 내용은《손자병법》의 〈용간편(用間篇)〉에 나오는 말이므로 여기서《병서》란《손자병법》을 가리키는 것이다.

를 살피지 못하였습니다. 만약에 모두 이를 알았다면 무거운 상을 이용하고 간첩을 보낼 수 있습니다. 간첩이 만약에 가게 된다면 거란은 스스로 혼란해 질 것이니 변방의 시골은 스스로 편안할 것입니다. 옛날에 이정(李靖, 571~649, 수말 당초의 명장)은 간첩을 사용하여 돌궐(突厥)의 심복인 사람들을 깨뜨렸습니다. 만약에 한(漢)의 진탕(陳湯)[66]과 부개자(傅介子)[67] 같은 부류라면 군사를 수고롭게 하지 않고도 자연스럽게 귀화할 것입니다. 이것이 폐하께서 변경을 걱정하시는 마음을 누그러트릴 수 있을 것입니다.

　무릇 군사를 징발하고 약식과 건초를 저축하여 대비하면서 역시 의당 진정(鎭靜)시키고 시끄럽고 번거롭게 하지 마십시오. 신이 듣건대 지난해에 호세(戶稅)[68]에서 마초(馬草, 말 먹이 사료)를 절과(折科)[69]하고 관부(官府)에서 화매(和買)[70]하기에 이르니 화매를 하면서 충족시

66　진탕(陳湯, ?~기원전 6?)은 전한시대의 장군이다. 한 원제(元帝) 때에 서역부교위가 되어 성지(聖旨)를 가탁하여 서역도호인 감연수(甘延壽)를 협박하여 군사를 출동시켜서 흉노의 질지(郅支)선우를 공격하여 죽여서 변방을 안정시키는데 공헌하였다.

67　부개자(傅介子, ?~기원전 65)는 한 소제 때의 평락감(平樂監)이었다. 서역의 구자(龜兹)와 누란(樓蘭)왕이 흉노와 연합하여 한의 관원을 죽이자 명령을 받고 출사(出使)하여 상을 준다는 명목으로 황금과 비단을 가지고 누란에 도착하여 연회석상에서 누란왕을 척살하였다.

68　호구를 단위로 하여 그 집의 자산에 의거하여 징수하는 세금을 말한다.

69　당·송시대에 부세를 징수하면서 실제로 임시적으로 그 부세에 해당하는 만큼의 다른 물건을 납부하게 하는 것인데, 어떤 물건을 다른 물건으로 하거나, 어떤 물건을 전(錢)으로, 혹은 전을 물건으로 계산하여 납부하게 하는 것을 말한다.

70　관부에서 백성들과 합의하에 관부에서 백성들과 공평하게 교역하는 것이었

키지 못한 틈에 바로 신하들로 하여금 독촉하여 가난한 하층의 부녀자 가운데에서도 조사를 당하는 사람이 있었습니다.

또 듣건대 변하(汴河)의 물이 말라서 남하(南河)의 물을 나누어 변하로 덧붙여 물을 대서 조운하는 길을 통하게 한다고 합니다. 국가의 계획과 법도가 어디에 있기에 때를 당하여 여기에 이르게 되었습니까! 신은 바로 국가의 군저(軍儲, 군량미)가 몇 년을 지탱할 수 있는지를 알지 못합니다마는 만약에 9년간의 양식이 없다면 실제로 대비가 없는 것이고 만약에 이렇게 3년의 양식이 없다면 실제로 군색하고 급한 것인데, 어찌 부녀를 조사하여 마초를 납부하게 하고, 하수(河水)에 덧붙여 물을 대어 조운을 합니까?

옛날에 오기(吳起, 기원전 440~기원전 381)는 장군이 되자 사졸들을 위하여 종기를 빨았습니다. 곽거병(霍去病, 기원전 140~기원전 117)이 장군이 되어 한(漢)의 황제가 집을 지어 주려고 하자 곽거병이 말하기를 '흉노가 아직 없어지지 아니하였는데, 어찌 집을 만들겠습니까?'라고 하였습니다. 오늘날의 장수 가운데 오기와 곽거병 같은 사람이 있습니까? 신이 보기로는 장수 가운데는 실제로 그에 적당한 사람이 없는 것 같습니다. 장수가 그에 합당한 재능을 갖고 있지 않다면 위엄 있는 명성을 갖지 못할 것이니 어떻게 적들로 하여금 풍문만 듣고 두려워할 수 있겠습니까!

신이 보는 바는 작은 일은 폐하께서 마음을 쓰느라고 수고하지 마십시오. 만약에 사직(社稷)의 커다란 계획과 자손을 위하여 원대한 도모

지만 점차로 관부에서 백성들의 물건을 강제로 빼앗는 것으로 변하였다. 명목은 화매였지만 실제로는 억탈(抑奪)하는 것이 되었다.

를 하신다면 대략적인 것을 장악하는데 있을 것이니 장군과 재상을 구하고 제왕의 대체(大體)를 갖도록 힘쓰십시오. 사람이 자신을 처리하고자 한다면 먼저 마음을 정리하고 마음에 삐뚤어진 것이 없다면 몸은 스스로 바르게 됩니다. 밖의 일을 처리하려고 하면 먼저 안의 것을 처리해야 하는데, 안이 이미 잘 정리되고 나면 밖의 일은 스스로 편안해집니다. 신이 생각하기로는 변경 지역에서 움직임이 있게 되면 조정에서부터 이를 움직이는 것이며, 변경 지역이 조용해지는 것은 조정에서 이를 조용하게 함으로 말미암는 것입니다. 현명한 재상을 안에서 임용하면 기강이 바로 잡히고 훌륭한 장수를 밖에다 위임하면 변방 지역은 편안할 것입니다."

6   군두사(軍頭司)를 고쳐서 어전충좌군두사(御前忠佐軍頭司)로 하고, 인견사(引見司)를 어전충좌인견사(御前忠佐引見司)[71]로 하였다.

7   2월 초하루 임자일에 하북동·서로(河北東·西路)에 명령을 내려서 불러서 영전(營田)[72]을 설치하게 하고 진서(陳恕, 945?~1004) 등을 영전사(營田使)로 삼았다.

---

71 송대의 관서로 내시성(內侍省)에 예속되어 있는데 군두사를 어전충좌군빙사로 하고 인견사를 어전군좌인견사로 하였다가 후에는 이 사를 합쳐서 한결같이 편전의 금위(禁衛)와 제군(諸軍)의 인견, 황제가 외출하여서 호소하는 경우를 만나게 되면 그 상황을 묻고 분명히 하여 보고하는 일을 맡았다.

72 영전(營田)은 관영전의 일종으로 사람을 모집하여 농사를 짓게 하고 수확에 따라 조세를 받는 것이다. 일반적으로 군대에서 개간(開墾)하는 것과 민간이 개간하는 두 종류가 있는데 취지는 군량미와 세량을 얻자는데 있다.

8   조서를 내려서 〔황제가〕자기에게 죄를 주었다.

9   요주(遼主)가 원화전(元和殿)에 나아가서 백관들의 축하를 받았
다. 원단(元旦)에 군영 안에 있었는데, 이에 이르러 전승하게 되자 남경
(南京)으로 돌아가서 원단의 하례를 보충하여 거행하였다.

10   계축일(2일)에 조서를 내렸다.
  "평새(平塞)·천위(天威)·평정(平定)·위로(威虜)·정융(靜戎)·보새(保
塞)·영변(寧邊) 등의 군(軍)과 기(祁)·역(易)·보(保)·정(定)·진(鎭)·형
(邢)·조(趙) 등의 주(州)에 사는 백성들 가운데 옹희(雍熙) 4년(987년)
정월 병술일(23일)에 내린 조서(詔書)[73]로 조부(租賦)를 면제하는 외
에 다시 2년간 조부를 면제하며, 패(霸)·대(代)·명(洺)·웅(雄)·막(莫)·
심(深) 등의 주(州)와 평로(平虜)·가람군(嵐嵐軍)에는 다시 1년간 조부
를 면제한다."

11   을묘일(4일)에 요(遼)에서는 대대적으로 군사들에게 향연을 베풀
었고, 작(爵)과 상(賞)을 차등을 두어 내려 주었다. 추밀사 한덕양(韓德
讓)을 초국왕(楚國王)에 책봉하고 부마도위 소녕원(蕭寧遠)을 동정사
문하평장사로 하였다.

12   갑자일(13일)에 요주(遼主)는 남방정벌에서 사로잡힌 사람 가운
데 친속이 있는데 여러 장(帳)에 나뉘어 있는 사람은 관전(官錢)을 주

---

73 이 내용은《속자치통감》권13에 실려 있다.

어서 그들을 대속(代贖)하게 하고 서로 좇을 수 있도록 명령하였다.

13 병인일(15일)에 요(遼)에서는 사람을 거론하면서 이름을 숨기고 비서(飛書, 익명의 편지)를 날려 조정을 비방(誹謗)하는 것을 금하였다.

14 무진일(17일)에 국자감(國子監)을 국자학(國子學)으로 하였다.

15 이달에 방전(方田)[74]을 만들었다.

16 3월에 합격한 거인(擧人)들에게 친히 시험을 치렀는데, 진사인 낭중(閬中, 四川省 南充市) 사람 진요수(陳堯叟, 961~1017) 이하 186명을 얻었으며 제과에서는 박평(博平, 山東省 聊城市) 사람 손석(孫奭, 962~1033) 등 450명을 얻어서 나란히 급제(及第)를 하사하였으며 73명은 동출신(同出身)[75]으로 하였다. 연회를 베풀어 주었는데 처음으로 양제(兩制)·삼관(三館)의 문신들이 모두 참여하게 하였다. 진요수 등에게 잠언(箴言) 한 수를 하사하였다.

　월주(越州, 浙江省 紹興市)의 진사 유소일(劉少逸, 977~?)이라는 사람은 나이가 13세였는데 선발에 합격하였는데, 이미 복시(覆試)를 치르고 나서 또 별도로 어제부시(御題賦詩) 몇 장(章)을 시험치루어[76] 교

---

74 정방형과 장방형의 전지를 방전이라고 한다. 여러 전지는 면적이 달라서 모가 지도록 만들었는데, 이를 방전이라고 한 것이다.

75 과거시험에서 합격한 등급에 비추어 주는 일종의 자격을 가리키는 증서이다. 송대에는 4등과 5등급에 이 동출신을 주었다.

76 원문에는 '別賜御題賦詩數章'라고 하였으나, 《속자치통감장편》에는 '別試御

서랑(校書郞)에 제수하고 삼관(三館)에서 독서하도록 명령하였다.

당시에 중서령사(中書令史)·수당관(守堂[當]官)인 진이경(陳貽慶)이 《주역(周易)》의 학구(學究)에 응거(應擧)하여 급제하였는데 이미 황제가 이를 알고 수여하였던 칙첩(敕牒)을 추후에 빼앗고 그 죄를 풀어주고 억지로 본국(本局)으로 돌아가게 하였으며 이인(吏人, 관부의 서리 혹은 차역)들의 과거응시를 금지하였다.

당시에 진사 17명이 집안 식구를 데리고 요(遼)에 귀부하였는데, 요주(遼主)가 유사(有司)에게 명령하여 그 중에 급제한 사람에게 시험을 치게 하여 국학관(國學官)으로 보임하고 나머지는 현(縣)의 주부(主簿)와 현위(縣尉)로 하였다.

17 정해일(6일)에 요(遼)에서는 지역주(知易州)인 조질(趙質)에게 명령하여 전쟁에서 죽은 사졸들의 해골을 거두어 경관(京觀)[77]을 쌓게 하였다. 무자일(7일)에 유열인 송국왕 야율휴격(耶律休格, 休哥)에게 홍주근선(紅珠筋線, 붉은 구슬로 만든 팔찌 같은 것)을 하사하고 궁내의 신장(神帳)으로 들어와서 재생례(再生禮)를 거행하라고 명령하였으며 태후가 하사한 물건이 아주 후하였다. 요의 제도에는 오직 황제와 태후만이 재생례를 거행할 수 있었는데, 야율휴격이 이를 거행할 수 있었던 것은 특이한 셈이다.

題賦詩數章'이라고 되어 있어서 사(賜)가 시(試)로 되어 있다. 문장의 줄기로 보아서 시(試)가 적합한 것으로 보아서 그렇게 번역하였다.

77 전쟁에서 승리한 무공을 빛내기 위하여 적군의 시체를 모아서 쌓아 놓고 흙은 쌓아 높게 무덤을 만드는 것을 말한다.

18   기축일(8일)에 요(遼)에서는 운주(雲州, 山西省 大同市)의 포부(逋
賦, 포탈한 부세)를 면제하였다.

19   병신일(15일)에 요에서는 기봉로(奇峰路)를 열고 역주(易州)의 시
장과 왕래하였다.

20   이해 봄에 요주는 연방정(延芳淀, 北京 通縣)에 머물렀다.＊

송기15

송·요의 서하전투

격구를 간언하는 요의 마득신

태종 단공 2년(기축, 989년)[1]

1   여름 4월에 국자박사인 이각(李覺, 947~993)이 말씀을 올렸다.

"옛날에 이회(李悝)[2]가 말하기를 '곡식을 사들이는 것이 아주 비싸면 백성들을 다치게 하고, 아주 값이 싸면 농업을 해치게 된다. 백성들이 다치게 되면 흩어져 버리고 농업이 다치게 되면 나라가 가난해진다. 그러므로 아주 비싸거나 아주 싸면 그것은 다른 하나를 다치게 하니 나라를 잘 다스리는 사람은 백성들로 하여금 다치지 않게 하고 농업을 더욱 권고하는 것이다.'라고 하였습니다.

이른바 백성이라는 것은 사인(士人)과 공·상인(工·商人)입니다. 지금 도하(都下, 도읍지)에는 많은 무리들이 모여 있는바 하거(河渠)를 이

---

1   요의 성종(聖宗) 통화(統和) 7년이다.

2   이회(李悝, 기원전 455~기원전 395)는 위국 안읍(魏國安邑, 山西 夏縣) 사람으로 전국시대의 저명한 사상가이다. 위의 상국을 맡아서 변법을 주관하였고, 그는 중농(重農)과 법치(法治)를 결합한 사상으로 상앙과 한비에게 영향을 깊이 주었기 때문에 법가의 시조라고 일컫는다.

끌어서 회해(淮海)지구[3]에 도달하게 하여 강호(江湖)를 관통하여 1년에 500만 곡을 운반하여 국가의 비용을 대고 있습니다. 그러나 근세 이래로 도하에서는 속맥(粟麥)이 아주 싸고 창유(倉庾, 양곡 창고)에서는 묵고 묵은 것이 서로 이어져서 혹은 상(賞)으로 주는 것에 충당하자 한 말의 값이 10전이니 이는 공·고(工·賈, 工匠과 상인)에게 이익이며 군·농(軍·農, 군사와 농민)에게 불이익입니다.

가만히 쌀 1곡(斛)을 운반하는 것을 계산해 보니 비용은 300전일뿐만 아니라 침모(侵耗)와 손절(損折)하는 것[4]은 그 밖에 있습니다. 배를 부리는 인부는 오래도록 겨울과 여름을 거치면서 고향의 집을 떠나서 강호에서 끝내는 늙습니다. 양식이 와도 아주 무거워 아주 어렵지만 관부에서 지급하는 것은 아주 가볍고 아주 쉽습니다. 만약에 불행하게도 수재나 한재 같은 걱정거리를 만나게 되거나 갑자기 변경 지역에서의 걱정거리가 있게 되면 그 무엇으로 이를 구원하겠습니까!

신이 생각하건대 제군(諸軍)의 겸인(傔人, 심부름꾼)은 예전에 하루에 쌀 2승(升)을 지급하였는데, 지금에 만약에 월 전(錢)으로 300이라면 이는 1말에 50전입니다. 강·회(江·淮)에서 쌀을 운반하는 공각(工

---

3 회해(淮海)라는 명칭은 《상서(尙書)》〈우공편(禹貢篇)〉에 처음 보이는데, 현재로는 소(蘇, 강소성), 노(魯, 산동성), 예(豫, 하남성), 환(皖, 안휘성) 네 성의 경계 지역으로 동쪽으로 황해와 인접하고 서쪽으로 중원과 연결되며, 남쪽으로는 강회(江淮)를 이웃하며 북쪽으로는 제로(齊魯)에 이어진다. 이 지역은 자연적으로 경제구역을 이루었으며 산수로 연결되고 습속이 유사하며 도로가 이어져서 상인과 여행객이 왕래하는 지역이다.

4 곡식을 운반하면서 자연적으로 생기는 소모를 말한다. 곡식을 흘리는 경우, 쥐에게 먹히는 경우, 절도를 만나는 경우 그 외 여러 가지 이유로 처음 운반하는 양이 운반하는 도중에 소실되어 줄어드는 것이다.

脚, 운반하는 民夫)은 역시 이 수보다 줄지는 않습니다.

바라건대 분명하게 군중(軍中)에 칙령을 내리시어서 각기 그 편리함을 좇아서 전(錢)을 받고자 하는 사람은 만약에 시장의 값으로 관미(官米)가 한 말에 전(錢)으로 30이라고 한다면 바로 10전을 더 늘려주면 충분히 공각의 값을 충당하게 되니 관부(官府)와 사인(私人)이 이익을 얻게 되고[5] 몇 달 안에 쌀값은 반드시 증액되어 농민들은 사여(賜與)함을 받습니다.

만약에 쌀값이 급히 올라가면 바로 관부에서 다시 양식을 공급하고 군인들은 그 나머지를 내다 팔게 하면 역시 좋은 값을 얻게 되니 이는 융사들이 사여를 받는 것입니다. 10년이 안 되어서 관부에는 남는 양식이 있고 강호(江湖)에서의 운반하는 것도 역시 점차로 줄일 수 있습니다."

황제가 주문을 보고 이를 칭찬하였다.

2   요주(遼主)는 격구(擊毬)[6]를 좋아하였는데, 일찍이 대신들과 짝을 나누어 격국(擊鞠)을 하자 간의대부인 마득신(馬得臣, ?~989)이 상

---

5 원문에는 '관시획리(官始獲利)'로 되어 있으나 《속자치통감장편(續資治通鑑長編)》 권30에는 관사획리(官私獲利)로 되어 있는 바 《속자치통감장편》의 내용이 더 합리적인 것으로 판단되어 이를 따랐다.

6 격구(擊毬)는 격국(擊鞠)이라고도 하는데, 동아시아 전통적인 놀이로 말을 타고 공을 치는 것이며 당대(唐代)에 성행하였다. 당대에는 장안에 커다란 격구장이 있었고, 당 현종, 경종 등 황제도 이를 즐겼다. 경기는 쌍방에 각기 10명씩 두 팀으로 나누어 말 위에서 공을 쳐서 골문으로 넣는 사람이 점수를 얻고 점수를 많이 얻는 팀이 이기는 것이다. 격구에 소용되는 공은 주먹만 한 크기로 가볍고 질긴 나무로 만들었으며 겉에는 무늬를 새겼다.

소문을 올려서 간(諫)하였다.

"신은 다행스럽게 시종(侍從)하는 자리에 늘어서 있으면서 성스러운 분[요, 성종]의 독서를 시중들을 수 있게 되었는데 폐하께서는 일찍이 신에게 정관(貞觀)과 개원(開元)시대[7]에 있었던 일을 물으셨습니다. 신이 듣건대 당 태종이 태상황(太上皇, 당 고조 이연)을 모시고 연회를 하고서 끝나면 만연(輓輦, 수레)으로 내전(內殿)에 도착하였고, 명황(明皇, 당 현종)은 형제들과 즐겁게 술을 마시고 집안사람으로서의 예의를 극진히 하였습니다. 폐하께서는 조고(祖考)의 복을 이어받고 몸소 태후를 모시는데 가히 지극히 효성스럽다고 할 것입니다. 다시 바라건대 정해진 살펴보는 나머지 시간에는 6친(親)[8]과 화목(和睦)하고 아끼고 공경하는 것을 더하신다면 폐하의 친친(親親)의 도(道)[9]는 두 분 황제보다 융성할 것입니다.

신이 듣건대 두 분 황제께서는 경서와 사서를 즐기며 가까이 하며 자주 공경들을 이끌어서 강학(講學)하셨는데, 해가 정오를 넘기기에 이르렀으니 그러므로 당시에 천하는 화합하는 풍조가 나타나서 문치(文治)를 융성하게 하였습니다. 지금 폐하께서는 전적(典籍)에 마음을 두시고 자구(字句)를 분석하시는데, 신이 원컨대 경전(經典)의 이치를

7　정관(貞觀, 627~649)은 당 태종 이세민(李世民)이 사용한 연호이며 정관의 연호는 23년간 사용하였다. 개원(開元, 713~741)은 당 현종 이륭기(李隆基)가 전반에 사용한 연호로 28년간 사용하였다.

8　부자, 형제, 아버지의 형제, 할아버지의 형제, 증조부의 형제와 동족인 형제를 말한다.

9　유가(儒家)의 정치철학으로 가까운 사람을 가까이하는 것에서부터 시작하여 점점 더 멀리 인(仁)을 베푼다는 것을 말한다.

연구하시어 조예(造詣)를 깊이하시고 이를 두텁게 실행하시면 두 분 황제의 치세는 잇는데 어렵지 않을 것입니다.

신이 또 듣건대 태종이 멧돼지를 활로 쏘았는데 당검(唐儉, 579~656)이 이를 간하였으며, 명황이 사냥하는 매를 팔 위에 올려놓자 한휴(韓休, 673~740)가 이를 말하였는데, 두 분 황제께서는 즐겨 좇지 않은 일이 없었습니다.

엎드려 폐하를 알현하건데 조정의 보고를 듣고 난 여가에 격구(擊毬)를 하면서 즐기신다니 신이 생각하기로는 이 일에는 세 가지의 마땅하지 않은 것이 있습니다. 위아래 사람이 나누어 짝이 되고 군주와 신하가 승리를 가지고 다투어서 군주가 〔공을〕 갖게 되면 신하가 빼앗고, 군주가 지면 신하가 기뻐하니 첫 번째로 마땅치 않은 것입니다. 오고가며 바뀌고 섞이며 앞뒤에서 가로막고 제약(制約)하며 다투는 마음이 일어나니 예의와 용모가 전부 없어지고 만약에 월장(月杖)[10]을 사용하는 것을 욕심내다가 잘못하여 천자의 옷을 흔들게 되면 신하는 실제로 예의를 잃은 것이지만 군주가 또한 책망하기 어려우니 두 번째로 마땅하지 않은 것입니다. 만승(萬乘, 황제)의 귀함을 가볍게 하고 광장에서의 오락을 좇는데, 땅이 비록 평평하다고 하여도 단단하고 자갈이 있는 곳에 이르게 되며 말이 비록 좋다하더라도 놀라서 넘어지고 혹은 이어서 달려가서 치는데, 그 당기고 통제하는 것을 잃어버리면 성스러운 몸이 어찌 다치는 일이 없겠습니까? 태후께서 어찌 걱정하지 않겠습니까? 세 번째로 마땅하지 않은 것입니다. 폐하께서는 신의 말을 물

---

10 격구 운동에서 사용하는 도구로 길이가 몇 척이 되며 그 머리는 뉘어 있는 달 같다고 하여서 이러한 이름이 생긴 것이다. 이를 구장(毬杖), 혹은 국장(鞠杖)이라고도 부른다.

정(物情)에 어두운 것이라고 여기지 마시고 조금 살펴 보아주십시오."

상소문이 상주되니 요주(遼主)는 칭찬하고 감탄하기를 오래 하였다. 얼마 있지 않아서 마득신이 죽으니 태자소보(太子少保)를 증직하고 그에게 우대하여 무휼(撫恤)하였다.

3 3월부터 비가 내리지 않은 것이 5월에 이르렀다. 무술일(19일)에 황제는 친히 경성에 있는 여러 관사의 옥에 갇혀있는 죄수를 검토하였는데 많은 사람을 용서하고 감형하였다. 바로 기거사인(起居舍人)인 송유건(宋維幹) 등 42명에게 명령하여 나누어 여러 도(道)에 가서 형옥(刑獄)을 조사하고 판결하게 하였다. 이날 저녁에 큰 비가 내리었다. 황제가 여러 시중드는 신하들에게 말하였다.

"임금이 되어서는 마땅히 이처럼 부지런히 정사를 돌봐야 하는 것이니 바로 하늘을 감동시켜서 불러 화합할 수 있다. 후당(後唐)의 장종(莊宗, 李存勖, 885~926) 같은 경우에는 사냥하며 노는 것이 10일 이상이어서 농작물의 싹을 크게 해치고 돌아오게 되자 마침내 칙서를 내려서 조세를 면제하게 하였으니 이는 아주 임금답지 못하다."

추밀부사인 장굉(張宏)이 말하였다.

"장종은 이러한 것뿐만 아니라 더욱 음악에 현혹되어서 악적(樂籍)[11]

---

11 악적의 제도는 북위시대부터 청의 옹정시대까지 계속된다. 죄를 지은 백성이나 전쟁포로들의 부녀와 그 후대의 사람들을 전문적인 천민명부(賤民名簿)에 집어넣고 대를 이어가며 음악에 종사하게 하여 사회적인 천시와 압제를 받았는데 이를 악적이라고 하였다. 악적에 있는 사람들은 광범위하게 전통시대에 음악활동에 종사하였는데, 그 신분은 비천하였고 심지어는 노예와 비슷한 대우를 받았다.

에 있는 사람 가운데서 군(郡)을 관장하는 사람 몇 명을 얻었습니다."

황제가 말하였다.

"임금은 절검(節儉)을 마루로 하고 인서(仁恕)를 염두(念頭)에 두어야 한다. 짐이 남부(南府)에 있으면서[12] 음율(音律)은 거칠게나마 마음에 두었는데, 지금에는 조회가 아니면 음악을 펼치지 않으며 매와 사냥개도 평소에는 좋아하지 않는 바이다."

4   6월 신유일(12일)에 요(遼)에서는 연락(燕樂, 河北省 隆化縣)·밀운(密雲, 北京市 東北部) 두 현(縣)을 백성들에게 주어 농사짓고 세를 내게 하면서 부역을 10년 면제하여 주었다.[13]

5   애초에 좌정언(左正言)·직사관(直史館)인 하규(下邽, 陝西省 渭南市) 사람 구준(寇準, 961~1023)이 조서를 이어받아서 북방 변경의 이로움과 해로움에 대한 극단적인 말을 하였는데, 황제는 그를 그릇으로 생각하고 재상에게 말하였다.

"짐이 구준을 발탁하여 채용하고 싶은데 마땅히 어느 관직을 주어야 하오?"

재상이 채용하여 개봉부추관(開封府推官)으로 삼기를 요청하였더니 황제가 말하였다.

"이 관직이 어찌 구준을 대우하는 것이겠소?"

---

12 송대에 남부는 개봉부를 말하는데, 현재 황제인 태종 조광의는 그의 형 태조 조광윤이 황제였을 때에 개봉윤으로 있었다.

13 황무지를 농민에게 나누어 주고 이를 개간하게 한 것이다.

다시 요청하기를 추밀직학사(樞密直學士)로 채용하자고 하니 황제가 깊이 생각하기를 오래 하더니 말하였다.

"만약에 이 관직을 시키는 것이라면 좋겠소."

가을 7월 기묘일(1일)에 우부랑중(虞部郞中)·추밀직학사로 벼슬을 주었다. 일찍이 전중(殿中)에서 주문을 올리는데 말이 맞지 않자 황제가 화가 나서 일어섰는데, 구준은 문득 황제의 옷자락을 이끌면서 다시 앉게 하였고 일을 결정하고 나서 마침내 물러났다. 황제는 이것을 칭찬하였다.

구준은 처음에 지파동·성안이현(知巴東·成安二縣)이 되자, 그가 다스리는 것은 하나 같이 은혜를 베풀고 믿음을 주는 것으로 하였는데, 매번 부역(賦役)으로 모이는 기한이면 아직 일찍이 부서(符書, 서류)를 내보내지 않고, 오직 향리(鄕里)와 성명(姓名)을 갖추어 현의 문에 게시하였지만 백성들은 다투어 그곳으로 갔고 머무르고 어기는 사람이 없었다. 일찍이 손수 두 그루의 측백나무를 뜰에 심었는데 그 후에 백성들은 감당(甘棠)[14]에 견주어서 이를 내공백(萊公柏)[15]이라고 하였다.

---

14 감당은 《시경》에 있는 시이다. 소공(召公)에 관한 일화인데, 소공은 주 문왕의 서자로 이름이 희석(姬奭)이다. 주 무왕이 천하를 평정한 뒤에 주공(周公) 희단(姬旦)이 섬좌(陝左)에 책봉을 받았고 소공 희석은 섬우(陝右)에 책봉을 받았다. 희석은 나라를 다스리면서 덕스런 정치를 펼쳤는데 일찍이 감당나무 아래에서 소송사건을 처리하면서 인민을 위하여 곡직을 평단(評斷)하여 억울함을 풀어 주니 백성들이 아주 좋아 하였다. 많은 사람들은 그가 준 은택에 감격하여 그가 떠난 뒤에도 그가 남겨 놓은 유적과 물건을 조심스럽게 아끼었는데, 그가 송사를 처리하였던 그 감당나무조차 차마 자르지 못하였다.

15 내공의 측백나무라는 말이다. 내공은 구준을 가리키는 말인데, 구준이 내국공(萊國公)으로 책봉되었기 때문이다.

6   고공원외랑(考功員外郎)인 운중(雲中, 內蒙古 托克托縣 東北) 사람 필사안(畢士安, 938~1005)을 지제고(知制誥)로 하였다. 필사안은 먼저 월왕부(越王府)의 기실참군(記室參軍)이었는데, 궁중에서는 그를 필교서(畢校書)라고 하였다. 당시에 제왕부(諸王府)의 막료들에게 조서를 내려서 각기 지은 글을 헌상하라고 하였는데 황제가 그를 칭찬하고 드디어 이렇게 발탁한 것이다. 월왕인 조원빈(趙元份)이 부저(府邸)에 머물게 해달라고 요청하였으나 허락하지 않았다.

송·요의 서하전투

7   갑신일(6일)에 지대주(知代州, 대주는 山西省 忻州市 代縣)인 장제현(張齊賢, 942~1014)을 형부시랑·추밀부사로 삼았다.

이보다 먼저 재상인 조보가 상소문을 상주하여 말하였다.

"나라의 산과 하천이 아주 넓고 문자(文字)와 차궤(車軌)가 비록 같다고 하여도 전쟁이 그치지 않으니 미미한 것을 막으면서[16] 먼 훗날을 생각하여 반드시 변화에 정통한 인재를 밑천으로 삼아야 합니다. 지지난 해에 북방의 군사[요의 군사]가 변경으로 들어 와서 살아있는 영혼들이 폐해를 입었습니다. 만승(萬乘, 황제)께서는 노심초사(勞心焦思)하셨지만 많은 관리들은 도와주는 공로를 세우지 않았으니, 동료들이 함께 일을 하면서 삼가고 두려워하며 청렴하지 않은 것은 없지만 오직 대책을 바칠 때에는 조금씩 잠자코 있으니 어찌 급히 반드시 해야 할 것을 처리하겠습니까?

가만히 보건대 공부시랑인 장제현은 몇 년 전에 특별히 성스러운 분

---

16 두점방미(杜漸防微)라는 말로 조금씩 스며들거나 미미하지만 나쁜 것들이 들어오지 못하게 막는다는 말이다.

이 알아주시어서 추밀기요(樞密機要)를 맡은 자리에 올라왔는데, 공사
간(公私間)에 아는 사람들은 모두가 재주가 합당하다고 생각하였지만
1년도 안 되는 세월이 아직은 많다고 하지 않고, 내보내어 외직을 맡았
습니다. 신이 등주(登州, 河南省 南陽市 南部)에 있는 동안 비록 소식으
로 들었기에 아직은 그 연유를 헤아리지 못하였지만 최근에 조금 전하
는 소식을 듣건대 상주하고 대면하면서 과실이 있었다고 말합니다.

　무릇 큰일에는 비록 반드시 후회스럽고 동떨어진 것이 있게 마련이
며, 그 의로운 인사나 충성스런 신하 같은 경우에는 자신의 이해를 돌
아보지 않아서 간사한지 정직한지는 오래 지나고서야 비로소 알게 됩
니다. 장제현은 평소에 기민한 꾀를 쌓고 있으며, 온전한 덕스러움과
의로움을 겸하고 있는데 종래에 차견(差遣)[17] 하면서는 아직 그 그릇과
능력을 다 하지 못하여서 나라를 경륜(經綸)할 인재를 덮어 두게 되어
시절을 구제하는 수요에 부응하지 않는 것을 염려하니, 만약에 다시금
일을 위탁한다면 반드시 특별한 공적을 세울 것입니다. 신은 이 상소
문을 특히 금중(禁中)에 남겨두시어 많은 사람들에게 노여움을 끼치는

17　송대에 관리를 임명하는 제도에는 관(官)·직(職)·차견(差遣)이라는 세 체계를
　　가지고 있다. 관(官)은 당대의 3성6부 제도에서 보이는 직사관(職事官) 계통인
　　데 송대에 이르러서는 관칭(官稱)과 실제의 직무가 점점 이탈하게 되어 원외랑
　　·상서·복야 등은 특별한 조령(詔令)이 없다면 그 관칭과 상응하는 직무를 담
　　임하지 않았다. 관명(官名)은 관위(官位)와 녹봉의 고저(高低)를 표시하는데
　　쓰이니 그러므로 기록관(寄祿官)이라고 불렀다. 당말, 오대 이래로 일에 따라
　　서 설치하였고 일이 끝나면 철폐하는데 이를 사직차견(使職差遣)이라고 하였
　　으며, 송대에 이르러서는 사직차견은 고정되어 직사관 계통이 되어 관원이 담
　　당하는 실제 직무였고 이를 칭직(稱職)이라고 불렀다. 직(職)에는 관직(館職)
　　과 첩직(貼職)으로 나뉘는데, 관직은 관원이 삼관비각(三館祕閣) 중에서 맡은
　　소임을 가리키며, 다른 관원이 관직을 겸하면 이를 첩직이라고 하였다.

것을 면하게 해주시기를 빕니다."

다시 차자(箚子, 관부에서 왕래하는 문서)를 올려 말하였다.

"장제현의 덕스러움과 의로움은 평소에 향리에서 천거하는 바 안팎의 경사(卿士)들도 그보다 나은 사람이 없습니다. 신은 군주에 도움을 줄 재주가 없는 것을 부끄러워하지만 그러나 현명한 사람을 천거할 뜻을 갖고 있으며 아침에 시행되고 저녁에 죽는다하여도 달게 받을 마음입니다."

황제는 그 말을 받아들이었으니 그러므로 이 명령을 내린 것이다.

염철사(鹽鐵使)인 장손(張遜)을 첨서추밀원사(僉署樞密院事)로 하였다.

8   무자일(10일)에 혜성(彗星)이 동정(東井)[18]에 출현하였는데 무릇 30일 동안이었다. 황제가 정전(正殿)을 피하였고 상선(常膳, 일상적인 식사)을 줄였다. 사천(司天)에서 이르기를 요성(妖星)의 출현은 요(遼)를 멸망시키는 상징이라고 하였는데, 조보가 상소문을 올려서 이러한 삐뚤어지고 아첨하는 말은 믿을 만하지 않다고 하니 황제가 이를 즐겁게 받아들였다.

9   위로군(威虜軍, 河北省 徐水縣)의 군량 공급이 이어지지 못하자 요인(遼人)들은 이를 엿보아 빼앗으려고 하였는데, 정주로도부서(定州路都部署, 치소는 定州 安喜縣)인 이계륭(李繼隆, 950~1005)에게 조서를

---

18 전통적으로 별자리는 28수(宿)가 방위에 따라 네 가지 신령한 동물의 형상을 이루고 있다고 여겼다. 그중에서 동정성은 남방 주작(朱雀)에 속하는 일곱 별자리 가운데 첫째 별자리로서 주작의 머리에 해당한다.

내려서 진·정(鎭·定)의 대군을 징발하여 군량 1천여 승을 호송하게 하였다. 요(遼) 유열(于越)인 야율휴격(耶律休格, 休哥)이 이 소식을 듣고 정예의 기병 수만을 인솔하여 와서 맞았는데, 북면연변도순검(北面緣邊都巡檢)인 준의(浚儀, 河南省 開封市) 사람 윤계륜(尹繼倫, 947~996)이 소속의 보병과 기병 1천여 명을 거느리고 변새(邊塞)에서 순시를 하다가 이들을 만났지만, 야율휴격은 공격하지 아니하고 지나가면서 지름길로 대군을 습격하고자 하였다.

윤계륜이 휘하에 있는 사람들에게 말하였다.

"저들은 우리를 마치 어육(魚肉)으로 보고 있을 뿐이다. 저들이 승리하고 돌아오게 된다면 이긴 기세를 타고 우리를 북쪽으로 몰아 갈 것이고, 승리를 못한다면 역시 우리들에게 화풀이를 할 것이니 우리들은 씨도 안 남을 것이다! 지금 계책을 세운다면 마땅히 갑옷을 둘둘 말고 함매(銜枚)하여 그들의 뒤를 습격해야 마땅하다. 저들의 날카로운 기세는 앞으로 향하고 있으니 우리들이 도착하는 것을 헤아리지 않을 것인데, 힘껏 싸워서 승리하면 충분이 자립(自立)할 것이고, 설사 패한다고 하여도 오히려 충성스러움과 의로움을 잃지 않을 것이다. 어찌 망하여 북쪽 땅에서 귀신이 될 수 있을까보냐?"

무리들이 분격(憤激)하여 명령을 좇았다.

윤계륜은 이어서 군중에서 말에 꿀을 먹이게 하고, 밤이 되자 사람을 파견하여 짧은 무기를 가지고 몰래 그들의 뒤를 밟게 하였다. 수십 리를 가서 당하(唐河, 장강지류)의 서하(徐河, 河北 徐水의 南쪽)에 도착하였는데[19] 날이 아직 밝지 않았지만 야율휴격은 대군에서 45리[20] 떨

___
19 원문에는 '지당주서하(至唐州徐河)'로 되어 있는데 《속자치통감장편》 권30에

어졌으며 윤계륜은 성의 북쪽에 진을 늘어놓고 그를 기다렸다. 적들은 바야흐로 모여서 식사를 하였는데, 이미 밥을 다 먹고 곧 나아가 싸우려고 하자, 윤계륜은 그들이 생각지 못한 곳으로 나아가서 급히 그들을 쳐서 그들의 대장 한 명을 죽이자 무리들은 드디어 놀라서 혼란에 빠졌다.

야율휴격은 식사를 아직 끝내지 못하였다가 수저를 버리고 달아났는데, 짧은 무기에 그의 팔을 맞아 상처가 심하였으며 좋은 말에 올라 먼저 숨어버렸다. 요의 군사들은 멀리 대군을 바라보고는 드디어 붕궤되니 서로 짓밟으니 죽은 사람이 헤아릴 수 없었다. 이계륜이 진주부도부서(鎭州副都部署)인 범정소(范廷召, 927~1001)와 더불어 뒤를 쫓아 달려가서 서하를 넘어 10여 리를 갔는데 포로로 잡은 것이 아주 많았다. [지도참고]

정주부도부서(定州副都部署)인 공수정(孔守正)이 또 요나라 사람들과 조하(曹河)의 사촌(斜邨)에서 싸워서 그 장수 대영(大盈) 등의 목을 베었다. 요나라 사람들은 이로부터 수년 동안 대거(大擧) 남하하는 일이 없었으며 윤계륜의 얼굴이 검었으므로 서로 경계하여 말하였다.

"마땅히 흑면대왕(黑面大王)을 피해야 한다."

정미일(29일)에 윤계륜에게 낙원사(洛苑使)·영장주자사(領長州刺史)를 제수하였으며 순검의 업무는 예전처럼 하게 하였다.

의하면 '지당하서하(至唐河徐河)'로 되어 있는 바 논리적으로 '당주서하'는 맞지 아니하여 '지당하서하'로 보아야 한다.

20 원문에는 '휴격거대군사오리(休格去大軍四五里)'로 되어 있는데,《속자치통감장편》권30에는 '휴격거대군사십오리(休格去大軍四十五里)'라고 되어 있는 바 원문에 '십(十)'이 누락된 것으로 보아야 한다.

❖ 윤계륜과 서하전투

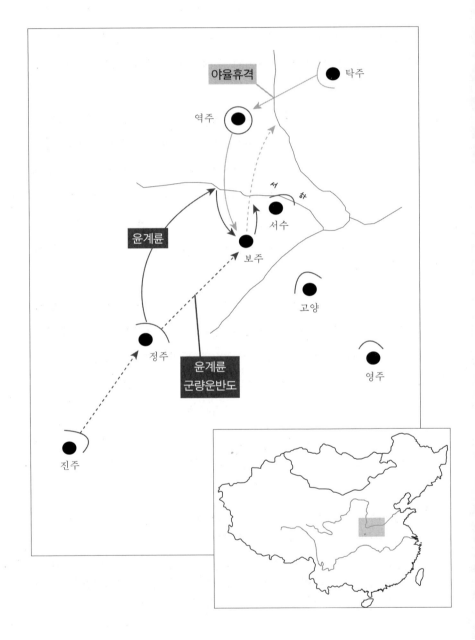

애초에 이계륭 등에게 명령하여 군사를 발동하여 위로군의 궤향(饋餉)을 호송하라고 하였는데, 호부랑중(戶部郎中)인 장계(張洎, 934~997)가 다시 상주문을 봉사(封事)로 올리면서 말하였다. [지도참고]

"옛날에 성을 쌓는 것은 많은 사람을 모으는 것인데 대개 요해(要害)되는 곳을 장악하여 변방의 기병이 침입하는 것을 제어하는 것입니다. 그러므로 주대(周代)에는 삭방(朔方)에 성을 쌓았고, 한대(漢代)에는 하황(河湟, 黃河의 上游와 湟水 유역)을 빼앗았으며, 당대(唐代)에는 수항(受降, 河套 北岸)·임경(臨涇, 甘肅 鎭原의 南) 등에 성을 쌓았던 것은 바로 그러한 일입니다.

지금 위로군(威虜軍) 등은 평탄한 하천에 두었으니 지세는 험하거나 막히지도 않았고 갑옷을 입은 병사도 1만을 넘지 않으며 다만 군사 세력만 분산시키는 것인데 변방을 방어하는데 무슨 이로움이 있겠습니까? 지금 적(敵)의 군사가 경계 지역으로 들어와서 양도(糧道)를 막고 끊게 되어 왕의 군사[21]가 급히 출동하면 삼진(三鎭)[22]에 있는 무리들은 혹심한 더위를 무릅쓰고 교외에 있는 국경으로 나아가서 군대의 군량을 막고 지키는데 충당해야 하니 본래 싸울 마음이 없습니다. 원조(援助)하여 호송하는 나태(懶怠)한 군사를 가지고 북적(北敵, 요)의 가볍게 나는 기병(騎兵)을 감당하면서 한편으로 행군하고 한편으로 싸운다면 반드시 패배하여 코피가 터지게 됩니다. 한 부대가 조금 퇴각하게

---

21 제왕의 군대라는 말이며, 이는 송의 군대를 말하는 것이다. 원래 제왕의 군대라는 말은 적군을 오랑캐의 군대라는 의미를 내포하고 있는 말이다. 화이(華夷)사상에 의거한 용어이다.

22 송의 삼진은 태원(太原)·중산(中山, 河北省 定縣)·하간(河間, 河北省 河間縣)을 말한다.

❖ 송·요 서하전투 종합도

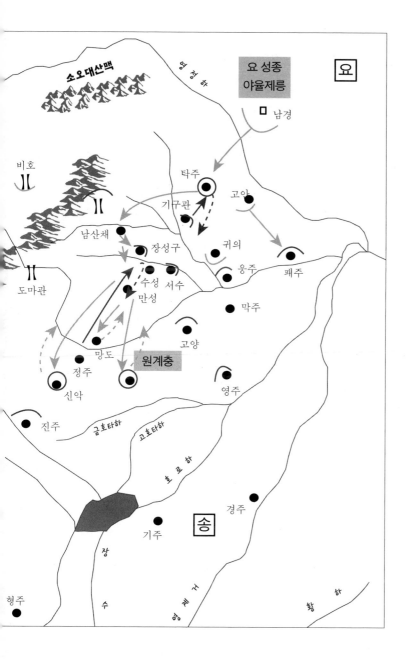

되면 무리들은 혹 이를 따르게 된다니 위로(威虜) 등의 군(軍)은 소문만 듣고도 스스로 떨어집니다.

편안할지 위태로울지 하는 일의 형편은 분명히 바라볼 수 있으니 의당 이때를 이용하여 대군(大軍)의 형세를 타고 사려(士旅, 군사)를 보전하며 보루(堡壘)를 뽑고 돌아와야 합니다. 이와 같이 하면 삼진의 무리들은 나가면서 이미 명분(名分)이 서고 위로(威虜) 등의 군(軍)은 엎어져서 망해버리는 화를 면하게 됩니다.

바야흐로 하삭(河朔)지역이 편안하지 않으니 통제하고 방어하는 방법은 의당 그 요해(要害) 지역을 들어내는 것입니다. 신은 무릇 변방 경계 지역의 군대보루에 있는 그 갑졸이 3만 명 이상이 되지 못하는 것은 의당 철폐하고 이미 공급을 줄여서 또한 침입하여 삼켜버리는 것을 면하게 해야 한다고 생각합니다. 또 관리하고 있는 군사들을 밖으로 변경에 이어져 있는 큰 진(鎭)에 예속시키는데 갑병이 모이게 되면 병사와 군마도 스스로 강하게 될 것이니 무릇 군사를 변경에 있는 읍(邑)에다 나누어 땔감 위에 앉아서 불붙기를 기다리는 것과 어찌 같은 것으로 말하겠습니까!"

10 8월 병진일(8일)에 크게 사면하였는데, 이날 저녁에 혜성이 없어졌다.[23]

11 이에 앞서 황제는 사자를 파견하여 항주(杭州, 절강성)에 있는 석가불사리탑(釋迦佛舍利塔)을 가져다가 궁궐 아래에 두고 개보사(開寶

---

23 지난 7월 10일에 혜성이 나타났었다.

寺)의 서북쪽 귀퉁이를 측량하여 부도(浮圖) 11급(級)[24]을 만들어서
이를 두려고 하였는데 위아래로 360척이자, 소용되는 비용이 억만(億
萬)으로 계상되었으며 전후로 8년을 넘었다. 계해일(15일)에 공사가
끝났는데, 갖춘 것이 아주 정교하고 아름다웠다. 지제고인 전석(田錫,
940~1004)이 상소문을 올려서 말하였다.

"무리들은 노란 금빛과 푸른빛이 휘황찬란하다고 여기지만 신은
〔백성들의〕 피와 기름을 바른 것으로 여겨집니다."

황제 역시 화를 내지 않았다.

12 경오일(22일)에 요(遼)에서는 진사인 고정(高正, ?~1016) 등 두 사
람을 방방(放榜)하였다.

13 9월 무자일(10일)에 지제고인 왕화기(王化基, 944~1010)를 권어사
중승(權御史中丞)으로 하였다. 황제가 일찍이 불러서 편전(便殿)에 오
게 하여 변방의 일을 물었는데 왕화기가 말하였다.

"천하를 다스리는 것은 마치 나무를 심는 것과 같으니 걱정할 것은
뿌리가 아직 굳지 않은 것이며, 뿌리가 굳다면 줄기와 가지는 걱정거리
가 되기에는 부족합니다. 지금 조정이 잘 다스려지는데 변방의 경계 지
역이야 무슨 걱정으로 불안합니까?"

---

24 11층짜리 부도를 말한다. 부도는 범문(梵文)의 Buddha를 음역한 것이다. 현
재는 대부분 불(佛)이라고 번역하는데 불교에서 부처가 성불(成佛)한 후의 이
름이다. 각(覺)이라는 뜻의 budh에 과거라는 의미의 ta를 붙여서 이미 각성
한 분이라는 뜻이 된다. 이를 한자로 번역하는 과정에서 불타(佛陀), 불도(佛
徒), 부타(浮陀), 부도(浮圖), 부도(浮屠), 불도(佛圖) 등으로 음역되었다.

황제가 그 말대로 생각하였다.

14　조서를 내렸다.

"오늘날 조관 가운데는 율령격식(律令格式)[25]에 밝은 사람이 있으면 편지를 올려서 스스로에 관하여 진술하는 것을 허락하니 마땅히 시험적으로 물어서 형부(刑部)·대리시(大理寺)의 관속(官屬)으로 보임하였다가 3년이 되면 그 관질(官秩)을 옮겨 줄 것이다.

25　수·당(隋·唐) 이후로 법률의 기본적인 형식을 말하는데, 율(律)은 각종 위법 행위에 대한 징벌조문이고, 령(令)은 제도(制度), 규장(規章)에 관한 규정이며, 격(格)은 금령을 간사하게 사용하는 것을 금지하며 율에 대하여 보충적이고 변통(變通)적인 조례이며, 식(式)은 관부의 기구에 있는 각종 장정(章程)과 세칙(細則)을 말한다.

경제로 고심하는 송의 조정

15   하북(河北)지역에서 군사 활동을 하면서 궤향(饋餉)에서 절실해
지자 처음으로 상인들로 하여금 추량(芻糧)을 실어서 요새 아래까지
운반하게 하고 그 지역의 멀고 가까운 것을 참작하여 그 값을 우대하
였는데, 교권(交券, 교환권)을 가지고 경사(京師)에 이르면 민전(緡錢)
으로 보상하였고 혹은 문서를 강·회(江·淮)지역으로 옮겨서 다(茶)와
소금을 주었는데, 이를 절중(折中)²⁶이라고 하였다. 어떤 사람이 상인
이 운반하게 한 바, 해치고 남용되는 것이 많다고 하자 이로 인하여 이
를 철폐하였는데 1년에 국용(國用)에 손해를 끼치는 것이 거의 100만
으로 계상되었다.

 겨울 10월 계유일(25일)에 다시 절중하는 것을 옛날대로 하게 하였
다. 또 절중창(折中倉)을 설치하고 상인들이 곡식을 경사에 운송하고
강회에서 다·염(茶·鹽)을 요청하는 것을 들어주고 선부원외랑인 범정
사(范正辭, 936~1010) 등에게 명령하여 그 출납을 관장하게 하였다. 매

---

26 이는 올바른 것으로 조절하여 알맞게 하는 것으로 서로 다른 의견을 조절하
  여 양쪽이 다 수용할 수 있게 하는 것을 말한다.

100만 석을 1계(界)로 하고 벼슬하는 집안과 형세호(形勢戶)는 입속(入粟)을 할 수 없게 하고 어사대(御史臺)에서 이를 규찰(糾察)하였다. 마침 이 해에 가뭄을 만나게 되자 철폐하였다.[27]

16   정난(靜難, 陝西 邠縣)절도사인 조보충(趙保忠)[28]에게 동평장사를 덧붙여 주었다.

17   황제는 이 해에 한재(旱災)가 들자 감선(減膳, 반찬을 줄이는 것)하고 두루 여러 사람이 바라는 곳으로 다녔지만[29] 모두 반응이 없었다. 이날 저녁에 손수 조서를 재상인 조보 등에게 내려서 말하였다.

"별의 변고가 있은 이래로 오랫동안 비 내리고 눈 오는 것이 〔시절을〕 어기고 있소. 짐은 마땅히 경(卿) 등과 더불어 형정(刑政)에서 빠뜨리거나 실수한 것이 있는지 살펴보고 농사짓는 것의 어려움을 생각하고 재물에 대하여 걱정하고 백성을 편안이 하는데 돌아보고 도와주기를 많이 기도하고 있소."

당시에 조보가 병이 나서 휴가를 청하니 바로 여몽정(呂蒙正) 등에

27 이 절중의 문제는 두 가지로 사건으로 보인다. 하나는 변새로 추량을 운반하여 절중한 것과 다른 하나는 강남에서 경사(京師)로 곡식을 운반하여 절중한 것이다. 그러나 《송실록》과 《범정사전(范正辭傳)》에는 이 둘을 합쳐서 하나로 하였다.

28 이계봉(李繼捧, 962~1004)을 말한다. 송 초에 당항(党項)족의 수령인 이광예의 아들로 정난절도사가 되었는데, 송 태종이 성을 하사하고 이름을 바꿔 주어서 조보충으로 하였으며 이 내용은 《속자치통감》 권14에 실려 있다.

29 명산대천(名山大川)으로 두루 다니면 제사를 지낸 것을 말한다.

게 주었다.[30] 임신일(24일)에 여몽정 등이 장춘전(長春殿)에 나아가서 사죄하며 말하였다.

"신 등이 변화를 조절하는데 성과가 없었으니 빌건대 한대(漢代)의 제도에 의거하여 책면(策免, 책서로 면직시키는 것)하여 주십시오."

황제가 이들에게 위로하며 면려(勉勵)하였다. 지제고인 왕우칭(王禹偁, 954~1001)이 상소문을 올렸다

"빌건대 승여복어(乘輿服御)[31]에서부터 시작하여 백관들의 봉료(俸料)까지로 하는데, 숙위(宿衛)하는 군사와 변방의 장수들을 제외하고는 모두 차례대로 이를 삭감하십시오. 밖으로는 해마다 사들이는 물건을 중지하시고 안으로는 정밀하고 교묘한 기능을 철폐하십시오. 다만 사람들의 마음을 감동시켜 조화로운 기운을 불러 오면 재앙이 변하여 복이 되니 오직 성인께서 이를 시행하십시오."

18   중서문하에서 말하였다.

"기록한 《시정기(時政記)》는 황제가 매번 어전에 나가면 추밀 이하의 관원들이 먼저 상주(上奏)하고 재신(宰臣)들은 아직 전각에 올라가지 아니하였으니 모든 선유(宣諭)하시는 성스러운 말씀은 들어 아는 것이 없어서 누락되고 소략 되는 것을 염려하였습니다. 빌건대 추밀부사 두 명을 차견(差遣)하여 뒤쫓아서 바로 초록하게 하고 중서에 보내어 함께 수찬하여 한 권의 책을 만들고 사관(史官)에게 주도록 하게 해 주십시오."

---

30 친필로 쓴 조서를 준 것이다.

31 황제의 의복이나 거마 같은 것을 말한다.

《추밀원시청기(樞密院時政記)》는 대개 여기에서 시작되었다.

19 11월 신축일(24일)에 진주(鎭州, 河北省)도부서·선휘남원사(宣徽
南院使)인 곽수문(郭守文, 935~989)이 죽었다.

곽수문은 침착하고 조용하며 지모를 가지고 있었는데 조빈(曹彬,
931~999) 등이 실패하면서부터 거란이 이긴 기세를 타고 깊이 들어오
자 곽수문에게 명령하여 상산(常山, 河北省 石家莊市)에서 진수하면서
이를 경략하게 하였다. 곽수문이 이미 죽고 나자 중사(中使) 가운데 바
로 북방 변경에서 온 사람이 있었는데, 이르기를 무부(武夫)와 사나운
병졸이 모두 눈물을 흘렸다고 말하였다. 황제가 말하였다.

"어찌하여 이러한 지경에 이르렀는가?"

대답하여 말하였다.

"곽수문은 봉록을 받게 되면 모두 소고기와 술을 사서 병사들에게
호군(犒軍)[32]하였는데 죽은 뒤에 집안에는 남은 재산이 없었습니다."

황제는 오래도록 탄식하고 애석해 하다가 바로 그 집에 전(錢) 5백
만을 하사하고 이어서 그 아들을 녹용(錄用)하였다.

20 12월 경신일(13일)에 조서를 내려서 존호(尊號)를 줄여서 단지 황
제(皇帝)라고만 부르게 하였다. 조보·여몽정이 굳게 복구(復舊)하기를
청하였지만 황제는 허락하지 않았다. 무진일(21일)에 여러 신하들이
'법천숭도문무(法天崇道文武)' 여섯 자를 올렸는데 조서를 내려서 '문
무(文武)'를 제거하게 하고 나머지는 이를 좇았다.[33]

---

32 군사들을 위로하면서 술과 고기를 대접하는 것이다.

21 　가을에서부터 겨울까지 비가 내리지 않자 지제고인 전석(田錫,
940~1004)이 말씀을 올렸다.

　"이것은 실제로 음(陰)과 양(陽)이 조화롭지 못하여서이니, 변화를
조절하는 것이 거꾸로 놓여서 위에서 아랫사람의 직책을 침해하고 통
찰하는 이치가 아직 다하지 않았으며, 아랫사람이 윗사람의 실수를 알
고도 허물을 규간(規諫)하는 것이 아직은 할 수 없는 것입니다."

　상소문이 들어가자 황제와 재신(宰臣)들이 모두 기뻐하지 아니하여
전석을 내보내어 지진주(知陳州)로 하였다.

태종 순화(淳化) 원년(경인, 990년)[34]

1 　봄 정월 초하루 무인일에 황제가 조원전(朝元殿)에 나아가서 옥
책(玉冊)에 쓴 존호(尊號)를 받고[35] 경성(京城)에 갇혀있는 죄수를 곡
사(曲赦)하고 기원(紀元)을 고쳤다.[36]

---

33 송 태종 조광의에게 신하들이 올린 존호를 사용한 것은 태평흥국 6년(981년)
　부터이고 이때에 사용한 존호는 '응운통천예문영무대성지명광효(應運統天睿
　文英武大聖至明廣孝)'이었는데, 이것을 줄여서 황제라고만 사용하게 하자, 신
　하들은 줄이라는 뜻에 따라서 '법천숭도문무(法天崇道文武)'라고 하자고 하
　였지만 여기에서도 문무라는 두 글자를 줄여서 '법천숭도(法天崇道)'라고만
　하도록 한 것이다.

34 요(遼)의 성종(聖宗) 통화(統和) 8년이다.

35 지난해에 태종에게 올린 새로운 존호인 '법천숭도(法天崇道)'를 쓴 옥책을 받
　은 것이다.

36 곡사란 사면령의 일종으로 천하 모든 사람을 사면하는 것이 아니고, 한 곳, 또

기묘일(2일)에 건명절(乾明節)을 고쳐서 수녕절(壽寧節)로 하였다.[37]

2 　태보(太保) 겸시중인 조보가 병들어 위중하여 세 번 표문(表文)을 올려서 정무에서 사직을 하겠다고 하였다. 무자일(11일)에 조보를 서경유수(西京留守) 겸중서령(兼中書令)으로 하였다.

3 　경인일(13일)에 요주(遼主)가 묵혀진 옥사(獄事)를 판결하라고 명령하였다.

4 　2월 초하루 정미일에 강남(江南)·양절(兩浙)·회서(淮西)·영남(嶺南)에 있는 여러 주(州)에 어금령(漁禁令)을 해제하였다.

5 　기유일(3일)에 대명전(大明殿)을 고쳐서 함광전(含光殿)으로 하였다.[38]

―――――――

는 두세 곳, 혹은 몇 곳에 사면령을 제한적으로 내리는 것을 말한다. 진대(晉代) 혜제(惠帝) 때인 영강(永康) 원년(300년) 8월에 낙양에만 곡사령을 내린 일이 있다. 이때에 연호(年號)를 단공에서 순화로 바꿨다.

37 송 태종 생일의 명칭을 건명절에서 수녕절로 바꾼 것이다.

38 대명전은 북송의 정전(正殿)이 아니다. 북송의 정전은 대경전(大慶殿)이라고 하는데, 여기는 큰 전례를 행하는 곳이다. 대경전의 남쪽에는 관부가 있고 대경전의 북쪽에는 자신전(紫宸殿)이 있는데, 황제가 조회를 받는 곳이며, 사신을 접견하는 곳도 자신전이다. 대경전의 서쪽에는 수공전(垂拱殿)이 있는데 평상시 황제가 정무를 살피는 곳이고, 자신전과 수공전 사이에 문덕전(文德殿)이 있는데 이곳은 황제가 조회에 나가기 전과 후에 잠시 쉬는 공간이며, 궁중에 연회를 여는 곳은 집영전(集英殿)과 승평루(昇平樓)가 있다. 대명전과 함광전은 모두 당대 장안에 있던 궁전 이름으로 송도 당의 장안에 있던 것을

6   제로(諸路)에 인본(印本, 인쇄본)인《구경(九經)》[39]을 하사하고 장리(長吏)들과 여러 관리들이 함께 이를 열람하게 하였다.

7   등주(登州, 山東 烟台市)에 기근이 들자 조서를 내려서 이를 진휼(賑恤)하게 하였다.

8   3월 계축일[40]에 강주(江州, 江西省 九江市)에서 말하였다.

"덕안현(德安縣, 江西省 北部)의 백성인 진경(陳競)[41]은 14세(世)가 같이 사는데 늙은이에서부터 어린아이까지 1천2백여 명이었으며 항상 식량이 부족한 것을 고생스러워 합니다."

매해에 쌀 2천 석씩을 베풀어 주게 하였다.

9   조보가 재상에서 파직되면서부터 여몽정은 관대하고 간략한 태도로 재상의 자리에 있었는데, 신중보는 그 사이에서 종용히 하니 정사의 대부분은 왕면에게서 결정되었다. 왕면은 민첩하게 구별 짓고 잘 펴

모방하여 만들었는데 대명전 앞에서 격구를 한 기록이 있다.

39 송대 간각(刊刻)한 건상본(巾箱本) 구경(九經)은 《역(易)》, 《서(書)》, 《시(詩)》, 《좌전(左傳)》, 《예기(禮記)》, 《주례(周禮)》, 《효경(孝經)》, 《논어(論語)》, 《맹자(孟子)》이다.

40 이 해의 3월 1일은 병자일이므로 3월 중에는 계축일이 없다. 그런데 《속자치통감장편》에는 4월 계축일로 되어 있고, 이날은 4월 8일이다. 따라서 여기서 3월은 4월의 잘못으로 보인다.

41 《속자치통감장편》에는 진긍(陳兢)으로 되어 있지만, 《통감후편》에는 진경으로 되어 있어서 여기에서는 《통감후편》을 따른 것이다.

서 상주하였지만 그러나 성품이 가혹하고 각박하여 지극한 정성으로
사람을 대우하지 않으니 여러 신하들이 알현하면 반드시 달콤한 말로
그에게 먹여주어 모두가 기뻐하며 지나친 희망을 갖게 하였지만 이미
그렇게 하고 나서 진급하고 물러나게 하는 것은 온당하지 않아서 사람
들은 대부분 그를 원망하였다.

10   정사일[42]에 태자중윤(太子中允)인 진성화(陳省華, 939~1006)와
그의 아들인 광록시승(光祿寺丞)·직사관인 진요수(陳堯叟, 961~1017)
에게 오품복(五品服)[43]을 하사하였다. 이에 앞서서 진요수가 진사(進
士)에 천거되어 갑과(甲科)에 합격하여 감사의 말씀을 올리는데, 말씨
가 분명하였다. 황제가 재상에게 이 사람이 누구의 아들인가를 묻자 여
몽정 등이 진성화라고 대답하였으며, 진성화는 당시에 누번령(樓煩令)
이었는데 바로 불러서 보고 태자중윤(太子中允)으로 발탁하였다. 이에
이르러서 아버지와 아들이 같은 날에 면대하고 장복(章服)[44]을 하사
받았다.

---

42 이대로라면 3월 정사일이어야 하지만 앞의 주석에서 밝힌 바처럼 이 역시 3월
에는 없으므로 4월 정사일로 보아야 하고, 그러면 12일이다. 이후로도 같다.

43 5품관이 입는 관복을 말한다. 송대(宋代)의 관복은 당대(唐代)를 이어 받아
서 3품 이상은 자색(紫色)의 관복을 입었고, 5품 이상은 주색(朱色)의 관복
을 입었으며, 7품 이상은 녹색(綠色)을, 9품 이상은 청색(靑色)의 관복을 입었
으므로 이때에 하사한 관복은 주색의 관복이었다.

44 수를 놓은 예복을 말하는데 수는 해와 달, 별에 관한 그림을 도안하였으며,
그림 하나를 도(圖)라고 하는데, 천자의 장복은 12장(章)이고 관리의 품급에
따라서 9장, 7장, 5장, 3장으로 차례로 내려가도록 되어 있다.

11 을유일⁴⁵에 요(遼)에서 행과(杏堝)⁴⁶에 성을 쌓고 포로로 잡힌 변방의 백성들로 그곳에 채웠다.

12 이달⁴⁷에 하주(夏州, 陝西 靖邊縣의 北쪽 白城子)에서 이계천(李繼 遷, 963~1004)을 패배시켰다.

13 여름 4월 초하루 병오일에 요(遼)의 엄주(嚴州)자사 이수영(李壽 英)이 은혜로운 정사(政事)를 베풀자 부민(部民)들이 남아 있기를 요청 하니 이를 따랐다.

14 경오일(25일)에 요(遼)에서는 이 해에 한재가 들어서 여러 부(部) 의 기근은 진휼하였다.

15 5월 경인일(16일)에 여진(女眞)의 재상인 아합(阿哈, 阿海)이 요에

---

45 앞의 기사를 4월로 하였으므로 이 기사도 역시 4월로 하여야 하지만 4월 1일 이 병오일이므로 4월 중에는 을유일이 없다. 그런데 다시 이후에 4월의 기사 가 나오는 것으로 보아 이 사건은 3월에 있었던 것으로 보이며 이날은 3월 10일이다. 편년체 사서의 원칙에서 보면 이 기사는 더 앞으로 가야 맞는데 편 찬자가 약간의 착오를 일으킨 것으로 보인다.

46 요의 태조 야율아보기(耶律阿保機)가 행과에 새로운 성을 쌓았는데, 그 치 소는 내몽고 오한기(敖漢旗) 동쪽에 있는 백탑자촌(白塔子村)이다. 통화 8년 (990년)에 안주로 고쳤다고 되어 있다. 또 다른 설은 경종이 목엽산(木葉山) 아래에 행탑(杏塌)에 안주를 설치하였는데 성종이 행과에 새로 성을 쌓은 것 이라고 하였다.

47 앞의 기사로 보아서 3월에 일어난 것으로 보아야 할 것이다.

공물을 바치니 순화왕(順化王)으로 책봉하였다.

16   신묘일(17일)에 형부(刑部)에 상복관(詳覆官, 자세히 살피는 관원) 6명을 두어서 천하에서 올라오는 안독(案牘, 사건 서류)을 전문적으로 열람하고 다시는 국문(鞫問)하는 옥리(獄吏)를 파견하지 않게 하였다. 어사대에 추감관(推勘官, 심문관) 20명을 두었는데 나란히 경조관으로 충임하였다. 만약에 여러 주에 대옥사 사건이 있게 되면 전거를 타고 가서 국문하게 하였는데, 폐사(陛辭)[48]하는 날 황제는 반드시 그에게 유시(諭示)하여 말하였다.

"넝쿨처럼 곁가지를 많이 만들지 말고, 사건을 머물러 정체시키지 말라."

돌아오게 되면 반드시 불러서 일을 미루었던 상황을 물었는데, 고정된 제도로 정착시켰다.

17   5월 갑오일(20일)에 조서를 내렸다.

"치사(致仕, 퇴직)한 관원 가운데 일찍이 내외직(內外職)을 역임한 사람에게는 녹봉의 반을 지급하는데, 다른 물건으로 충당하라."

18   나라가 세워진 초기에 전(錢)에 들어가는 글씨는 '송통원보(宋通元寶)'라고 하였다. 을미일(21일)에 고쳐서 '순화원보(淳化元寶)'[49]라

---

48 조정의 관리가 조정을 떠나면서 전각에 올라가서 황제에게 인사하고 작별하는 것이다.

49 순화(淳化)는 현재 황제인 태종 조광의가 사용하는 연호이다.

는 전을 주조하였는데, 황제가 친히 그 글씨를 썼으며 진서(眞書)·행서
(行書)·초서(草書) 세 체(體)로 하였다. 이로부터 매번 기원(紀元)을 바
꿀 적마다 반드시 고쳐서 주조하여 연호(年號)에 원보(元寶)를 붙이는
것을 〔전(錢)에 들어가는〕 글로 하였다.

19   병신일(22일)에 요(遼)에서는 민전(民田)을 등기하였다.

20   6월 병오일(3일)에 중원절(中元節)[50]·하원절(下元節)[51]에 등불
을 벌려 놓는 것을 철폐하였다.

---

50 중원절은 속칭 구절(鬼節)이라고도 하며 불교에서는 우란분절(盂蘭盆節)이라
   고 하며 7월 15일이다. 이날 등불을 내거는 습속이 있다.

51 하원절은 도교(道敎)와 관계된 절기이다. 도가(道家)에는 천관(天官), 지관(地
   官), 수관(水官)이 있는데, 천관은 복을 주고, 지관은 죄를 사해주며, 수관은
   액운을 풀어 준다고 한다. 이 세 관(官)의 탄생일을 1월 15일, 7월 15일, 10월
   15일을 각기 상원절, 중원절, 하원절로 부른다. 여기서 하원절은 10월 15일을
   말하는 것이다.

하국왕이 되는 이계천

21   가을 7월 경진일(7일)에 요(遼)에서는 남경웅군(南京熊軍)을 고쳐서 신군(神軍)이라고 하였다.

요(遼)나라 사람들이 남쪽으로 침략할 것을 모의하여 북악묘(北岳廟)[52]에 가서 이것을 점치게 하였는데, 신(神)이 허락하지 않자 요(遼)나라 사람들이 불을 멋대로 질러 묘(廟, 북악묘)를 태워버리고 갔다.

22   정유일(24일)에 황제가 지은 시문(詩文)을 비각(祕閣)에 소장하였다.

23   이달에 길(吉)·홍(洪)·강(江)·기(蘄)·하양(河陽)·농성(隴城)에 큰 물이 났고, 개봉(開封)·진류(陳留)·봉구(封丘)·산조(酸棗)·언릉(鄢陵)에는 가뭄이 들었는데 조서를 내려서 금년도 전조(田租)의 반을 하사하고 개봉(開封)에는 특별히 1년간의 조세를 면제하였다. 경사(京師)

---

52 하북성 보정시 곡양현(曲陽縣)의 성안 남쪽 귀퉁이에 있는 도교궁관(道教宮觀)이다.

에서는 쌀 사들이는 것이 비싸지자 사자를 파견하여 창름(倉廩)을 열어 값을 깎아 나누어 내다 팔게 하였다.

24   8월 초하루 계묘일에 비서감인 이지(李至, 947~1001)와 우복야인 이방(李昉)·이부상서인 송기(宋琪, 917~996)·좌산기상시인 서현(徐鉉, 916~991) 그리고 한림학사·제조시랑(諸曹侍郎)·급사(給事)·간의(諫議)·사인(舍人) 등이 비각(祕閣)에서 책을 보았다. 황제가 이 소식을 듣고 사자를 파견하여 연회를 베풀어 주고, 도적(圖籍)을 크게 벌려 놓고 마음대로 보게 하였으며, 다음 날 또 권어사중승(權御史中丞)인 왕화기(王化基, 944~1010)와 삼관학사에게 나란히 비각에 연회를 베풀어 주었다. 이에 앞서서 황제가 지은 시문(詩文)을 비각에 수장(受藏)하였고 또 사자를 파견하여 여러 도(道)에 가서 옛 서적과 기이한 그림과 선현(先賢)들의 묵적(墨跡)을 모으게 하였는데, 몇 년 사이에 도적(圖籍)을 궁궐에 와서 헌납하는 사람이 헤아릴 수 없었다. 마침내 사관(史館)에 조서를 내려서 천문(天文)·점후(占候)·참위(讖緯)·방술(方術) 등에 관한 책 5,010권을 다 가져오고 아울러 옛날 그림 묵적 114축(軸)을 내어서 모두 비각에 수장하였다.

25   을사일(3일)에 좌장고(左藏庫)에 명령을 내려서 등록하여 관장하고 있는 금·은으로 된 기명(器皿, 그릇)에 관한 것들을 모두 부셔버리게 하였다. 유사가 말하였다.

"그 가운데는 정교하게 만든 것이 있으니 남겨 두어 진어(進御)에 대비하고 싶습니다."

황제가 말하였다.

"너는 기이하고 교묘한 것을 귀하다고 여기지만 나는 자애롭고 검약한 것을 보배로 여긴다."

끝내 다 부수어버렸다. 황제의 성품은 절약하고 검소하여 조회에서 물러가서는 항상 화양건을 착용하였고 베로 만든 옷과 굵은 명주로 된 띠를 맸으며 내복(內服)은 가는 명주로 만들었는데, 모두 여러 차례 세탁한 것이었고, 승여(乘輿)와 공급하는데 사용한 물건은 늘려 보탠 것이 없었다.

26 계해일(21일)에 이지(李至)가 상소문을 올렸다.

"비각(祕閣)은 만들어 설치한 뒤부터 2년을 거쳤는데 관사(官司)가 처할 곳[53]은 아직 정해진 제도가 없습니다. 바라건대 밝히 조서를 내리시어 삼관(三館)과 나란히 늘어서 있게 하시고 그 앞뒤의 순서를 만들어 영구적인 형식으로 만드십시오."

황제는 그 주문을 옳게 여겨서 비각은 삼관보다 다음에 늘어놓게 하였다.

27 기사일(27일)에 천(川, 四川)·협(峽, 三峽)·영남(嶺南)·호남(湖南)에서 사람을 죽여서 귀신에게 제사지내는 것을 금하였으며, 주현(州縣)에서 살펴 체포하게 하고 고발하는 사람을 모집하여 상을 주게 하였다.

28 9월 을해일(3일)에 북여진(北女眞)[54]의 4부가 요(遼)에 붙기를 요

---

53 관사(官司)의 서열을 말하는 것이다.

청하였다. 〔지도참고〕

29 무인일(6일)에 숭의부사(崇儀副使)인 곽재(郭載)가 말하였다.

"신이 전에 검남(劍南, 四川 益州)에 사자로 가서 천(川)·협(峽)에 사는 부자들은 대부분 췌서(贅壻, 데릴사위)를 부르는 것을 보았는데, 자기가 낳은 아들과 똑같이 대우하며 죽게 되면 그 재산을 나누니 그러므로 가난한 사람들은 대부분 췌서로 나가니 아주 풍속과 교화하는 것을 해치며 쟁송도 많아지니 바라건대 이를 금하여 주십시오."

조서를 내려서 그 청을 좇았다.

30 겨울 10월 을사일(3일)에 동주관찰추관(同州觀察推官)인 하남(河南) 사람 전약수(錢若水, 960~1003)를 비서승·직사관으로 하였다. 전약수가 처음에 동주(同州, 陝西省 大荔縣)좌관(佐官)이었는데, 지주(知州)의 성격이 좁고 급해서 자주 마음속에 있는 것을 가지고 일을 부당하게 결정하자, 전약수는 굳게 다투었지만 어찌할 수가 없어서 문득 말하였다.

---

54 여진(女眞, Jurchen, jušen, Rŭzhēn)은 여진(女眞), 여정(女貞)이라고 하는데, 대체적으로 3천여 년 전의 숙신(肅愼)에서 기원하였을 것이다. 한(漢)부터 진(晉)까지는 읍루(挹婁)라고 불렀고, 남북조시기에는 물길(勿吉, 독음은 莫吉)이라고 하였으며 수·당시기에는 흑수말갈이라고 불렀고, 요·금시기에는 여진(女眞)으로 불렀는데, 요(遼)의 흥종(興宗)인 야율종진(耶律宗眞)을 피휘하려고 여직으로 불렀다. 요(遼)에서는 생여진과 숙여진으로 나누었으며 명대에도 여진으로 불렀으며 청대에는 만주로 불렀다. 숙여진은 등록을 한 사람으로 남쪽에 있었고, 생여진은 등록을 하지 않은 사람으로 북쪽에 있는 사람들을 일컫는 것이다.

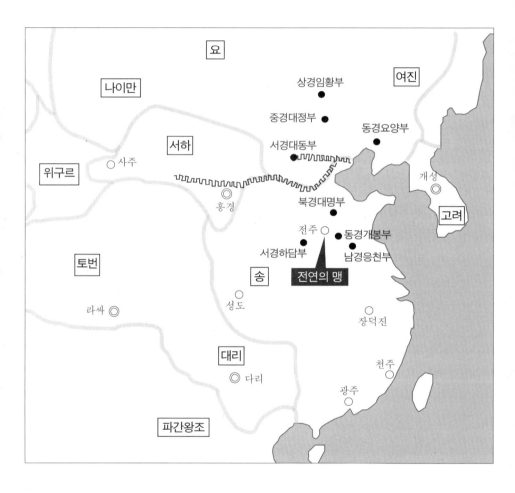

❖ 요대 여진 위치도

"마땅히 봉록을 보태어 대속금(代贖金)으로 하겠다."[55]

이미 그렇게 하고서 안건을 상주하였더니 과연 조정과 상급관사에 반박하는 바가 되었고, 주(州)의 관원(官員)들이 모두 대속금을 내도록 판결되었다. 지주는 부끄러워하며 사과하였지만 그러나 끝내 고치지는 아니하였다. 어떤 부유한 백성이 여자 노비를 잃자 그 부모가 주(州)에 송사(訟事)를 하니 녹사참군(錄事參軍)에게 명령하여 이를 국문(鞫問)하게 하였다. 녹사참군은 일찍이 그 부유한 백성에게 돈을 빌리려고 하였다가 얻지 못하였는데, 마침내 부유한 백성의 부자(父子)와 몇 사람이 함께 여자 노비를 죽이고 시체를 물에 버리어 끝내 그 시체를 잃어버렸다고 탄핵하여 죄는 모두 사형으로 판결하였다. 부유한 백성은 고략(拷掠, 고문)을 이기지 못하여 스스로 거짓으로 자복(自服)하였다. 옥사가 갖추어져서 올리니 주의 관원들이 다시 심사하여 모두가 사실이라고 하였다. 그러나 전약수만은 홀로 이를 의심하고 그 옥사를 며칠 남겨두어 결정하지 않고, 비밀리에 사람을 시켜서 여자 노비를 찾게 하여 그를 찾아내서 이끌고 가서 그 부모에게 보이니 모두가 눈물을 흘리며 말하였다.

"옳습니다."

부유한 백성의 아버지와 아들은 이것에 의지하여 죽음을 면할 수 있었다. 지주(知州)는 그 공로를 상주하려고 논의하려고 하니 전약수는 굳게 사양하였다. 황제도 역시 그 이름을 들었고 마침 구준(寇準)이 전

---

55 원문에는 '당배봉속동이(當陪俸贖銅耳)'으로 되어 있는데,《속자치통감장편》에는 '당배봉속동이(當賠俸贖銅耳)'로 되어 있다. '陪'가 '보태다'라는 뜻이라면 '賠'는 '배상하다'라는 뜻이므로《속자치통감장편》의 기록이 이 사건의 정황에 가깝다.

약수를 문학고제(文學高第)로 천거하자 불러서 학사원(學士院)에서 시험하고 이 관직을 주도록 명한 것이다.

31   을축일(23일)에 지백주(知白州)인 장원진(蔣元振)에게 견(絹) 30필과 쌀 50석을 하사하였다. 병인일(24일)에 지운주(知鄆州)인 수성현(須城縣, 山東 東平縣 埠子坡) 사람인 요익공(姚益恭)에게 견 20필과 쌀 20석을 하사하였다.

　　장원진은 생활이 깨끗하고 가난하나 절개를 지켰는데, 친속(親屬)이 많고 가난하였지만 도와서 기를 수가 없어서 영남(嶺南)에는 물건 값이 싸다는 소식을 듣고 이어서 그 관직을 요구하여 집을 담주(潭州, 호남)에 기탁하고는 봉록을 다 남겨서 공급하면서 장원진은 콩잎을 씹고 물을 마시고, 종이를 재봉하여 옷을 만들고 정치를 아주 편하고 쉽게 하니 백성들은 아주 이를 편하게 생각하였다. 질만(秩滿, 관리의 임기가 끝남)하여 옮겼는데, 전운사(轉運使)가 머물게 하기를 비니 무릇 7~8년 동안 대신할 수 없었다.

　　요익공은 처음에 흥국군(興國軍, 湖北省 陽新縣)판관이었는데 깨끗하고 능력 있는 것으로 소문이 나니 불러서 궁궐에 오게 하였는데, 늙은이에서 어린아이까지 1천여 명이 길을 막아 출발할 수가 없게 되자 요익공은 밤중에 성문을 열고 숨어서 떠났다. 그가 수성(須城)에 있으면서 채찍으로 때리는 것을 사용하지 않았지만 경내는 크게 잘 다스려졌고 백성 수천 명이 세 번이나 전운사를 막고 머물게 해 달라고 빌었다. 이에 이르러 채방사(採訪使)가 각기 그 상황을 말하자 그러므로 이러한 사여(賜與)를 한 것이다.

32 11월 정축일(6일)에 지안주(知安州)·시어사인 이범(李範)이 말씀을 올렸다.

"예전의 전중승·통판주사인 고려(高麗) 사람 김행성(金行成)이 병이 깊어 신(臣)과 주(州)의 관원 몇 사람을 불러서 그 누워있는 방으로 가니 눈물을 흘리며 또 말하기를 '외국인이 중원에 있는 조정에서 5품관을 맡아서 군(郡)의 정사를 돕다가 병들에 죽게 되었는데, 주군(主君)의 은혜에 보답할 수 없으니 구천(九泉)에 내려가서도 역시 한스러움이 남습니다. 두 아들인 김종민(金宗敏)·김종약(金宗約)은 모두 어리고 집안도 본디 가난하여 의지할 다른 친척도 없으니 가다가 구학(溝壑)에 떨어질 것입니다.'라고 하였습니다. 이미 죽고 났는데, 그 처는 맹세코 개가(改嫁)하지 아니하고 두 아들을 길렀는데, 신발을 짜 만들어 자급(自給)하였습니다. 신은 가만히 이를 애달파 합니다."

조서를 내려서 김종민을 태묘재랑(太廟齋郎)으로 삼고 안주(安州, 廣西 欽州市 東北쪽 欽江西北岸)로 하여금 매월 전 3천과 쌀 다섯 석을 그 집에 공급하게 하고 장리(長吏)들은 항상 세시(歲時)로 위문하게 하여 의지할 곳을 잃지 말게 하였다.

33 당시에 여러 신하들 가운데 전각(殿閣)에 올라가서 일을 상주하는 사람들은 이미 그 주문(奏文)을 가(可)하다고 하면 모두 유사(有司)에게 오로지 보낼 수 있는데, 자못 교묘하고 망령된 것을 포함하였다. 12월에 좌정언·직사관인 흡(歙, 安徽省 東南部) 사람 사필(謝泌, 950~1012)이 지금부터 무릇 정사(政事)는 중서(中書)로 보내고 기밀사항은 추밀원으로 보내며 재화(財貨)에 관한 것은 삼사(三司)로 보내고, 다시금 상주한 다음에 시행하기를 요청하였다. 신축일[56]에 조서를 내

려서 사필의 요청을 따르게 하고 드디어 정한 제도로 정착시키니 안팎
에서 쓴 상소문 역시 이와 같게 하였다.

34 대리시승인 왕제(王濟)를 형부(刑部)의 상복관(詳覆官)으로 하였
는데 누차 봉사(封事)를 올렸다. 황제가 어느 날 좌우에 있는 사람들을
돌아보고 물었다.

"형부(刑部)에서 사건에 관하여 말하기를 좋아하는 사람이 누군가?"

좌우에 있는 사람들이 왕제라고 대답하자 황제는 드디어 명령을 내
려서 진주(鎭州, 海南省)의 통판(通判)[57]으로 삼았다. 주목(州牧)과 군
수(郡守)는 대부분 공훈을 세운 옛날의 무신(武臣)들이어서 거만하고
귀하여 아랫사람들을 깔보았지만 왕제는 아직 일찍이 굽혀지지 않았
다. 수졸(戌卒)이 자못 방자하고 포악하고 불법을 저지르고 밤중에 혹
은 백성들의 집에 불을 지르고 도둑질을 하였는데, 왕제가 곧바로 잡아
서 즉각 이를 목 베고 말을 달려서 그 일을 상주하자 황제는 크게 기뻐
하였다. 도교(都校)[58]인 손진(孫進)이 술로 무뢰한 짓을 하다가 사람
을 구타하여 이빨을 부러트렸는데 왕제는 상주한 것이 회보되기를 기

---

56 이 해 12월 1일은 임인일이므로 신축일은 12월에 없다. 다만 《속자치통감장
   편》권31에는 이 기사가 신유(辛酉)일에 일어난 것으로 되어 있고, 이날은
   20일이므로 신축(辛丑)은 신유(辛酉)의 잘못으로 보인다.

57 통판은 송대부터 청대까지 지방행정관원의 일종이다. 송대에는 중앙에서 파
   견된 신분으로 지방에 내려가서 지방행정장관의 부관(副官)적인 존재로 지방
   행정과 감찰직권을 가지고 지방행정장관을 견제하였다.

58 도독 아래에 있는 속관으로 관할하는 제군을 감찰하는 직책으로 항상 태수
   로 천임(遷任)되는 자리이다.

다리지 않고, 등뼈에 곤장을 쳐서 궁궐 아래로 송치하니 군부(軍府)에서는 두려워하여 정숙하였다. 연이어 세 번 조서를 내려서 포상하고 장려하였다.

35　경술일(9일)에 요(遼)에서는 이계천(李繼遷, 963~1004)을 하국왕(夏國王)로 책봉하였다.〔지도참고〕

36　요(遼)에서는 동정사문하평장사인 실방(室昉, 920~994)이 치정(致政, 致仕)하기를 요청하니 요주(遼主)가 입조하라고 명령하고 배례를 면제하여 주고 궤장(几杖, 의자와 지팡이)을 하사하였다. 태후는 합문사(閤門使)인 이종훈(李從訓)을 파견하여 조서를 가지고 위로하는 문안을 하고 항상 남경(南京)에 살게 하며 정국공(鄭國公)에 책봉하였다.

37　이 해에 요(遼)에서는 진사 정운종(鄭雲從) 등 두 사람을 방방(放榜)하였다.

태종 순화 2년(신묘, 991년)[59]

1　봄 정월 병자일(5일)에 상주(商州, 陝西省 商洛市)단련사인 적수소(翟守素)를 파견하여 군사를 인솔하여 하주(夏州, 陝西 靖邊縣 北쪽 白城子)에서 조보충(趙保忠, 이계봉, ?~1004)을 돕게 하였다.

---

59 요의 성종 통화 9년이다.

2   요(遼)에서는 사사롭게 승니(僧尼)가 되는 것을 금지하였다.

이에 앞서 진국공주(晉國公主)[60]가 남경에 불교사원을 세웠는데, 요주(遼主)가 편액(匾額)을 하사하는 것을 허락하자 실방(室昉)이 주문을 올렸다.

"조서를 내려서 이름 없는 사원을 모두 혁파하게 하였는데, 지금 공주의 요청으로 편액을 하사하는 것은 전에 내린 조서를 어기는 것일 뿐만 아니라 이러한 풍조가 더욱 치열해질까 두렵습니다."

요주가 이를 좇았다.

3   을유일(14일)에 내전숭반(內殿崇班)·좌우시금(左右侍禁)을 설치하고 전전승지(殿前承旨)를 고쳐서 삼반봉직(三班奉職)으로 하였다.

4   요(遼)에서는 실방(室昉) 등이 《실록(實錄)》 20권을 올리니 요주(遼主)는 손수 조서를 내려서 이를 포상하고 실방에게 정사령(政事令)을 덧붙여 주고 백(帛) 6백 필을 덧붙여 주었다.

5   무자일(17일)에 요(遼)에서는 남침(南侵)하면서 항복을 받은 병졸 5백 명을 선발하여 선력군(宣力軍)으로 하였다.

6   신묘일(20일)에 요(遼)에서는 삼경(三京)과 여러 도(道)의 전조(田租)를 면제하고 이어서 전지 등기를 철폐하였다.

---

60 요 세종(世宗) 야율완(耶律阮)의 공주로 이름은 야율관음(耶律觀音)이며 그의 남편은 소하랄(蕭夏剌)이다.

한재와 송 태종

7   2월 정미일(6일)에 요(遼)에서는 탁주(涿州, 河北省 保定市)자사인
야율왕륙(耶律旺陸, 王六)을 특리곤(特里袞, 惕隱)⁶¹으로 삼았다.

8   황제가 정전을 수리하고 자못 채색으로 그림을 그렸는데, 좌정언
인 사필이 상소문을 올려서 간하였더니 계축일(12일)에 명령을 내려서
채색으로 된 그림을 다 없애게 하고 자악(赭堊, 붉은색과 흰색 흙)으로
칠하였다.

9   감찰어사인 조길(祖吉)이 지진주(知晉州)로 있던 시절에 간장(姦
贓, 뇌물죄)하였던 것에 연루되어 기시(棄市)되었다.

---

61 대척은사(大惕隱司)에서는 4장(帳)의 황족정교(皇族政敎)를 관장하는데, 그
    장관이 척은(惕隱)이며 대종정(大宗正)에 해당하는 직책이다. 척은이라는 관
    직 명칭은 돌궐의 가한자제를 특근(特勤)이라고 하는데서 왔을 가능성이 있
    는데, 회골(回鶻)의 관직에도 '적은(狄銀)'이 있는데 그것과 '척은' 그리고 후대
    에 원대에 있었던 '적근(的斤)'은 모두 특근의 이역(異譯)이라고 보고 있다.

10   정사일(16일)에 양주(涼州, 甘肅省 寧夏)관찰사·판웅주사(判雄州事)인 하비(下邳, 江蘇省 睢寧縣) 사람 유복(劉福, 928~991)이 죽었는데, 태부·충정(忠正)절도사를 증직하였다. 유복은 무인(武人)이고 글을 알지 못하는데 아랫사람을 어거(馭車)하는 데는 방략을 갖고 있었고, 정치를 하는 것은 간단하고 쉽게 하였다. 웅주(雄州, 寧夏 中衛市)에서 5년 있었는데, 경내는 편안하고 고요하여 백성들이 전운사를 막고 〔유복의〕정치적 업적을 추가로 진술하기를 원하여 그 상황을 보고하니 조서를 내려서 유애비(遺愛碑)를 세우는 것을 허락하였다. 여러 아들들이 항상 유복에게 큰 집을 세우라고 권고하였지만 유복은 화를 내면서 말하였다.

"내가 받는 녹봉은 아주 후하여 충분히 집을 빌려서 스스로를 비호(庇護)한다. 너희들은 아직 한 자 만큼의 공로를 갖고 있지 않으면서 어찌 살 집을 지어서 스스로 편안하게 하려는 계책을 만들 수가 있겠는가!"

끝내 허락하지 않았다. 죽은 다음에 황제가 그 말을 듣고 백금 5천 량(兩)을 그 아들에게 하사하고 집을 사서 거주하게 하였다.

11   삼사(三司)에서는 일찍이 검외(劍外)[62]의 부세(賦稅)를 가볍게 하자고 건의하였는데, 감찰어사인 장관(張觀)에게 조서를 내려서 전거를 타고 여러 주를 살피며 다니고 이어서 조금씩 이를 증가시키게 하였다. 장관이 상소문을 올려서 말하였다.

---

62 사천성(四川省) 북부에 검문관(劍門關)이 있는데, 관문의 남쪽의 촉중(蜀中) 지구를 검외라고 한다.

"먼 곳에 사는 백성들은 쉽게 움직이고 안정되기가 어려우니 뜻을 오로지 하여 그들을 어루만져 주어도 오히려 그 잃는 바가 있을까 염려하는데 하물며 부세를 늘려서 그들을 시끄럽게 하겠습니까?"

황제는 깊이 그 말을 그러할 것이라고 생각하여 머물게 하고 보내지 않았다. 그 후에 장관이 다시 상소문을 올려서 말하였다.

"신이 가만히 보건대 폐하의 천성적으로 자비하고 관용하시는 얼굴로 여러 번 가까이 하시는 신하들과 정치를 토론하면서 덕스러운 소리가 왕복하여도 자못 번거롭고 피로합니다. 유사(有司)들의 직관(職官)에 이르러서는 뜻을 이어받아서 곧 따르려 하니 문서는 번잡하고 자질구레한데 모두 이를 보고하여 어찌 헛되이 지극히 높으신 분을 더럽히겠습니까? 이는 실제로 역시 국체(國體)를 가볍게 문란 시키는 것입니다. 원컨대 폐하께서는 단안을 내리시고 나서의 한가한 틈이나 연회를 끝내고 남은 시간에 대신들을 예로 대하며 그들과 더불어 그 중요한 것을 거론하며 마음을 계발하며 가까이 하게 하며 지극한 뜻으로 토론하고 생각한다면 통치(統治)의 본체와 교화(敎化)의 근원은 어찌 이르지 못할 바이겠습니까! 어찌 금곡(金穀)을 비교하고 실낱같은 것을 분석하여 유한한 시간을 끝없는 자잘한 업무에 써 먹는 것과 같은 것으로 말하겠습니까!"

황제가 이를 보고 훌륭하다고 하여 불러서 오품복(五品服)을 하사하고 탁지판관(度支判官)으로 삼았다.

12 윤달(윤2월) 초하루 신미일에 일식이 있었다.

13 정문보(鄭文寶, 953~1013)를 섬서전운부사(陝西轉運副使)로 삼아

서 편리한 대로 일을 처리하는 것을 허락하였다. 마침 흉년이 들자 정문보는 호민(豪民)을 유도하여 속(粟) 3만 곡을 내게 하여 주린 사람 8만6천여 명을 살렸다.

14 임신일(2일)에 요(遼)에서는 한림승지인 형포박(邢抱朴)·삼사사인 이사(李嗣)·급사중인 유경(劉京)·정사사인인 장한(張翰)·남경부유수인 오호(吳浩)를 파견하여 여러 도의 체적(滯積)되어 있는 옥사를 나누어 결정하게 하였다.

15 경진일(10일)에 영주(瀛州, 河北 河間市)방어사인 안수충(安守忠, 932~1000)을 지웅주(知雄州)로 하였다. 안수충은 일찍이 요속(僚屬)들과 연회를 열고 술을 마셨는데, 어떤 군교가 변란을 도모하여 갑옷을 입고 문에 이르렀다. 혼리(閽吏, 문을 지키는 하급 서리)가 낭패하여 들어가서 고백하자 안수충은 말하고 웃는 것이 태연자약하였으며 서서히 앉아 있는 손님들을 돌아보고 말하였다.

"이들이 술에 취하여 미쳤으니 이를 사로잡으면 됩니다."

사람들이 그 담량(膽量)에 탄복하였다.

16 기축일(19일)에 조서를 내렸다.

"경성의 무뢰배들이 도박을 하면서 궤방(櫃坊)[63]을 열고 소, 말, 노

---

63 당대에 전폐(錢幣)와 귀중품을 맡겨두거나 차대(借貸)하는 기구를 말한다. 이곳에 소장하는 물품 가운데 중요한 것이 전폐·주보(珠寶)·옥기(玉器)와 글씨 그리고 그림이다. 이때에 동전을 광범위하게 사용하였는데, 사람들은 먼저 동전을 궤방에 맡겨두고 매매를 할 때에 가져다 쓰는 것이 편리해 하였다. 동전

새, 개를 도축하여 먹으면서 동전을 녹여서 그릇으로 쓰는 여러 용품을 만드니 개봉시로 하여금 방시를 경계하여 삼가 이를 체포하라. 범하는 사람은 참수하고 숨기고 보고하지 않는 사람과 집을 사악한 젊은이에게 세놓고 궤방으로 삼는 사람도 같은 죄로 다스리라."

17　이달에 한림학사인 가황중(賈黃中, 940~996)·소이간(蘇易簡, 958~996)에게 명령하여 차견원(差遣院)⁶⁴을 관장하게 하고, 이항(李沆, 947~1004)을 동판이부유내전(同判吏部流內銓)⁶⁵으로 하게 하였다. 학사가 외사(外司)를 관장하게 한 것은 이로부터 시작되었다.

18　3월 초하루 경자일에 요(遼)에서는 실위(室韋)·오고(烏古)⁶⁶ 제

은 1관에 6근 4량이어서 대량으로 동전을 가지고 나가는 것은 아주 불편하였다. 그래서 시장에 동전을 맡겨 놓게 되면 상업활동에 아주 편리하였다. 이것은 금융업의 추형(雛形)이라고 할 것이다.

64　태평흥국 6년(981년)에 설치한 관서의 명칭으로 소경(少卿), 감(監) 이하 관원들의 고과와 차견(差遣) 사무를 주수(注授)하였다. 1년 뒤인 순화 3년(992년)에 마감경조관원(磨勘京朝官院)을 두었고, 다음 해에 심관원(審官院)으로 고쳤는데, 차견원도 심관원으로 들어가서 경조관(京朝官)을 고찰하고 비교하여서 안팎의 임사(任使)를 나누어 주의(注擬)하였다.

65　유내전은 송대의 관서 명칭이다. 이부(吏部)에 속하면서 막직(幕職)과 주현관 이하의 주의(注擬)와 마감에 관한 업무를 관장하였다. 북송 초기에는 경관 7품 이하의 유내관원의 임면(任免)과 고과(考課) 등을 담당하였다.

66　오고는 요·금(遼·金)시기에 몽골의 동부지역에 거주하던 유목족이다. 오고리(烏古里), 우궐(于厥), 우궐(羽厥), 구궐율(嫗厥律) 등으로 음역된다. 해륵수(海勒水, 海拉爾河) 이북에서 생활하는 사람들을 삼하오고부(三河烏古部)라고 하며 그 남쪽에 사는 사람들은 바로 오고부라고 하는데 항상 적열과 병칭된다.

부(諸部)의 기근을 진휼하였다.[지도참고]

19   무신일(9일)에 요(遼)에서는 다시 고부(庫部, 병부)원외랑인 마수
기(馬守琪)·창부(倉部)원외랑인 기정(祁正)·우부(虞部)원외랑인 최우
(崔祐)·계주(薊州, 北)현령인 최간(崔簡) 등에게 명령하여 나누어 제도
(諸道)의 적체(積滯)된 옥사(獄事)를 판결하게 하였다.

20   갑자일(25일)에 요주(遼主)가 남경에 갔다.

21   을축일(26일)에 신중보(辛仲甫, 927~1000)가 참지정사에서 파직
되었다.

22   기사일(30일)에 황제는 이 해에 가뭄이 들고 황충(蝗蟲, 메뚜기)이
극성하자 여몽정 등에게 조서를 내렸다.

"백성들에게 무슨 죄가 있는가? 크게 견책(譴責)하는 것이 이와 같
은 것은 대개 짐이 부덕하여 나타난 것이다. 경 등은 마땅히 문덕전 앞
에 대(臺) 하나를 쌓아야 하는데 짐이 곧 그 위에서 이슬을 맞을 것이
며, 3일이 되어도 비가 내리지 않으면 경 등은 함께 짐을 불태워서 하
늘의 견책에 대답하시오."

여몽정 등은 황공하여 사죄하며 조서를 숨겼다. 다음날 비가 내렸고,
메뚜기들은 다 죽었다.

이에 앞서서 황제는 가까이 있는 신하들을 불러서 시정의 잘잘못을
물었는데, 추밀원직학사인 구준(寇準, 961~1023)이 대답하여 말하였
다.

❖ 요의 제부와 5경

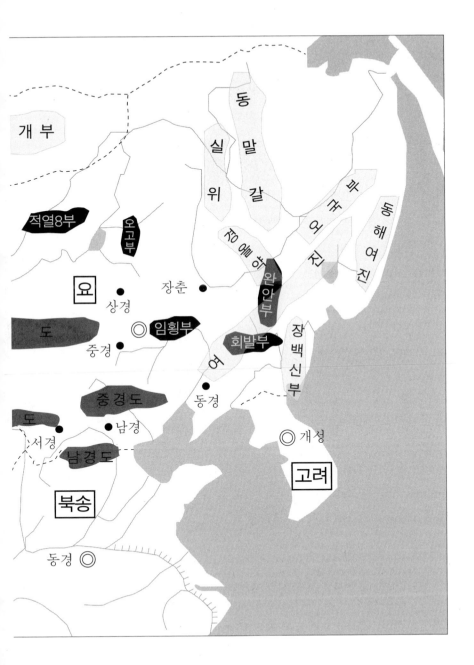

"《홍범(洪範)》[67]에서는 하늘과 사람 사이에는 그 감응(感應)하는 것이 서로 영향을 준다고 하였습니다. 큰 가뭄이 알리는 것은 대개 형벌에 공평하지 않은 바가 있다는 것입니다. 얼마 전에 조길(祖吉)·왕회(王淮)가 모두 법을 모욕하여 뇌물을 받았는데 장물(贓物)이 수만으로 계상되었습니다. 조길은 이미 복주되고 그 집안 또한 적몰되었지만 왕회는 참지정사인 왕면(王沔, 950~992)의 친동생이어서 사사로운 집에서 곤장을 맞는데 그치었고 이어서 정원(定遠, 安徽省 中部)주부(主簿)의 업무를 관장하고 있습니다. 법을 적용하면서 무겁게 적용하고 가볍게 적용하는 것이 이와 같으니 한재(旱災)가 있게 된 허물은 거의 빈말로 나타나는 것이 아닙니다."

황제는 크게 깨닫고 다음날 왕면을 보고 이를 아프게 책망하였다.

23 이달에 한림학사인 송백(宋白, 936~1012) 등이《신정순화편칙(新定淳化編敕)》[68] 30권을 올렸다.

---

67 《홍범》은《상서(尙書)》의 편명으로 전에는 기자(箕子)가 주 무왕(周武王)에게 진술한 천지(天地)의 대법(大法)이라고 하였으나, 오늘날에는 전국(戰國)시대 후기에 유자들이 지은 것이라고 생각하는데, 어떤 사람은 춘추(春秋)시대의 저작이라고 주장하기도 한다.

68 칙령을 새로이 모아서 편찬한 것이고 순화는 송 태종의 연호이다. 태종 순화 연간에 그동안 흩어져 있던 칙령을 새로이 모아 확정하였다는 의미를 지닌 것이다. 원래 칙(敕)이란 윗사람이 아랫사람에게 훈계한다는 의미를 지닌 것인데 남북조 후기에 이 칙(敕)이 황제가 내리는 조령의 일종이 되었고 송대에 이르러서는 황제가 특정의 인물이나 사건에 대하여 내린 명령으로 바뀌었다. 이 칙령의 효력은 율(律)보다 높아서 단안(斷案)의 근거가 되었다. 황제의 이러한 상황에 따른 명령은 반드시 중서성의 제론(制論)과 문하성의 봉박(封駁)을 거치고 나서야 비로소 전국적으로 통용되는 칙령의 효력을 갖게 된다.

24   여름 4월 초하루 경오일에 조서를 내려서 단주(端州, 廣東省 肇慶
市)에서 세공(歲貢)하는 석연(石硯)을 철폐하게 하였다.

25   신사일(12일)에 추밀부사인 장제현(張齊賢, 942~1014)·급사중인
진서(陳恕, 945?~1004)가 나란히 참지정사가 되었으며, 첨서추밀사(僉
署樞密使)인 장손(張遜)은 추밀부사가 되고, 추밀직학사인 온중서(溫仲
舒, 944~1010)·구준(寇準)은 나란히 추밀부사가 되었으며, 장굉(張宏)
은 파직되어 이부시랑이 되었다. 장굉의 성품은 나약하고 삼갔지만 다
른 대책이 없었고 내정(內廷)에 있으면서 서리(胥吏)를 보게 되면 반드
시 먼저 수고한다고 하면서 읍(揖)하였다. 성품은 인색하고 모아 저축
하기를 좋아하니 당시에 중시되지 못하였다. 온중서는 하남(河南) 사
람이다.

편칙이란 하나하나의 칙령을 정리하여 책을 만들었다는 것이고 일반적인 법
률형식의 일종의 입법과정이며 이라한 편칙은 송대의 중요하고 빈번한 입법
(立法)활동이다.

옥사에 신중한 송 태종

26   애초에 왕면과 장제현은 함께 추밀업무를 관장하였는데, 자못 협조하지 아니하였다. 장제현이 나아가서 수대주(守代州)⁶⁹가 되니, 왕면은 드디어 부사·참지정사가 되었다. 진서는 염철(鹽鐵)을 관장하였는데, 성품이 가혹하게 살피니 역시 일찍이 왕면과는 거슬렀다. 이에 장제현이 진서와 나란히 중서에 있게 되자 왕면은 스스로 편안하지가 않았는데 관속들 가운데 중서성에서 있었던 옛 일을 가지고 두 사람을 고발한 사람이 있을까 염려하였다. 기축일(20일)에 좌사간인 왕우칭(王禹偁, 954~1001)이 말씀을 올렸다.

"청컨대 지금부터 여러 관료 가운데 재상과 추밀원사(樞密院使)⁷⁰에게 가면서는 나란히 반드시 도당에서 조회가 파하고서 뵙기를 청하

---

69 행직(行職), 수직(守職), 겸직(兼職) 등 관직을 수여하는 종류의 하나이다. 수직은 관원이 첫 번째로 임용될 때에 시험적으로 일을 맡기는 것을 말한다. 대체로 1년 동안 수직으로 있다가 제대로 업무를 수행하면 본직을 주는 것이다. 그러므로 현재 가지고 있는 관품보다 높은 관직의 업무를 맡을 경우에 주는 것이다. 대주(代州)는 산서성 흔주시 대현(忻州市 代縣)이다.

70 추밀사(樞密使)로 보아야 하므로 원(院)은 잘못 들어간 것이다.

게 해야 하며 본청에서 빈객들을 맞이할 수 없게 하여 청탁을 막으십시오.”

왕면이 기뻐하고 바로 황제에게 말하여 이를 시행하고 이어서 어사대(御史臺)에 명령하여 안팎에 선포하였다.

좌정언인 사필(謝泌, 950~1012)이 말씀을 올렸다.

“엎드려 밝으신 조서를 보건대 양부(兩府, 중서성과 추밀원)에서 빈객을 접견하는 것을 허락하지 않으시니 이는 대신들이 사사로울까 의심하는 것입니다. 천하는 아주 넓고, 만기(萬機, 정치를 하면서 처리해야할 업무)는 아주 많은데, 폐하께서 총명하심으로 보필하는 신하들에게 기탁하셨는데, 만약에 여러 관료를 접견하지 않으면 어떻게 밖의 일을 알겠습니까! 옛 사람이 이런 말을 했습니다. '의심하거든 쓰지 말고, 썼거든 의심하지 말라.' 만약에 국운(國運)이 쇠퇴하는 말기에 강한 신하가 멋대로 권력을 전횡하게 된다면 이러한 시기에는 고려할 수 있습니다. 지금 폐하께서는 우주(宇宙)를 편달(鞭撻)하시고 호걸들을 총람(總攬)하시어 조정(朝廷)에는 교언(巧言)을 하는 인사가 없고 지방에는 고식적(姑息的)인 신하가 없으며 예악(禮樂)·정벌(征伐)이 천자로부터 나오는데, 어찌하여 집정대신(執政大臣)을 의심하여 쇠퇴한 시대의 일을 하십니까? 부리는데 적당하지 않은 사람이 있다면 마땅히 제척(除斥)하여 이를 제거하시어야 하고 이미 그에 적절한 사람을 얻어서 이에게 맡기어 정치를 하게 하고서 또 어찌 의심합니까! 설사 만약에 공당(公堂)에서 청알하는 예를 막는다고 하더라도 어찌 사사로운 집이 없겠습니까? 재상부에 청구하는 문을 막는다고 하여도 어찌 다른 지름길이 없겠습니까? 이는 폐하께서 붉은 마음을 미루어 대신들을 대우하고, 대신들이 사지(四肢)를 전개하여 폐하께 보고하는 길이 아닙니다. 왕우칭은 큰 몸통을 이해하는데 어두워서 망령되이 가슴에 품은 것을 이끌어서 총명하심을 가리었으니 미치고 성급한 말은 시행하여 채용해서는 안 됩니다."

　황제가 상주문을 열람하고 칭찬하고 감탄하고서 즉각 앞에 내린 조서를 되짚어 거두어들이게 하고 이어서 사필이 올린 표문을 사관(史館)에 보내게 하였다.

27　5월 경자일(2일)에 제로제점형옥관(諸路提點刑獄官)[71]을 두었다.

28　을사일(7일)에 다시 절박창(折博倉)[72]을 두었다.

29　좌정언인 사필이 자주 시정(時政)의 잘잘못을 논하니 황제는 그 충성스러운 것을 가상히 생각하여 병진일(18일)에 우사간(右司諫)으로 발탁하고 금자(金紫)[73]와 아울러 전(錢) 30만을 하사하였다. 사필이

---

71 제점형옥사(提點刑獄司)라는 관서에 근무하는 관원이다. 송대에 중앙에서 나누어 내보내는 로(路)의 1급 사법기구로 관할하는 주의 사법심판의 사무를 감독 관리하며 해당 주부의 사건관계 서류를 심사하며 수시로 각 주현에 가서 형옥의 상황을 점검하고 형옥 부분에서 잘못한 관원을 탄핵하는 업무를 수행한다.

72 절박창이란 절박(折博)의 업무를 수행하기 위하여 필요한 창고를 말하는데, 절박이란 금·은을 가지고 실물을 교환하거나 혹은 물건과 물건을 교환하는 것을 말한다.

73 금인자수(金印紫綬), 즉 금인과 붉은 인끈을 말하는 것으로 고위관직의 현작(顯爵)을 지칭하는 것이다. 당·송시대 이후에는 금어대(金魚袋)와 자의(紫衣)를 가리키는 것으로 높은 관직을 가리키는 것이었다.

어느 날 편전(便殿)에서 응대하게 되었는데, 황제는 다시금 얼굴을 보면서 상찬(賞讚)하고 격려하니 사필이 감사하면서 말하였다.

"폐하께서 간언을 좇는 것이 물 흐름 같으시니 그러므로 신은 정성을 다 할 수 있었습니다. 옛날에 당 말(唐末)에 맹소도(孟昭圖)라는 사람이 있었는데, 아침에 간쟁하는 상소문을 올리었는데 저녁이 되어 있는 곳을 알지 못하였습니다. 전 시대에 이와 같았으니 어찌 어지럽지 않을 수 있겠습니까!"

황제가 감동하는 얼굴을 오래 짓고 있었다.

30 6월 갑술일(7일)에 충무절도사·동평장사인 반미(潘美, 925~991)가 죽었다. 중서령을 증직하고 시호를 무혜(武惠)라고 하였다.

31 을유일(18일)에 변수(汴水)가 준의현(浚儀縣, 개봉부의 치소)에서 터져서 이어져 있는 제방을 무너트리고 백성들의 전지로 범람(泛濫)하였다. 황제가 어둠이 깔린 아침에 보연을 타고 건원문(乾元門)을 나가니 재상·추밀사가 길에서 맞이하여 배알하자 황상이 말하였다.

"동경(東京)에서 갑병(甲兵) 수십만 명을 양성하며 사는 사람이 백만 가구(家口)인데 전조(轉漕)하며 공급하기를 바라보는 것이 이 하나의 거수(渠水)에 있는데, 짐이 어찌 돌아보지 않을 수 있겠는가!"

거가(車駕)가 진흙 속에 들어가 걸어서 100보(步)를 걸으니 따르는 신하들이 떨고 두려워하였다. 전전도지휘사인 대홍(戴興)이 보련(步輦)을 진흙 속에서 들어 올렸다. 대홍에게 조서를 내려서 보졸(步卒) 수천 명을 감독하여 이를 메우게 하였다. 해가 아직 동트지 않았는데, 제방이 우뚝 솟았고, 물의 기세도 드디어 안정되니 비로소 머물 곳으로 나아갔고, 높은 관직을 가진 사람들이 선식(膳食)을 올리었는데, 친왕 (親王)과 가까이 있는 신하들이 모두 진흙으로 옷을 더럽혀졌다. 지현 사(知縣事)인 송염(宋炎)이 도망하여 숨어서 감히 나오지 못하자 황제 는 특별히 그 죄를 사면하였다.

32   이달에 요(遼)의 남경에서는 장맛비가 내려서 농사를 해쳤다.

33   가을 7월 계묘일(6일)에 요(遼)에서는 호구(戶口)를 전체적으로 등록하였다.

34   을사일(8일)에 요(遼)에서는 여러 도(道)에 조서를 내려서 재주가 있고 행동이 좋은 사람을 천거하게 하고 탐욕스럽고 혹독한 관리를 사 찰하고, 나이 많은 사람을 위무하며 사치하고 참월(僭越, 신분을 뛰어 넘 는 사치)하는 것을 금지하였으며 왕사(王事, 공적인 업무)를 하다가 죽은 사람이 있으면 그 자손을 관리로 채용하였다.

35   이계천(李繼遷, 963~1004)이 적수소(翟守素, 921~992)가 군사를 거느리고 와서 토벌한다는 소식을 듣고 두려워서 표문을 받들고 귀순 하였다. 병오일(9일)에 이계천을 옮겨서 은주(銀州, 陝西省 橫山縣)관찰 사로 하고 국성(國姓, 송의 국성은 趙임)을 하사하고 이름을 보길(保吉) 이라고 하였다. 조보충(趙保忠)이 또 그의 친동생인 이계충(李繼沖)을 천거하니 황제는 역시 성(姓)을 하사하고 이름을 고쳐서 보령(保寧)이 라고 하고 수주(綏州, 陝西 綏德縣)단련사를 제수하였으며, 그의 어머 니 망씨(罔氏)를 책봉하여 서하군태부인(西河郡太夫人)으로 하였다.

36 황제는 여러 옥사에 신중하고 남용하지 않았는데, 대리(大理)·형부(刑部)의 관리들이 법조문을 가지고 장난칠까 염려하여 8월 을묘일[74]에, 금중에 심형원(審刑院)을 설치하고 추밀직학사인 초구(楚丘, 河南省 商丘市) 사람 이창령(李昌齡, 937~1008)을 지원사(知院事)로 하고 겸하여 상의관(詳儀官)[75] 6명을 두었다. 무릇 옥사(獄事)가 갖추어져서 상주한 것은 먼저 심형원에서 검인(檢印)을 끝내고 나서 대리시(大理寺)·형부에 붙여서 다시 보고하고, 이에 심형원에 내려 보내어 자세히 논의하게 하고 다시금 재결(裁決)을 마치고 중서(中書)에 회부하며 마땅하게 되면 바로 이를 내려 보내는데 그 가운데 온당치 않은 것은 재상이 다시 이를 보고하고 비로소 명령을 내려서 평론하여 재결하였다.

37 정해일(21일)에 병주(幷州, 山西省 太原市)에서 거란의 400여 명이 내부(內附)[76]하였다고 말하였다. 황제가 이 때문에 가까이 있는 신하들에게 말하였다.

"국가에 만약에 밖의 걱정거리가 없다면 반드시 안의 근심거리가 있다. 밖의 근심거리는 변방 일에 불과하여 모두 미리 막을 수 있지만 오

---

74 서기 991년 8월 1일은 정묘(丁卯)일이므로 8월 중에는 을묘일이 없다. 다만 《속자치통감장편》 권32에는 이 사건이 일어난 날이 기묘(己卯)일로 되어 있고, 기묘일은 13일이다. 그러므로 을묘는 기묘의 잘못이다.

75 원문에는 겸리상의관(兼理詳儀官)으로 되어 있는데, 문맥이 잘 통하지 않는다. 다만 《속자치통감장편》에는 겸치상의관(兼置詳儀官)으로 되어 있는 바, 이것이 사실에 부합된다. 따라서 리(理)는 치(置)의 잘못으로 보아야 할 것이다.

76 조정으로 귀부(歸附)하는 것을 말한다.

직 간사하기가 형편없는 사람들이 만약에 안에서 걱정거리를 만든다
면 깊이 두려워할 만하다."＊

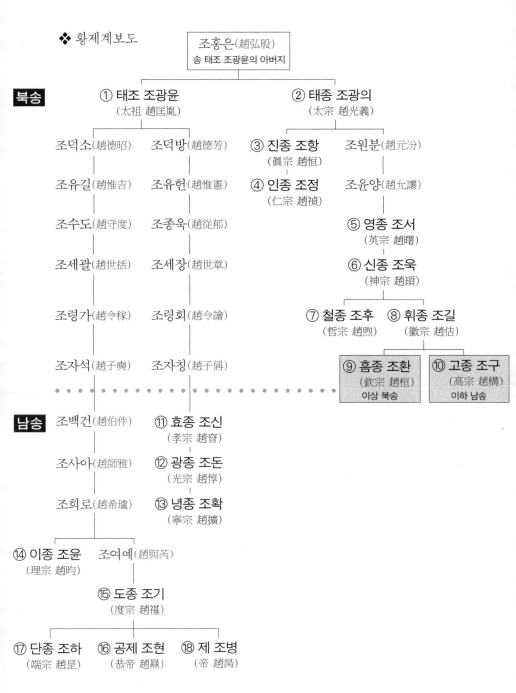

❖ 황제계보도

조홍은(趙弘殷)
송 태조 조광윤의 아버지

북송

① 태조 조광윤
(太祖 趙匡胤)

② 태종 조광의
(太宗 趙光義)

조덕소(趙德昭)　　조덕방(趙德芳)　　③ 진종 조항
(眞宗 趙恒)　　조원분(趙元汾)

조유길(趙惟吉)　　조유헌(趙惟憲)　　④ 인종 조정
(仁宗 趙禎)　　조윤양(趙允讓)

조수도(趙守度)　　조종욱(趙從郁)　　⑤ 영종 조서
(英宗 趙曙)

조세괄(趙世括)　　조세장(趙世章)　　⑥ 신종 조욱
(神宗 趙頊)

조령가(趙令稼)　　조령회(趙令譮)　　⑦ 철종 조후　　⑧ 휘종 조길
(哲宗 趙煦)　　(徽宗 趙佶)

조자석(趙子奭)　　조자칭(趙子偁)　　⑨ 흠종 조환
(欽宗 趙桓)
이상 북송　　⑩ 고종 조구
(高宗 趙構)
이하 남송

남송

조백건(趙伯件)　　⑪ 효종 조신
(孝宗 趙昚)

조사아(趙師雅)　　⑫ 광종 조돈
(光宗 趙惇)

조희로(趙希瓐)　　⑬ 녕종 조확
(寧宗 趙擴)

⑭ 이종 조윤　　조여예(趙與芮)
(理宗 趙昀)

⑮ 도종 조기
(度宗 趙禥)

⑰ 단종 조하　　⑯ 공제 조현　　⑱ 제 조병
(端宗 趙昰)　　(恭帝 趙㬎)　　(帝 趙昺)

요

① 태조 야율아보기
(太祖 耶律阿保機)

동단왕 야율탁윤
(東丹王 耶律託允)

③ 세종 야율올욕
(世宗 耶律兀欲) 漢名: 阮

⑤ 경종 야율현
(景宗 耶律賢)

⑥ 성종 야율융서
(聖宗 耶律隆緒)

⑦ 흥종 야율종진
(興宗 耶律宗眞)

⑧ 도종 야율홍기
(道宗 耶律洪基)

소회태자 야율준
(昭懷太子 耶律濬)

⑨ 천조제 야율연희
(天祚帝 耶律延禧)

② 태종 야율광덕
(太宗 耶律德光)

④ 목종 야율올율
(穆宗 耶律兀律·述律) 漢名: 璟

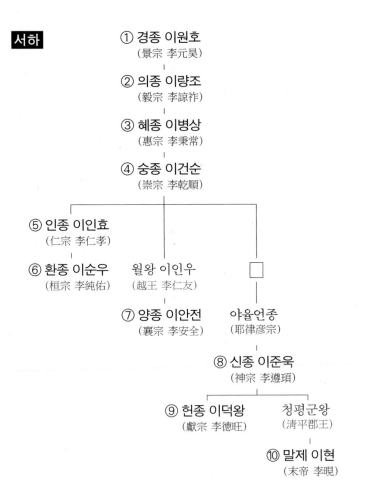

서하

① 경종 이원호
(景宗 李元昊)

② 의종 이량조
(毅宗 李諒祚)

③ 혜종 이병상
(惠宗 李秉常)

④ 숭종 이건순
(崇宗 李乾順)

⑤ 인종 이인효
(仁宗 李仁孝)

⑥ 환종 이순우
(桓宗 李純佑)

월왕 이인우
(越王 李仁友)

⑦ 양종 이안전
(襄宗 李安全)

야율언종
(耶律彦宗)

⑧ 신종 이준욱
(神宗 李遵頊)

⑨ 헌종 이덕왕
(獻宗 李德旺)

청평군왕
(淸平郡王)

⑩ 말제 이현
(末帝 李晛)

續資治通鑑　卷011

【宋紀十一】

起重光大荒落(辛己)十月　盡昭陽協洽(癸未)九月　凡二年.

❖ 太宗至仁應運神功聖德睿烈大明廣孝皇帝　太平興國
六年（遼乾亨三年）

1　　冬, 十月, 癸酉, 羣臣奉表加上尊號曰應運統天睿文英武
大聖至明廣孝, 凡三上, 乃許之.

2　　庚辰, 詔:"自今下元節, 宜如上元, 並賜休假三日, 著於
令."

3　　甲午, 蘇州太一宮成. 先是方士言, 五福太一, 天之貴神
也, 行度所至之國, 民受其福, 以數推之, 當在吳越分, 故令築
宮以祀之.

4　　是月, 遼主如蒲瑰坡.

5   十一月, 丁酉, 監察御史張白, 坐知蔡州日假官錢糶糴棄
市.

6   甲辰, 改武德司爲皇城司.

  帝嘗遣武德卒潛察遠方事, 有至汀州者, 知州王嗣宗執而杖
之, 縛送闕下, 因奏曰: "陛下不委任天下賢俊, 而猥信此輩爲
耳目, 竊爲陛下不取!" 帝大怒, 遣使械嗣宗下吏, 削秩; 會
赦, 復官.

7   庚戌, 親饗太廟. 辛亥, 郊, 大赦, 御乾元殿受冊尊號, 內
外文武加恩.

  先是有秦再思者, 上書乞當郊勿赦, 且引諸葛亮佐蜀數十年
不赦事. 帝頗疑之, 以問趙普, 普曰: "國家開創以來, 具存彝
制, 三歲一赦, 所謂其仁如天, 堯·舜之道. 劉備區區一方, 用
心無足師法." 帝然其對, 赦宥之文遂定.

8   遼以南院樞密使郭襲爲武定軍節度使, 十二月, 以遼興軍
節度使韓德讓爲南院樞密使.

9   先是諸州罪人皆錮送闕下, 道路非理死者, 十常六七. 張
齊賢上言: "罪人至京, 請擇清强官慮問, 若顯負沈屈, 則量罰
本州官吏, 令只遣正身, 家屬別俟朝旨." 齊賢又言: "刑獄繁
簡, 乃治道張弛之本. 于公陰德, 子孫則有興者, 況六合之廣,

能使獄無冤人, 豈不福流萬世! 州縣胥吏, 皆欲多禁繫人, 或以根窮爲名, 恣行追擾, 租稅逋欠至少, 而禁繫累日, 遂至破家. 請自今, 外縣罪人, 令五日一具禁放數白州, 州獄別置籍, 長吏檢察, 三五日一引問疏理, 月具奏上刑部閱視. 其禁人多者, 命朝官馳往決遣. 若事涉冤誣, 故爲淹滯, 則降黜其本州官吏. 或終歲獄無冤滯, 則刑部給牒, 得替日, 較其課旌賞之."
齊賢勤恤民弊, 務存寬大, 行部, 遇投訴者, 或召至傳舍榻前與語, 多得其情僞, 江南人久益思之.

❖ **太宗至仁應運神功聖德睿烈大明廣孝皇帝, 太平興國七年(遼乾亨四年)**

1 　春, 正月, 甲午朔, 不受朝, 而羣臣詣閤稱賀.

2 　己亥, 遼主如華林天柱.

3 　壬寅, 詔翰林學士承旨李昉等詳定士庶車服喪葬制度, 付有司頒行, 違者論其罪.

4 　甲寅, 以右衛大將軍侯贇知靈州. 贇旣至, 按視蕃落, 犒以牛酒, 戎人悅服, 部內甚治. 在朔方凡十年, 帝知其久次, 而難其代者, 贇竟卒於治所.

5   二月, 丙寅, 以江州星子縣爲南康軍.

6   宣徽北院使·判三司王仁贍, 掌邦計幾十年, 恣下吏爲
姦, 怙恩固寵, 莫敢發者. 左拾遺·判句院南昌陳恕, 以不畏
强禦自任, 入朝具奏. 帝詰之, 恕詞辨蜂起, 仁贍屈伏, 帝怒甚.
辛未, 仁贍罷爲右衛大將軍. 判句院·兵部郎中宋琪, 度支判
官·兵部郎中雷德驤, 鹽鐵判官·兵部郎中奚嶼, 並責本曹員
外郎. 以給事中侯陟·右正諫大夫王明同判三句. 同判三司自
此始. 癸酉, 改仁贍爲唐州防禦使, 月給俸錢三十萬, 以勳舊稍
異之也. 仁贍怏怏成疾, 數日卒.

7   是月, 復徙幷州於三交寨, 卽以潘美爲幷州都部署.

8   三月, 癸巳朔, 日有食之.

9   乙未, 遼主以清明節, 與諸王大臣較射宴飮.

10   金明池水心殿成, 帝將泛舟往游. 或告秦王廷美欲乘間竊
發, 癸卯, 罷廷美開封尹, 授西京留守.

11   丁未, 命正諫大夫李符權知開封府.

12   王子, 賜秦王廷美西京甲第一區.

13　夏, 四月, 甲子, 以左正諫大夫・樞密直學士竇偁・中書舍人郭贄, 並守本官・參知政事. 帝謂偁曰:"汝自揣何以至此?"偁曰:"陛下念藩邸之舊臣, 出於際會."帝曰:"非也, 乃汝嘗面折賈琬, 賞卿之直爾."

14　以如京使柴禹錫爲宣徽北院使, 兼樞密副使, 翰林副使洛陽楊守一爲東上閤門使, 充樞密都承旨. 守一, 卽守素也, 與禹錫同告秦王廷美陰謀, 故賞之. 樞密承旨加"都"守自守一始.

15　乙丑, 左衛將軍・樞密承旨陳從信及禁軍列校范廷召等貶責有差, 皆坐交通秦王廷美及受其私賄故也. 廷召, 棗强人.

16　丙寅, 以兵部員外郎宋琪通判開封府. 京府通判自琪始.

17　趙普旣復相, 盧多遜益不自安, 普屢諷多遜引退, 多遜貪固權位, 不能決. 會普廉得多遜與秦王廷美交通事, 遂以聞. 帝怒, 戊辰, 責授多遜兵部尚書, 下御史獄, 捕繫中書堂吏趙白・秦府孔目官閻密・小吏王繼勳・樊德明・趙懷祿・閻懷忠等, 命翰林學士承旨李昉・學士扈蒙・衛尉卿崔仁冀・膳部郎中兼御史知雜事滕中正雜治之, 多遜及趙白等皆伏罪. 丙子, 詔文武常參官集議朝堂, 太子太師王溥等七十四人, 奏多遜及廷美顧望咒詛, 大逆不道, 宜行誅滅以正刑章, 趙白等請處斬. 丁丑, 詔削奪多遜官爵, 流崖州, 並徙其家, 期周以上親悉配遠裔. 廷美勒歸私第, 復其子德恭 · 德隆名皇姪, 女韓氏婦落皇女雲陽公主之號. 斬趙白 · 閻密等於都門之外, 籍其家.

多遜赴貶所, 食於道旁, 逆旅有嫗, 頗能言京邑舊事, 多遜因與語, 嫗固不知爲多遜也. 多遜曰:"嫗何自來, 乃居此?"嫗嚬蹙曰:"我本中原士大夫家, 有子任某官, 盧某作相, 令枉道爲某事. 吾子不能從其意, 盧銜之, 中以危法, 盡室竄南荒, 未周歲, 骨肉相繼淪沒, 惟老身流落山谷. 今僑寄道旁, 非無意也. 彼盧相者, 蠹賢怙勢, 恣行不法, 終當南竄, 幸未死間, 或可見之耳."多遜默然, 趣駕去.

己卯, 詔秦王廷美男女並發遣往西京, 就廷美安泊.

18   命客省使翟守素權知河南府. 屬歲旱艱食, 民多爲盜, 帝憂之, 守素旣至, 漸以寧息.

19   庚辰, 左僕射 · 平章事沈倫, 罷爲工部尙書. 帝以多遜包藏逆節, 倫與同列, 不能覺知, 故有是責, 倫淸介謹厚, 每車駕出, 多令居守. 在相位日, 値歲飢, 鄉人貸粟千斛, 盡焚其券. 然當國十年, 無所建明, 搢紳少之.

20   是月, 遼主自將南侵, 戰於滿城, 敗績, 守太尉希達里中流矢死. 統軍使耶律善布爲伏兵所圍, 樞密使色珍救之, 獲免. 遼主以善布失備, 杖之. 五月, 遼主還師.

21　甲戌, 宰相趙普等, 以帝親決庶獄, 察見微隱, 相率稱賀.
帝嘗謂趙普曰："朕每讀書, 見古帝王多自尊大, 深拱嚴凝, 誰
敢犯顏言事！若不降情接納, 乃是自蔽聰明. 或任喜怒爲刑賞,
豈能得天下之心哉！"

22　辛丑, 崔彥進敗遼兵於唐興.

23　己酉, 夏州留後李繼捧來朝, 獻其銀·夏·綏·宥四州.
夏自李思恭以來, 未嘗親朝中國, 繼捧至, 帝甚喜之.

24　辛亥, 三交行營言潘美敗遼兵於雁門, 追破其壘三十六.
未幾, 府州折御卿破遼兵於新澤寨, 獲其將校百餘人. 於是遼
三道之師俱敗.

25　癸丑, 詔諸州長吏："今粟麥將登, 宜及時儲蓄. 其告諭鄉
民, 常歲所入, 不得以食犬豕及多爲酒醴. 嫁娶喪葬之具, 並從
簡儉, 少年無賴輩相聚蒱博飲酒者, 鄉里共執送官."

26　趙普以秦王廷美謫居西洛非便, 敎知開封府李符上言：
"廷美不悔過, 怨望. 乞徙遠郡以防他變." 丙辰, 降封廷美爲涪
陵縣公, 房州安置.

27　庚申, 以崇儀副使閻彥進知房州, 監察御史袁廓通判軍州

事, 各賜白金三百兩.

28　　詔：“禁投匿名書告人罪, 及作妖言誹謗惑眾者, 嚴捕之置於法, 其書所在焚之. 有告者賞以緡錢.”

29　　詔：“京朝官出使, 所給印紙, 委本屬以實狀書, 不得增減功過, 阿私罔上. 其關涉書考之官, 悉署姓名. 違者論其罪.”

30　　是月, 陝州蝗, 太平州雨雹傷稼.

31　　遼主清暑於燕子城.

32　　初, 帝以字學謬舛, 欲刪正之. 或薦趙州隆平主簿成都王著, 書有家法, 乃召爲衛尉寺丞・史館祗候, 令詳定篇韻, 六月, 甲戌, 遷著作郎, 充翰林侍書. 帝聽政之暇, 每以觀書及筆法爲意, 嘗遣中使王仁睿持御札示著, 著曰：“未盡善也.” 帝臨學益勤, 又以示著, 著答如前. 仁睿詰其故, 著曰：“帝王始學書, 或驟稱善, 則不復留心矣.” 久之, 復以示著, 著曰；“功至矣, 非臣所能及.” 其善規益如此.

33　　乙亥, 遣使發李繼捧緦麻已上親赴闕, 其族弟繼遷奔地斤澤以叛. 繼遷勇悍有智, 開寶七年, 授定難軍管內都知蕃落使, 留居銀州, 聞宋使者至, 乃詐言乳母死, 出葬於郊, 遂與其黨數十人入於地斤澤, 出其祖思忠像以示戎人, 戎人拜泣, 從者日衆. 澤距夏州東北三百里.

34　置譯經院.

35　秋, 七月, 甲午, 以皇子德崇爲檢校太傅‧同平章事, 封衛王, 德明爲檢校太保‧同平章事, 封廣平郡王.

36　建徐州下邳縣爲淮陽軍.

37　冀州團練使牛思進護江南屯田, 以老病不任事, 疏求解官. 乙未, 授思進右千牛衛上將軍.

38　武勝軍節度使兼侍中高懷德卒, 贈中書令, 追封渤海郡王.

39　癸卯, 幸譯經院, 盡取禁中所藏梵夾, 令西僧天息災視藏錄所未載者翻譯之.

40　壬子, 工部尙書沈倫以左僕射致仕.

41　八月, 庚申朔, 太子太師王溥卒. 溥性寬厚, 喜汲引後進, 所薦至顯位者甚衆. 父祚, 以防禦使家居, 每公卿至, 必首謁祚, 置酒上壽, 溥朝服趨侍左右, 坐客不安席, 祚不命退, 溥不敢退. 至是卒, 年六十一. 帝輟朝二日, 贈侍中, 諡文獻.

42　涪陵縣公廷美旣出居房州, 趙普恐李符洩漏其言, 乃坐符用刑不當, 癸亥, 責符爲寧國軍司馬.

43　罷劍南榷酤, 以知益州 · 工部郎中辛仲甫言其擾民也. 己卯, 從鹽鐵使王明之請, 罷川 · 峽諸州官織錦綺.

44　遼主如西京.

45　九月, 庚子, 遼主幸雲州. 甲辰, 獵於祥古山, 不豫. 南院樞密使韓德讓, 不俟召, 率其親屬赴行帳, 白皇后易置大臣. 壬子, 遼主次焦山, 殂於行在, 年三十五. 諡孝成皇帝, 廟號景宗. 德讓與耶律色珍承遺詔, 以長子梁王隆緒嗣位, 年甫十二, 皇后稱制決國政. 后泣曰:"母寡子幼, 族屬雄壯, 邊防未靖, 奈何?"德讓與色珍進曰:"信任臣等, 何慮之有!"德讓總宿衛事, 後益寵任之.

46　癸丑, 權知高麗國王治遣使來貢方物, 且言其兄伷歿, 求襲位, 旋許之.

47　新作尙書省於孟昶故第.

48　帝以諸道進士猥雜, 或挾書假手, 僥倖得官, 所至多觸憲章, 詔：“所在貢舉等州, 自今長吏擇官, 考試合格, 許薦送. 仍令禮部, 自今解貢舉人, 依吏部選人例, 每十人爲保, 有行止踰違, 他人所告者, 同保連坐, 不得赴舉.”

49　冬, 十月, 己未朔, 遼主始臨朝. 辛酉, 羣臣上尊號曰昭聖皇帝, 尊皇后爲皇太后, 大赦. 以南院大王勃古哲總領山西諸州事, 北院大王 · 裕悅休格爲南面行軍都統, 奚王籌寧副之, 同政事門下平章事蕭道寧領本部軍駐南京.

50　癸亥, 詔：“河南吏民, 不得闌出邊關, 侵撓略奪, 違者論罪. 有羊馬牲口者還之.” 帝嘗謂近臣曰：“朕每讀《老子》至‘佳兵者不祥之器, 聖人不得已而用之’, 未嘗不三復以爲規戒. 王者雖以武功克定, 終須用文德致治. 朕每退朝, 不廢觀書, 意欲酌前世成敗而行之, 以盡損益也.”

51　乙丑, 遼主如顯州.

52　壬申, 河決武德縣, 蠲臨河民租.

53　己卯, 左諫議大夫參知政事竇偁卒, 贈工部尙書. 帝自臨哭. 將以翼日大宴, 詔罷之.

54 癸卯, 行《乾元曆》, 冬官正吳昭素所上也. 帝親爲製序, 優
賜昭素等束帛.

55 十一月, 甲午, 遼置乾州.

56 己酉, 以李繼捧爲彰德軍節度使.

57 禁民喪葬作樂.

58 十二月, 戊午朔, 日有食之.

59 遼遣耶律蘇薩討準布.

60 辛酉, 右補闕田錫上疏論朝政得失, 不報.

61 兩浙轉運使高冕, 條上舊政不便者百餘事, 詔兩浙逋賦及
錢氏無名掊斂悉除之.

62 帝好訪詞學之士, 得須城趙鄰幾, 擢掌制誥, 纔數月, 卒.
楊守一薦萊州單貽慶, 由主簿召對稱旨, 授著作佐郎, 直史館.
會遣監察御史李匡源使高麗, 以貽慶爲副, 貽慶以母老辭, 乃
命國子博士雍丘孔維代之. 高麗王治問禮於維, 維對以君臣父
子之道, 升降等威之序, 治喜曰:"今日復見中國夫子也."

63 　甲子, 遼達喇干迺曼實醉言宮掖事, 法當死, 杖而釋之.

64 　辛未, 遼南面招討使秦王韓匡嗣卒. 匡嗣先以喪師獲罪,
太后以其子德讓故, 遣使臨弔, 賻贈甚厚, 後追贈尙書令.

65 　庚辰, 右驍衛上將軍楚昭輔卒, 贈侍中.

66 　知桐廬縣 · 太常寺太祝昇州刁衎上疏言:"古者投姦兇於
四裔; 今乃遠方囚人, 盡歸象闕, 配於務役, 最非其宜. 神皐天
子所居, 豈可使流囚於此聚役! 自今外處罪人, 望勿許解送上
京, 亦不留於諸務充役. 又《禮》曰:'刑人於市, 與衆棄之.'則
知黃屋紫宸之中, 非行法用刑之所. 乞自今, 御前不行決罰之
刑, 敕杖不以大小, 皆以付御史 · 廷尉. 又, 或犯劫盜亡命, 罪
重者刖足釘身, 國門布令. 此乃愚民昧於刑憲, 迫於衣食, 偶然
爲惡, 義不及他, 被其慘毒, 實傷風化, 亦望減除. 至於淫刑酷
法, 非律文所載者, 並詔天下悉禁止之."帝覽疏甚悅, 降詔褒
答.

67 　閏月, 戊子朔, 豐州與遼兵戰, 破之, 獲其天德節度使蕭
太.

68 　辛亥, 詔赦銀 · 夏等州常赦所不原者.

69 諸州置農師.

❖ 太宗至仁應運神功聖德睿烈大明廣孝皇帝, 太平興國
八年（遼統和元年）

❖ 太宗至仁應運神功聖德睿烈大明廣孝皇帝, 太平興國 八年（遼統和元年）

1 春, 正月, 戊午朔, 遼主以大行在殯, 不受朝.

2 遼景宗之弟質睦, 在烏庫部貶所, 嘗賦放鶴寺, 太后知之, 以遺詔召還. 太后命賦芍藥詩, 稱旨. 乙丑, 復封寧王. 加宰相室昉等恩.

3 甲戌, 遼荊王道隱卒, 輟朝三日, 追封晉王. 道隱, 世宗之弟也.

4 丙子, 遼以裕悅休格爲南京留守, 仍賜南面行營總管印, 總邊事.

5 先是帝念邊戍勞苦, 月賜士卒白金, 軍中謂之月頭銀. 鎮州駐泊都監弭德超因乘間以急變聞於帝云: "曹彬秉政久, 得士衆心. 臣適從塞上來, 戍卒皆言: '月頭銀曹公所致, 微曹公, 我輩當餒死矣.'" 又巧誣以他事, 帝頗疑之. 參知政事郭贄極言救解, 不聽. 戊寅, 彬罷爲天平節度使兼侍中.

6　己卯, 以東上閤門使開封王顯爲宣徽南院使, 弭德超爲北院使, 並樞密副使. 顯初隷殿前爲小吏, 至是召顯謂曰："卿家本儒, 遭亂失學. 今典掌樞機, 固無暇博覽羣書, 能熟軍戒三篇, 亦可免於面牆矣."

7　辛巳, 遼蘇薩獻準布之俘, 旋下詔褒美, 命進討党項諸部.

8　壬午, 遼涿州刺史安吉奏宋築城河北, 命留守裕悅休格撓之, 勿令就功.

9　甲申, 遼西南面招討使韓德威奏党項十五部侵邊, 以兵擊破之.

10　丁亥, 遼樞密使兼政事令室昉以年老請解兼職, 不許. 室昉進《尙書·無逸篇》以諫, 太后聞而嘉之.

11　二月, 戊子朔, 日有食之.

12　遼禁所在官吏軍民不得無故聚衆私語及冒禁夜行, 違者坐之, 韓德讓用事故也.

13　己丑, 遼南京奏, 聞宋多聚糧邊境, 太后命留守休格嚴爲之備.

14 　甲午, 遼葬景宗皇帝於乾陵. 丙申, 太后詣乾陵置奠, 命繪近臣於御容殿.

15 　辛丑, 遼南京統軍使善布奏宋邊七十餘村來附, 太后命撫存之.

16 　乙巳, 遼蘇薩奏党項之捷, 慰勞之.

17 　戊申, 遼以特里袞華格爲北院大王, 諧里爲南府宰相.

18 　辛亥, 遼主如聖山, 遂謁三陵.

19 　三月, 己未, 遼主次獨山, 遣使賞西南面有功將士.

20 　辛酉, 遼以大父房太尉哈噶寧爲特里袞.

21 　癸亥, 以右諫議大夫·同判三司宋琪爲左諫議大夫·參知政事.

22 　始分三司爲三部, 各置使. 右諫議大夫·同判三司王明爲鹽鐵使, 左衛將軍陳從信爲度支使, 如京使郝正爲戶部使.

帝嘗語宰相曰："三司官吏奏事朕前, 紛紜異同；此固不爲私事, 但迭執偏見, 不肯從長商度. 朕每以理開諭, 若帝王躁暴, 豈能優容！朕於臣下務在獎護, 才用優劣, 一一可見, 隨其器能, 各加任使. 奏對之際, 無不假以辭色, 善惡兼聽, 未嘗峻折之也."宋琪曰："人之才用, 罕有兼備. 陛下聰明照臨, 短長俱露, 或又初見天威, 內懷慴懼, 若不賜之辭色, 何由畢其懇誠！先帝晚年, 稍傷嚴急. 聖心深鑑事理, 曲盡物情, 臣下幸甚！"

23　甲子, 遼主駐遼河之平淀.

24　己巳, 諸王及皇子府初置諮議·翊善·侍講等官, 以著作佐郎姚坦·國子博士刑昺等爲之. 坦·昺皆濟陰人也.

25　丙子, 御講武殿, 覆試禮部貢舉人, 擢進士長沙王世則以下百七十五人, 諸科五百一十六人, 並賜及第；進士五十四人, 諸科百十七人, 同出身. 始分甲, 賜宴瓊林苑, 後遂爲久制.

26　辛巳, 遼以國舅同平章事蕭道寧爲遼興軍節度使, 仍賜號忠亮佐理功臣.

27　壬午, 遼以青牛·白馬祭天地.

28　詔虔·信·饒三州歲市鉛錫爲錢, 從轉運使張齊賢請也. 齊賢初爲江南西路轉運副使, 訪知饒·信·虔州山谷產銅鐵鉛錫之所, 又求前代鑄法, 惟饒州永平監用唐開元錢料, 堅實可久, 由是定取其法, 歲鑄五十萬貫, 凡用銅八十五萬斤, 鉛三十六萬斤, 錫十六萬斤. 齊賢詣闕面陳其事. 詔既下, 有言新法增鉛錫多者, 齊賢固引唐朝舊法爲言, 議者不能奪. 然唐永平錢法, 肉好週郭精妙, 齊賢所鑄, 雖歲增數倍, 而稍爲粗惡矣.

29　甲申, 除福建諸州鹽禁.

30　夏, 四月, 丙戌朔, 遼太后及遼主如東京, 以樞密副使默特爲東京留守. 庚寅, 謁太祖廟. 癸巳, 太后詔賜命婦嫠居者. 辛丑, 太后及遼主謁三陵.

31　帝覽福建版籍, 謂宰相曰："陳洪進止以漳·泉二州贍數萬衆, 無名科斂, 民所不堪. 比朝廷悉已蠲削, 民皆感恩, 朕亦不覺自喜." 又嘗謂趙普曰："向者偏霸掊克凡數百種, 朕悉令除去, 更後五七年, 當盡減民租稅. 卿記朕此言, 非虛發也." 普曰："陛下愛民之意發於天心, 惟始終力行之, 天下幸甚！"

32　壬寅, 班外官戒諭. 帝初作戒辭二, 一以戒京朝官受任於外者, 一以戒幕職·州·縣官. 至是令閤門於朝辭日宣旨勗勵, 仍書其辭於治所屋壁, 遵以爲戒.

33　遼主致享於凝和殿；癸卯, 謁乾陵.

34　初, 弭德超謗曹彬, 期得樞密使, 及爲副, 大失望, 班又在柴禹錫下. 一日, 詬王顯及禹錫曰："我言國家大事, 有安社稷功, 止得綫許大官. 汝輩何人, 反居我上！"又言："上無執守, 爲汝輩所惑."顯等告其事, 帝怒, 命訊之, 德超具伏. 王子, 除名並親屬流瓊州.

德超始因李符及宋琪之薦得事上, 及符貶寧國司馬, 德超任樞府, 屢稱其冤. 會德超敗, 帝惡其朋黨, 令徙符嶺表. 盧多遜之流崖州也, 符白趙普曰："硃崖雖遠在海中, 而水土頗善. 春州雖近, 瘴氣甚毒, 至者必死, 不若令多遜處之."普不答. 於是卽以符知春州, 歲餘卒.

德超旣敗, 帝悟曹彬無他, 待之愈厚, 從容謂趙普等曰："朕聽斷不明, 內愧於心."普對曰："陛下知德超才幹而任用之, 察曹彬無罪而昭雪之, 物無遁情, 事至立斷, 此所以彰陛下聖明也."

35　改進武殿爲崇政殿.

36　遼羣臣以太后聽政, 宜有尊號, 請下有司詳定冊禮. 詔樞密院諭沿邊節將, 至行禮日, 止遣子弟奉表稱賀, 恐失邊備. 樞密請詔北府司徒頗德譯南京所進律文, 從之.

37 五月, 丙辰朔, 河大決滑州韓邨, 泛澶 · 濮 · 曹 · 濟諸州
民田, 壞居人廬舍, 東南流至彭城界, 入於淮, 命郭守文發丁夫
塞之.

38 遼國舅政事門下平章事蕭道寧以皇太后慶壽, 請歸父母家
行禮, 齊國公主及命婦 · 羣臣各進物設宴, 賜國舅帳耆年物有
差.

39 丁卯, 詔作太一宮於都城南.

40 黎桓自稱三使留後, 遣使來貢, 並上丁璿讓表. 詔諭桓送
璿母子赴闕, 不聽.

41 庚午, 遼南京統軍使耶律善布招燕民之逃入宋者, 得千餘
戶歸國, 詔令撫慰.

42 辛未, 遼主次永州.

43 乙亥, 遼樞密使韓德度採後漢太后臨朝故事, 草定上太后
上尊號冊禮, 上之.

44 丙子, 遼以青牛 · 白馬祭天地. 戊寅, 遼主如木葉山.

45   遼西南路招討使大漢奏党項諸部來者甚衆, 下詔褒美.

46   六月, 乙酉朔, 遼主詔有司冊皇太后日, 三品以上法服, 三品以下用大射柳之服.

47   遼西南路招討使奏党項部長乞內附, 詔撫慰之, 仍察其誠僞, 謹邊備.

48   丙戌, 遼主還上京.

49   丁亥, 以翰林學士·中書舍人李穆知開封府. 穆剖決精敏, 姦猾無所假貸, 由是豪右屏跡, 權貴不敢干以私. 帝益知其才, 始有意大用.

50   辛卯, 遼有事於太廟.
    甲午, 遼主率羣臣上太后尊號曰承天皇太后; 羣臣上遼主尊號曰天輔皇帝, 大赦, 改元統和. 更國號曰大契丹. 丁未, 遼百官各進爵一級; 以樞密副使色珍守司徒.

51   己亥, 以王顯爲樞密使, 柴禹錫爲宣徽南院使兼樞密副使.

52   帝謂近臣曰: "朕親選多士, 殆忘飢渴, 召見臨問以觀其才, 拔而用之, 庶使巖野無遺逸而朝廷多君子耳. 朕每見布衣擢紳, 間有端雅爲衆所推譽者, 朕代其父母喜.或召拜近臣, 必爲擇良日, 欲其保終吉也.朕於士大夫無負矣."

乃謂宰相曰: "唐置採訪使, 蓋欲察官吏善惡, 人民疾苦.然所命者, 官高則權勢太重, 官卑則威令不行; 又, 所遇州郡, 承迎不暇, 豈能審知利害, 但虛有其名耳.曷若愼選群材, 各分任使, 有功有過, 賞罰分明!且國家選才, 最爲切務, 人君深居九重, 何由遍識, 必須採訪.苟稱善者多, 卽是操履無玷, 若擇得一人, 爲益無限.古人言: '得十良馬不若得一伯樂, 得十利劍不若得一歐冶.'朕孜孜訪問, 止求得良才以充任使也." 趙普曰: "帝王進用良善, 實助太平之理, 然於採擇, 要在得所.蓋君子小人, 各有黨類, 先聖謂觀過各於其黨, 不可不愼也." 帝然之.

53　　泰山父老及瑕丘等七縣民詣闕請封禪, 不許, 厚賜遣之.

54　　秋, 七月, 甲寅朔, 遼太后聽政. 乙卯, 遼主親錄囚. 太后有機謀, 善馭左右. 先是遼人毆漢人死者, 償以牛馬; 漢人則斬之, 仍以其親屬爲奴婢. 太后一以漢法論, 燕民皆服. 加韓德讓開府儀同三司兼政事令.

55　　辛酉, 遼主行再生禮.

56　　丁卯, 王彥超以太子大師致仕. 右千牛衛上將軍吳虔裕,時年已八十餘, 語人曰:"我縱僵仆殿階下, 斷不學王彥超七十便致仕."人傳以爲笑.

57　癸酉, 遼主與諸王分朋擊鞠.

58　穀·洛·瀍·澗溢, 壞官民舍萬餘區, 溺死者以萬計, 鞏縣殆盡.

59　辛未, 郭贄罷參知政事. 贄嘗因論事奏曰:"臣遭不次之遇, 誓以愚直上報."帝曰:"愚直何益於事！"贄對曰:"雖然, 猶勝奸邪."至是飲酒過量, 遇入對, 宿醒未解, 帝怒, 責授祕書少監, 尋出知荊南府. 俗尙淫祀, 屬久旱, 盛陳禱雨之具；贄始至, 悉命撤去, 投之江, 不數日, 大雨.

60　丙子, 遼韓德威遣人上党項之俘.

61　庚辰, 加宋琪刑部尙書, 以李昉參知政事. 時趙普恩禮稍替, 帝以昉宿舊, 故有是命.

62　八月, 己丑, 遼主謁祖陵. 辛卯, 太后祭其父楚國王蕭思溫墓. 癸巳, 遼主與太后謁懷陵.
　北院樞密副使耶律色珍, 本思溫所薦, 妻太后之姪, 太后委任之. 甲午, 遼主於太后前與色珍互易弓矢鞍馬, 約以爲友.

63   己亥, 遼主獵赤山, 遣使薦熊肪·鹿脯於乾陵之凝神殿.

64   乙巳, 遼命裕悅休格提點元城.

65   庚戌, 石熙載罷樞密使. 熙載以足疾請去, 帝親幸其第臨問. 久而不愈, 遂抗表求解機務, 故以優禮罷.

66   辛亥, 詔增《周公諡法》五十五字.

67   壬子, 遼西南招討使韓德威表請伐党項之復叛者, 太后命發別部兵數千以助之, 賜劍, 許便宜行事. 德威, 德讓之弟也. 德讓兄德源, 弟德凝, 並以德讓故貴顯於遼. 德凝頗廉謹, 而德源愚貪, 以賄名, 德讓貽書諫之, 終不悛, 論者少之. 唯德威善騎射, 以戰功著.

68   初, 太祖詔盧多遜錄時政, 月送史館, 多遜訖不能成書. 於是右補闕·直史館胡旦言:"自唐以來, 中書·樞密院皆置《時政記》, 每月編修送史館. 周顯德中, 宰相李穀又奏樞密院置內庭日曆. 自後因循廢闕, 史臣無憑撰集. 望令樞密院依舊置內庭日曆, 委文臣任副使者與學士輪次紀錄送史館." 帝採其言, 詔:"自今軍國政要, 並委參知政事李昉撰錄, 樞密院令副使一人纂集, 每季送史館." 昉因請以所修《時政記》, 每月先奏御, 後付所司, 從之. 《時政記》奏御自昉始.

69　先是, 每歲運江 · 淮米四百萬斛以給京師, 率用官錢僦牽船役夫, 頗爲勞擾. 至是, 每艘計其直給與舟人, 俾自召募, 事良便. 旣而舟數百艘留河津月餘不得去, 帝遣期門卒偵之. 計吏自言："有司除常載外, 別科置皮革 · 赤堊 · 鉛錫 · 蘇木等物, 守職藏者不卽受故也." 帝大怒, 詔書切責度支使, 奪一月俸.

70　谿 · 錦 · 敍 · 富四州蠻內附.

71　九月, 癸丑朔, 初置水陸路發運使於京師, 以王賓 · 許昌裔同知水路發運, 王繼升 · 劉蟠同知陸路發運. 凡一綱, 計其舟車役人之直, 悉以付主綱吏, 令自僱民, 勿復調發. 凡水陸舟車輦送官物及財貨之出納, 悉關報而催督之. 自是貢輸無滯矣.

72　遼以東京 · 平州旱蝗, 旋以南京秋潦, 暫停關徵, 以通山西糴易.

73　辛酉, 遼主謁祖陵；王戌, 還上京.

74　乙丑, 帝謂宰相曰："朕念民耕稼之勤, 春秋賦租, 軍國用度所出, 恨未能去之. 比令兩稅三限外特加一月, 而官吏不體朝旨, 自求課最, 恣行撻罰, 督令辦集. 此一事尤傷和氣, 宜申儆之." 乃詔："諸州長吏察訪屬縣, 有以催科用刑殘忍者, 論其罪." 又謂宰相曰："民訴水旱, 卽使檢覆, 立遣上道, 猶恐後時.頗聞使者或逗留不發, 州縣慮賦斂違期, 日行鞭箠, 民亦俟檢覆改種.若此稽緩, 豈朕勤卹之意乎！自今遣使檢覆災旱, 量其地之遠近, 事之大小, 立限以遣之."

75 丙寅, 帝謂宰相曰："荊湖‧江‧浙‧淮南諸州, 每歲上供錢帛, 遣部民之高貲者護送至闕下.民多質魯, 無馭下之術, 篙工檝師, 皆頑猾不逞, 恣爲侵盜, 民或破產以償官物, 甚無謂也."乃詔："自今直遣牙吏, 勿復擾民."

76 辛未, 遼有司請以遼主生日爲千齡節, 從之.錄故裕悅烏珍之子爲林牙, 以太后追念烏珍有輔導功也.

77 丙子, 遼主如老翁川.

78 郭守文塞決河堤, 久不成.帝謂宰相曰："或言河兩岸古有遙堤以寬水勢, 其後民利沃壤, 咸居其中, 河盛溢卽罹水患.當令按視修復."乃分遣殿中侍御中濟陰柴成務‧國子監丞洛陽趙孚等, 西自河陽, 東至於海, 同視河堤舊址.孚等回奏, 以爲："治遙堤不如分水勢.滑‧澶二州最爲隘狹, 宜於南北岸各開其一, 北入王莽河以通於海, 南入靈河以通於淮, 節減暴流, 一如汴口之法."朝議以重惜民力, 寢其奏.時多陰雨, 帝以河決未塞, 深憂之.丁丑, 遣樞密直學士張齊賢乘傳詣白馬津, 用太牢加璧以祭＊.

續資治通鑑　卷012

【宋紀十二】

起昭陽協洽(癸亥)十月　盡旃蒙作噩(乙酉)十二月　凡二年
有奇.

❖ 太宗至仁應道神功聖德睿烈大明廣孝皇帝, 太平興國
　　八年(遼, 統和元年 癸未, 983)

1　　冬, 十月, 帝以新譯經五卷示宰相, 因曰:"凡爲君臣者,
治人利物, 卽是修行. 梁武舍身爲寺家奴, 此眞大惑！方外之
說, 亦有可觀, 卿等試讀之. 蓋存其敎, 非溺於釋氏也."

2　　乙未, 遼南京留守休格, 言諸節度使每歲貢獻, 請如契丹
官吏, 止進鞍馬；從之.

3　　丁酉, 遼以吳王稍爲上京留守, 行臨潢尹事.

4　　戊戌, 改諸王名, 俱進封有差.

5　司徒兼侍中趙普, 罷爲武勝節度使兼侍中.

6　十一月, 壬子朔, 以參知政事宋琪 · 李昉並同平章事.
　帝謂曰:"世之治亂, 在賞罰當否, 賞罰當其功罪, 卽無不治,
苟以爲飾喜怒之具, 卽無不亂, 與卿等戒之."琪曰:"賞罰二
柄, 乃御世之銜勒, 治天下者, 苟賞罰至公, 未有不致太平者."
昉初與盧多遜善, 多遜屢譖昉, 人或告之, 昉不信. 於是帝語及
多遜事, 昉力爲解釋. 帝因言:"多遜居常毀卿不直一錢."昉
始悟. 帝由此益重之.

7　癸丑, 遼應州獲宋諜, 磔之.

8　甲寅, 詔自今宰相班親王上, 李昉 · 宋琪等固辭, 帝不許,
曰:"宰相任總百揆, 藩邸之設, 止奉朝請而已. 元佐等尙幼,
欲其知謙損之道, 卿勿多辭!"

9　高陽關獲遼偵騎, 送至闕下, 言遼於近寨築城. 帝謂宰相
曰:"此爲自全之計耳."又曰:"幽州四面平川, 無險固可恃,
難於控扼.異時收復燕薊, 當於古北口諸隘, 據其要害, 不過
三五處, 屯兵設堡寨, 自絕南牧矣."宋琪對曰:"范陽前代屯
兵之地, 古北口及松亭關 · 野狐門三路並立堡障, 至今石壘基
堞尙存, 將來止於此數處置戍可矣."

10　己未, 太一宮成, 張齊賢等請用祀天之禮殺其半, 又小損之.

11　丁卯, 宴餞趙普於長春殿. 帝賜普詩, 普奉而泣曰: "陛下賜臣詩, 當刻於石, 與臣朽骨同葬泉下." 帝爲之動容. 明日, 謂近臣曰: "趙普於國家有大勳勞. 朕布素時與之游從, 今齒髮衰矣, 不欲煩以機務, 擇善地俾之臥治, 因詩什以導意. 普感激且泣, 朕亦爲之墮淚." 宋琪對曰: "普昨至中書, 執御詩感泣. 今復聞宣諭, 君臣始終之分, 可謂兩全矣."

12　長春之宴, 樞密使王顯等侍側, 見帝衣敝袴, 數視之. 帝笑謂曰: "朕未嘗御新衣, 蓋念機杼之勞苦, 欲示敦樸, 爲天下先也."

13　壬申, 以翰林學士李穆·呂蒙正·李至並參知政事, 樞密直學士張齊賢·王沔並同僉署樞密院事. 至, 眞定人; 沔, 齊州人也. 穆等入對, 帝謂曰: "今兩制之臣十餘, 皆文學適用, 操履方潔. 穆居京府, 尤號嚴肅, 故加獎擢." 穆等再拜謝.
　帝又曰: "朕歷覽前書, 大抵君臣之際, 情通則道合, 故事皆無隱, 言必可用. 朕厲精求治, 卿等爲朕股肱耳目, 設有闕政, 宜悉心言之. 朕每行一事未當, 久之尋繹, 惟自咎責耳, 固不以居尊自恃, 使人不敢言也."

14　庚辰, 置侍讀官. 帝性喜讀書, 詔史館所修《太平總類》, 日進三卷. 宋琪等言:"日閱三卷, 恐聖躬疲倦." 帝曰:"開卷有益, 不爲勞也. 此書千卷, 朕欲一年遍讀." 尋改名《太平御覽》.

15　遼太后及遼主祭乾陵.

詔:"諭三京左右相以及錄事參軍等, 當執公方, 不得以阿順爲事. 諸縣令佐如遇州官及朝使非理徵求, 毋或畏徇, 仍時加採聽以分殿最. 民間有父母在而別籍異居者, 聽鄰里覺察, 坐之. 有孝於父母, 三世同居者, 旌其門."

16　十二月, 丁亥, 淮海國王錢俶, 三上表乞解兵馬大元帥·國王·尚書令·太師等官; 詔罷元帥名, 餘不許.

17　己亥, 遼太后觀漁於玉盆灣; 辛丑, 觀漁於潢淵.

18　癸卯, 滑州言河決已塞, 羣臣稱賀. 未幾, 河復決房村, 帝曰:"近以河決韓村, 發民治堤不成, 安可重困吾民! 當以諸軍代之." 乃發卒五萬, 以侍衛步軍都指揮使領其役.

19　帝謂宰相曰:"比聞有僧道還俗應擧者, 場屋混淆. 進士須通經義, 遵周·孔之敎; 或止習浮淺文章, 殊非務本之道." 甲辰, 令諸州禁還俗僧道赴擧. 進士免貼經, 只試墨義二十道, 皆以經中正文大義爲問題. 又增進士及諸科各試法書墨義十道,進士增試律義.

20 遼敕諸處刑獄有冤不能伸雪者, 聽詣御史臺申訴, 委官覆問. 先是大理寺獄訟凡關覆奏者, 以翰林學士 · 給事中 · 政事舍人詳決, 至是始置少卿及正主之.

21 丙午, 右補闕 · 直史館胡旦獻《河平頌》, 內有"逆遜投荒, 姦普屏外"等語, 帝覽之, 震怒, 召宰相, 曰: "旦詞意悖戾.朕自擢置甲科, 歷試外任, 所至無善狀.知海州日, 爲部下所訟, 獄已具, 適會大赦, 朕錄其才而捨其過.乃敢恣臆狂躁如此！今朝多君子, 旦豈宜尚列侍從邪？"中書舍人王祐等奏旦宜竄斥, 丁未, 責旦爲殿中丞 · 商州團練副使.

22 是月, 權知相州 · 右補闕田錫上疏言："筦榷貨財, 網利太密; 躬親機務, 綸旨稍頻. 所謂網利太密者, 酒麴之利, 但要增盈, 商稅之利, 但求出剩, 遞年比撲, 只管增加, 窮盡利源, 莫甚於此. 今乞定其常數, 授以常規, 如州縣徵科, 農桑稅賦, 年豐則未聞加納, 歲欠則許之倚徵, 自然理得其中, 民知所措.所謂綸旨稍頻者, 君道務簡, 簡則號令審而人易從; 臣道務勤, 勤則職業修而事無壅. 臣伏見陛下早受百僚之朝, 午視萬幾之事; 或進呈甲仗, 或揀閱軍人, 或躬問繰緤, 或親觀戰馬; 投匭而進者, 或詳其詞理, 撾鼓以聞者, 或詢彼冤誣.蓋陛下慮四聰或有所未達, 萬幾或有所未知, 至於如此. 然何不移此勤勞而勞於求賢，何不改此精專而專於選士！諫官則置之左右，御史卽委以糾彈，給事中當材者，許之封駁詔書，起居郎有文者，命之紀錄言動．百職如是，各舉其業；千官如是，各得其人，則何憂事不允釐，何慮民不受賜！況宮闕乃尊嚴之地，軒墀列清切之班，豈宜使押來囚繫，病患軍人，或虛詞越訴之徒，或僥倖希恩之輩，引之便殿，得面天顏！陛下隨事指揮，臨時予奪，其間有驟承顧問，上懼天威，或偶有敷陳，稍愜聖旨，怯懦蹇訥者，口雖奏而未盡其心，姦詐辯詞者，言雖當而未必有理．陛下或施之恩澤，或置以刑名，雖睿鑑周通，固無枉濫，而帝廷清肅，豈稱喧囂！《書》曰：“臨下以簡.” 又曰：“御衆以寬.” 願陛下察而審之．

抑臣又有請者，中書是宰相視事之堂，相府是陛下優賢之地．今則於中書外廡置磨勘一司，較朝臣功過之有無，審州郡勞能之虛實．蓋其職本屬考功，自考功之職不修，而磨勘之名互出，殊非政體．此臣所未喻者一也．往者諸侯有過，百姓有冤，必命臺官，委爲制使，誠以憲府刑曹，是其專責．今多差殿直・承旨，使爲制勘使臣，殊非理公之才，驟委鞫人之罪，或未曉刑章，妄加深刻，旣臨以制書，人畏嚴威，誰敢捍拒！豈無陷於不辜，虧陛下仁慈之旨者！此臣所未喻者二也．臣每讀史書，凡匹婦貞廉，野人孝行，尚旌彼門閭，或賜之束帛，以勵澆俗．今國家官僚遠宦，不得般家，父母云亡，不得離任，墨縗視事，寧安孝子之心？明詔未行，深損聖人之敎．此臣所未喻者三也.” 疏入，不報．

23 是歲, 賜譯經院額曰傳法；令兩街選童子五十人, 就院習梵學·梵字.

1 春, 正月, 戊午, 右僕射石熙載卒.
熙載性忠實, 遇事敢言, 無所顧避. 至是遘疾不起, 帝爲悲嘆累日, 贈侍中, 諡元懿.

2 壬戌, 詔："三館《以開元四庫書目》閱館中所闕者, 具列其名, 募中外有以書來上, 第卷帙之數, 等級優賜；不願送官者, 借本寫畢還之."自是四方之書往往間出矣.

3 甲子, 遼主如長濼.

4 有司上竊盜罪至大辟, 詔特貸其死, 因謂宰相曰："朕重惜人命, 但時取其甚者以警衆.然不欲小人知寬貸之意, 恐其犯法者衆也."

5 乙丑, 帝御丹鳳樓觀燈, 見士庶闐咽, 謂宰相曰："國家承累世干戈之後, 海宇乂安, 京師繁盛, 殊以爲慰, 朕居常罕飲,今夕與卿等同樂, 宜各盡醉." 於是每虛爵以示羣臣.

6　涪陵縣公廷美至房州, 憂悸成疾, 卒. 丁卯, 房州以聞, 帝
嗚咽流涕, 謂宰相曰: "廷美自少剛愎, 長益凶惡, 朕以同氣至
親, 不忍置之於法, 俾居房陵, 冀其思過. 方欲推恩復舊, 遽茲
殞逝, 痛傷奈何！" 乃追封涪陵王, 賜諡曰悼, 帝爲發哀成服.
　其後從容謂宰相曰: "廷美母陳國夫人耿氏, 朕乳母也, 後出
嫁趙氏, 生軍器庫副使廷俊. 朕以廷美故, 今廷俊屬鞬左右, 廷
俊洩禁中事於廷美. 邇者鑿西池, 朕將往遊, 廷美與左右欲以
此時竊發. 若命有司窮究, 則廷美罪不容誅. 朕止令居守西洛,
而廷美益怨望, 出不遜語, 始命遷房陵以全宥之. 至於廷俊, 亦
不加深罪, 但從貶黜. 朕於廷美, 蓋無負矣." 言訖, 爲之惻然.
李昉對曰: "涪陵悖逆, 天下共聞, 而宮禁中事, 若非陛下委曲
宣示, 臣等何由知之！"

7　澶州言民訴水旱二十畝以下求蠲稅者, 朝臣以田畝不多,
請勿受其訴. 帝曰: "若此, 貧民田少者, 恩常不及. 災沴蠲稅,
政由窮困, 豈以多少爲限邪！" 辛未, 詔: "自今民訴水旱, 勿
擇田之多少, 悉與檢視."

8　壬申, 蠲諸州民去年官所貸粟.

9　左諫議大夫・參知政事李穆卒. 穆有至行, 母嘗臥疾彌年,

動止轉側, 皆親自扶掖. 初坐廷美事屬吏, 穆令子惟簡給母以奉詔鞫獄臺中, 及責官還家, 卒不以白母, 間日輒出訪親友, 或遊僧寺, 陽爲入直, 暨於牽復, 母終弗知. 執政月餘遭母喪, 詔強起之, 穆益哀毀. 癸酉, 晨起將朝, 風眩暴卒. 帝臨哭出涕, 謂宰相曰:"穆操履純正, 方將倚用, 遽至淪沒, 非斯人之不幸, 乃朕之不幸也!"

10　丁丑, 帝謂侍臣曰:"昔晉武平吳之後, 溺於內寵, 後宮所蓄, 殆數千人, 殊失帝王之道. 今宮中自職掌至粗使不過三百人, 朕猶以爲多也."

11　二月, 壬午朔, 帝御崇政殿, 親閱諸軍將校, 按名籍, 參勞績成升黜之, 踰月而畢. 謂近臣曰:"朕選擢將校, 先取其循謹能御下者, 武勇次之." 又曰:"兵雖衆, 苟不簡擇, 與無兵同. 朕因講習, 漸至精銳, 倘統帥得人, 何敵不克!"

舊制, 諸軍辭見, 或行間驍果出衆者, 令將校互相保任. 散員左班都頭魏能戍邊, 不爲衆所保, 帝曰:"此人才勇, 朕可自保之." 由是稍加進用.

12　以右補闕喬維岳爲淮南轉運使. 先是淮河西流三十里, 曰山陽灣, 水勢湍悍, 運舟所過, 多罹覆溺. 維岳規度開故沙河, 自末口至淮陰磨般口, 凡四十里. 又, 建安北至淮澨, 總五堰, 運舟十綱上下, 其重載者, 皆卸糧而過, 舟壞糧失, 率常有之.

綱卒旁緣爲姦, 多所侵盜. 維岳乃命創二斗門於西河第三堰, 二門相逾五十步, 覆以夏屋, 設懸門畜水, 俟潮平乃洩之. 建橫橋於岸, 築土累石以固其趾. 自是盡革其弊, 而運舟往來無滯矣.

13　庚子, 遼主朝太后, 因觀獵於饒樂川. 丙午, 遼主與諸王大臣較射.

14　丁未, 遼招討使韓德讓以征党項回, 遂襲河東, 賜詔襃美.

15　三月, 宴文武官及外國蕃客於大明殿, 召渤海大使鸞河, 慰撫之. 鸞河, 渤海酋帥也, 帝征幽州, 率部族歸順, 故有是賜.

16　遣翰林學士宋白乘傳祭白馬津, 沈以太牢, 加璧焉, 河決將塞故也.

17　乙卯, 日本國僧奝然自其國來入朝, 言："國主姓王氏, 自始祖至今凡六十四世, 八十五王矣, 文武僚吏亦皆世官." 帝聞之嘆息, 謂宰相曰："此島夷耳, 尚存古道! 中國自唐季海內分裂, 五代世數尤促, 大臣子孫, 皆鮮克繼父祖業. 朕雖德不及往聖, 然孜孜求理, 未嘗敢自暇逸. 冀上穹降鑑, 使運祚悠遠, 大臣亦世守祿位. 卿等宜各盡心輔朕, 無令遠夷獨享斯慶也."

18　丙午, 選祕書丞楊延慶等十餘人分知諸州. 帝因謂宰相
曰：“刺史之任, 最爲親民, 苟非其人, 民受其禍. 昔秦彭守潁
川, 敎化大行, 境內乃有鳳凰・麒麟・嘉禾・甘露之瑞.” 宋琪
曰：“秦彭一郡守, 政善而天應之若此, 況君天下者乎！”

19　丁巳, 帝謂宰相曰：“夏州蕃部强悍難制者, 皆委身歸順,
凡得種族五萬餘帳. 朕亦慮轉餉勞擾, 止令齎茶於蕃部中貿易
以給軍食, 未嘗發民輸送也.” 又謂李繼捧曰：“汝在夏州用何
道制蕃部？” 對曰：“戎人狡很, 臣但羈縻而已, 非能制也.”

20　己未, 滑州言河決已塞, 羣臣稱賀. 蠲水所及州縣民今年
田租.

21　癸未, 以涪陵王子德恭・德隆爲刺史, 壻韓崇業爲靜難軍
司馬.

22　己丑, 召宰相近臣賞花於後苑, 令侍從詞臣各賦詩. 賞花
賦詩自此始.

23　壬申, 幸含芳苑, 宴射, 謂宰相宋琪曰：“此地三數年不一
至, 固非數出遊宴也.” 時劉繼元・李繼捧等皆侍坐, 琪因讚頌
神武, 與李昉等各賦詩；帝爲和, 賜之.

24　是春, 宰相奏事退, 帝謂曰："卿等所奏簿書, 乃是常也. 唯時務不便, 須極言無隱, 朕當裁酌而行；苟言不當, 亦不責也."

25　夏, 四月, 乙酉, 泰山父老千餘人復詣闕請封禪. 戊子, 羣臣上表請封禪, 表凡三上. 甲午, 詔以今年十一月有事於泰山.

26　是日, 幸金明池, 觀習水戰, 謂宰相曰："水戰, 南方之事也, 今其地已定, 不復施用, 時習之, 示不忘武功耳." 因幸講武臺閱諸軍馳射, 有武藝超絕者, 咸賜以帛. 還, 登瓊林苑北榭, 賜從臣飲, 擲錢於樓下, 俾伶人爭取, 極歡而罷.

27　丁亥, 遼宣徽使‧同平章事耶律普寧‧都監蕭勤德獻征女眞之捷, 授普寧兼政事令, 勤德神武衛大將軍, 各賜金器諸物.

28　庚寅, 遼太后臨決滯獄.

29　丙申, 詔扈蒙‧賈黃中‧徐鉉等同詳定封禪儀.

30　己亥, 命南作坊副使李神佑等四人修自京抵泰山道路. 庚子, 以宰相宋琪爲封禪大禮使, 翰林學士宋白爲鹵簿使, 賈黃中爲儀仗使. 宋琪等議所過備儀仗導駕, 帝曰："朕此行蓋爲蒼生祈福, 過自嚴飾, 非朕意也." 乃詔：惟告廟及自泰山下用儀仗, 所過亦不須陳設."

31　五月, 辛亥, 幸城南觀麥, 賜刈者錢帛. 還, 幸玉津園, 觀魚, 宴射, 謂近臣曰: "朕觀五代以來, 帝王始則勤儉, 終乃忘其艱難, 覆亡之速, 皆自貽也. 在人上者, 當以爲戒."

32　罷諸州農師.

33　丁丑, 乾元·文明二殿災.

34　以將作監丞李元吉·丁顧言爲堂後宮, 賜緋衣·銀帶·象笏. 京官任堂後官自此始.

35　鹽鐵使王明請開江南鹽禁, 讓歲賣鹽五十三萬五千餘貫, 其二十八萬七千餘貫給鹽與民, 隨稅收其錢, 二十四萬餘貫聽商人販易, 收其算; 從之.

36　六月, 己卯朔, 遼太后決獄至月終.

37　丁亥, 詔求直言.

38　壬辰, 詔: "天下幕職·州縣官上書言事, 凡民俗利害, 政令否臧, 並許於本州附傳置以聞." 先是轉運使及知州·通判皆得上書, 而州縣官屬則否, 帝慮下情壅塞, 故降是詔.

39 己丑, 遣使諸路察獄.

40 鎮安節度使・守中書令石守信卒, 諡武烈.

41 庚子, 始令諸州十日一慮囚.

42 壬寅, 帝謂宰相曰："封禪之廢已久, 今時和年豐, 行之固
其宜矣. 然正殿被災, 遂舉大事, 或未符天意. 且炎暑方熾, 深
慮勞人." 乃詔停封禪, 以冬至有事於南郊.

43 秋, 七月, 壬子, 改乾元殿爲朝元殿, 文明殿爲文德殿, 丹
鳳門爲乾元門.

44 乙卯, 詔："御史鞫獄, 必須躬親, 毋得專任胥吏."

45 庚申, 改匭院爲登聞鼓院, 東延恩匭爲崇仁檢院, 南招諫
匭爲思諫檢院, 西申冤匭爲申明檢院, 北通玄匭爲招賢檢院；
仍令諫院依舊差諫官一員主判.

46 八月, 辛卯, 遼東京留守耶律穆濟奏女眞珠布實・薩里等
八族乞舉衆內附, 詔納之.

47 癸丑, 有布衣以皁囊封書獻者, 其詞狂妄. 帝覽之, 謂宰相曰:“比來上封事者多不知朝廷次第, 所言率孟浪. 本欲下情上達, 庶事無壅, 故雖狂悖, 亦與容納.”宋琪曰:“陛下廣納言之路, 苟百中得一, 亦是國家之利.”

48 右補闕‧知睦州田錫應詔上疏, 其略曰:“今陛下有所因方渴聞至言, 有所爲方切待直諫, 引咎自誡, 修德彌新. 臣謂責在近臣而不在聖躬, 罪在諫官而不在陛下. 近陛下有朝令夕改之事, 由制敕所行時有未當, 而無人封駁者. 給事中若任得其人, 制敕若許之封駁, 則所下之敕無不當, 所行之事無不精, 編爲格式, 豈有朝令夕改之弊! 臣所以謂責在近臣而不在聖躬. 臣又見陛下有舍近謀遠之事, 由言動未合至理, 而無人敢諫諍者, 是左右拾遺‧補闕之過也. 加以時久昇平, 天下混一, 致陛下以昇平自得, 功業自多. 不知四方雖寧, 萬國雖靜, 然刑罰未甚措, 水旱未甚調, 陛下謂之太平, 誰敢不謂之太平! 方欲爲民求福, 報天之功, 有事於泰山, 展禮於上帝, 人謀雖克, 天意未從. 火於禁中, 將警悟於英主, 詔下海內, 遂佈告於輿人. 臣所以謂罪在諫官不在陛下也.”

49 丁酉, 帝親祠太一宮.

50 九月, 知夏州尹憲襲擊李繼遷, 斬首五百級, 獲其母妻, 俘千四百帳, 繼遷僅以身免. 於是賜李繼捧姓趙, 名保忠, 授夏州

刺史 · 定難節度使, 以討繼遷, 管夏 · 銀 · 宥五州. 繼捧至鎭
數日, 上言繼遷悔過歸款, 帝以爲銀州刺史 · 西南巡檢使. 繼
遷本無降心, 復誘戎人爲寇.

51   壬戌, 羣臣表三上尊號曰應運統天睿文英武大聖至仁明德
廣敎皇帝, 不許, 宰相叩頭固請, 終不許.

52   帝之卽位也, 召華山隱士陳搏入見. 冬, 十月, 復詣闕, 帝
益加禮重, 謂宋琪等曰: "搏獨善其身, 不干勢利, 所謂方外之
士也. 在華山已四十餘年, 度其年當百歲, 自言經五代亂離, 幸
天下承平, 故來朝覲. 與之語, 甚可聽." 因遣使送至中書. 琪等
從容問搏曰: "先生得玄默修養之道, 可以化人乎？" 對曰:
"搏山野之人, 於時無用, 亦不知神仙黃白之事, 吐納養生之
理, 無術可傳於人. 假令白日上升, 亦何益於世？主上龍顏秀
異, 博達古今, 眞有道仁聖之主也, 正君臣同德 · 興化致治之
秋, 勤行修練, 無出於此." 琪等表上其言, 帝益喜. 甲申, 賜搏
號希夷先生, 令有司增葺所止臺觀. 帝屢與屬和詩什, 數月, 遣
還.

53   癸巳, 嵐州獻一角獸, 徐鉉等以爲祥麟, 宰相宋琪等拜表
稱賀. 帝曰: "珍禽奇獸, 奚益於事！方內大寧, 風俗淳厚, 此
乃爲上瑞耳." 琪等因請宣示, 凡瑞物六十三種, 並圖付史館.

54　十一月, 丙寅, 親饗太廟. 丁卯, 祀天地於南郊, 以宣祖配天而太祖配上帝, 從禮官扈蒙議也. 是日, 大赦天下, 改元雍熙.

55　癸酉, 以建州進士楊億爲秘書省正字, 時年十一. 億七歲能屬文, 帝聞其名, 詔江南轉運使開封張去華就試詞藝, 遣赴闕. 連三日得對, 試賦五篇, 皆援筆立成, 帝深歎賞, 故有是命.

56　十二月, 庚辰, 淮海國王錢俶徙封漢南國王.

57　癸未, 賜京畿高年帛.

58　丁亥, 廢嶺南諸州採珠場. 自是唯商船互市及受海外之貢.

59　壬辰, 立德妃李氏爲皇后, 故淄州刺史處耘之女也.

60　丙申, 賜京師大酺三日, 集開封府及諸軍樂人, 遷四市貨殖, 五方士女大會, 作山車·旱船, 往來御道, 爲魚龍曼延之戲, 自乾元門前至朱雀門, 東西凡數里. 帝御丹鳳樓觀酺, 召侍臣賜飲, 列坐畿甸耆老, 賜以酒食, 音樂雜發, 觀者闐咽. 次日, 獻歌詩頌賦者數千人.

61　遼以翰林學士承旨馬得臣爲宣政殿學士. 得臣好學, 善屬文, 居朝以正直稱.

1 春, 正月, 丙午朔, 遼主如長濼.

2 丙辰, 以德恭爲左武衛大將軍, 判濟州, 封安定侯；德隆
爲右武衛大將軍, 判沂州, 封長寧侯；皆涪陵王廷美子也. 以
右補闕劉蒙叟通判濟州, 起居舍人韓檢通判沂州, 俾行州事.
蒙叟, 熙古子也.

3 丁巳, 遼以翰林學士邢抱朴爲禮部侍郎 · 知制誥, 以左拾
遺 · 知制誥劉景, 吏部郎中 · 知制誥牛藏用, 並政事舍人. 抱
朴好學博古, 景端重能文, 皆時望也.

4 癸亥, 翰林學士賈黃中等九人權知貢擧. 帝謂宰相曰：
"設科取士, 最爲捷要. 近年籍滿萬餘, 得無濫進者乎？" 己巳,
詔："自今諸科並令量定人數, 相參引試, 分科隔坐, 命官巡察
監門, 謹視出入. 有以文字往復與吏爲姦者, 置之法；私以經
義相敎者, 斥出科場；伍保預知亦連坐. 進士倍加研覆. 貢擧
人勿以曾經御試, 不考而薦." 始令試官親戚別試者凡九十八

人. 又罷進士試律, 復貼經.

5   二月, 丙子朔, 遼以牛藏用知樞密直學士.

6   戊寅, 權交州留後黎桓遣使來貢.

7   乙未, 夏州李繼遷誘殺都巡檢使曹光實於葭蘆川. 繼遷自地斤澤之敗, 轉徙無常, 西人多歸之, 漸以強大. 於是率衆攻麟州, 使人紿光實, 期日會於葭蘆川納降. 光實信之, 且欲擅其功, 不與人謀, 至期, 從百騎赴之. 繼遷所設伏兵盡起, 光實被害, 遂襲據銀州.

8   丙戌, 帝謂宰相曰:"朕覽史書, 見晉高祖求援於契丹, 遂行父事之禮, 仍割地以奉之, 使數百萬黎庶陷於外域, 馮道·趙瑩且居宰輔, 皆遣令持禮, 屈辱之甚也."宋琪等奏曰:"晉高祖遣馮道奉使, 張筵送之, 親舉酒灑涕曰:'達兩君之命, 交一國之歡, 勞我重臣, 之彼窮塞, 息民繼好, 宜體此懷, 勿以爲慍也.', 及道回, 有詩曰:'殿上一杯天子泣, 門前雙節國人嗟.', 方今亭障肅清, 生靈安泰, 皆由得制禦之道. 恢復舊境, 亦應有時."帝然之.

9   禁增置寺觀.

10　三月, 己未, 覆試禮部貢舉人, 得進士須城梁顥等百七十九人, 諸科三百一十八人, 並唱名賜及第. 唱名自此始. 宰相李昉子宗諤, 參知政事呂蒙正從弟蒙亨, 鹽鐵使王明子扶, 度支使許仲宣子待問, 舉進士, 試皆入等. 帝曰：“此並勢家, 與孤寒競進, 縱以藝升, 人亦謂朕爲有私也.”皆罷之.

　　青州人王從善應《五經》舉, 年始踰冠, 自言通誦《五經》文注, 帝歷舉本經試之, 其誦如流, 特賜《九經》及第, 面賜綠袍·銀帶, 錢二萬.

　　時左右獻言尚有遺材, 壬戌, 復試, 又得進士休寧洪湛等七十六人, 諸科三百人, 並賜及第.

11　遣知秦州田仁朗等將兵討李繼遷.

12　江南民飢, 許渡江自占.

13　夏, 四月, 乙亥朔, 遣使行江南諸州, 賑飢民及察官吏能否.

14　丙子, 宴近臣於後苑, 賞花釣魚, 張樂錫飮, 命賦詩習射. 自是歲以爲常.

15　五月, 庚午, 中書門下奏謫官經赦者, 欲令歸闕, 責其後效, 帝不許, 謂宰相曰：“朝廷致理, 當任賢良, 君子小人, 宜在明辨. 今海島窮崖遠惡處, 甚多竄逐之臣, 郊禋以來, 豈不在念！然此等嶮巇, 若小得志, 卽復結朋植黨, 恣其毀譽, 如害群之馬, 豈宜輕議哉！"

16　癸酉, 遼以國舅蕭道寧同平章事, 知瀋州事.

17　六月, 甲戌, 遼太后親決滯獄.

18　戊子, 復禁鹽‧榷酤.

19　李繼遷旣殺曹光實, 遂圍三族寨, 陷之. 帝大怒, 徵田仁朗下獄勘問, 貸死, 竄商州.
　是月, 副將王侁等出銀州北, 破悉利諸寨, 斬其代州刺史. 時郭守文與侁同領邊事, 與知夏州尹憲擊鹽城諸蕃, 焚千餘帳, 由是銀‧麟‧夏三州蕃百二十五族悉內附, 戶萬六千餘.

20　秋, 七月, 甲辰朔, 遼命諸道繕甲兵以備東征.

21　庚申, 詔："諸路轉運使及諸州長吏, 專切督察知會官吏等, 依時省視倉粟, 勿致毀敗. 其有計度支用外, 設法變易, 或出糴借貸與民及轉輸京師. 如不省視而致損官粟者, 雖去官, 猶論如律."

22　丁卯, 遼遣使閲東京諸軍兵器及東征道路, 以平章事蕭道寧爲昭德軍節度使, 郭襲爲天平軍節度使.

時宰相室昉發民夫二十萬, 一日畢功. 是時昉與韓德讓・耶律色珍相友善, 同心輔政, 整析蠹弊, 知無不言, 務在息民薄賦, 故法度備舉.

23　八月, 癸酉朔, 遼以遼澤沮洳, 罷征高麗;命樞密使耶律色珍爲都統, 以討女眞.

24　癸未, 遼主謁乾陵.

25　癸巳, 遼太后謁顯陵;庚子, 謁乾陵.

26　初, 涪陵公廷美得罪, 楚王元佐獨申救之, 帝不聽. 廷美死, 元佐遂感心疾, 或經時不朝請;屢爲殘忍, 不守法度, 左右微過, 必加手刃, 僕吏過庭, 往往彎弓射之. 帝訓誨甚厲, 皆不悛. 是歲夏秋, 疾甚, 帝深以爲憂. 九月, 疾小愈, 帝喜, 因降德音.

庚戌, 重陽日, 賜近臣飲於李昉等第, 召諸王宴射苑中, 而元佐以疾新起不預. 至暮, 陳王元佑等過之, 元佐謂曰:"汝等與至尊宴射而我不預, 是爲君父所棄也!"遂發忿, 中夜, 閉媵妾, 縱火焚宮, 遲明, 煙焰未止. 帝意火必元佐所爲也, 令攝赴中書, 遣御史按問, 置巨校於前;元佐恐懼, 具對以實. 帝遣入內都知王仁睿謂曰：“汝爲親王，富貴極矣，何兇悖如是！國家典憲，我不敢私，父子之情，於此絕矣.”元佐無以對. 陳王元佑以下泊宰相近臣，號泣營救，帝涕泗謂曰：“朕每讀書，見前代帝王子孫不率教者，未嘗不扼腕憤恨. 豈知我家至有此事！”遂下制，廢爲庶人，均州安置. 丁巳，琪等帥百官伏閣拜表，乞留元佐京師，詔不許，表三上，乃許之. 元佐行至黃山，召還，置於南宮，使者監護，不通外事. 王府官僚皆請罪，帝曰：“朕教訓猶不從，豈汝等所能贊導邪！”並釋不問.

27　右羽林統軍周保權卒.

28　閏月，甲戌，以虞部郎中・知制誥鄭人韓丕知虢州. 丕有文行，朝廷稱爲長者；然誥命應用，傷於稽緩. 一夕，須詔書甚急，丕停筆旣久，問索舊草，吏以本典局戶出宿，不可搜檢，丕乃破，鎖取出，改易而進. 宰相宋琪，性褊急，常加督責，或申以諧謔，丕不能平，表求外任，故有是命.

29　乙未，禁邕管殺人祭鬼及僧置妻孥.

30　冬，十月，辛丑朔，帝錄繫囚，決事至日旰，近臣諫以勞苦過甚. 帝曰：“獄訟平允，朕意深以爲適，何勞之有！”因謂宰相曰：“或云有司細故，帝王不當親決，朕意則異乎此. 若以尊極自居，則下情不得上達矣.”

31　己酉, 汴河主糧胥吏, 坐奪漕軍口糧, 斷腕徇於河畔三日, 斬之.

32　十一月, 甲戌, 遼命吳王稍領秦王韓匡嗣喪葬事.

33　辛卯, 詔："自今京官 · 幕職 · 州縣官有丁父母憂者, 並放離任；常參官奏聞待報."

34　遼以韓德讓兼政事令. 先是耶律虎古以言忤韓匡嗣, 至是以涿州刺史召赴京師, 復以事忤德讓. 德讓怒, 取護衛所執骨朵擊其腦而斃, 羣臣莫敢問.

35　十二月, 庚子朔, 日有食之.

36　丙辰, 宋琪 · 柴禹錫免. 時知廣州濮陽徐休復, 密奏廣南轉運使江陵王延範謀爲不軌, 且言其依附大臣, 無敢搖動, 帝將遣使按鞫. 延範, 琪妻高氏疏屬也. 會琪 · 禹錫入對, 帝問："延範何如人？"琪未知其端, 盛稱延範强明忠幹, 禹錫亦以爲言. 帝意琪等交通, 不欲暴其狀, 止以琪詼諧無大臣體, 禹錫不能輸誠奉公, 故罷其政柄, 琪守刑部尚書, 禹錫左驍衛上將軍. 因謂李昉等曰："朕於大臣, 豈容易進退！琪爲宰相, 乃請居盧多遜舊第, 不避惡名, 與鍾離意何相遠邪！中書 · 樞密, 朝廷政令所出, 治亂根本繫焉, 當各竭公忠以副任用. 人誰無姻故之情, 苟才不足稱, 不若遺之財帛耳. 朕亦有舊人, 若果無可取, 未嘗假以名器也. 卿等其戒之！”

37　教坊使郭守忠求外任, 帝不許, 賜以帛.

38　時調福建輸鶴翎爲箭羽, 一翎直至數百錢, 民甚苦之. 龍溪主簿饒陽王濟以便宜諭民取鵝翎代輸, 驛奏其事, 因詔旁郡悉如濟所陳.

39　南康軍言雪降三尺, 大江冰合, 可勝重載.

40　是歲, 議用兵燕薊, 詔諭高麗, 令發兵西會.

41　遼太后自稱制, 卽委耶律休格總南面事. 休格均戍兵, 立更休法, 勸農桑, 大修武備. 覘知宋有用兵意, 多設間諜, 俾佯言國內空虛. 邊帥無謀, 皆信之.＊

續資治通鑑 卷013

【宋紀十三】

起柔兆閹茂正月 盡强圉大淵獻十二月 凡二年.

❖ 太宗至仁應道神功聖德睿烈大明廣孝皇帝 雍熙三年
　（遼統和四年）

1　春, 正月, 辛未, 右武衛大將軍長寧侯德隆卒. 以其弟德彝
嗣侯, 判沂州, 時年十九. 屬飛蝗入境, 吏民請坎瘞火焚之, 德
彝曰："上天降災, 守土之罪也." 乃責躬引咎, 齋戒致禱, 而蝗
自殪.

2　丙子, 遼都統耶律色珍等上討女眞所獲生口十餘萬, 馬
二十餘萬匹, 初, 遼設群牧使司, 馬大蕃息. 至是得女眞馬, 勢
益强.

3　庚辰, 夜漏一刻, 北方有赤氣如城, 至明不散.

4　先是, 知雄州開封賀令圖與其父岳州刺史懷浦及文思使薛繼昭等相繼上言:"契丹主年幼, 國事決於其母, 韓德讓寵幸用事, 國人疾之, 請乘其釁以取幽薊." 帝始有意北伐.

　詔議親征, 參知政事李至上言曰:"幽州, 契丹之右臂, 王師往擊, 彼必拒張. 攻城之人, 不下數萬, 兵多費廣, 勢須廣備餱糧. 假令一日克平, 當爲十旬準計, 未知邊庾可充此乎? 又, 范陽之旁, 坦無陵阜, 去山旣遠, 取石尤難. 金湯之堅, 非石莫碎. 臣愚以爲京師天下根本, 陛下不離輦轂, 恭守宗廟, 示敵人以閒暇, 慰億兆之仰望者, 策之上也. 大名, 河朔之衝衛, 或暫駐鑾輅, 揚言自將, 以壯軍威者, 策之中也. 若乃遠提師旅, 親抵邊陲, 北有敵兵可虞, 南有中原爲慮, 則曳裾之懇切, 斷靷之狂愚, 臣雖不肖, 恥在二賢後也."

5　庚寅, 北伐, 以曹彬爲幽州道行營前軍馬步水陸都部署, 崔彦進副之;米信爲西北道都部署, 杜彦圭副之, 以其衆出雄州;田重進爲定州路都部署, 出飛狐.

6　戊戌, 參知政事李至以疾罷爲禮部侍郎.

7　二月, 壬子, 以潘美爲雲・應・朔等州都部署, 楊業副之, 出雁門.

8　李繼遷降於遼, 遼以爲定難節度使・都督夏州諸軍事;繼沖爲副使.

9　三月, 癸酉, 曹彬與遼兵戰固安南, 克其城. 丁丑, 重進破之於飛狐北. 潘美自西陘入, 與遼戰, 又勝之, 逐北至寰州；庚辰, 刺史趙彥辛舉州降. 彬又敗遼師於涿州東, 乘勝攻其北門, 辛巳, 克之. 潘美進圍朔州, 其守將趙希贊舉城降.

10　遼以南京留守耶律休格當曹彬之師, 以耶律色珍爲都統, 率師當潘美等. 遼主以親征告於陵廟山川, 與太后駐軍駝羅口, 趣諸部兵以爲應援；又命林牙勤德率兵守平州之海岸, 以備南師.

11　田重進至飛狐北, 遼冀州防禦使大鵬翼・康州刺史馬贇・馬軍指揮使何萬通率衆來援. 重進命荊嗣出戰, 一日五七合, 遼師不勝, 將遁去, 重進遂以大軍乘之, 生禽鵬翼・贇・萬通等. 曹彬入涿州, 遣部將李繼宣等領輕騎渡涿河, 覘敵勢. 乙酉, 遼將率衆來攻, 繼宣擊破之. 丁亥, 潘美轉攻應州, 其守將舉城降.

12　司門員外郎王延範與秘書丞陸坦・戎城縣主簿田辯・術士劉昂, 坐謀不軌棄市.

13　庚寅, 武寧軍節度使・同平章事岐國公陳洪進卒.

14 田重進圍飛狐, 令大鵬翼至城下諭其守將馬步都指揮使呂行德等; 辛卯, 行德與副都指揮使張繼從‧馬軍都指揮使劉知進舉城降. 詔升其縣爲飛狐軍. 重進又圍靈丘, 丙申, 其守將步軍都指揮使穆超舉城降.

15 是月, 始用士人爲司理判官.

16 詔權停貢舉.

17 夏, 四月, 己亥朔, 遼主次南京北郊.

18 辛亥, 潘美克雲州. 壬寅, 米信大破遼師於新城.

19 丁未, 以駕部員外郎梁裔知應州, 監察御史張利涉知朔州, 右贊善大夫馬務成同知寰州.

20 己酉, 田重進又破遼師於飛狐北, 殺其二將.

21 壬子, 命左拾遺張舒同知雲州.

22 乙卯, 田重進至蔚州, 左右都押衙李存璋‧許彥欽等殺其節度使蕭默哩, 執監城使耿紹忠, 舉城降. 以崇儀使魏震知蔚州. 遼援兵大至, 重進軍與遼師轉戰, 時軍校五輩, 其四悉已戰死, 至大嶺, 惟荊嗣力鬪, 遼師始卻, 遂定蔚州.

是役也, 邊民之驍勇者競團結以禦敵, 或夜入城壘, 斬取首級來歸. 帝聞而嘉之, 曰:"此等生長邊陲, 閑習戰鬪, 若明立賞格, 必大有應募者." 乃下詔, 募民, "有能糾合應援王師者, 資以糧食, 假以兵甲. 禽酋豪者, 隨職名高下補署. 獲生口者, 人賞錢五千, 得首級者三千;馬上等十千, 中七千, 下五千.平幽州後, 願在軍者, 優與存錄, 願歸農者, 給復三年." 自是應募者益衆.

23　初, 曹彬與諸將入辭, 帝謂彬曰:"潘美之師, 但令先趨雲·應, 卿等以十餘萬衆聲言取幽州, 且持重緩行, 毋貪小利以要敵.敵聞大兵至, 必萃勁兵於幽州, 兵旣聚, 則不暇爲援於山後矣." 旣而潘美先下寰·朔·雲·應等州, 田重進又取飛狐·靈丘·蔚州, 多得山後要害之地, 而彬等亦連收新城·固安, 下涿州, 兵勢大振. 每捷奏至, 帝頗訝彬進軍之速, 且憂契丹斷糧道.

彬至涿州, 遼南京留守耶律休格以兵少不出戰, 夜則令輕騎掠單弱以脅餘衆, 晝則以精銳張其勢, 設伏林莽, 絕我糧道. 彬留十餘日, 食盡, 乃退師雄州以援供饋. 帝聞之大駭, 曰:"豈有敵人在前, 而卻軍以援芻粟乎?何失策之甚也!" 亟遣使止之, 令"勿復前, 引師緣白溝河與米信軍接, 按兵畜銳以張西師之勢. 待美等盡略山後之地, 會重進東下趨幽州, 與彬·信合, 以全師制敵, 必勝之道也."

時彬所部諸將聞美及重進累戰獲利, 自以握重兵不能有所攻取, 謀畫蜂起, 更相矛盾, 彬不能制, 乃裹五十日糧, 再往攻涿州. 時遼主次州東五十里, 令休格與蒲領等以輕兵薄南師, 南師且行且戰凡四日, 始得至涿. 時方炎暑, 軍士疲乏, 所齎糧不繼, 乃復棄之. 令盧斌兼擁城中老幼並狼山而南. 彬等以大軍退, 無復行伍, 遂爲休格所躪. 五月, 庚午, 至岐溝關, 遼兵追及之, 南師大敗. 彬等收餘軍, 宵涉巨馬河, 營於易水之南, 李繼宣力戰巨馬河上, 遼兵始退, 追奔至孤山. 方涉巨馬河, 人畜相蹂踐而死者無算. 知幽州行府事劉保勳馬陷淖中, 其子利涉救之, 不能出, 遂俱死. 保勳性純謹, 精於吏事, 嘗語人曰: "吾受命未嘗辭避, 接同僚未嘗失意, 居家積貲未嘗至千錢." 及死, 聞者皆痛惜之. 殿中丞孔宜亦溺於巨馬河. 餘衆奔高陽, 爲遼師衝擊死者數萬人, 沙河爲之不流, 棄戈甲若丘陵. 休格收宋屍以爲京觀. 帝詔錄保勳孫巨川・宜子延世.

24 癸酉, 潘美遣使部送應・朔二州將吏耆老等赴闕; 帝召見, 慰撫之, 並賜以衣服冠帶.

25 丙子, 宮苑使王繼恩自易州馳騎至, 帝始聞曹彬等軍敗, 乃詔諸將領兵分屯於邊, 召彬及崔彥進・米信入朝, 田重進率全軍駐定州, 潘美還代州.

26 壬午, 遼主還南京, 丙午御元和殿, 大宴從軍將校, 封休格

爲宋國王, 加蒲領·籌寧·滿努寧及諸有功將校爵賞有差. 休
格請乘勝略地, 以河爲界, 太后不從.

27　曹彬等未還, 趙普手疏諫曰 : "伏自大發驍雄, 往平幽薊,
百萬家之生聚, 飛輓是供, 數十州之土田, 耕桑半失. 茲所謂
以明珠而彈雀, 爲鼵鼠而發機, 所失者多, 所得者少. 況旬朔之
間, 便涉秋序, 內地先困, 邊廷早涼. 彼則弓勁馬肥, 我則人疲
師老, 恐當此際, 或誤指呼. 願頒明詔, 速議抽軍. 臣又思陛下
非次興兵, 必因偏聽, 小人傾側, 但解欺君, 事成則獲利於身,
不成則貽憂於國. 昨來議取幽薊, 未審孰爲主謀? 虛說誑言, 總
應彰露, 願推其人, 置之刑典, 庶昭聖聽, 以厭群情. 臣欲露肺
肝, 先寒毛髮, 投荒棄市, 甘俟顯誅."

　帝手詔賜普曰 : "朕昨者興師選將, 止令曹彬等頓於雄·霸,
裹糧坐甲, 以張軍聲, 俟一兩月間山後平定, 潘美·田重進等
會兵以進, 直抵幽州, 共力驅攘, 恢復舊疆, 此朕之志也. 奈何
將帥等不遵成算, 各騁所見, 領十萬甲士出塞遠鬪, 速取其郡
縣, 更還師以援輜重, 往復勞弊, 爲敵所乘. 此責在主將也. 邊
防之事, 已大爲之備, 卿勿爲憂."

28　六月, 戊戌朔, 日有食之.

29　帝以諸將違詔失律, 作自勉詩賜近臣. 初議興兵, 帝獨與
樞密院計議, 一日至六召, 中書不預聞. 及敗, 召樞密院使王

顯‧副使張齊賢‧王沔謂曰:"卿等共視朕,自今復作如此事否."帝旣推誠悔過,顯等咸愧懼若無所容. 宰相李昉等相率上疏曰:"昔漢高祖以三十萬之眾困於平城,卒用奉春之言以定和親之策. 文帝外示羈縻,內深抑損,於是邊城宴閉,黎庶息肩,所傷匪多,其利甚博. 倘陛下深念比屋之罄懸,稍減千金之日費,密諭邊將,微露事機,彼亦素蓄此心,固乃樂聞其事,不煩兵力,可弭邊塵也."

帝慮遼必入邊,命張永德知滄州,宋偓知霸州,劉廷讓知雄州,趙延溥知貝州. 廷讓等皆宿將,久罷節鎮,帝欲令擊遼自效,故與延溥並命.

30　丙辰,以御史中丞辛仲甫爲給事中‧參知政事.

31　乙巳,知大名府趙昌言上書請斬敗軍將曹彬等,帝覽奏嘉嘆,優詔褒之. 尋召拜御史中丞. 曹彬等至闕,戊午,詔賈黃中‧雷德驤‧李臣源召彬及崔彥進‧米信‧杜彥圭等詣尚書省鞫之. 秋,七月,戊辰朔,黃中等言彬等法皆當斬,詔百官議之. 己巳,工部尚書扈蒙等議如有司所守. 彬素服待罪,深自引咎. 庚午,責彬爲右驍衛上將軍,崔彥進爲右武衛上將軍,米信以下皆貶官. 羣臣列校死事及陷敵者,錄其子孫.

32　初,米信‧傅潛等軍敗眾擾,獨李繼隆以所部振旅成列而還. 卽命繼隆知定州. 及詔分屯諸軍,繼隆令書吏盡錄其詔. 旬餘, 有敗卒集城下, 不知所向, 繼隆按詔給卷, 俾各持詣所部.
帝嘉其有謀, 壬申, 以繼隆爲馬軍都虞候, 領雲州防禦使.

　甲戌, 以田重進爲馬軍都虞候. 幽州之役, 惟重進之師不敗,
故特命之.

33　壬午, 徙山後諸州降民至河南府 · 許 · 汝等州, 凡七萬
八千餘口.

34　僉署樞密院事張齊賢, 言事頗忤帝意, 於是帝問近臣以禦
敵計策, 齊賢因請自出守邊. 戊子, 授齊賢給事中, 知代州, 與
都部署潘美同領緣邊兵馬.

35　癸巳, 階州言福津縣有大山自龍堂峽飛來, 壅白江, 水逆
流高十餘丈, 壞民田數百里.

36　甲午, 詔改陳王元祐爲元(僖), 韓王元休爲元侃, 冀王元
儁爲元份.

37　遼諸路兵馬都統耶律色珍將兵十萬至安定西, 知雄州賀令
圖遇之, 敗績, 南奔. 色珍追及, 戰於五臺, 死者數萬人. 明日,
攻陷蔚州. 令圖與潘美帥師往救, 與色珍戰於飛狐, 南師又敗.
於是渾源 · 應州之兵皆棄城走, 色珍乘勝入寰州, 殺守城吏卒
千餘人.

38　潘美旣敗於飛狐, 乃與楊業引兵護雲·朔·寰·應四州民南徙. 至朔州狼牙村, 聞契丹已陷寰州, 兵勢甚盛, 業欲避其鋒, 謂美等曰: "今敵鋒益盛, 不可與戰. 但領兵出大石路, 先遣人密告雲·朔守將, 俟大軍離代州日, 令雲州之衆先出, 我師次應州, 契丹必悉兵來拒, 卽令朔州吏民出城, 直入石碣谷, 遣强弩千人列於谷口, 以騎士援於中路, 則三州之衆保萬全矣." 監軍蔚州刺史王侁沮其議, 曰: "領數萬精兵, 而畏懦如此! 但趨雁門北川中, 鼓行而往馬邑." 順州團練使劉文裕亦贊成之. 業曰: "不可, 此必敗之勢也." 侁曰: "君素號無敵, 今見敵逗撓不戰, 得非有他志乎?" 業曰: "業非避死, 蓋時有未利, 徒令殺傷士卒而功不立. 今君責業以不死, 當爲諸公先耳." 乃引兵自大石路趨朔州. 將行, 泣謂美曰: "此行必不利. 業太原降將, 分當死, 上不殺, 寵以連帥, 授之兵柄; 非縱敵不擊, 蓋伺其便, 將立尺寸功以報國恩. 今諸君責業以避敵, 業當先死." 因指陳家谷口曰: "諸君於此張步兵强弩, 爲左右翼以援, 俟業轉戰至此, 卽以步兵夾擊救之, 不然, 無遺類矣." 美卽與侁領麾下兵陣於谷口.

　色珍聞業且至, 遣副部署蕭達蘭伏兵於路. 業至, 色珍擁衆爲戰勢, 業麾幟而進, 色珍佯敗, 伏兵四起, 色珍還兵前戰, 業大敗, 退趨狼牙村. 侁自寅至已不得業報, 使人登託邏臺望之, 以爲遼兵敗走, 侁欲爭其功, 卽領兵離谷口. 美不能制, 乃緣灰河西南行二十里; 俄聞業敗, 卽麾兵卻走. 業力戰, 自日中至暮, 果至谷口, 望見無人, 拊膺大慟, 再率帳下士力戰, 身被數十創, 士卒殆盡, 業猶手刃數十百人, 馬重傷不能進, 匿深林中. 契丹將耶律希達望見袍影, 射之, 業墜馬被禽, 其子延玉與岳州刺史王貴俱死焉. 業初爲敵所圍, 貴親射殺數十人, 矢盡, 張空拳擊殺數十人, 乃遇害. 業卽被禽, 因太息曰: "上遇我厚, 期捍邊破賊以報, 而反爲姦臣所嫉, 逼令赴死, 致王師敗績, 復何面目求活邪!" 乃不食, 三日而死.

業不知書, 忠勇有知謀, 練習攻戰, 與士卒同甘苦. 代北苦寒, 人多服氈罽, 業但挾纊露坐治軍事, 傍不設火, 侍者殆僵仆, 而業怡然無寒色. 爲政簡易, 御下有恩, 故士卒樂爲用. 其敗也, 麾下尙有百餘人, 業曰: "汝等各有父母妻子, 無與我俱死!" 衆感泣, 無一人生還者.

帝聞, 痛惜, 旋削美三任, 侁除名, 配金州, 文裕登州. 贈業太尉·大同軍節度使, 厚賜其家, 錄其子五人及貴子二人.

39　八月, 丁酉朔, 以王沔·張宏並爲樞密副使.

40　己未, 遼主用室昉·韓德讓言, 復山西租賦一年. 命第山西諸將校功過而賞罰之. 壬戌, 以色珍所部將校前破女眞, 後有宋捷, 第功加賞. 癸亥, 加色珍守太保.

41　九月, 丙寅朔, 賜所徙寰·應·蔚等州民米.

42　戊辰, 戶部郎中張去華獻《大政要錄》三十篇, 帝嘉之, 降璽書褒美. 去華初受命知陝州, 因留不行.

43　判刑部張佖上言：“望自今應斷奏失入死刑者, 不得以官減贖, 檢法官‧判官皆削一任, 長吏並停見任.” 從之. 嘗有犯大闢者, 詔特減, 帝謂佖曰：“朕以小人冒法, 原其情非巨蠹, 故貸死, 流竄亦足以懲艾之也.” 佖對曰：“先王立法, 蓋爲小人, 君子固不犯矣.” 帝以語宰相, 且賞佖爲知言.

44　戊寅, 賜北征軍士陣亡者家三月糧.

45　辛巳, 遼主納皇后蕭氏.

46　冬, 十月, 丙申朔, 上出飛白書賜宰相李昉等, 因謂曰：“此雖非帝王事, 然不猶愈於畋遊聲色乎！”昉等頓首謝.

47　左拾遺眞定王化基抗疏自薦, 帝覽之, 謂宰相曰：“化基自結人主, 誠可賞也.” 又曰：“李沆‧宋湜皆佳士.” 卽命中書並化基召試. 沆, 肥鄉人；湜, 長安人也. 庚子, 並除右補闕‧知制誥, 各賜錢百萬. 帝又聞沆素貧, 負人息錢, 別賜三十萬償之.

　　帝尤重內外制之任, 每命一詞臣, 必諮訪宰相, 求才實兼美者, 先召與語, 觀其器識, 然後授之. 嘗謂左右曰：“朕早聞人言, 朝廷命一知制誥, 六姻相賀, 以謂一佛出世, 豈容易哉！郭贄, 南府門人, 素乏時望, 因其樂在文筆, 遂命掌誥.頗聞制書出, 人或哂之, 朕亦爲之靦顏, 終不令入翰林也."

48　己亥, 遼政事令室昉奏:"山西‧四川自用兵後, 人民轉徙, 盜賊充斥, 乞下有司禁止."乃命新州節度使蒲打里遣人分道巡檢.

49　甲辰, 以陳王元僖爲開封尹兼侍中. 戶部郎中張去華爲開封府判官, 殿中侍御史陳載爲推官, 並召見, 謂曰:"卿等朝之端士, 其善佐吾子!"各賜錢百萬.

50　乙卯, 遼主如南京. 戊午, 以南院大王留寧言, 復南院部民租賦一年.

51　庚申, 以黎桓爲靜海節度使, 命左補闕京兆李若拙‧國子博士益都李覺齎詔往使. 桓制度踰僭, 若拙卽入境, 卽遣左右戒以臣禮, 桓拜詔盡恭. 燕饗日, 列奇貨異物於前, 若拙一不留盼, 又卻其私覿, 惟取陷蠻使臣鄧君辨以歸.

52　十一月, 乙丑朔, 右散騎常侍徐鉉等上《新定說文》三十卷, 令模印頒行.

53　庚午, 遼以政事令韓德讓守司徒.

54 癸酉, 遼主御正殿, 大勞南征將校. 丙子, 南下, 次狹底塌, 太后親閱輜重兵甲. 丁丑, 以休格爲先鋒都統. 壬辰, 至唐興縣. 南軍屯於滹沱橋北, 遼選將射之, 進焚其橋. 癸巳, 涉沙河, 獲諜二人, 賜衣物, 令還諭泰州, 不從. 節度使盧補古·都監耶律盼戰於泰州, 敗績; 甲午, 奪盧補古告身, 其都監以下各杖之. 詔休格等議軍事.

55 十二月, 壬寅, 翰林學士宋白等上《文苑英華》一千卷, 詔書襃答.

56 遼休格敗南師於望都. 時都部署劉廷讓以數萬騎並海而出, 約與李敬源合兵, 聲言取燕. 休格聞之, 先以兵扼其要地, 進逼瀛州. 會太后軍至, 戰於君子館. 天大寒, 宋師不能彀弓弩, 遼兵圍廷讓數重, 敬源戰死. 滄州都部署李繼隆失期不救, 退屯樂壽. 廷讓全軍皆沒, 死者數萬人, 僅以身免.

　先是知雄州賀令圖, 性貪功生事, 輕而無謀. 休格嘗使諜紿之曰: "我獲罪於契丹, 旦夕願歸朝." 令圖不虞其詐, 自以爲終獲大功, 私遺休格重錦十兩; 至是休格傳言軍中, 願得見雄州賀使君. 令圖先爲所紿, 意其來降, 即引麾下數千騎逆之. 將至其帳數步外, 休格據胡牀罵曰: "汝嘗好經度邊事, 今乃送死來邪!" 麾左右盡殺其從騎, 反縛令圖而去. 高陽關部署太原楊重進力戰, 死之.

　初, 令圖與父懷浦首謀北伐, 一歲中父子皆敗, 當時以爲口實, 然自後邊將莫敢有議取幽燕者矣.

廷讓詣闕請罪, 帝知爲繼隆所誤, 不責. 追繼隆, 令中書問狀, 尋亦釋之.

57 　東頭供奉官馬知節監博州軍, 聞劉廷讓敗, 恐遼人乘勝復南侵, 因繕完城壘, 治器械, 料丁壯, 集芻糧, 十有五日而具. 始興役, 吏民皆以爲生事; 旣而敵果至, 見有備, 乃引去, 衆始嘆伏.

58 　壬子, 建房州爲保康軍, 以右衛上將軍劉繼元爲節度使.

59 　遼師復自胡谷入薄代州城下, 神衛都指揮馬正以所部列州南門外, 衆寡不敵, 副部署盧漢贇保壁自固. 知州張齊賢, 選廂軍二千出正之右, 誓衆感慨, 一以當百, 遼師遂卻走.

先是齊賢約潘美以幷師來會戰, 其間使爲遼所得, 齊賢深憂之. 俄而有候至, 云美師出幷, 行四十里, 忽奉密詔, 東路之師衄於君子館, 幷軍不許出戰, 已還州矣. 於時敵騎塞川, 齊賢曰: "敵知美來而不知美退." 乃閉美使於密室中, 夜, 發兵二百, 人持一幟, 負一束芻, 距州城西南三十里, 列幟然芻. 遼師遙見火光中有旗幟, 意謂幷師至矣, 駭而北走; 齊賢先伏步卒二千於土磴寨, 掩擊, 大敗之, 禽其王子一人, 帳前錫里一人, 斬首數百級, 俘五百餘人, 獲馬千餘匹, 車帳 · 牛羊 · 器甲甚衆, 齊賢悉歸功於漢贇. 己未, 漢贇以捷音來上, 帝優詔褒答. 後知漢贇未嘗接戰, 與鈐轄劉宇皆罷爲右監門衛大將軍.

60　李繼遷乞婚於遼, 遼以王子帳節度使耶律襄女封義成公主歸之.

61　癸丑, 遼師拔馮母鎭, 大縱俘掠. 丙辰, 陷邢州. 丁巳, 拔深州, 以不卽降, 誅守將以下, 縱兵大掠. 時沿邊瘡痍之卒不滿萬, 計料鄕民爲兵, 皆白徒, 未嘗習戰, 故遼師所至長驅, 其勢益振.

❖ 太宗至仁應道神功聖德睿烈大明廣孝皇帝　雍熙四年
　（遼統和五年）

1　春, 正月, 乙丑, 遼師破束城縣, 縱兵大掠. 丁卯, 次文安, 遣人招降, 不從, 擊破之, 盡殺其丁壯, 俘其老幼. 戊寅, 遼主還南京. 己卯, 御元和殿, 大賚將士.

2　丙戌, 詔釋行營戰敗將士罪, 瘞暴骸, 死事者廩給其家, 錄死事文武官子孫；躪河北逋租, 敵所蹂踐者給復三年, 軍所過二年, 餘一年.

3　戊子, 權罷廣南諸州煮鹽, 有司奏積鹽可支三十年故也.

4　二月, 丙申, 以漢南國王錢俶爲武勝軍節度使, 徙封南陽國王 ; 甲寅, 復改封許王.

5　三月, 癸亥朔, 遼主幸長春宮, 賞花釣魚, 以牡丹遍賜近臣, 歡宴累日.

6　安守忠及李繼遷戰於王亭, 敗績.

7　夏, 四月, 癸巳朔, 以樞密副使張宏爲御史中丞, 御史中丞趙昌言充樞密副使. 上以用兵之際, 宏循默備位, 而昌言多上邊事利害, 故兩換之.

8　遼主如南京. 丁酉, 遼主率百僚冊上太后尊號曰睿德神略應運啓化承天皇太后 ; 羣臣上遼主尊號曰至德廣孝昭聖天輔皇帝.

9　鹽鐵使臨朐張平卒.

平初監市木秦・隴, 更立新制, 計水陸之費, 以春秋二時聯巨筏自渭達河, 歷砥柱以集於京師, 期歲之間, 良材山積, 帝嘉其功, 遷供奉官, 監陽平都木務兼造船場. 舊官造舟旣成, 一艘調三戶守之, 以河流湍悍, 備其漂失, 歲役民數千. 平乃穿池引水, 繫舟其中, 不復調民. 有賊首楊拔萃者, 往來關輔間爲寇, 朝廷遣數州兵討之, 不克, 平遣人說降之. 領務凡九歲, 計省官錢八十萬緡. 及任鹽鐵使, 才數月, 陝西轉運使李安發其舊爲姦事, 平憂悤成疾卒. 帝猶爲輟視朝一日, 贈右千牛衛上將軍, 官給葬事.

10　乙未, 詔：“諸州暑月五日一滌囹圄” 給飮漿, 病者令醫治, 小罪卽決之.”

11　己亥, 幷水陸發運爲一司.

12　帝將大發兵攻遼, 遣使往河南・北諸州募丁壯爲義軍. 京東轉運使下邑李維淸曰：“若是, 天下不耕矣！”三上疏爭之. 宰相李昉等相率上奏曰：“近者分遣使傳出外料兵, 自〔河東〕河南四十餘郡, 凡八丁取一, 以充戎行. 臣等頗聞與〔輿〕議, 皆言河南百姓不同被邊之民, 素習農桑, 罔知戰鬪；遽茲括集, 或慮人情動搖, 因而逃避爲盜, 更須窮除. 矧當土膏之興, 更妨農作之務. 望嚴敕續遣使臣, 所至之處, 若人情不安, 難於點募, 卽須少緩, 密奏取裁.”於是開封尹陳王元僖亦上疏言：“精擇銳旅, 分戍邊城, 來則禦之, 去則勿逐. 有備無患, 古之道也. 所集鄉兵, 雖衆何用？況河南人戶, 非能便習武藝, 不可盡置戎行. 河北緣邊諸州, 頗有閑習馳射者, 或可選置軍中, 令本處守押城池, 而河南諸州一切停罷.”帝然其言.

詔詢安邊策, 殿中侍御史趙孚奏議, 大略謂宜內修戰備, 外許歡盟, 帝嘉納之.

13　五月, 乙丑, 以侍御史鄭宣・司門員外郎劉墀・戶部員外郎趙載並爲如京使, 殿中侍御史柳開爲崇儀使, 左拾遺劉慶爲西京作坊使. 開, 大名人, 初以殿中侍御史知貝州, 與監軍忿爭, 貶上蔡令. 及自涿州還, 詣闕上書, 願效死北邊. 帝憐之, 復授以故官. 開又上書言:"臣受非常之恩, 未有以報. 年才四十, 膂力方壯, 願陛下賜臣步騎數千, 任以河朔用兵之地, 必能出生入死, 爲陛下復取幽薊." 於是帝亦欲並用文武, 乃詔文臣中有武略知兵者, 許換秩. 於是開與宣等並換授焉.

14　丙寅, 遣使市馬於諸路.

15　初, 秦州長道縣酒場官李益, 家饒於財, 僮僕常數百; 關通朝貴, 持吏短長, 郡守以下皆畏之. 民負益息錢數百家, 官爲徵督, 急於租調, 獨觀察推官馮伉不爲屈. 伉一日騎出, 益遣奴捽下, 毀辱之. 伉兩上章論其事, 皆爲邸吏所匿, 不得通, 後因市馬譯者附表以訴, 帝大怒, 詔捕之. 詔未至, 權貴已先報益, 使亡去. 帝愈怒, 命物色捕益愈急. 數月, 得於河內富人郝氏家, 械送御史臺, 鞫之, 益具伏. 丁丑, 斬益, 籍其家. 益子士衡, 先擧進士, 任光祿寺丞, 詔除其籍. 州民聞益死, 皆釀錢飲酒以相慶.

16　幷州都部署潘美, 定州都部署田重進, 皆承詔入朝. 庚寅, 出《御製平戎萬全陣圖》, 召美・重進及崔翰等親授以進退攻擊之略, 幷書將有五才十過之說賜之.

17　李繼遷數寇邊. 或疑李繼捧洩朝中事於繼遷, 帝乃出繼捧爲崇信軍節度使, 徙其弟克憲爲道州防禦使, 克文歸博州.

18　遼主淸暑於冰井. 六月, 壬辰朔, 召大臣決庶政.
　秋, 七月, 戊辰, 尼喇部節度使薩葛哩有惠政, 部民請留, 從之.
　遼主出獵於平地松林.

19　詔卽內客省使廳事置三班院.
　初, 供奉官 · 殿直 · 殿前承旨悉隷宣徽院, 至是以其衆多, 別置三班院領之.

20　八月, 乙未, 令："諸路轉運使及州郡長吏, 自今並不得擅擧人充部內官, 其有闕員, 卽時具奏." 前所論薦, 多涉親黨, 故窒其倖門也.

21　己酉, 水部員外郎 · 諸王府侍講邢昺獻《分門禮選》二十卷. 帝探其帙, 得《文王世子篇》觀之, 甚悅, 又聞諸王常時訪昺經義, 昺每爲發明君臣父子之道, 必反覆陳之, 帝益喜, 賜昺器幣.

22 　起居舍人田錫獻乾明節祝壽詩, 又上書請東封泰山. 九月,
丁丑, 命錫守本官·知制誥. 錫好直言, 帝或時不能堪, 錫從容
奏曰："陛下日往月來, 養成聖性."帝悅, 益重焉.

23 　辛巳, 詔以來年正月有事於東郊, 親耕籍田, 命翰林學士
宋白等詳定儀注, 置五使, 如郊祀之制.

24 　丙戌, 遼主如南京, 是冬止焉.

25 　冬, 十月, 壬子, 左僕射致仕沈倫卒, 諡恭惠.

26 　十一月, 庚辰, 詔曰："王者設班爵以馭貴, 差祿秩以養賢,
所以責之廉隅, 懋其官業也. 俸給之數, 宜從優厚. 應百官俸
錢·給他物以八分爲十者, 自今給以實數."

27 　雍熙初, 貢舉人集闕下者殆逾萬計, 禮部考合格奏名尙不
減千人. 帝自旦及夕, 臨軒閱試, 累日方畢. 宰相屢請以春官之
職歸於有司, 十二月, 庚寅朔, 乃詔："自今歲春官知貢舉, 如
唐室故事."

28 　山南東道節度使趙普來朝, 召升殿慰撫. 普見帝感咽, 帝
亦爲動容. 開封尹陳王元僖因上疏言："普開國舊老, 厚重有
謀, 願陛下復委以政事."帝嘉納之.

29　是月, 雄‧霸等州皆相告以遼人將入邊, 急設備. 寧邊軍數日間連受八十餘諜, 知軍柳開獨不信, 貽書郭守文陳五事, 言遼人必不至, 旣而果諜者之妄. 時帝亦將議親征, 河北東路轉運副使王嗣宗上疏言遼必不至之狀, 帝乃止.

有白萬德者, 眞定人, 爲遼貴將, 統緣邊兵七百餘帳. 寧邊有豪傑, 卽萬德姻族, 往往出境外見之. 柳開因使說萬德爲內應, 挈幽州納王師, 許以裂地封侯之賞. 萬德許諾, 來請師期, 使未及還, 會詔徙開知全州, 事遂寢.

全之西溪洞粟氏, 聚族五百餘人, 常抄掠民口糧畜. 開始至, 爲作衣帶巾帽, 選牙吏勇辯者, 得三輩, 使人諭之曰:“爾能歸我, 卽有厚賞, 給田爲屋處之. 不然, 發兵深入, 滅爾類矣!”粟氏懼, 留二吏爲質, 率其酋四人與一吏俱來. 開厚其犒賜, 吏民爭以鼓吹飮之. 居數日, 遣還, 與爲期, 並族而出;不月餘, 悉攜老幼至. 開卽賦其居業, 作《時鑑》一篇, 刻石戒之. 遣其酋入朝, 授本州上佐, 詔賜開錢三十萬.

30　國子司業孔維上書, 請禁原蠶以利國馬, 直史館樂史駁奏曰:“今所市國馬, 來自外方, 涉遠馳驅, 虧其秣飼, 失於善視, 遂致斃耗. 今乃禁及蠶事, 甚無謂也. 近降明詔, 來年春有事於籍田, 對農之典方行, 而禁蠶之制又下, 事相違戾, 恐非所宜. 臣嘗歷職州縣, 粗知利病, 編民貧窶者多, 春蠶所成, 止充賦調之備, 晚蠶薄利, 始及卒歲之資. 今若禁其後圖, 必有因緣爲弊, 滋彰撓亂, 民豈遑寧!”帝覽之, 遂寢原蠶之禁. *

續資治通鑑 卷014

【宋紀十四】
起著雍困敦正月 盡屠維赤奮若三月 凡一年有奇.

❖ 太宗至仁應道神功聖德睿烈大明廣孝皇帝 端拱元年
（遼統和六年）

1　春, 正月, 己未朔, 不受朝, 羣臣詣閤拜表稱賀.

2　庚申, 遼主如華林天柱.

3　丙寅, 以大理評事鉅野王禹偁爲右拾遺, 華陽羅處約爲著
作佐郎, 並直史館, 賜緋；舊止賜塗金帶, 特命以文犀帶寵之.
禹偁卽日獻《端拱箴》以寓規諷.

4　乙亥, 饗先農於東郊, 以后稷配, 遂耕籍田. 始三推, 有司
奏禮畢, 帝曰：“朕志在勸農, 恨不能終千畝, 豈止以三推爲

限！”耕數十步, 侍臣固請, 乃止. 這, 御乾元門, 大赦, 改元. 民年七十以上有德行爲鄉里所宗者, 賜爵一級. 丙子, 上作《東郊籍田詩》賜近臣.

5　乙酉, 禁用酷刑.

6　帝以補闕·拾遺多循默不修職業, 二月, 乙未, 改左·右補闕爲左·右司諫, 左·右拾遺爲左·右正言.

7　庚子, 以李昉爲尙書右僕射, 罷政事.

先是有傭書人翟穎者, 性險誕, 與知制誥胡旦狎. 旦爲作大言, 使穎上之, 且改穎名曰馬周, 以爲唐馬周復出也. 於是擊登聞鼓, 訟昉身任元宰, 屬北方多警, 不憂邊思職, 但賦詩飲酒幷置女樂等事. 帝以方講籍田, 稍容忍之. 至是召翰林學士賈黃中草制罷昉相, 且令切責之. 黃中言：“僕射師長百僚, 舊宰相之任, 今自工部尙書而遷是職, 非黜責之義也. 若以文昌務簡, 均勞逸爲辭, 庶幾得體.”帝然之.

昉和厚多恕, 在位小心醇謹. 每有求進用者, 雖知其材可取, 必正色拒卻, 已而擢用；或不足用, 輒和顏溫語待之. 子弟問其故, 昉曰：“用賢, 人主之事, 若受其請, 是市私恩也, 故峻絕之, 使恩歸於上. 若不用者, 旣失所望, 又無善辭, 取怨之道也.”

8 　以趙普爲太保兼侍中, 參知政事呂蒙正爲中書侍郎兼戶部尚書, 並同平章事. 帝諭普曰:"卿勿以位高自縱, 勿以權重自驕, 但能謹賞罰, 弭愛憎, 軍國何憂不治！"蒙正質厚寬簡, 有重望, 不結黨與, 遇事敢言, 每論政, 有未允者, 必固稱不可. 帝嘉其無隱, 故與普俱命, 藉普舊德爲之表率也. 蒙正晚出, 驟進與普同位, 普甚推許之.

9 　開封尹陳王元僖進封許王, 韓王元侃進封襄王, 冀王元份進封越王. 帝手詔戒元僖等曰:"汝等生長深宮, 須克己勵精, 聽卑納諫. 每著一衣, 則閔蠶婦, 每餐一食, 則念耕夫. 至於聽斷之間, 愼勿恣其喜怒. 朕每禮接羣臣以求啟沃, 汝等當勿鄙人短, 勿恃己長, 乃可永守富貴而保令終. 先賢有言曰:'逆吾者是吾師, 順吾者是吾賊.', 此不可以不察也！"

10 　錢俶改封鄧王.

11 　甲辰, 置建寧軍於建州.

12 　丙午, 詔:"諸道民有艱食者, 所在發廩賑之."

13 　趙普再入相, 方立班宣制, 工部侍郎·同知京朝官考課雷德驤聞之, 手不覺墜笏, 遽上疏乞歸, 又請對, 具陳所以. 帝勉諭良久, 且曰:"卿第去, 朕終保全卿."德驤固請不已, 壬子,罷知京朝官考課, 仍奉朝請, 特賜白金三十兩以慰其心.

14　遼南京副部署奚王籌寧怙權, 搉無罪人李浩至死, 有司議貴, 請貸籌寧罪, 令出錢贍浩家, 從之.

15　甲寅, 遼大同軍節度使‧同平章政事劉景致仕. 景事穆宗, 數進讜言, 景宗亦獎其忠實, 子孫貴顯於遼.

16　是月, 以李繼捧爲感德軍節度使.

17　三月, 甲子, 下詔申儆官吏, 求直言.

18　帝嘗謂戶部使李維清曰："朕讀《賈誼傳》, 夜分不倦. 誼當漢文時, 天下治平, 指論時事, 至云太息‧痛哭, 蓋欲感動人主, 不避觸鱗, 眞忠臣明國體者也. 今廷臣有似此人者否？" 維清曰："陛下若于言事中理者賜以獎擢, 卽不知忌諱者亦與優容, 則賈誼之流復出矣."

19　樞密副使趙昌言, 與鹽鐵副使陳象輿厚善；度支副使董儼, 知制誥胡旦, 皆昌言同年生；右正言梁顥, 嘗在大名幕下；故四人者日夕會昌言第, 京師語曰："陳三更, 董半夜." 翟馬周旣訟罷李昉, 與旦益相得, 每排毀時政, 上書自薦, 及歷擧所善十數人皆公輔器, 昌言內爲之助；人多識其辭氣, 皆旦所爲也. 昉旣坐黜, 趙普秉政, 深疾之. 開封尹許王元僖廉得其事, 白帝, 捕馬周繫獄, 窮治之, 具伏. 帝怒, 詔決杖流海島. 甲戌, 責昌言爲崇信節度行軍司馬, 象輿復州團練副使, 儼海州‧旦坊州‧顥虢州司戶參軍.

帝待昌言厚, 垂欲相之, 會普以勳舊復入, 惡昌言剛戾難制, 因是請加誅殛. 昌言旣貶官, 普又請行後命, 帝不許, 乃止. 普始爲節度使, 貽書臺閣, 體式皆如申狀, 得者必封還之, 獨象輿不卻; 普謂其慢己, 故與旦‧顥皆被重譴.

20　初, 侯莫陳利用賣藥京城, 多變幻之術, 眩惑閭里. 樞密承旨陳從信聞於帝, 卽日召見, 試其術, 頗驗, 卽授殿直, 驟加恩遇, 累遷至陳州團練使, 遂恣橫無復畏憚, 至於居處服玩, 皆僭乘輿宮殿之制. 依附者頗獲薦用, 士君子畏其黨而不敢言. 至是趙普廉得其專殺人及他不法事, 盡於帝前發之. 乃遣近臣就按, 利用具伏; 乙亥, 詔除名, 流商州, 仍籍其家. 俄詔還之, 普恐其再用, 使殿中丞竇諲復告其不遜之狀. 又, 京西轉運使宋沆籍利用家, 獲書數紙, 言皆指斥切害, 悉以聞. 普因勸帝曰: "利用罪大責輕, 未塞天下望, 存之何益!" 帝曰: "豈有萬乘之主不能庇一人乎?" 普曰: "陛下不誅則亂天下法. 法可惜, 此一豎子, 何足惜哉!" 帝不得已, 命戮於商州. 旣而復遣使馳傳貸其死, 使者至新安, 馬旋濘而踣, 及出濘, 易馬至商州, 已磔於市矣. 聞者快之.

21 夏, 四月, 乙未, 遼主如南京. 丁酉, 韓德讓從太后觀擊鞠, 瑚哩實突德讓墜馬, 太后怒, 立命斬之.

22 加靜海節度使黎桓檢校太尉.

23 五月, 辛酉, 置秘閣於崇文院, 分三館書萬餘卷實其中. 命吏部侍郞李至兼秘書監, 帝謂至曰: "人君當淡然無欲, 勿使嗜好形見於外, 則姦佞無自入. 朕無他好, 但喜讀書, 多見古今成敗, 善者從之, 不善者改之, 如斯而已." 至等觀書閣下, 帝必遣使賜宴, 且命三館學士皆預焉.

24 癸亥, 遼南府宰相耶律沙卒. 沙數將兵, 太后嘗召賜几杖以優其老, 至是卒.

25 朝廷數以敕書招諭李繼遷, 繼遷終不肯降, 益侵盜邊境. 趙普建議, 欲復委李繼捧以夏臺故地, 令圖之. 繼捧時爲感德節度使, 卽召赴闕, 壬申, 授定難節度使, 賜國姓, 改名保忠, 所管五州錢帛·芻粟·田園等並賜之. 壬午, 保忠辭之鎮, 錫賚甚厚, 命右衛第二軍都虞候王杲送之. 及還, 保忠以土物爲贐, 杲拒而不納, 帝知之, 賜白金百兩.

26 閏月, 己丑, 以襄州衙內都虞候趙承煦爲六宅使. 承煦, 普次子也. 普再入相, 未始爲求官, 帝特命之. 普嘗戒其子弟曰:

"吾本書生, 偶逢昌運, 受寵踰分, 固當以身許國, 私家之事, 吾無預焉. 爾等宜各勉勵, 勿重吾過."

近制, 宰相子起家卽授水部員外郞, 加朝散階;呂蒙正固讓, 止授六品京官. 自是爲例.

27　丙申, 賜諸道高年百二十七人爵爲公士. 秦·漢以後, 不復賜民爵, 自籍田禮成, 始復賜焉.

28　翰林學士·禮部侍郞宋白知貢擧, 放進士程宿以下二十八人·諸科百人. 榜旣出, 謗議蜂起, 或擊登聞鼓求別試. 帝意其遺才, 壬寅, 覆試下第人於崇政殿, 得進士馬國祥以下及諸科凡七百人. 謂樞密副使張宏曰:"朕親選貢士, 人無棄材. 卿與呂蒙正等曩者頗爲大臣所沮, 非朕獨斷, 則不及此矣." 宏頓首謝.

舊制, 鎖院, 給左藏庫十萬以資費用. 是歲, 詔改支尙書祠部錢, 仍倍其數.

先是開封府發解, 如諸州之制, 皆府官專其事. 是秋, 以府事繁劇, 始別敕朝臣主之, 定名訖, 送府發解如式.

29　御史中丞嘗劾奏開封尹許王元僖, 元僖不平, 訴於帝曰:"臣天子兒, 以犯中丞故被鞫, 願賜寬宥." 帝曰:"此朝廷儀制, 孰敢違之!朕若有過, 臣下尙加糾摘;汝爲開封府尹, 可不奉法邪?" 論罰如式.

30 六月, 丙辰朔, 右領軍衛大將軍陳廷山以謀反伏誅.

31 復以湖南爲武安軍節度.

32 帝旣擢馬國祥等, 猶恐遺材, 復命右正言王世則等召下第進士及諸科於武成王廟重試, 得合格數百人. 丁丑, 上覆試詩賦, 又得進士葉齊以下三十一人, 諸科八十九人, 並賜及第.

33 秋, 七月, 戊戌, 帝謂趙普曰:"卿耆年觸熱, 固應不易. 自今長春殿對罷, 宜卽歸私第頤養, 候稍涼乃赴中書視事."

34 丙午, 除西川諸州鹽禁.

35 八月, 甲子, 以宣徽南院使郭守文充鎭州路都部署.

36 戊寅, 武勝節度使鄧王錢俶卒, 輟視朝七日, 追封秦國王, 謚忠懿, 命中使護喪事, 葬洛陽. 俶任太師·尙書令兼中書令四十年, 爲元帥三十五年, 窮極富貴, 福履之盛, 近代無比.

37 庚辰, 幸國子監, 詔博士李覺講《周易》之《泰卦》, 覺爲別坐, 從臣皆列坐. 覺述天地感通·君臣相應之旨, 帝甚悅, 特賜帛百匹.

38 丁酉, 遼太后幸韓德讓帳, 厚加賞賚, 命從臣分朋雙陸以盡歡.

39 是月, 鳳皇見廣州清遠縣合歡樹, 樹下生芝三本.

40 九月, 乙酉朔, 以李繼隆爲定州都部署.

41 簽署樞密院事楊守一卒. 守一本晉邸涓人, 無他材能, 以告廷美陰事, 致位通顯. 贈太尉.

42 丁未, 秘書監李至言: "著作局撰告饗宗廟及諸祠祭祝文稱尊號, 唐惟《開元禮》有之, 稽古者以爲非禮. 請舉舊典, 饗宗廟稱嗣皇帝臣某, 諸祠稱皇帝." 從之.

43 庚戌, 遼主次涿州, 射帛書諭城中降, 不從. 乙卯, 遼師四面攻之, 城破, 乃降, 因撫其衆. 駙馬蕭勤德 · 大師蕭達蘭皆中流矢, 勤德載遼主車中以歸. 旋聞南師退, 遣耶律色珍等追擊, 大敗之. 冬, 十月, 戊午, 遼師破沙堆驛. 庚午, 以降軍分置七指揮, 號歸聖軍. 行軍參謀馬得臣言: "諭降宋軍, 恐終不爲用, 請放還." 遼主不允. 辛巳, 奚王籌寧敗南師於益津關. 癸未, 進軍長城口, 定州守將李興擊之, 爲耶律休格所敗.

44 帝謂侍臣曰: "朕每念古人禽荒之戒, 自今除有司順時行

禮之外, 更不於近甸遊獵." 五坊鷹犬, 悉解放之, 詔天下勿復
來獻.

45　以右諫議大夫樊知古爲河北東 · 西路都轉運使. 都轉運使
自知古始. 知古卽若水, 帝爲改名焉.

46　十一月, 甲申朔, 遼主令諸軍備攻具, 庚寅, 自將攻長城
口, 四面齊進. 將士潰圍南走, 耶律色珍招之, 不降, 遼主與韓
德讓邀擊之, 斬獲殆盡. 甲午, 拔滿城. 戊戌, 下祁州, 縱兵大
掠. 己亥, 拔新樂. 庚子, 破小狼山寨.
　遼師至唐河北, 諸將欲以詔書從事, 堅壁清野勿與戰, 定州
監軍袁繼忠曰:"敵騎在近, 城中屯重兵而不能翦滅, 今長驅
深入, 豈折衝禦侮之用乎! 我將身先士卒, 死於敵矣!"辭氣
忼慨, 眾皆服. 中黃門林延壽等五人猶執詔書止之, 都部署李
繼隆曰:"閫外之事, 將帥得專焉. 往年河間不卽死者, 固將有
以報國家耳."乃與繼忠出兵拒戰.
　先是易州靜塞騎兵尤驍果, 繼隆取以隸麾下, 留其妻子城中.
繼忠言於繼隆曰:"此精卒, 止可令守城, 萬一寇至, 城中誰與
捍敵!"繼隆不從. 既而遼師果至, 易州遂陷, 卒妻子皆爲所
掠. 繼隆欲以卒分隸諸軍, 繼忠曰:"不可, 但奏升其軍額, 優
以廩給, 使之盡節可也."繼隆從其言, 眾皆感悅, 繼隆因乞之
隸麾下. 至是摧鋒先入, 遼師大潰, 追擊至曹河. 捷聞, 降璽書
褒答, 賜予甚厚.

47　十二月, 辛未, 以李繼遷爲銀州刺史 · 充洛苑使.

48　國子博士李覺上言曰: "夫冀北 · 燕 · 代, 馬之所生也. 制
敵之用, 實資騎兵爲急. 議者以爲欲國之多馬, 在啗邊人以利,
使重譯而至. 然市馬之費歲益而厩牧之數不加者, 蓋失其生息
之理也. 且邊人畜牧轉徒, 馳逐水草. 騰駒遊牝, 順其物性, 由
是浸以蕃滋. 暨乎市易之馬, 至於中國, 則繫之維之, 飼以枯
稿, 離析牝牡, 制其生性, 玄黃虺隤, 因而減耗, 宜然矣. 今軍
伍中牝馬甚多, 而孳息之數尤鮮者, 何也? 皆云官給秣飼之費
不充, 又馬多產則羸弱, 駒能食則侵其芻粟, 馬母愈瘠, 養馬
之卒, 有罪無利, 是以駒子生乃驅令麂灰而死. 其後官司知有
此蠹, 於是議及養駒之卒, 量給賞緡, 其如所賜無幾而尙習前
弊. 今竊量國家所市邊馬, 直之少者, 匹不下二十千, 往來支給
賜與, 復在數外, 是貴市於邊地而賤棄於中國, 非理之得也. 國
家縱未暇別擇牝馬以分畜牧, 宜且減市馬之半直, 賜畜駒之將
卒, 增爲月給, 俟其後納馬卽止焉, 則是貨不出國而馬有滋也.
大率牝馬二萬而駒收其半, 亦可歲獲萬匹, 況復牝又生駒, 十
數年間, 馬必倍矣. 昔猗頓窮士也, 陶朱公教以畜五牸, 乃適西
河, 大畜牛羊於猗氏之南, 十年間, 其息無算, 況以天下之馬而
生息乎!" 帝覽而嘉之.

49　著作郎直史館羅處約上疏曰: "竊聞省中上言, 欲於三司
之中復置判官十二員, 兼領其職, 各司其局. 臣伏以三司之制

非古也, 蓋唐朝中葉之後, 兵寇相仍, 以賦調筦榷之所出, 故自尙書省分三司以董之. 然蠹弊相沿, 爲日久矣. 以臣管窺, 莫若復尙書都省故事, 其尙書丞 · 郎 · 正郎 · 員外郎 · 主事 · 令史之屬, 請依六典舊儀, 以今三司錢刀 · 粟 · 帛 · 筦榷 · 度支之事, 均在二十四司. 如此, 則各有司存, 可以責其集事. 今則倉部 · 金部, 安能知儲廩 · 帑藏之盈虛;司田 · 司川, 孰能知屯役 · 河渠之遠近!有名無實, 積習生常, 堆案盈幾之籍, 何嘗能省覽之乎!若復於三司之中更分置僚屬, 則愈失其本原矣."

50   是歲, 少府監上言:"本監配役人郭冕等皆任京朝官, 會赦, 請敍用." 帝曰:"此皆贓賄, 止可免其居作, 不可復齒朝行."

51   遼初置貢舉, 放高第一人.

❖ 太宗至仁應道神功聖德睿烈大明廣孝皇帝 端拱二年
   (遼統和七年)

1   春, 正月, 癸巳, 詔文武羣臣各陳備邊之策.

2   是日, 遼主諭諸軍趨易州;癸卯, 攻城. 滿城出師來援, 爲遼鐵林軍擊退, 指揮使被禽者五人. 甲辰, 遼師齊進, 東京騎將夏貞顯之子仙壽先登, 易州遂破, 刺史劉墀降於遼. 守陴將士南走, 遼主帥師邀之, 無得免者. 卽以馬質爲刺史, 趙質爲兵馬都監, 遷易州軍民於燕京, 授仙壽高州刺史. 乙巳, 遼主登易州五花樓, 撫諭士庶.

3　　戶部郎中張洎奏曰："自幽薊用兵, 累載於茲, 其故何哉？蓋中國失地利, 分兵力, 將從中御, 士不用命故也.

中國所恃者, 險阻而已. 朔塞以南, 地形重阻, 深山大谷, 連亙萬里, 天地所以限中外也. 今自飛狐以東, 重關復嶺, 塞垣巨險, 皆爲契丹所有；燕薊以南, 平壤千里, 無名山大川之阻, 此所以失地利而困中國也.

國家制御之道, 在乎審察利害, 舉萬全之略. 今河朔郡縣, 列壁相望, 朝廷不以城邑大小, 咸浚隍築壘, 分師而守. 及敵騎南馳, 長驅深入, 咸嬰城自固, 莫敢出戰, 敵人莞然自得, 出入燕 · 趙, 若踐無人之境. 及其因利乘便, 攻取城壁, 國家嘗以一邑之衆與敵人一國之師, 旣衆寡不侔, 亦敗亡相繼. 其故無他, 蓋分兵之過也. 臣請悉聚河朔之兵, 於緣邊建三大鎭, 各統十萬之衆, 鼎踞而守；仍環舊城, 廣創新砦, 俾士馬便於出入. 然後列烽火謹晨夕之候, 選精騎爲報探之兵, 千里之遙, 若視掌內, 敵之動靜, 我必先知. 仍命親王出臨魏府, 控河朔之要, 爲前軍後屏. 自餘郡縣, 則選在城丁壯, 授以戈甲, 俾官軍統攝而城守焉. 三鎭分峙, 隱若長城, 大軍雲屯, 虎視燕 · 趙, 臣知契丹雖精兵利甲, 終不敢越三十萬之衆南侵貝 · 冀矣.

軍志曰:'凡臨敵, 法令不明, 賞罰不信, 聞鼓不進, 聞金不止, 雖有百萬之師, 何益於用!', 又曰:'將從中制, 兵無選鋒者, 必敗.', 臣頃聞涿州之戰, 元戎不知將校之能否, 將校不知三軍之勇怯, 各個不相管轄, 以謙謹自任, 未聞賞一效用·戮一叛命者. 軍志曰:'弩不及遠, 與短兵同. 射不能中, 與無矢同. 中不能入, 與無鏃同.', 臣頃聞涿州之戰, 敵人未至, 萬弩齊張, 敵騎既還, 箭如山積. 乃知戈戟刀劍, 其用皆然, 是驅天兵奮空拳而對劦敵也. 軍志曰:'三軍耳目, 在吾旗鼓.', 臣頃聞涿州之戰, 陣場既布, 或取索兵仗, 或遷移部隊, 萬口傳呼, 囂聲沸騰, 乃至轍亂塵驚, 莫知攸往, 矢石未交, 奇正先亂. 軍政如此, 孰救敗亡! 軍志曰:'凡出師臨陣, 一夫不用命, 則斬一夫, 一校不用命, 則斬一校, 一隊不用命, 則斬一隊.', 故穰苴戮莊賈, 魏絳戮揚幹, 諸葛亮誅馬謖, 李光弼斬崔衆, 咸以能舉嚴刑, 方成大略. 臣請陛下申命元帥, 自裨將以下有違犯命令者, 並以軍法從事. 其殺敵將校所得鞍馬財貨等, 悉以與之, 仍優加錫賚. 嚴刑以制其命, 重賞以誘其心, 示金鼓進退之宜, 謹三令五申之號, 將不中御, 衆知向方, 而不能震大宋之天聲者, 未之有也!

又, 沿邊郡縣, 久被焚掠, 臣乞陛下悉與放免秋夏兩稅, 直俟事寧之日, 方仍舊貫. 朝廷所失租賦, 未及毫芒, 且以沮敵人誘掖之謀, 慰甿庶綏懷之望.

前史有言曰:'聖人以天下爲度, 不以私怒而傷公義.', 今兵連禍結, 當以權濟用, 請陛下且稍抑至尊, 舉通和之策, 彼若歸仁悔過, 奉大國之歡盟, 結好息民, 以寧宇縣, 固邦家之望也.
脫若敵人無厭, 貪殘是務, 屈大邦之命而不從, 曲實在彼, 我又
何咎！臣知天下閨闈婦女亦當爲陛下荷戈執戟, 效死於戰場
矣, 況六軍之人哉！"

4　　右正言直史館王禹偁奏曰："備邊之策, 在外任其人而內
修其德耳. 在外者, 一曰兵勢患在不合, 將臣患在無權. 請於緣
邊要害之地爲三軍以備之, 若唐受降城之類. 如國家有兵三十
萬, 則每軍十萬人, 使互相救援, 責以成功, 立功者行賞, 無功
者明誅. 二曰偵邏邊事, 能(罷)用小臣. 小臣雖有愛君之名而
無愛君之實, 邊疆塗炭而不盡奏, 邊民哀苦而不盡言. 誠用老
臣大僚, 往來宣撫, 賜以溫顏, 使盡情無隱, 則邊事濟矣. 三曰
行間諜以離之, 因釁隙以取之. 臣風聞契丹中婦人任政, 人心
不服. 宜捐厚利, 啗其部長, 以離其心. 四曰邊人自相攻擊, 中
國之利也. 今國家西有趙保忠·折御卿爲國心腹, 宜敕二帥率
麟·府·銀·夏·綏五州, 張其掎角, 聲言直取勝州, 則契丹
懼而北保矣. 五曰下哀痛之詔以感激邊民. 頃歲弔伐燕薊, 蓋
以本是漢疆, 誠宜收復, 而邊民不知聖意, 皆謂貪其土地, 致契
丹南牧. 陛下宜下哀痛之詔, 告諭邊民, 有得一級者賜之帛, 得
一馬者還其價, 得部帥者與之散官. 如此, 則人百其勇而士一
其心. 在內者, 在省官吏, 愼選舉, 信用大臣, 禁止遊惰. 望陛
下少度僧尼, 少崇寺觀, 勸風俗, 務田農, 則人力強而邊用實
矣. 若軍運勞於外, 遊惰耗於內, 人力日削, 邊用日多, 不幸有

水旱之災, 則寇不在外而在內也. 惟陛下熟計之." 帝覽奏, 深加歎賞, 宰相趙普尤器之.

5　　知制誥田錫奏曰："今之禦敵, 無先於選將帥；旣得將帥, 請委任責成, 不必降以陣圖, 不須授之方略, 自然因機設變, 觀釁制宜, 無不成功矣. 昔趙充國, 漢之老將, 尚云百聞不如一見. 況今委任將帥, 而每事欲從中降詔, 授以方略, 或賜與陣圖, 依從則未合宜, 專斷則違上旨, 以此制勝, 未見其長. 伏乞速命宰臣各舉良將, 並令素有聞望宿舊武臣, 自舉其能及舉所知者.

臣聞前年出師, 命曹彬取幽州, 是侯莫陳利用・賀令圖之輩熒惑聖聰, 而李昉等不知. 去年招置義軍, 箚配軍分, 趙普等亦不知. 夫宰相非才, 則罷之可也. 宰相可任, 豈有議邊陲, 發師旅, 而不使與聞者哉！語云：'偏信生姦, 獨任成亂.', 利用・令圖等旣誤陛下機宜於前, 無令似此二人者復誤陛下機宜於後.

兵書曰：'事莫密於間, 賞莫重於間.', 契丹自有諸國, 未審陛下曾探得凡有幾國與之爲讎？若悉知之, 可以用重賞, 行間諜. 間諜若行, 則契丹自亂；契丹自亂, 則邊鄙自寧. 昔李靖用間, 破突厥心腹之人. 如漢之陳湯・傅介子之流, 則不勞師徒, 自然歸化. 此可以緩陛下憂邊之心也.

凡徵發軍士, 儲備糧草, 亦宜鎭靜, 勿使喧煩. 臣聞去年於戶稅上折科馬草, 及官中和買, 當買納未足之間, 卽有使臣催督, 貧下戶婦女有行校科者. 又聞汴河乾淺, 欲分南河水添注汴河以通漕道. 國家計度何在, 而臨時一至於此！臣卽不知國家軍儲支得幾年, 若是無九年之糧, 實爲無備；若是無三年之糧, 實爲窘急. 若不窘急, 何以科校婦女而納草, 添注河水而漕運也？

昔吳起爲將, 爲士卒吮癰. 霍去病爲將, 漢帝欲爲治第, 去病曰：'匈奴未滅, 何以家爲！', 今之將帥, 有如吳起 · 霍去病否？若以臣見, 卽將帥實無其人. 將帥非才, 卽無威名, 何以使敵人望風而懼！ 以臣所見, 小事不勞陛下用心；若以社稷之大計, 爲子孫之遠圖, 則在乎擧大略, 求將相, 務帝王之大體也. 設如人欲理身, 先理心, 心無邪則身自正；欲理外, 先理內, 內旣理則外自安. 臣謂邊上動, 由朝廷動之, 邊上靜, 由朝廷靜之. 任賢相於內, 則紀綱正；委良將於外, 則邊鄙安矣."

6　改軍頭司爲御前忠佐軍頭司, 引見司爲御前忠佐引見司.

7　二月, 壬子朔, 命河北東 · 西路招置營田, 以陳恕等爲營田使.

8　下詔罪己.

9　遼主御元和殿, 受百官賀. 以元日在營中, 至是戰捷, 還南京補行禮.

10　癸丑, 詔："平塞・天威・平定・威虜・靜戎・保塞・寧邊等軍, 祁・易・保・定・鎮・邢・趙等州民, 除雍熙四年正月丙戌詔給復外, 更給復二年；霸・代・洺・雄・莫・深等州, 平虜・岢嵐軍, 更給復一年."

11　乙卯, 遼大饗軍士, 爵賞有差. 樞密使韓德讓封楚國王, 駙馬都尉蕭寧遠同政事門下平章事.

12　甲子, 遼主命南征所俘, 有親屬分隸諸帳者, 給官錢贖之, 使得相從.

13　丙寅, 遼禁舉人匿名飛書謗訕朝政.

14　戊辰, 以國子監爲國子學.

15　是月, 作方田.

16　三月, 親試合格舉人, 得進士閬中陳堯叟以下一百八十六人, 諸科博平孫奭等四百五十人, 並賜及第, 七十三人同出身. 賜宴, 始令兩制・三館文臣皆預. 賜堯叟等箴一首.
　越州進士劉少逸者, 年十三, 中選, 既覆試, 又別賜御題賦詩數章, 授校書郎, 令於三館讀書.
　時中書令史・守堂〔當〕官陳貽慶舉《周易》學究及第, 既而帝知之, 今追奪所授敕牒, 釋其罪, 勒歸本局, 禁吏人應舉.

時有進士十七人挈家歸於遼, 遼主命有司考其中第者, 補國學官, 餘授縣主簿・尉.

17 丁亥, 遼命知易州趙質收戰亡士卒骸骨, 築京觀. 戊子, 賜裕悅宋國王耶律休格紅珠筋線, 命入內神帳行再生禮, 太后賜物甚厚. 遼制, 惟帝及太后行再生禮, 休格得行之, 異數也.

18 己丑, 遼免雲州逋賦.

19 丙申, 遼開奇峰路, 通易州市.

20 是春, 遼主駐延芳淀. *

續資治通鑑　卷015

【宋紀十五】

起屠維赤奮若四月　盡重光單閼八月　凡二年有奇.

> ❖ 太宗至仁應道神功聖德睿烈大明廣孝皇帝　端拱二年
> （遼統和七年. 己丑　九八九年）

1　夏, 四月, 國子博士李覺上言曰:“昔李悝有言曰:‘糴甚貴傷民, 甚賤傷農;民傷則離散, 農傷則國貧. 故甚貴甚賤, 其傷一也;善爲國者, 使民無傷而農益勸.’, 所謂民者, 謂士工商也. 今都下萬衆所聚, 導河渠, 達淮海, 貫江湖, 歲運五百萬斛以資國費. 而近歲以來, 都下粟麥至賤, 倉庾陳陳相因, 或以充賞給, 斗直十錢, 此工賈之利而軍農之不利也. 竊計運米一斛, 費不啻三百錢, 侵耗損折復在其外. 而輓船之夫, 彌涉冬夏, 離去鄉舍, 終老江湖. 糧之來也至重至艱, 而官之給也至輕至易. 倘不幸有水旱之虞, 卒然有邊境之患, 其何以救之！臣按諸軍傔人舊日給米二升, 今若月賦錢三百, 是一斗爲錢五十. 計江·淮運米工腳, 亦不減此數. 望明敕軍中, 各從其便, 願受錢者, 若市價官米斗爲錢三十, 卽增給十錢, 裁足以當工腳之直而官始獲利, 數月之內, 米價必增, 農民受賜矣. 若米價騰踊, 卽官復給糧, 軍人糶其所餘, 亦獲善價, 此又戎士受賜矣. 不十年, 官有餘糧, 江湖之運亦漸可省也."帝覽奏, 嘉之.

2　遼主好擊毬, 嘗與大臣分朋擊鞠, 諫議大夫馬得臣上疏諫曰:"臣幸列侍從, 得侍聖讀, 陛下嘗問臣以貞觀·開元之事. 臣聞唐太宗侍太上皇宴罷, 則輦輂至內殿;明皇與兄弟歡飲, 盡家人禮. 陛下嗣祖考之祚, 躬侍太后, 可謂至孝. 更望定省之餘, 睦六親, 加愛敬, 則陛下親親之道, 比隆二帝矣. 臣又聞二帝耽玩經史, 數引公卿講學, 至於日昃, 故當時天下翕然向風, 以隆文治. 今陛下游心典籍, 分解字句, 臣願研究經理, 深造而篤行之, 二帝之治, 不難繼矣. 臣又聞太宗射豕, 唐儉諫之;明皇臂鷹, 韓休言之;二帝莫不樂從. 伏見陛下聽朝之暇, 以擊毬爲樂, 臣思此事有三不宜;上下分朋, 君臣爭勝, 君得臣奪, 君輸臣喜, 一不宜也;往來交錯, 前後遮約, 爭心競起, 禮容全廢, 若貪月杖, 誤拂天衣, 臣實失儀, 君又難責, 二不宜也;輕萬乘之貴, 逐廣場之娛, 地雖平至爲堅确, 馬雖良亦有驚蹶, 或因奔擊, 失其控御, 聖體寧無虧損? 太后豈不憂虞? 三不宜也. 陛下不以臣言爲迂, 少賜省覽."疏奏, 遼主嘉嘆良久. 未幾, 得臣卒, 贈太子少保, 優恤之.

3 自三月不雨至於五月. 戊戌, 帝親錄京城諸司繫獄囚, 多所原減. 卽命起居舍人宋維幹等四十二人分詣諸道按決刑獄. 是夕, 大雨. 帝因謂侍臣曰: "爲君當如此勤政, 卽能感召天和. 如後唐莊宗畋遊經旬, 大傷苗稼, 及還, 乃降敕躝放租稅, 此甚不君也." 樞密副使張宏曰: "莊宗不獨如此, 尤惑音樂, 樂籍中獲典郡者數人." 帝曰: "人君節儉爲宗, 仁恕爲念. 朕在南府, 音律粗亦經心, 今非朝會, 未嘗張樂; 鷹犬之娛, 素所不好也."

4 六月, 辛酉, 遼以燕樂·密雲二縣給民種租, 免賦役十年.

5 初, 左正言·直史館下邽寇準, 承詔極言北邊利害, 帝器之, 謂宰相曰: "朕欲擢用準, 當授何官?" 宰相請用爲開封府推官, 帝曰: "此官豈所以待準邪?" 復請用爲樞密直學士, 帝沉思良久, 曰: "且使爲此官可也." 秋, 七月, 己卯, 拜虞部郎中·樞密直學士. 嘗奏事殿中, 語不合, 帝怒起, 準輒引帝衣令復坐, 事決, 乃退. 帝嘉之.

準初知巴東·成安二縣, 其治一以恩信, 每期會賦役, 未嘗出符移, 惟具鄉里姓名揭縣門, 而百姓爭赴之, 無稽違者. 嘗手植雙柏於庭, 其後民以比甘棠, 謂之萊公柏.

6 以考功員外郎雲中畢士安知制誥. 士安先爲越王府記室參軍, 宮中謂之畢校書. 時詔諸王府僚各獻所著文, 帝嘉之, 遂有是擢. 越王元份請留府邸, 不許.

7　甲申, 以知代州張齊賢爲刑部侍郎·樞密副使.

　先是, 宰相趙普奏疏言："國家山河至廣, 文軌雖同, 干戈未息, 防微慮遠, 必資通變之材. 去年北師入邊, 生靈受弊. 萬乘軫焦勞之慮, 千官無翊贊之功, 同僚共事, 無非謹畏清廉, 唯於獻替之時, 稍存緘默, 寧濟急須! 竊見工部侍郎張齊賢, 數年前特受聖知, 升於密地, 公私識者盡謂當才, 不期歲月未多, 出爲外任. 臣在鄧州日, 雖聞消息, 未測緣由; 向來微有傳聞, 或云奏對過當. 凡言大事, 須有悔尤, 其如義士忠臣, 不顧身之利害, 姦邪正直, 久遠方知. 齊賢素蘊機謀, 兼全德義, 從來差遣, 未盡器能, 慮淹經國之才, 弗副濟時之用, 如當重委, 必立殊功. 臣此疏特乞留中, 免貽衆怒." 復以箚子言："齊賢德義, 素爲鄉里所推, 中外卿士無出其右. 臣慚無致主之能, 但有薦賢之志, 朝行夕死, 是所甘心." 帝納其言, 故有是命.

　以鹽鐵使張遜爲僉署樞密院事.

8　戊子, 有彗出東井, 凡三十日. 帝避正殿, 減常膳. 司天言妖星爲滅遼之象; 趙普上疏, 謂此邪佞之言, 不足信, 帝嘉納之.

9　威虜軍糧餽不繼, 遼人欲窺取之, 詔定州路都部署李繼隆發鎮·定大軍護送軍糧數千乘. 遼裕悅(于越)耶律休格(休哥)

聞之, 率精銳數萬騎來邀, 北面緣邊都巡檢浚儀尹繼倫, 屬領步騎千餘人按行塞上, 遇之, 休格不擊而過, 徑襲大軍. 繼倫謂麾下曰:"彼視我猶魚肉耳. 彼捷還, 則乘勝驅我北去; 不捷, 亦且泄怒於我, 我輩無遺類矣! 爲今日計, 當卷甲銜枚襲其後. 彼銳氣前趨, 不虞我之至, 力戰而勝, 足以自樹, 縱敗, 猶不失忠義. 豈能泯然爲北地鬼乎?"衆皆憤激從命. 繼倫因今軍中秣馬, 會夜, 遣人持短兵潛躡其後. 行數十里, 至唐州徐河, 天未明, 休格去大軍四五里, 繼倫列陣於城北以待之. 敵方會食, 旣食, 將進戰, 繼倫出其不意急擊之, 殺其大將一人, 衆遂驚亂. 休格食未竟, 棄匕箸走, 爲短兵中其臂, 創甚, 乘善馬先遁. 遼師望見大軍, 遂潰, 自相蹂踐死者無數. 繼隆與鎭州副都部署范廷召追奔過徐河十餘里, 俘獲甚衆. 定州副都部署孔守正又與遼人戰於曹河之斜邨, 斬其帥大盈等. 遼人自是數年不大舉南下, 以繼倫面黑, 相戒曰:"當避黑面大王."丁未, 授繼倫洛苑使‧領長州刺史, 巡檢如故.

初, 命李繼隆等發兵護送威虜軍饋餉, 戶部郎中張洎復奏封事曰:"古者築城聚衆, 蓋所以控要害之地, 制邊騎之侵, 故周城朔方, 漢取河湟, 唐築受降‧臨溼等城, 卽其事也. 今威虜軍等置在平川, 地非險阻, 帶甲之士不滿萬人, 徒分兵勢, 何益邊防! 今敵兵入境, 阻絶糧道, 而王師遽出, 三鎭之衆, 冒炎酷, 陟郊坰, 充防護軍儲之役, 本無鬪心. 以援送怠惰之師, 當北敵輕揚之騎, 且行且戰, 必貽敗衄. 一軍小卻, 衆或隨之, 則威虜等軍望風而自下矣. 安危事勢, 昭然可觀, 宜因此時, 乘大軍之

勢, 保全士旅, 拔壘而旋. 如是, 則三鎭之衆, 出旣有名, 威虜
等軍免覆亡之禍矣. 方今河朔未寧, 控禦之方, 宜舉其要. 臣以
爲凡在邊境軍壘, 其甲卒不滿三萬人以上者, 宜從廢罷, 旣省
供給, 又免吞侵 以所管之師外隸緣邊大鎭, 甲兵旣聚, 士馬自
强, 與夫分兵邊邑, 坐薪待然, 豈可同年而語也！"

10　八月, 丙辰, 大赦. 是夕, 彗沒.

11　先是, 帝遣使取杭州釋迦佛舍利塔置闕下, 度開寶寺西北
隅地, 造浮圖十一級以藏之, 上下三百六十尺, 所費億萬計, 前
後踰八年. 癸亥, 工畢, 備極巧麗. 知制誥田錫上疏云："衆以
爲金碧熒煌, 臣以爲塗膏釁血." 帝亦不怒.

12　庚午, 遼放進士高正等二人.

13　九月, 戊子, 以知制誥王化基權御史中丞. 帝嘗召至便殿,
問以邊事, 化基曰："治天下猶植樹焉, 所患根本未固；根本
固則枝幹不足憂. 今朝廷治, 邊鄙何患乎不安？"帝然其言.

14　詔："今朝官有明於律令格式者, 許上書自陳, 當加試問,
以補刑部‧大理寺官屬, 三歲遷其秩."

15　自河北用兵‧切于饋餉, 始令商人輸芻糧塞下, 酌地之遠

近而優爲其直, 執交券至京師, 償以緡錢, 或移文江·淮給茶鹽, 謂之折中. 有言商人所輸多弊濫者, 因罷之, 歲損國用殆百萬計. 冬, 十月, 癸酉, 復令折中如舊. 又置折中倉, 聽商人輸粟京師而請茶鹽於江·淮, 命膳部員外郎范正辭等掌其出納. 每百萬石爲一界, 祿仕之家及形勢戶不得輒入粟, 御史臺糾之. 會歲旱, 罷.

16 靜難節度使趙保忠加同平章事.

17 帝以歲旱減膳, 徧走羣望, 皆弗應. 是夕, 手詔賜宰相趙普等, 言: "自星變以來, 久愆雨雪. 朕當與卿等審刑政之闕失, 念稼穡之艱難, 恤物安民, 庶祈眷佑." 時普被疾請告, 卽以授呂蒙正等. 壬申, 蒙正等詣長春殿謝曰: "臣等調燮無狀, 乞依漢制策免." 帝慰勉之. 知制誥王禹偁上疏: "乞自乘輿服御以下至百官俸料, 非宿衛軍士, 邊庭將帥, 悉第減之. 外則停歲市之物, 內則罷工巧之技. 但以感人心, 召和氣, 變災爲福, 惟聖人行之."

18 中書門下言: "所錄《時政記》, 緣皇帝每御前殿, 樞密以下先上, 宰臣未上, 所有宣諭聖語, 無由聞知, 慮成漏略. 乞差樞密副使二人逐旋鈔錄, 送中書同修爲一書, 以授史官." 《樞密院時政記》蓋始此.

19   十一月, 辛丑, 鎭州都部署 · 宣徽南院使郭守文卒.

　守文沉靜有謀, 自曹彬等敗, 契丹乘勝深入, 命守文鎭常山
以經略之. 守文旣卒, 有中使適從北邊來, 言武夫悍卒咸爲流
涕. 帝曰:"何以致此?"對曰:"守文得俸祿, 皆市牛酒以犒
軍士, 卒之日, 家無餘財." 帝嗟惜良久, 卽賜其家錢五百萬,
仍錄其子.

20   十二月, 庚申, 詔省尊號, 只稱皇帝. 趙普 · 呂蒙正固請復
舊, 帝不許. 戊辰, 羣臣上'法天崇道文武'六字, 詔去'文武', 餘
從之.

21   自秋徂冬不雨, 知制誥田錫上言:"此實陰陽不和, 調爕倒
置, 上侵下之職而燭理未盡, 下知上之失而規過未能." 疏入,
帝及宰臣皆不悅, 出錫知陳州.

❖ 太宗至仁應道神功聖德睿烈大明廣孝皇帝, 淳化元年
（遼統和八年）

1   春, 正月, 戊寅朔, 帝御朝元殿受冊尊號, 曲赦京城繫囚,
改元.

　己卯, 改乾明節爲壽寧節.

2 太保兼侍中趙普病篤, 三上表致政. 戊子, 以普爲西京留守兼中書令.

3 庚寅, 遼主命決滯獄.

4 二月, 丁未朔, 除江南 · 兩浙 · 淮西 · 嶺南諸州漁禁.

5 己酉, 改大明殿爲含光殿.

6 賜諸路印本《九經》, 令長吏與衆官共閱之.

7 登州饑, 詔賑之.

8 三月, 癸丑, 江州言:"德安縣民陳競, 十四世同居, 老幼千二百餘口, 常苦食不足."令歲貸官米二千石.

9 自趙普罷, 呂蒙正以寬簡居相位, 辛仲甫從容其間, 政事多決於王沔. 沔敏辨, 善敷奏, 然性苛刻, 不以至誠待人, 羣臣謁見, 必甘言以啗之, 皆喜過望;既而進退非允, 人多怨之.

10 丁巳, 賜太子中允陳省華及其子光祿寺丞 · 直史館堯叟五品服. 先是堯叟舉進士, 中甲科, 占謝, 詞氣明辨. 帝問宰相:此誰子?"呂蒙正等以省華對. 省華時爲樓煩令, 卽召見, 擢太子中允. 至是父子又同日面賜章服.

11　乙酉, 遼城杏堝, 以所俘邊民實之.

12　是月, 夏州敗李繼遷.

13　夏, 四月, 丙午朔, 遼嚴州刺史李壽英有惠政, 部民請留,
從之.

14　庚午, 遼以歲旱, 賑諸部饑.

15　五月, 庚寅, 女眞宰相阿哈貢於遼, 封順化王.

16　辛卯, 令刑部置詳覆官六員, 專閱天下所上案牘, 勿復遣
鞫獄吏. 置御史臺推勘官二十人, 並以京朝官充. 若諸州有大
獄, 則乘傳就鞫, 陛辭日, 帝必諭之曰:“無滋蔓, 無留滯.” 還,
必召問所推事狀. 著爲定令.

17　五月, 甲午, 詔:“致仕官有曾歷中外職任者, 給半俸, 以
他物充.”

18　國初錢文曰“宋通元寶”. 乙未, 改鑄“淳化元寶”錢, 帝親
書其文, 作眞 · 行 · 草三體. 自後每改元必更鑄, 以年號元寶

爲文.

19　丙申, 遼括民田.

20　六月, 丙午, 罷中元 · 下元張燈.

21　秋, 七月, 庚辰, 遼改南京熊軍爲神軍.
　遼人謀南侵, 使詣北岳廟卜之, 神不許, 遼人怒, 縱火焚廟而
去.

22　丁酉, 以御製詩文藏於秘閣.

23　是月, 吉 · 洪 · 江 · 蘄 · 河陽 · 隴城大水, 開封 · 陳留 ·
封丘 · 酸棗 · 鄢陵旱, 賜今年田租之半, 開封特給復一年. 京
師貴糴, 遣使開廩, 減價分糶.

24　八月, 癸卯朔, 秘書監李至與右僕射李昉 · 吏部尙書宋
琪 · 左散騎常侍徐鉉及翰林學士 · 諸曹侍郎 · 給事 · 諫議 ·
舍人等秘閣觀書. 帝聞之, 遣使就賜宴, 大陳圖籍, 令縱觀；翼
日, 又詔權御史中丞王化基及三館學士並賜宴秘閣. 先是藏御
製詩文於秘閣, 又遣使詣諸道購募古書 · 奇畫及先賢墨跡, 數
歲之間, 獻圖籍於闕下者, 不可勝計. 乃詔史館, 盡取天文 · 占
候 · 讖緯 · 方術等書五千一十卷, 幷內出古畫 · 墨跡一百十四

軸, 悉藏秘閣.

25 乙巳, 令左藏庫籍所掌金銀器皿之屬, 悉毀之. 有司言：
"中有制作精巧者, 欲留以備進御." 帝曰："汝以奇巧爲貴,
我以慈儉爲寶." 卒皆毀之. 帝性節儉, 退朝, 常著華陽巾, 布
褐·紬條, 內服爲絁絹, 咸累經澣濯, 乘輿給用之物, 無所增益
焉.

26 癸亥, 李至上疏言："秘閣自創置之後, 載經寒暑, 而官司
所處未有定制. 望降明詔, 令與三館並列, 敘其先後, 著爲永
式." 帝可其奏, 列秘閣次於三館.

27 己巳, 禁川·峽·嶺南·湖南殺人祀鬼, 州縣察捕, 募告
者, 賞之.

28 九月, 乙亥, 北女眞四部請附於遼.

29 戊寅, 崇儀副使郭載言："臣前任使劍南, 見川·峽富人多
召贅壻, 與所生子齒, 死則分其財, 故貧人多出贅, 甚傷風化而
益爭訟, 望禁之." 詔從其請.

30 冬, 十月, 乙巳, 以同州觀察推官河南錢若水爲秘書丞·
直史館. 若水初佐同州, 知州性褊急, 數以胸臆决事不當, 若水

固爭不能得, 輒曰: "當陪俸贖銅耳." 已而奏案果爲朝廷及上司所駁, 州官皆以贖論. 知州愧謝, 然終不改. 有富民失女奴, 其父母訟於州, 命錄事參軍鞫之. 錄事嘗貸錢於富民不獲, 乃劾富民父子數人共殺女奴, 棄屍水中, 遂失其屍, 罪皆應死. 富民不勝拷掠, 自誣服. 獄具上, 州官審覆, 皆以爲實. 若水獨疑之, 留其獄數日不決, 密使人訪女奴, 得之, 引以示其父母, 皆泣曰: "是也." 富民父子賴以得免. 知州欲論奏其功, 若水固辭. 帝亦聞其名, 會寇準薦若水文學高第, 召試學士院, 而命以此官.

31 乙丑, 賜知白州蔣元振絹三十匹·米五十石. 丙寅, 賜知鄆州須城縣姚益恭絹二十匹·米二十石.

元振清苦厲節, 親屬多貧, 不能贍養, 聞嶺南物賤, 因求其官, 寄家潭州, 盡留俸祿供給, 元振啜菽飲水, 縫紙爲衣; 爲政簡易, 民甚便之. 秩滿遷, 轉運使乞留, 凡七八年不得代. 益恭初爲興國軍判官, 以清幹聞; 召赴闕, 老幼千餘人遮道, 不得發, 益恭夜開城門遁去. 其在須城, 鞭扑不用, 境內大治, 民數千人三遮轉運使乞留. 至是採訪使各言其狀, 故有是賜.

32 十一月, 丁丑, 知安州·侍御史李範上言: "故殿中丞·通判州事高麗金行成疾革, 召臣及州官數人至其臥內, 泣且言曰: '外國人任中朝爲五品官, 佐郡政, 被病且死, 無以報主恩, 泉下亦有遺恨. 二子宗敏·宗約皆幼, 家素貧, 無他親可倚, 行委溝壑.’旣死, 其妻誓不嫁, 養二子, 織屨以自給. 臣竊哀之."
詔以宗敏爲太廟齋郎, 俾安州月以錢三千・米五石給其家, 長
吏常歲時存問, 無令失所.

33　時羣臣升殿奏事者, 旣可其奏, 皆得專達於有司, 頗容巧
妄. 十二月, 左正言・直史館歙人謝泌, 請自今凡政事送中書,
機事送樞密院, 財貨送三司, 覆奏而後行. 辛丑, 詔從泌請, 遂
著爲定制, 中外所書疏亦如之.

34　大理寺丞王濟爲刑部詳覆官, 屢上封事. 帝一日顧問左
右:"刑部有好言事者爲誰？"左右以濟對, 帝遂命通判鎭州.
牧守多勳舊武臣, 倨貴陵下, 濟未嘗撓屈. 戍卒頗恣暴不法, 夜
或焚民舍爲盜, 濟廉得, 立斬之, 馳奏其事, 帝大喜. 都校孫進,
使酒無賴, 毆折人齒；濟不俟奏, 杖脊送闕下, 軍府畏肅. 連三
詔褒獎焉.

35　庚戌, 遼封李繼遷爲夏國王.

36　遼同政事門下平章事室昉請致政, 遼主命入朝, 免拜, 賜
几杖. 太后遣閤門使李從訓持詔勞問, 令常居南京, 封鄭國公.

37　是歲, 遼放進士鄭雲從等二人.

1　春, 正月, 丙子, 遣商州團練使翟守素帥兵援趙保忠於夏州.

2　遼禁私度僧尼.
　先是晉國公主建佛寺於南京, 遼主許賜額, 室昉奏曰：“詔書悉罷無名寺院, 今以公主請賜額, 不惟違前詔, 恐此風愈熾.”遼主從之.

3　乙酉, 置內殿崇班・左右侍禁, 改殿前承旨爲三班奉職.

4　遼室昉等進《實錄》二十卷；遼主手詔褒之, 加昉政事令, 賜帛六百匹.

5　戊子, 遼選南侵降卒五百人爲宣力軍.

6　辛卯, 遼免三京諸道租, 仍罷括田.

7　二月, 丁未, 遼以涿州刺史耶律旺陸爲特里袞.

8　帝修正殿, 頗施采繪, 左正言謝泌上疏諫；癸丑, 命悉去采繪, 塗以赭堊.

9　監察御史祖吉, 坐知晉州日爲姦贓棄市.

10　丁巳, 涼州觀察使‧判雄州事下邳劉福卒, 贈太傅‧忠正節度使. 福武人, 不知書, 御下有方略, 爲政簡易. 在雄州五年, 境內寧謐, 百姓遮轉運使, 願追述治跡, 以其狀聞, 詔許立遺愛碑. 諸子常勸福建大第, 福怒曰:"我受祿甚厚, 足以僦舍自庇. 汝曹旣無尺寸功, 豈可營居第爲自安計乎!"卒不許. 歿後, 帝聞其言, 以白金五千兩賜其子, 令市宅以居焉.

11　三司嘗建議劍外賦稅輕, 詔監察御史張觀乘傳按行諸州, 因令稍增之. 觀上疏言:"遠民易動難安, 專意撫之, 猶慮其失所, 況增賦以擾之乎?"帝深然其言, 因留不遣. 其後觀復上疏言:"臣竊見陛下天慈優容, 多與近臣論政, 德音往復, 頗有煩勞. 至於有司職官, 承意將順, 簿書叢脞, 咸以上聞, 豈徒褻瀆至尊, 實亦輕紊國體. 願陛下所斷之暇, 宴息之餘, 體貌大臣, 與之揚榷, 使沃心造膝, 極意論思, 則治體化源, 何所不至!豈與校量金穀, 剖析毫釐, 以有限之光陰役無涯之細務者可同年語哉!"帝覽而善之, 召賜五品服, 以爲度支判官.

12　閏月, 辛未朔, 日有食之.

13 以鄭文寶爲陝西轉運副使, 許便宜從事. 會歲歉, 文寶誘
豪民出粟三萬斛, 活飢者八萬六千餘人.

14 壬申, 遼遣翰林承旨邢抱朴 · 三司使李嗣 · 給事中劉京 ·
政事舍人張翰 · 南京副留守吳浩分決諸道滯獄.

15 庚辰, 以瀛州防禦使安守忠知雄州. 守忠嘗與僚屬宴飮,
有軍校謀變, 衷甲及門. 閽吏狼狽入白, 守忠言笑自若, 徐顧坐
客曰: "此輩酒狂耳, 擒之可也." 人服其量.

16 己丑, 詔: "京城無賴輩蒱博, 開櫃坊, 屠牛馬驢狗以食,
銷鑄銅錢爲器用雜物, 令開封府戒坊市, 謹捕之. 犯者斬, 匿不
以聞及居人邸舍僦與惡少爲櫃坊者同罪."

17 是月, 命翰林學士賈黃中 · 蘇易簡領差遣院, 李沆同判吏
部流內銓. 學士領外司, 自此始也.

18 三月, 庚子朔, 遼賑室韋 · 烏古諸部饑.

19 戊申, 遼復令庫部員外郎馬守琪 · 倉部員外郎祁正 · 虞部
員外郎崔祐 · 薊北縣令崔簡等分決諸道滯獄.

20 甲子, 遼主如南京.

21　乙丑, 辛仲甫罷參知政事.

22　己巳, 帝以歲旱蝗, 詔呂蒙正等曰:"元元何罪, 大譴如是, 蓋朕不德之所致也. 卿等當於文德殿前築一臺, 朕將暴露其上, 三日不雨, 卿等共焚朕以答天譴." 蒙正等惶恐謝罪, 匿詔書. 翼日而雨, 蝗盡死.

　先是帝召近臣問時政得失, 樞密直學士寇準對曰:"《洪範》天人之際, 其應如影響. 大旱之證, 蓋刑有所不平. 頃者祖吉‧王淮‧皆侮法受賕, 贓數萬計. 吉既伏誅, 家且籍沒; 而淮以參知政事沔之母弟, 止杖於私堂, 仍領定遠主簿. 用法輕重如是, 冗嘆之咎, 殆不虛發也." 帝大悟, 明日, 見沔, 切責之.

23　是月, 翰林學士宋白等上《新定淳化編敕》三十卷.

24　夏, 四月, 庚午朔, 詔罷端州歲貢石硯.

25　辛巳, 以樞密副使張齊賢‧給事中陳恕並參知政事, 僉署樞密事張遜爲樞密副使, 樞密直學士溫仲舒‧寇準並爲樞密副使, 張宏罷爲吏部侍郎. 宏性懦謹, 無他策, 居內庭, 見胥吏必先勞揖. 性吝嗇, 好聚蓄, 不爲時所重. 仲舒, 河南人也.

26　初, 王沔與張齊賢同掌樞務, 頗不協. 齊賢出守代州, 沔遂爲副使‧參知政事. 陳恕筦鹽鐵, 性苛察, 亦嘗與沔忤. 於是齊賢與恕並在中書, 沔不自安, 慮官屬有以中書舊事告二人者.
己丑, 左司諫王禹偁上言:"請自今臺官詣宰相及樞密院使並須朝罷於都堂請見, 不得於本廳延接賓客, 以防請託."沔喜, 卽白帝施行之, 仍令御史臺宣布中外.

左正言謝泌上言:"伏睹明詔, 不許兩府接見賓客, 是疑大臣以私也. 天下至廣, 萬機至繁, 陛下以聰明寄於輔臣, 苟非接見臺官, 何以悉知外事! 古人有言曰:'疑則勿用, 用則勿疑.'若國祚衰季, 强臣擅權, 當此之時, 可以爲慮. 今陛下鞭撻宇宙, 總攬豪傑, 朝廷無巧言之士, 方面無姑息之臣, 禮樂征伐自天子出, 奈何疑執政大臣, 爲衰世之事乎? 使非其人, 當斥而去之;旣得其人, 任之以政, 又何疑也! 設若杜公堂請謁之禮, 豈無私室乎? 塞相府請求之門, 豈無他徑乎? 此非陛下推赤心以待大臣·大臣展四體以報陛下之道也. 王禹偁昧於大體, 妄率胸臆, 以蔽聰明, 狂躁之言, 不可行用."帝覽奏嘉嘆, 卽命追還前詔, 仍以泌所上表送史館.

27 五月, 庚子, 置諸路提點刑獄官.

28 乙巳, 復置折博倉.

29 左正言謝泌, 數論時政得失, 帝嘉其忠藎, 丙辰, 擢右司諫, 賜金紫, 幷錢三十萬. 泌一日得對便殿, 帝復面加賞激, 泌謝曰:"陛下從諫如流, 故臣得以竭誠. 昔唐末有孟昭圖者, 朝上諫疏, 暮不知所在. 前代如此, 安得不亂！"帝動容久之.

30 六月, 甲戌, 忠武節度使·同平章事潘美卒. 贈中書令, 諡武惠.

31 乙酉, 汴水決浚儀縣, 壞連堤, 泛民田. 帝昧旦乘步輦出乾元門, 宰相·樞密使迎謁於路, 上謂曰："東京養甲兵數十萬, 居人百萬家, 轉漕仰給在此一渠水, 朕安得不顧！"車駕入泥淖中, 行百步, 從臣震恐. 殿前都指揮使戴興捧承步輦出泥淖中. 詔興督步卒數千塞之. 日未昧而堤岸屹立, 水勢遂定, 始就次, 大官進膳, 親王近臣皆泥濘沾衣. 知縣事宋炎, 亡匿不敢出, 帝特赦其罪.

32 是月, 遼南京霖雨傷稼.

33 秋, 七月, 癸卯, 遼通括戶口.

34 乙巳, 遼詔諸道舉才行, 察貪酷, 撫高年, 禁奢僭, 有歿於王事者, 官其子孫.

35 李繼遷聞翟守素將兵來討, 恐懼, 奉表歸順. 丙午, 授繼遷銀州觀察使, 賜以國姓, 名曰保吉. 趙保忠又薦其親弟繼沖, 帝亦賜姓, 改名保寧, 授綏州團練使；封其母罔氏西河郡太夫人.

36 　帝欽卹庶獄, 慮大理・刑部吏舞文巧詆, 八月, 乙卯, 置審
刑院於禁中, 以樞密直學士楚丘李昌齡知院事, 兼理詳儀官六
員. 凡獄具上奏者, 先由審刑院印訖, 以付大理寺・刑部斷覆
以聞, 乃下審刑院詳議, 申覆裁決訖, 以付中書, 當者卽下之,
其未允者, 宰相復以聞, 始命論決.

37 　丁亥, 幷州言契丹四百餘口內附. 帝因謂近臣曰："國家若
無外憂, 必有內患. 外憂不過邊事, 皆可豫防；惟姦邪無狀, 若
爲內患, 深可懼也."＊